NOVAS HISTÓRIAS DO MAR

VOLUME 2

2ª EDIÇÃO

+200 CASOS VERÍDICOS
DE FAÇANHAS, DRAMAS, AVENTURAS E ODISSÉIAS NOS OCEANOS

JORGE DE SOUZA

Editora Agência2

Copyright © Jorge de Souza, 2021

NOVAS HISTÓRIAS DO MAR

200 casos verídicos de façanhas, dramas, aventuras e odisseias nos oceanos

2ª Edição – agosto de 2023

DIAGRAMAÇÃO
Homero Letonai

REVISÃO
Fernanda Marão

CAPA
Adobe Stock

DADOS INTERNACIONAIS DE CATALOGAÇÃO NA PUBLICAÇÃO (CIP)

S729h Souza, Jorge de
Novas Histórias do mar : 200 casos verídicos de façanhas, dramas, aventuras e odisseias nos oceanos / Jorge de Souza. - São Paulo: Agencia 2 Editora, 2021.
400 p. ; 16 x 23 cm.

ISBN 978-65-996137-0-8

1. Relatos históricos. 2. Expedições geográficas. 3. Viagens de descoberta. 4. Navegação. 5. Aventuras. 6. Naufrágios. 7. Travessias oceânicas. 8. Expedições marítimas. 9. Regatas. I. Título.

CDU 910.4(091)

Índice para catálogo sistemático:
1. Viagens de descoberta e expedições geográficas 910.4
2. História, relatos históricos (094)

AS NOVAS 200 HISTÓRIAS

Capítulo 1 - GRANDES NAVEGAÇÕES - 1500 A 1900

1ª - A vergonha do grande comandante (Santa Maria) 10
2ª - Um tesouro dentro de outro (Bom Jesus) 11
3ª - O porto que nasceu de um flagelo (Maremoto).................. 12
4ª - O primeiro solitário de Santa Helena (Fernão Lopes) 13
5ª - O galeão que batizou um aeroporto (Padre Eterno) 14
6ª - Um tesouro mais que disputado (San Jose) 15
7ª - As piores do Cabo Horn (Suzanna) 17
8ª - Robinson Crusoé do Ártico (Bruce Gordon) 19
9ª - O fogo que venceu o frio (Astrea)....................................... 21
10ª - Verdadeiro cavalo marinho (Jong Thomas) 22
11ª - Um nome de sorte (Hugh Williams) 23
12ª - O golfinho que guiava os barcos (Hatteras Jack) 24
13ª - Quem não chora não ama (Polly) 25
14ª - A ilha que surgiu e sumiu (HMS Sabrina) 26
15ª - Tragédia no Ártico (Erebus e Terror)................................ 27
16ª - A exclusiva ilha da gata náufraga (Ilha Gardiners)............ 31
17ª - O acidente que tornou a ilha mais bonita (Louis-Philippe).... 32
18ª - Heroico cão salva-vidas (Carroll)..................................... 33
19ª - Comovente esforço materno (Juana Maria) 34
20ª - O náufrago que virou selvagem (Narcisse Pelletier) 35
21ª - O navio negreiro que fez história (Clotilda)...................... 38
22ª - O naufrágio que gerou crise diplomática (Prince of Wales) 39
23ª - Resgataram a carga, não o náufrago (Express)................... 42
24ª - Rota de colisão sem nenhuma ação (Bahia e Pirapama) 43
25ª - Duas versões para uma barbárie (Rosales)........................ 46
26ª - Navegando no sentido oposto (RMS Tayleur) 49
27ª - A esposa que virou capitã (Hanna Burgess) 50
28ª - Desculpa para inglês ver (Ganges).................................... 51
29ª - A escuna indestrutível (The Twenty One Friends) 52
30ª - O navio que fez a própria sepultura (Cairnsmore) 53
31ª - Tragédia inglesa em águas brasileiras (Kapunda) 54
32ª - A herança de um desastre (SS La Bourgogne) 55

Capítulo 2 · TRAVESSIAS OCEÂNICAS · 1900 A 2000

33ª - Poderia ter sido bem pior (Jack e Wyn Felton) 58
34ª - Façanhas suicidas (Cataratas do Niágara) 59
35ª - O navio dos caixões (SS Ventnor) 63
36ª - O curioso homem-rolha (Wadena) 65
37ª - O que aconteceu com eles? (Carroll A. Deering) 66
38ª - O jovem marinheiro que quis entrar numa fria (Billy) 70
39ª - Mistério condenado a ser eterno (Kobenhavn) 71
40ª - O legado de um ato (Baden) 76
41ª - Suvenir de um naufrágio (Chippewa) 79
42ª - O latido da salvação (Alice) 80
43ª - Coincidência ou premonição? (Morgan A. Robertson) 81
44ª - O transatlântico que trouxe a morte (Demerara) 82
45ª - Aquele navio era fogo! (Bermuda) 83
46ª - A diferença do Titanic argentino (Monte Cervantes) 84
47ª - Navio fantasma do Ártico (Baychimo) 86
48ª - Encontro indesejado (USS Ramapo) 88
49ª - Uma decepção atrás da outra (Pourquois-pas?) 90
50ª - O enigma Amelia Earhart (Amelia Earhart) 92
51ª - A passageira que jamais desembarcava (Caronia) 97
52ª - A incrível jornada de uma jangada (Jangadeiros) 100
53ª - O melancólico adeus do Normandie (Normandie) 103
54ª - Um santo navio (Zamzam) 105
55ª - Extraordinária luta pela vida (Poon Lim) 106
56ª - O triste fim de um grande veleiro (Vendaval) 109
57ª - Engolido pelo mar (São Paulo) 114
58ª - O homem que quis virar náufrago (Alain Bombard) 119
59ª - Foi mais que fundo (Trieste) 123
60ª - Manobra escandalosa (ARC Caldas) 125
61ª - O enigma do Joyita (Joyita) 131
62ª - A baleia morta que virou espetáculo (Lloyd Nicaragua) .. 135
63ª - O rei do ar que morreu no mar (William Boeing) 136
64ª - O diabo submarino (Kaiyo Maru) 137

SUMÁRIO

65ª - A plataforma que virou principado (Sealand).................... 137
66ª - A ilha artificial que deu o que falar (Ilha Rosa) 140
67ª - Náufragos patrióticos (Barcaça T-36) 143
68ª - O visitante misterioso (Submarino secreto) 147
69ª - Náufraga e desesperada (Bluebelle) 149
70ª - Tudo começou em um navio (Santa Maria) 153
71ª - O pré-drone naútico (Amazon) 154
72ª - O navio que virou presídio (Raul Soares)......................... 155
73ª - A única certeza é que sumiram (Witchcraft) 155
74ª - Trancados, mas vivos (Aygaz)... 156
75ª - Só os bichos sobreviveram (Angoche) 157
76ª - Fenômeno estranho, mas explicável (Bergensfjord) 158
77ª - O recreio que virou aborrecimento (Recreio) 159
78ª - A polêmica Balsa do Sexo (Acali)..................................... 161
79ª - O maior mistério dos Grandes Lagos (Edmund Fitzgerald) 164
80ª - Absurda tragédia urbana (Lagoa Solon de Lucena).......... 169
81ª - Detalhe que revelou a verdade (München)...................... 172
82ª - A regata que terminou em desastre (Fastnet) 173
83ª - Um enigma dentro do outro (Sarah Joe)......................... 175
84ª - O nobre gesto do comandante brasileiro (José Bonifácio) ... 179
85ª - Vida e morte no mar (Peter Tangvald)............................. 182
86ª - Sobreviveu à água, mas não à areia (Curtis Saville) 186
87ª - O golpe dos desastrados (Operação Algeciras) 187
88ª - Adão e Eva dos tempos modernos (Gerald e Lucy).......... 191
89ª - Graças aos golfinhos (Egon Purkl).................................... 195
90ª - Transatlântico macabro (Admiral Nakhimov) 196
91ª - Uma ousadia traumática (Julio Esteves)........................... 197
92ª - O cargueiro que virou mansão (Benson Ford) 202
93ª - Artimanha na raia (America´s Cup) 202
94ª - Caminhando sobre as águas (Rémy Bricka) 204
95ª - Tensão no mar gelado (Professor W. Besnard) 206
96ª - A aventura de um barco roubado (Kangaroo) 209
97ª - A última travessia do rebelde dos mares (Mike Plant) 215
98ª - O navio amaldiçoado (Achille Lauro) 222
99ª - A confirmação de um fenômeno (Onda do Ano Novo) ... 224

Capítulo 3 - GUERRAS NOS MARES - 1914 A 1945

100ª - A colisão que destruiu uma cidade (Mont Blanc) 230
101ª - O encouraçado que deixou um legado (Dreadnought) 231
102ª - Afogado por um livro (Código SKM) 232
103ª - Enigmas de um naufrágio (Santa Catarina) 233
104ª - Atacou o próprio amigo (Bruno Hoppe) 234
105ª - Um recordista valioso (Laurentic) 234
106ª - O reciclador de torpedos (Martin Nasmith) 235
107ª - Não sabiam que eram inimigos (Olinda) 235
108ª - Guerra com regras (U-47) 236
109ª - Gentileza até com os inimigos (Günther Prien) 237
110ª - O submarino mal-assombrado (U-65) 238
111ª - O comandante que afundou o próprio navio (Graf Spee) .. 240
112ª - Tem alguém aí dentro? (USS Squalus) 244
113ª - O comandante fiel (U-564) 247
114ª - A primeira grande vítima da Segunda Grande Guerra (Athenia).. 248
115ª - Um mistério carioca (Wakama) 249
116ª - Dois naufrágios em um só dia (George Dexter) 252
117ª - A bebida que veio do mar (SS Politician) 253
118ª - O verdadeiro primeiro (SS Robin Moor) 255
119ª - Sorte ou traição? (Vanja) 256
120ª - O gato dos três naufrágios (Gato Oscar) 257
121ª - Salvação a qualquer custo (U-70) 258
122ª - O bom inimigo (U-99) 259
123ª - Metralhados no mar (Antonico) 259
124ª - Uma escolha polêmica (Queen Mary e Curacao) 260
125ª - O naufrágio que gerou outros náufragos (Dunedim Star) 261
126ª - Vítimas das próprias bombas (Hammann) 263
127ª - Teimosia fatal (SS Lemuel Burrows) 264
128ª - O tesouro que todos sabem onde está (Baía de Manila) ... 264
129ª - Eles recusaram o resgate (Olopana) 269
130ª - Escapou do torpedo, mas não do tubarão (Parnaíba) 270
131ª - Gêmeos até o fim (Mogami e Mikuma) 271
132ª - O feitiço que virou contra o feiticeiro (President Coolidge).. 271

SUMÁRIO

133ª - Melhor morrer do que ser salvo (USS Spence) 273
134ª - O submarino que agia como um navio (U-99) 273
135ª - Os pescadores que viraram vítimas da guerra (Changri-lá) ... 274
136ª - O que aconteceu com o Cisne Branco? (Cisne Branco) 277
137ª - Saída mais que original (Troubadour) 278
138ª - O transatlântico que afundou duas vezes (Conte Verde) .. 279
139ª - O náufrago que virou mito (John Kennedy) 280
140ª - Um recorde em plena guerra (Robert E. Peary) 281
141ª - Afundado pela neve (St. Sunniva) 283
142ª - Um drama logo esquecido (Zaandam) 283
143ª - O colosso que virou entulho (Augustus) 284
144ª - Salvos na hora certa (USS Enterprise) 285
145ª - O fim infernal do barco do inferno (Junyo Maru) 286
146ª - Os suicidas do mar (Kaitens) 288
147ª - O cemitério submarino da guerra (Rio de Janeiro Maru) 289
148ª - Drama dentro e fora d'água (I-169) 290
149ª - O navio-bomba que apavora até hoje (SS Richard Montgomery) . 291
150ª - Abandonado, esquecido e impune (Vital de Oliveira) 294
151ª - O homem-torpedo (U-767) 296
152ª - Um equívoco fatal (Cap Arcona) 297
153ª - O capitão alemão que virou americano (Herbert Werner).... 298
154ª - A privada que afundou um submarino (U-1206) 298
155ª - O gigante japonês que quase resistiu (Yamato) 300
156ª - A guerra acabou, mas ele não sabia (U-853) 301
157ª - O menino que salvou muitos homens (Balfe) 302
158ª - Ataque ou fatalidade? (Bahia) 302
159ª - O mais original dos disfarces (Abraham Crijnssen) 306

Capítulo 4 - HISTÓRIAS RECENTES - 2000 ATÉ HOJE

160ª - A incrível travessia dos carros oceânicos (Autonauti) 310
161ª - O vergonhoso crime contra um mito da vela (Peter Blake).. 314
162ª - Ação despreparada, reação exagerada (Baragua) 316

163ª - O problema virou a solução (Wahkuna) 319
164ª - Exercício desastrado (Alcatrazes) 321
165ª - O padre voador que terminou no mar (Adelir de Carli) ... 323
166ª - A navegadora adolescente (Laura Dekker) 327
167ª - Mortos, mas nem tanto (Dinamarca) 330
168ª - Vovô pra lá de radical (Anthony Smith) 332
169ª - A ilha que nunca existiu (Ilha Sandy) 333
170ª - A segunda tragédia do Bounty (HMS Bounty) 336
171ª - O apelido não era por acaso (Zé Peixe) 337
172ª - Pirata roubando pirata (Atlantis) 340
173ª - O perfume que veio do fundo do mar (Mary Celestia) 341
174ª - O mais antigo dos correios marítimos (Paula) 342
175ª - Outra mensagem bem mais bizarra (Garrafa ao mar) 345
176ª - Perseguição implacável (Thunder) 346
177ª - Sem nome, mas com documento (Imigrantes líbios) 350
178ª - Acabou em naufrágio (Lu Yan Yu Yuan) 351
179ª - A desmiolada saga do Capitão Bolha (Reza Baluchi) 354
180ª - Só faltou o mais importante (INS Arihant) 357
181ª - O brinquedo que venceu o oceano (Harry e Olie) 357
182ª - O sonho que virou pesadelo (Rich Harvest) 358
183ª - A tartaruga dos traficantes (Thetis) 365
184ª - O sonho não acabou (Lagniappe) 366
185ª - Voltou um século depois (Maud) 367
186ª - Trágica sonolência (Jeremiah Israel) 368
187ª - Afogado no noivado (Aghton Mota) 369
188ª - Nome abençoado (Amen) 369
189ª - Abocanhado por uma baleia (Rainer Schimpf) 370
190ª - A rolha navegadora (Jean-Jacques Savin) 371
191ª - Entre penas e ventos (Guirec Soudée) 375
192ª - De vítimas à criminosos (Elhiblul) 377
193ª - Salvos pela droga (Traficantes colombianos) 378
194ª - O homem que comprou um naufrágio (Gregg Bernis) 378
195ª - Quando a idade não é obstáculo (Bill Hatfield) 381
196ª - Agora ou nunca (R. Kanters) 385
197ª - Uma falha fatal (Ruihan Yu) 386
198ª - Tudo errado na homenagem (Sagres) 389
199ª - O triste fim de uma alegria (O Maestro) 390
200ª - Acidente ou golpe? (Patrick Mcdermott) 395

CAPÍTULO 1

GRANDES NAVEGAÇÕES
1500 A 1900

A vergonha do grande comandante
Como um simples grumete causou o naufrágio da principal nau de Cristóvão Colombo

A noite do Natal de 1492 foi especialmente triste para Cristóvão Colombo, embora dois meses antes ele tivesse realizado um grande feito: a descoberta da América – que ele julgava ser a Índia.

Naquele dia, cansado da longa travessia de volta à Europa, levando a boa notícia, e seguro quanto às condições de navegação, já que o mar estava tranquilo, Colombo deixou o convés da Santa Maria, nau capitânia de sua flotilha, que também contava as naus Pinta e Niña, e desceu para seus aposentos, delegando a responsabilidade de conduzir a embarcação ao piloto, Juan de la Cosa. Mas este, igualmente cansado, tão logo o Almirante sumiu de vista, decidiu também dormir, e entregou o timão a um jovem grumete da tripulação – um menino com não mais que 15 anos de idade, embora Colombo proibisse essa prática. Não demorou e a desgraça aconteceu.

Inexperiente, o jovem aprendiz não percebeu que a Santa Maria passou a ser levada pela correnteza e só descobriu isso quando a nau estancou abruptamente sobre um banco de corais, gerando um estrondo que levou toda a tripulação de volta ao convés. Em especial, Colombo, que subiu furioso, tanto com o grumete quanto com o negligente piloto, que, como se não bastasse a falha imperdoável, ainda aproveitou a ordem seguinte (pegar o bote, recolher a âncora e levá-la para longe, na esperança que isso fizesse a nau escapar daquela armadilha), para tentar salvar a própria vida, remando até a Niña, que seguia a uma légua de distância. Mas, ao chegar na outra embarcação e contar o ocorrido, Cosa foi mandado de volta ao barco inerte e já moribundo.

Quando isso aconteceu, a Santa Maria já estava sendo tomada pela água, o que levou Colombo a mandar esvaziar os porões e cortar o mastro, numa tentativa desesperada de aliviar peso e fazer a nau voltar a flutuar. Não adiantou. Rapidamente, o casco começou a adernar e seguiu inclinando, até que deitou de vez sobre o recife, selando para sempre o destino da embarcação.

Exausto pelo esforço inútil, Colombo sentou-se num canto do convés e chorou, enquanto via seus homens partirem em botes para a praia da baía onde se encontravam, na ilha de Hispaniola, atual Haiti. Mas, quando o dia amanheceu, conformado com a perda de sua principal nau, o genovês voltou a se encher de vigor e ordenou que seus homens retornassem à Santa Maria, desta vez, para saqueá-la.

Com a madeira retirada do barco, Colombo mandou construiu duas casas, nas quais alocou parte da tripulação que não coube nas duas outras naus, e retornou à Espanha, a bordo da Niña. Estava orgulhoso por ter implantado os alicerces da futura fortaleza de La Navidad, assim batizada por conta da data do naufrágio, e a primeira fortificação a ser erguida nas novas terras, mas envergonhado por ter perdido sua nau capitânia por obra de um simples grumete, o que só fez aumentar sua fama de exímio comandante, mas péssimo navegador.

Um tesouro que foi parar dentro de outro
Em vez dos diamantes que buscavam, eles encontraram algo bem mais valioso

Apesar da data, não era nenhuma brincadeira ou mentira. Em 1º de abril de 2008, quando vasculhavam o fundo de uma antiga lagoa que secara, por conta do recuo do mar, na costa da Namíbia, litoral da África, geólogos da maior empresa de diamantes do mundo, a De Beers, encontraram algo bem mais valioso do que as pedras preciosas que buscavam. Encontraram os restos de uma caravela portuguesa do século 16, contendo lingotes de cobre, presas de marfim e nada menos que 2 333 moedas de ouro. E foram as moedas que permitiram identificar a nau como sendo a Bom Jesus, que partira de Lisboa em março de 1533, rumo à Índia, levando bens que seriam trocados por especiarias.

Mas a Bom Jesus, capitaneada por Francisco de Noronha e tripulada por mais de 300 homens, entre marinheiros, mercadores, escravos e padres, não passou da costa africana. Ali, pouco antes de dobrar o Cabo da Boa Esperança, uma provável tempestade atirou a nau na direção da terra firme, onde a Bom Jesus encalhou e ficou, para sempre, caprichosamente dentro dos limites do que viria a se tornar uma das maiores e mais protegidas minas de diamantes do mundo. Uma nau cheia de moedas de ouro enterrada em uma praia repleta de diamantes, numa região que viria a ser chamada Sperrgebiet, ou "Área Probida", em alemão, idioma predominante na Namíbia durante muito tempo – não poderia haver local mais seguro para a preservação de um tesouro histórico.

Isso também contribuiu para a perfeita preservação de boa parte da embarcação portuguesa, que, ao ser escavada, revelou até uma primitiva seringa de metal usada para injetar mercúrio nos tripulantes contaminados pela sífilis, mas nenhum osso humano, o que permitiu supor que todos teriam escapado com vida, antes de sucumbirem a uma das áreas mais inóspitas da África. Além disso, ao contrário do habitual, os restos da nau não estavam debaixo d'água, mas soterrados sete metros na areia seca do que se tornaria, com o recuo do mar, uma extensão do grande deserto da Namíbia, que avança até o litoral.

Para os geólogos, que, com a descoberta, passaram a minerar história em vez de diamantes, foi um achado tão surpreendente quanto curioso, já que não precisaram sequer molhar os pés para encontrar a caravela Bom Jesus, cujos documentos foram perdidos no grande incêndio de Lisboa, em novembro de 1755. Em vez de mergulhar, eles apenas cavaram.

O porto que nasceu de um flagelo
Ao que tudo indica, um tsunami deu origem ao maior porto do Brasil

Em 1541, durante os primeiros anos do Brasil, o mar invadiu a primeira vila do país, São Vicente, no litoral de São Paulo, como nunca se viu. A inundação foi tão violenta que alterou a topografia do pioneiro assentamento brasileiro, além de causar algumas mortes. Os poucos registros da época falaram em "maremoto". Mas o mais provável é que a frágil vila tenha sido vítima de um tsunami, uma sequência de grandes ondas provocada por um terremoto em terras distantes, mas que só foi percebido ali, por que, afinal, não haviam outros povoados no litoral brasileiro para registrá-lo.

O fenômeno destruiu o porto natural onde ancoravam as naus que chegavam de Portugal, e um novo local teve que ser criado. Nasceu assim o porto da vizinha vila de Santos, hoje o maior do Brasil.

O primeiro solitário de Santa Helena

300 anos antes do imperador, um português decidiu se autoexilar na iha de Napoleão

Fernão Lopes foi um soldado português, que, no início do século 16, quando servia ao Império português em Goa, na Índia, mudou de lado e, por isso, foi preso, torturado, castigado com a decepação do nariz, das orelhas e de um braço, e, após ser perdoado, colocado numa nau, de volta à Portugal.

Mas, durante a escala do barco na Ilha de Santa Helena, no meio do Atlântico, onde as naus portuguesas costumavam parar para abastecer suas barricas com água fresca, Fernão, envergonhado por retornar a Portugal humilhado e desfigurado, optou por desembarcar e viver sozinho naquela ilha deserta.

Tornou-se, assim, o primeiro habitante conhecido de Santa Helena e virou figura lendária entre os navegantes portugueses do passado, que passaram a lhe deixar mantimentos, sempre que passavam pela ilha. A começar por um galo, que se tornou o seu único companheiro.

Até que, 14 anos depois, Fernão foi persuadido a abandonar o autoexílio e retornar a Portugal, com a garantia de que receberia indulto do rei e do papa, as duas maiores autoridades da época. Ao voltar à Europa, impressionado com a história do ex-soldado, o papa Clemente VIII lhe concedeu um desejo. Fernão, então, pediu para retornar à Santa Helena, de onde ele nunca mais saiu, até morrer, em 1545, e ser enterrado lá mesmo.

Somados os dois períodos, Fernão Lopes viveu quase 30 anos isolado na mesma ilha onde, 300 anos depois, Napoleão Bonaparte seria exilado. Só que, no caso do imperador francês, o exílio não foi voluntário.

O galeão que batizou um aeroporto

O segundo maior aeroporto do Brasil tem o seu nome ligado à história de um barco, não de um avião

No século 17, o então maior navio de guerra do mundo foi construído no Brasil. Era o galeão português Padre Eterno, que, após quatro anos de trabalhos, foi lançado ao mar, no Rio de Janeiro, no dia de Natal de 1663.

A nau tinha 53 metros de comprimento, 144 canhões a bordo, casco de madeira extraída da Mata Atlântica, mastro principal feito com um único tronco de árvore, com quase três metros de circunferência na base, e fora feito em um estaleiro especialmente construído para isso, por ordem do então governador da capitania hereditária do Rio de Janeiro, Salvador Correia de Sá, na maior ilha da atual baía de Guanabara – que, não por acaso, passou a ser chamada de Ilha do Governador.

Mas o mais interessante é que, três séculos depois, no exato local onde ficava o histórico estaleiro luso-brasileiro foi erguido o segundo maior aeroporto do Brasil, que, numa referência direta ao passado da região, passou a ser conhecido como "Aeroporto do Galeão" – como é conhecido até hoje, embora o seu nome oficial seja Aeroporto Tom Jobim.

Já o gigantesco galeão que deu origem a tudo isso teve um final bem menos glorioso. Dois anos após ser construído, foi levado para Portugal, onde, pelo seu porte avantajado, atraiu a atenção de espiões de outras coroas. De lá viajou para o oriente, onde nunca chegou, porque afundou no oceano Índico, logo depois.

GRANDES NAVEGAÇÕES

Um tesouro mais que disputado
Quando o galeão San Jose afundou, atingido pelos ingleses, teve início a verdadeira batalha

Nas primeiras horas da manhã de 8 de junho de 1708, o almirante inglês Charles Wagner por fim avistou, ao largo da costa de Cartagena, no mar caribenho da atual Colômbia, a esquadra de uma dúzia de naves espanholas que vinha buscando há tempos. Naquela época, Espanha e Inglaterra eram inimigas e atacar os galeões que levavam para os reis espanhóis as riquezas do "Novo Mundo" era uma maneira de enfraquecê-los.

Por isso, Wagner não pensou duas vezes antes de disparar seus canhões ao avistar a flotilha, que, para sua sorte extra, era capitaneada pela nau mais valiosa da esquadra espanhola: o galeão San Jose – que seguia de volta para a Europa abarrotado de ouro, prata e esmeraldas extraídos durante anos nas minas da América do Sul e Central, já que aquela era a primeira viagem de volta à Espanha depois de dez anos. O San Jose transbordava riquezas: só em ouro, eram mais de 200 toneladas. Mas a travessia não passou da costa colombiana.

Apesar de ser uma nau fortemente armada, com nada menos que 64 canhões, o San Jose não conseguiu escapar da sanha de Wagner em caçá-lo. Foi alvejado seguidamente, sem tempo de reagir da mesma forma, enquanto o restante da flotilha, aproveitando a concentração de esforços de Wagner no poderoso galeão, escapava incólume para o mar aberto.

Até que, minutos após o início do ataque, uma explosão fez a proa do San Jose subir pelos ares – um dos disparos ingleses havia atingido o depósito de pólvora do galeão espanhol. Dilacerado e sobrecarregado, o San Jose afundou instantaneamente, matando 589 de seus 600 homens. Apenas 11 tripulantes sobreviveram. E nada do tesouro que o galeão transportava pode ser resgatado, porque os restos da nau espanhola mergulharam até atingirem inalcançáveis 600 metros de profundidade.

Para Wagner só restou o consolo de ter impedido que tamanha riqueza chegasse à Espanha, embora o ideal tivesse sido que ele a recuperasse, em nome da Coroa Inglesa. Mas nem ele nem ninguém conseguiu fazer isso. Até hoje.

Durante quase três séculos, a localização exata da batalha que pôs fim ao precioso galeão espanhol (com uma carga tão valiosa que passou a ser considerado o "Santo Graal dos Naufrágios") permaneceu ignorada.

Até que, na década de 1980, uma empresa americana de exploração de naufrágios, a Sea Search Armada, começou a pesquisar a região e, ao cabo de meses de trabalho, com o apoio do governo colombiano, indicou possíveis áreas onde poderiam estar os restos do San Jose. Em dezembro de 2015, veio o achado – anunciado, com toda pompa, pelo próprio presidente da Colômbia, Juan Manuel Santos.

Só que, desde então, os direitos da exploração do naufrágio que é considerado "o mais valioso de todos os tempos" (cuja carga, hoje valeria algo como 15 bilhões de dólares, sem falar em seu valor histórico) se transformou em pendenga jurídica que envolve não só a empresa americana, como os governos da Espanha e da Colômbia. Atualmente, os dois países brigam nos tribunais internacionais pela posse legal dos escombros do galeão – que, hoje, mais de 300 anos depois, só são visíveis no fundo do mar graças aos seus canhões.

A Colômbia diz que, como os restos do galeão estão em águas territoriais colombianas, eles pertencem ao patrimônio histórico daquele país. Já a Espanha contra-ataca, alegando que o San Jose era uma embarcação espanhola, e, baseada na determinação da Unesco, órgão das Nações Unidas para a educação, ciência e cultura, de que os naufrágios devem pertencer ao país da bandeira de origem do navio, exige o direito sobre o naufrágio. Mas o problema é que a Colômbia não faz parte desse tratado e, portanto, não segue nem reconhece a determinação da Unesco.

Além disso, há a empresa americana que identificou o local do naufrágio, que há décadas briga pelos seus direitos na justiça, o que o governo da Colômbia, depois de apoiá-la no início das pesquisas, passou a ignorar.

Atualmente, o caso do galeão San Jose é tratado como "assunto de Estado", dentro do governo colombiano. E, para tentar impedir que ele venha a ser explorado por outros países ou empresas, o Conselho

Nacional do Patrimônio Histórico da Colômbia decidiu transformar os restos da nau espanhola em "bens de interesse cultural", o que colocou por água abaixo não só os planos de usar parte do tesouro que ele transportava para financiar o seu o próprio resgate, ideia que horrorizava os cientistas, porque parte da carga teria que ser vendida, como proibiu que qualquer coisa que venha a ser retirada do navio possa ser comercializada.

E a confusão não para por aí. Recentemente, descendentes de índios sul-americanos, sobretudo peruanos e bolivianos, entraram com uma ação na justiça colombiana alegando que o ouro, a prata e as pedras preciosas que afundaram com o galeão foram extraídas do território de seus ancestrais, e que, portanto, também cabe a eles uma parte do que for resgatado. Mas reside aí um outro problema: ninguém sabe como o resgate da valiosa carga do galeão San Jose poderia ser feito, porque só submarinos especiais conseguiriam chegar a tal profundidade e nenhum dos governos envolvidos possuem tal equipamento.

Por tudo isso, o mais provável é que, em meio a uma sucessão de recursos jurídicos que tende a se tornar eterna, o destino da valiosa carga que o San Jose transportava ao ser alvejado pelos canhões de Charles Wagner seja permanecer intocada no fundo do mar, onde repousa há mais de três séculos. Como, por sinal, sempre recomendou a Unesco, por considerar que naufrágios históricos não pertencem a país algum e sim ao patrimônio da humanidade em geral.

As piores do Cabo Horn

Entre as desgraças que o estreito que une dois oceanos já produziu, duas entraram para a História

Poucos mares do planeta geram tanto receio nos marinheiros e admiração pelos que o vencem quanto o Cabo Horn, no extremo sul da América do Sul, último naco de terra firme do continente americano e o ponto mais próximo que existe da Antártica, em todo o globo terrestre.

Ali, dois oceanos se afunilam e se encontram em um simples estreito: o Pacífico, cuspindo colossais montanhas de água salgada a cada fração de segundo no Atlântico, e este revidando com furiosos ventos contrários, vindos da Antártica.

No Estreito de Drake, a profundidade dos dois oceanos passa, subitamente, de milhares de metros para pouco mais de cem, criando barreiras submersas que transformam simples ondulações oceânicas em grandes ondas, potencializadas ainda mais pelos violentos ventos antárticos.

Em média, a região do Cabo Horn passa 300 dias por ano sendo bombardeada por ventos fortes ou tempestades, o que a torna uma das áreas de navegação mais tensas do planeta – e verdadeiro teste prático de sangue frio e habilidade para os comandantes de barcos.

Em 1750, pouco mais de um século após ter sido descoberto, em 1616, pelos navegadores holandeses Jacob Le Maire e Willem Schouten, da Companhia das Índias Ocidentais (que o batizaram com o nome da cidade holandesa de Hoorn, de onde haviam partido para aquela viagem, que tinha por objetivo achar uma passagem para o Pacífico menos complicada que o Estreito de Magalhães, descoberto quase um século antes, por Fernão de Magalhães), um fato mostrou claramente do que o Cabo Horn era capaz.

Ali, num só dia, desapareceram 12 navios de um mesmo comboio militar, que partira do Chile rumo ao Atlântico. O que aconteceu? Jamais se soube. Até porque ninguém sobreviveu para contar.

Tempos depois, outro fato, bem menos dramático, mas igualmente exemplar da dificuldade que é dobrar o cabo mais ao sul do planeta em certas ocasiões, rendeu ao cliper alemão Suzanna um patético recorde, que jamais foi batido: o da mais lenta, demorada e sofrida travessia do Horn que se tem notícia.

No final do inverno de 1905, o Suzanna, mesmo sendo um dos clíperes mais ágeis e velozes da Europa, levou inacreditáveis 99 dias para dobrar o Horn e entrar no Pacífico. O grande veleiro cargueiro deixou o Atlântico Sul para trás e penetrou no Estreito de Drake em 19 de agosto, mas só conseguiu sair do outro lado em 26 de novembro, mais de três meses depois.

Durante todo esse tempo, por conta dos ventos, sempre acima dos 100 km/h, o Suzanna navegou de maneira errática e descontrolada, descrevendo intermináveis ziguezagues, que por muito pouco não o fizeram dar na Antártida. Já a desafortunada tripulação, que sobreviveu bebendo apenas gelo derretido, sofreu horrores no mar dia e noite violento e desencontrado do Estreito de Drake.

Por essas e outras, o Cabo Horn é considerado o "Monte Everest" da navegação – porque vencê-lo quase nunca é fácil.

E um velho ditado marinheiro ajuda a explicar a razão. Ele diz: "Abaixo dos 40 graus de latitude, não existe lei. Abaixo dos 50, não existe nem Deus".

Robinson Crusoé do Ártico
Quando o barco ficou preso ao gelo, só restou contar com uma improvável companhia a bordo

Bruce Gordon foi um escocês, que, em 1757, embarcou em uma viagem de captura de baleias nas águas do Ártico, a bordo do baleeiro Anne Forbes, cujo comandante não zelava nem um pouco pelos princípios éticos do cargo – vivia bêbado e tomava decisões perigosas. Numa delas, o tenebroso capitão decidiu penetrar em uma baía já quase congelada, na atual Groenlândia, e de lá não mais conseguiu sair. O barco acabou aprisionado e esmagado pelo gelo. Todos os tripulantes foram parar no mar, e, igualmente bêbados, morreram afogados ou congelados. Menos Bruce Gordon, que, sóbrio, sobreviveu para viver uma história extraordinária.

Após conseguir escalar o casco parcialmente despedaçado e abrigar-se em uma parte não submersa do barco, onde, por sorte, ficava o compartimento de mantimentos, Gordon adormeceu, exausto. Quando acordou, ouviu ruídos e julgou ser alguém vindo resgatá-lo. Mas eram ursos polares, devorando, no mar, os corpos de seus companheiros de viagem. Um dos animais farejou os mantimentos no interior do barco e entrou no que restou do baleeiro, com Gordon dentro dele.

Desesperado, o escocês não teve outra opção senão se atracar com o animal, munido apenas de uma faca. Sem saber exatamente como, conseguiu desferir diversas facadas e matar o urso – uma fêmea de bom tamanho. Aproveitando a oportunidade, retirou a pele do bicho, para usar como proteção contra o frio, e estocou sua carne, como alimento futuro.

Logo, porém, Gordon recebeu a visita de outro urso em seu curioso abrigo: um filhote, que ele deduziu ser cria da ursa que havia matado, e que vinha em busca da mãe, atraído pelo seu cheiro. Aquilo sensibilizou o marinheiro, que resolveu adotar o animal como mascote – uma fêmea com pouco tempo de vida e, portanto, ainda dócil. Ele a batizou de Nancy e passou a ser sua companhia constante. Mais tarde, Gordon treinou o animal para capturar peixes sob o gelo e dividi-los com ele. Os dois passaram meses juntos, dividindo o pequeno espaço do que restara do barco esmagado e atado ao gelo.

Com a chegada da primavera, Gordon decidiu que era hora de partir em busca de ajuda, mas levou Nancy com ele. Nem precisou sair de onde estava, porque o bloco de gelo no qual os restos do barco estavam encravados começou a ser levado pelo mar, que descongelava. Dias depois, de sua estranha ilha de gelo, ele avistou uma pessoa caminhando ao longe e tentou chamar sua atenção, com gritos e batidas no casco do barco. Mas quando Nancy resolveu ajudar e urrou forte, a pessoa que podia ser a salvação do marinheiro solitário saiu correndo, em disparada.

O bloco de gelo, com aqueles dois insólitos seres abolectados, seguiu vagando por semanas à fio, até que atingiu o que parecia ser o continente. Na verdade, a Groenlândia, que não passa de uma gigantesca ilha. Ali, Gordon encontrou rastros de cães do Ártico e resolveu segui-los. Não demorou muito e chegou a um vilarejo de descendentes de noruegueses, onde foi recebido com certa estranheza, especialmente por estar na companhia de uma ursa. Mas, mesmo assim, recebeu abrigo e ficou sabendo que barcos baleeiros costumavam aparecer de vez em quando. Seria a sua chance de retornar à Escócia. Mas o que fazer com Nancy?

Foi a própria ursa que resolveu o dilema. Dias depois, ela fugiu do vilarejo, aparentemente sem nenhum motivo. Nunca mais se teve notícias da ursa do Ártico que cresceu na improvável companhia de um humano. Já Bruce Gordon retornou à Escócia, sete anos após ter partido. Lá, enfrentou a incredulidade sobre a sua história, mas, por fim, acabou sendo reconhecido como o único sobrevivente do Anne Forbes, na solidão de uma terra ainda desconhecida. E, com base em um livro de sucesso, então recém-lançado, que contava a saga de um náufrago numa ilha deserta, logo ganhou o apelido pelo qual ficaria mais conhecido: Robinson Crusoé do Ártico.

O fogo que venceu o frio
Como tentar apagar o incêndio naquela fragata se até a água do mar congelava?

O dia 17 de janeiro de 1744 estava tão frio e congelante na costa de Portsmouth, no atual estado americano de New Hampshire, que a tripulação da fragata inglesa Astrea, ancorada ao largo da cidade, decidiu aumentar a calefação interna da cabine, que era feita a partir da queima de carvão. Mas exageraram na quantidade de madeira colocada na fornalha e o assoalho ao redor do equipamento começou a pegar fogo.

Não teria passado de um mero incidente, facilmente contornável, se, além de frio, o dia não estivesse sob fortes ventos, que fizeram o fogo se alastrar bem mais do que aqueles homens eram capazes de controlar. Logo, as chamas começaram a tomar conta de todo o interior do barco e o Astrea passou a arder feito uma tocha.

Para completar o quadro desolador, o frio era tão severo que congelava parcialmente a água dos baldes que, de mão em mão, os marinheiros sacavam do mar para tentar apagar o fogo. Durante um par de horas, eles tentaram conter as chamas. Mas o esforço era em vão. Quando os baldes chegavam ao local do incêndio, metade do conteúdo deles já era puro gelo, ineficaz contra o fogo.

Por fim, os tripulantes do Astrea desistiram e abandonaram o navio, que queimou por completo, antes de sucumbir nas águas petrificantes de Portsmouth, naquele dia especialmente inóspito e – para eles – também azarado.

Verdadeiro cavalo marinho

Montado em um cavalo, um homem salvou 14 náufragos no mar. Mas ambos não tiveram a mesma sorte

O mar que banha a Cidade do Cabo, no extremo sul da África da África do Sul, é costumeiramente agitado. E fica pior ainda no inverno, com as frequentes frentes frias que chegam da Antártica. No primeiro dia de junho de 1763, o barco holandês Jong Thomas sentiu isso no próprio casco quando foi arremessado de encontro às rochas da baía Table Mountain, hoje cartão postal da cidade, por uma furiosa tempestade. E o mar, revolto, impediu as tentativas de salvamento a nado dos ocupantes do barco. Foi quando surgiu na praia da baía um homem a cavalo.

Ao perceber o drama das vítimas no navio semisoçobrado, ele decidiu ajudar, lançando-se ao mar com o animal, já que não sabia nadar – mas o cavalo, sim. Aboletado sobre a sela, como se estivesse cavalgando em terra firme, o salva-vidas improvisado chegou até os destroços do barco e começou a socorrer as vítimas, que eram puxadas por meio de uma corda lançada na água, ou simplesmente agarrando-se ao rabo do animal.

A dupla cavalo e cavaleiro fez meia dúzia de viagens até a praia, socorrendo os sobreviventes. Mas, na sétima incursão ao barco soçobrado, sem que ambos estivesse suficientemente descansados, o pânico fez com que muitos náufragos tentassem subir no animal ao mesmo tempo. O cavalo não aguentou o esforço e sucumbiu nas ondas, junto com o seu cavaleiro.

No total, 14 pessoas foram salvas pelo "cavaleiro do mar", que, depois, seria homenageado pela comunidade com um barco batizado com o seu nome. Já ao valente animal, verdadeiro herói daquela história, coube o reconhecimento de ter sido o mais legítimo e autêntico "cavalo marinho".

Um nome de sorte

Os três únicos sobreviventes de três naufrágios no mesmo local e dia tinham o mesmo nome

Sempre na mesma data (5 de dezembro), mas em três épocas diferentes (1664, 1785 e 1820), três navios naufragaram no Estreito de Menai, na costa da Inglaterra, deixando apenas um sobrevivente em cada um dos três acidentes. Até aí, mera coincidência.

Mas um intrigante detalhe arrepia os ingleses até hoje: os três únicos sobreviventes daqueles três naufrágios tinham o mesmo nome e sobrenome: Hugh Williams.

Coincidência demais para ser apenas isso? Sim, quando se analisam alguns detalhes destes três casos, que, a princípio, mais parecem fenômenos sobrenaturais.

O primeiro deles é que o Estreito de Menai, um perigoso canal que separa a Ilha Anglesey do restante do País de Gales, é um famoso engolidor de barcos, especialmente no inverno, quando as correntes marinhas correm ainda mais fortes entre suas margens – justamente a época do ano em que aconteceram aqueles três casos.

Outra explicação é que aquele canal sempre teve intenso tráfico de barcos, já que encurta barbaramente as travessias pela costa noroeste da Inglaterra. Apenas no pouco mais de um século e meio que separou o primeiro do terceiro naufrágio, mais de 300 barcos sabidamente afundaram no estreito, o que torna aqueles três casos nada excepcionais.

Por fim, Hugh é um nome extremamente comum na região, e boa parte dos habitantes da Ilha Anglesey possui o sobrenome Williams, o que explica a intrigante repetição nos nomes dos três sobreviventes.

Ou seja, foi mesmo mera coincidência.

O golfinho que guiava os barcos
A maneira mais segura de entrar e sair daquele porto era seguir um prestativo golfinho, que nunca errava

No final do século 18, bem antes que o tenebroso canal Hatteras, no litoral do atual estado americano da Carolina do Norte, ganhasse faróis e sinalização náutica para ajudar os barcos a desviar de seus perigosos baixios, um curioso golfinho fazia isso. E, por isso, fez história.

Durante cerca de 20 anos, sem que nenhum tipo de treinamento tivesse sido dado ao animal, o famoso golfinho branco (porque era albino) do Cabo Hatteras atuou como "guia de barcos" naquele canal, nadando à frente das embarcações até o porto – onde, ao chegar, dava seguidos saltos fora d´água, como se comemorasse o sucesso da operação.

Apesar de os baixios do canal mudarem a todo instante de lugar, movidos pela forte correnteza, o esperto golfinho parecia saber avaliar o tamanho do barco e a profundidade necessária, para não encalhar. Os comandantes confiavam tanto na intuição do animal, que foi apelidado Hatteras Jack (algo como "O Quebra-Galho de Hatteras"), que, ao chegarem na entrada do canal, ficavam fazendo barulho, até que o golfinho "branco feito neve", o que ajudava a distingui-lo facilmente dos demais, surgisse. E ele sempre surgia para ajudar.

Até que, por volta de 1810, um sistema de boias foi implantado no canal, sinalizando o caminho para os barcos. Com isso, muitos comandantes deixaram de seguir o prestativo golfinho, que pareceu ter percebido isso. Coincidência ou não, ele nunca mais foi visto na região.

Mas, até hoje, a história do legendário golfinho albino é contada naquele trecho do litoral americano, onde o nome Hatteras Jack batiza praticamente tudo, de lojas a hambúrgueres.

Quem não chora não ama

A sorte daquela menina foi que outra criança a ouviu no mar. E isso selou o destino das duas

Uma curiosa história de amor começou a nascer em julho de 1803, quando o comandante da escuna americana Polly decidiu levar o seu sobrinho, de apenas dez anos de idade, numa travessia que faria entre Boston e a Nova Escócia.

A viagem transcorreu sem nenhum contratempo e, quando eles se aproximavam do destino, navegando rente à costa numa manhã de mar tranquilo e sem vento, razão pela qual o barco avançava muito lentamente, o garoto foi para a amurada, apreciar a paisagem. Instantes depois, quando a escuna passou bem próximo a uma ilhota pedregosa, o menino julgou ter ouvido o choro de uma criança e correu para avisar o tio – que não acreditou no relato do sobrinho, mas concordou em voltar, a fim de provar que o que ele ouvira fora apenas o grasnado de uma gaivota.

Não era. Era choro de verdade – o de uma solitária menina, com cerca de dois anos de idade, encarapitada no rochedo, cercada pelo mar. Como ela fora parar ali? Jamais se soube. Até porque a menina mal sabia falar.

A hipótese de naufrágio foi logo descartada, porque nenhum barco havia afundado na região. No porto, tampouco ninguém soube explicar o que poderia ter acontecido, e nenhuma família havia dado queixa do desaparecimento de uma criança. Sem outra alternativa, o comandante decidiu ficar com a menina a bordo e retornar para Boston.

A partir daquele dia, Ruth, como foi batizada pelos tripulantes da escuna, passou a viver na casa do próprio comandante, e, anos depois, já adulta, casou-se com o sobrinho dele, o seu salvador.

A ilha que surgiu e sumiu

Um comandante inglês chegou a tomar posse de uma ilha, que, logo em seguida, desapareceu

A região dos Açores, no Oceano Atlântico, a cerca de 1 500 quilômetros de Portugal, a quem o arquipélago pertence, é famosa pelas erupções vulcânicas submarinas que, não raro, fazem surgir pequenas ilhas de lava onde antes só havia água. Mas, quase sempre, essas ilhas desaparecem em seguida, dissolvidas pelo mar, desafiando assim permanentemente a cartografia.

Em uma dessas "ilhas temporárias" ocorreu um fato curioso, em junho de 1811. O comandante da fragata inglesa HMS Sabrina, James Tillard, navegava em busca de embarcações francesas pela região da Ilha de São Miguel, uma das que formam o arquipélago português, quando avistou colunas de fumaça no horizonte. Julgando se tratar de uma batalha, seguiu para lá. Mas, ao chegar ao local, o que ele encontrou foi apenas a erupção de um vulcão submerso no mar, que cuspia lavas e começava a dar forma a uma a ilha.

Sem poder se aproximar demais, Tillard rumou para a vila da ilha de São Miguel, onde se encontrou com o consul inglês e expressou sua intenção de "tomar posse" da nova ilha em nome da Inglaterra, já que sua localização era estratégica no conflito contra os franceses. O diplomata concordou. Mas Tillard precisou esperar quase um mês, até que a lava resfriasse e ele pudesse retornar à recém-criada ilha, que batizou de Sabrina, mesmo nome de seu barco.

Quando o comandante inglês lá chegou, em 4 de julho, para fincar a bandeira da Inglaterra e decretar aquele "novo território" como sendo parte da Coroa Britânica, a ilha que nascera do nada já tinha cerca de um quilômetro de diâmetro e paredões de basalto com quase 100 metros de altura. Ou seja, uma ilha de fato. E ele tomou posse dela, em nome da Coroa Inglesa.

A ousadia de Tillard, que se apoderou de uma ilha dentro de uma região pertencente a Portugal, estremeceu as relações entre ingleses e portugueses. Mas, como naquela época a corte portuguesa havia se transferido para o Brasil e era totalmente dependente dos ingleses para se defender dos franceses, o incidente diplomático foi convenientemente esquecido. Até porque, apenas dois meses depois, a Ilha Sabrina já não existia mais.

Quase tão instantaneamente quanto surgiu, a nova ilha foi dissolvida pelo mar, que erodiu suas rochas basálticas como se fossem castelinhos de areia na praia. Em outubro daquele mesmo ano já não havia nenhum vestígio da efêmera ilha na superfície do mar.

Mesmo assim, até hoje, quase todos os visitantes dos Açores vão até o mirante da Ponta da Ferraria, na principal ilha do arquipélago, para ver o local onde ficava a Ilha Sabrina, aquela que quase tão repentinamente quanto nasceu, desapareceu.

Tragédia no Ártico

Para provar que era possível atravessar de um oceano para o outro pelo extremo do mundo, os ingleses criaram uma expedição tão grande quanto o seu fracasso

Durante mais de 300 anos, a Inglaterra tentou provar a existência de uma ligação entre o Atlântico e o Pacífico, através do Ártico, no topo do globo terrestre, hoje conhecida como Passagem Noroeste. Mas, em 1845, após oito expedições anteriores terem fracassado na missão, o Almirantado inglês decidiu montar a maior e mais bem preparada frota já enviada para a região – uma expedição exploratória marítima como nunca se tinha visto até então. Com isso, acreditavam os ingleses, o êxito era praticamente garantido.

A nova investida em busca daquele atalho marítimo que poderia mudar os rumos da navegação no mundo contava com dois supernavios para a época, o Erebus e o Terror, equipados com o que havia de mais moderno para navegar no gelo (proas blindadas com ferro, hélices retráteis, aquecedores a carvão nas cabines e motores iguais aos das locomotivas a vapor), e 127 oficiais e marinheiros sob o comando do explorador John Franklin, ex-governador da Tasmânia – que, no entanto, não fora a primeira opção do Almirantado para liderar a expedição, mas sim o único que aceitara o desafio de achar um caminho aonde nenhum homem jamais havia navegado. E, sabendo de antemão que a expedição passaria todo o inverno presa pelo gelo do Ártico, os dois navios foram equipados com provisões suficientes para três anos a bordo, e uma novidade revolucionária: comida enlatada.

Cheia de confiança e otimismo, a expedição partiu da Inglaterra em maio daquele ano, e, após uma escala na Groenlândia, zarpou, em 12 de julho, em busca do atalho gelado para o Pacífico, através do Ártico. Mas nunca mais foi vista.

Por cerca de uma década e meia depois, outras 15 equipes buscaram, em vão, notícias sobre aqueles homens. Até que, em 1859, uma expedição patrocinada pela viúva de Franklin e liderada pelo também explorador Francis McClintock, começou a desvendar o mistério. Após sofrer o diabo em uma longa caminhada exploratória no frio congelante do Ártico, o segundo oficial da expedição, William Hobson, encontrou um marco de pedras empilhadas sobre o gelo e, debaixo dele, uma carta do piloto do Terror, Francis Crozier, que narrava resumidamente o que havia acontecido com a trágica expedição inglesa e deixava claro que o primeiro problema havia sido o próprio gelo.

Três meses após a partida do grupo da Groenlândia, teve início o congelante inverno do Ártico, o que já estava previsto. Mas o que John Franklin, nem ninguém do Almirantado previra é que, no verão seguinte, o gelo não descongelaria por completo, impedindo os barcos de seguirem em frente. E veio mais um inverno, sem que eles conseguissem sair de onde estavam. E, com ele, a necessidade de começar o racionamento dos suprimentos, como forma de economizar carvão, que era usado para tudo nos navios – até para aquecer a comida enlatada.

Estranhamente, com o escasseamento do carvão, os homens começaram a morrer, um por um. De acordo com a carta escrita por Crozier, foram mais de 20 mortes em um curto período de tempo. Até o próprio Franklin sucumbiu, de causa também ignorada, em junho de 1847.

Com a morte de Franklin, o próprio Crozier assumiu o comando da expedição e, diante daquele cenário desolador (os dois navios trancados pelo gelo, poucos suprimentos e as mortes misteriosas das tripulações se sucedendo), tomou uma decisão desesperada: abandonar os navios e partir, com todos os sobreviventes, em busca de socorro, na imensidão deserta e congelante do Ártico.

Em 22 de abril de 1848, o grupo abandonou a relativa proteção do Erebus e Terror, que permaneciam teimosamente atados ao gelo, e iniciou, a pé, uma marcha meio sem rumo até a civilização mais próxima, que eles imaginavam poder ser alguma comunidade de esquimós, a cerca de 1 000 quilômetros de distância. Para poder atravessar os muitos trechos de gelo derretido no caminho, arrastavam uma dúzia de botes retirados dos navios, o que tornava a marcha ainda mais lenta, sofrida e difícil. Partiram 105 homens. Nenhum deles chegou ao destino pretendido.

Após cerca de um décimo do caminho, vendo que boa parte de seus homens estavam cada vez mais esgotados pelo esforço, pelo frio e pela fome, já que restava cada vez menos comida enlatada e carvão para cozinhá-la, Croziet tomou outra decisão: deixou os mais combalidos, com alguns suprimentos, junto a uma espécie de marco que construiu com pedras empilhadas, escreveu a tal carta contando o que havia acontecido com a expedição, e seguiu em frente, com um grupo menor, determinado a encontrar ajuda. Mas, também, não foi longe.

Com menos homens para ajudar a arrastar os pesados barcos no gelo, sob um frio intenso e já praticamente sem comida, a caminhada se tornou ainda mais penosa. E, gradativamente, os integrantes do grupo começaram a congelar, definhar e morrer. Foi quando começou outro horror: o do canibalismo.

Na desesperada luta pela sobrevivência, cada companheiro morto passou a servir de alimento para os demais, na tentativa de que ao menos alguém sobrevivesse para buscar ajuda para os companheiros que ficaram para trás. Mas, por fim, não sobrou ninguém.

Quando, 15 anos depois, William Hobson, da expedição de regaste montada pela viúva de Franklin, encontrou o tal marco de pedras, a carta deixada por Croziet e muitos corpos congelados ao redor de latas vazias de comida, é que a dramática história da fracassada expedição inglesa começou a ser desvendada. E o principal motivo de tantas mortes (além da fome, do escorbuto e da tuberculose) foi descoberto: o botulismo, uma intoxicação causada pelo acondicionamento mal feito de alimentos enlatados – justamente a "novidade" que prometia revolucionar aquela malfadada expedição.

Quando o racionamento de carvão limitou o aquecimento das refeições, o fogo parou de cumprir o papel de também eliminar os organismos daninhos contidos nas latas de comida, e as mortes começaram a acontecer. E aceleraram ainda mais, depois, com os homens enfraquecidos acampados no gelo e sem carvão para aquecê-los. Mas a pior de todas as descobertas de Hobson ainda estava por vir.

Mais adiante, a não mais que 200 quilômetros de onde o grupo havia abandonado os navios, jaziam pilhas de ossos descarnados, muitos com marcas visíveis de cortes a faca, o que deixava claro perturbadoras provas de canibalismo entre os homens do segundo grupo de Croziet – inclusive ele próprio, ao que tudo indicava.

Os restos do macabro grupo jaziam a beira de um curso de água descongelada e salgada, que, mais tarde, ficaria provado, era a tão buscada ligação entre o Atlântico e o Pacífico – uma prova irrefutável de que a Passagem Noroeste existia de fato. E Crozier, mesmo sem saber, chegou até ela. Mas morreu sem os méritos de seu feito.

Com isso, o reconhecimento oficial do primeiro homem a atravessar de um oceano para o outro pelo topo do mundo acabou ficando para o norueguês Roald Amundsen, que, mais tarde, também conquistaria o Polo Sul. Em 1906, 58 anos após o trágico final da expedição inglesa, Amundsen cruzou inteiramente a Passagem Noroeste, com apenas um pequeno barco e meia dúzia de homens. A Inglaterra jamais engoliu isso.

Mas, para os ingleses, houve ao menos uma compensação. Mais de um século e meio depois, em 2016, mergulhadores canadenses encontraram, no fundo do mar da atual Ilha Rei William, os dois navios da fatídica expedição de John Franklin. Ambos estavam afundados na água gelada, mas em surpreendente bom estado, o que permitiu não só reconstruir com espantosa precisão o longo purgatório que aqueles homens passaram presos no gelo do Ártico, como atestou a qualidade e resistência dos barcos que os ingleses haviam construído para conquistar uma das últimas fronteiras marítimas do mundo. Mas que resultou em um retumbante e trágico fracasso.

A exclusiva ilha da gata náufraga

Ninguém pode entrar na mais fechada ilhota americana, que é exótica até nos seres que a habitam

A Ilha Gardiners, bem na pontinha da ilha de Long Island, vizinha a Nova York, é considerada uma das propriedades mais fechadas e exclusiva dos Estados Unidos, já que há quase quatro séculos pertence à mesma família: os Gardiners, que batizam a própria ilha.

Foi nela que, no final do século 17, o legendário pirata Capitão Kidd sabidamente escondeu os frutos de seus saques, que, possivelmente, ao serem encontrados séculos depois, só fizeram aumentar a fortuna dos centenários donos do local. Mas ninguém pode entrar na ilha – só parentes ou convidados especiais dos Gardiners.

Mas a Ilha Gardiners tem outra peculiaridade, além de sua exclusividade: uma exótica linhagem de gatos, originários da distante Ilha de Malta, que foram parar ali graças a um naufrágio.

Tudo começou quando a escuna Maria Louisa, que tinha uma gata da espécie maltese a bordo, naufragou perto da ilha, no dia de Natal de 1812. A bichana, que acabaria sendo batizada com o mesmo nome do barco, sobreviveu ao naufrágio e foi resgatada por um funcionário da família dona da ilha, que possuía outro gato. E a união daqueles dois animais deu início a uma das mais puras linhagens felinas dos Estados Unidos, já que, por ser uma ilha particular com acesso proibido há séculos, os descendentes daquela gata náufraga jamais se misturaram com os de outras espécies, o que fez com que as características fossem mantidas em seus descendentes até hoje.

Graças a um naufrágio, a Ilha Gardiners se tornou exclusiva até nos animais que a habitam.

O acidente que tornou a ilha mais bonita

Graças à carga de um vapor francês, a grande ilha vizinha a Nova York ficou bem mais florida

Até hoje, os requintados moradores da região de Bridgehampton, em Long Island, uma grande ilha quase vizinha a Nova York, atribuem a beleza paisagística do local a um quase naufrágio ali ocorrido, mais de 170 anos atrás.

Em 14 de abril de 1842, o navio a vapor francês Louis-Philippe, que vinha da França para Nova York, encalhou diante da ilha. Para tentar aliviar o peso e desvencilhar o casco, boa parte de sua carga foi lançada ao mar e deu na praia que havia bem em frente – bem como todos os 92 ocupantes do navio sinistrado, que não teve nenhuma vítima. Essa foi a primeira boa notícia.

Já a segunda foi que a carga do navio eram mudas de flores, arbustos e árvores, que, recolhidas pelos moradores do condado, foram plantadas ali mesmo, em torno de suas casas. Com isso, Bridgehampton ganhou contornos de um autêntico jardim e tornou-se uma das áreas mais verdes e bonitas da região, situação que persiste até os dias de hoje.

Graças ao acidente, a ilha também ganhou um tipo de rosa que só existe ali, e que não por acaso foi batizada de Rosa do Naufrágio, o que, no entanto, não condiz exatamente com os fatos. Isso porque, depois de encalhar e propositalmente espalhar sua charmosa carga pela região, o Louis-Philippe acabou sendo salvo do iminente naufrágio ao ser puxado por rebocadores, e logo voltou a navegar.

Foi a terceira boa notícia de um incidente marítimo que só fez bem para a ilha. Até hoje.

Heroico cão salva-vidas

Ninguém tinha coragem de cair ao mar, por conta da tempestade. Mas um cachorro encarou o desafio

Quando, na noite de 8 de fevereiro de 1837, durante uma violenta tempestade de inverno, a escuna americana Carroll encalhou nos tenebrosos baixios de Outer Banks, uma traiçoeira fileira de ilhas que domina o litoral da Carolina do Norte, na costa leste dos Estados Unidos, sua tripulação bem que tentou baixar um bote ao mar e chegar à praia, onde, na manhã seguinte, um pequeno grupo de aflitos moradores da região acompanhava tudo, à distância, sem poder fazer nada. Mas as ondas esmagaram o pequeno bote de encontro ao casco antes mesmo que ele tocasse a superfície.

A única saída foi fazer chegar à praia um cabo, que, uma vez esticado, pudesse ser agarrado pelos tripulantes e os dois passageiros da escuna, tornando menos arriscada a travessia até terra firme. Mas ninguém teve coragem de se candidatar como voluntário para conduzir o cabo até a praia, já que o risco de afogamento (ou de hipotermia, porque, inclusive, nevava) era enorme.

Foi quando um dos marinheiros olhou para o mascote do barco, um esperto cão chamado Pillow ("Travesseiro", em inglês, porque mais parecia uma bola de pelos) e propôs que o animal fizesse o trabalho – ao que todos concordaram. Uma ponta do cabo foi, então, amarrada ao pescoço do animal, que foi lançado ao mar.

Tão logo tocou a água, Pillow saiu nadando em disparada em direção à praia, onde chegou em poucos minutos. O animal nadou com tamanha desenvoltura no mar congelante (graças a espessa camada de pelos, que o protegeu do frio), que seu feito acabou entrando para anais dos salva-vidas de Outer Banks. E, graças a ele, todos os ocupantes da escuna foram salvos.

Comovente esforço materno

Em busca do filho desaparecido, ela se atirou ao mar e ficou esquecida numa ilha por 18 anos

Em 1853, um grupo de caçadores de leões marinhos desembarcou na então esquecida Ilha San Nicolas, na costa do que hoje é a Califórnia, e deparou com uma indígena sentada diante de uma tosca cabana, alheia a tudo, costurando uma pele de foca com uma agulha feita de osso. Como ela nada falava, nem entendia o que eles diziam, foi levada para uma missão religiosa espanhola no continente, onde foi batizada com o nome cristão de Juana Maria.

Na época, estimou-se que a índia tinha por volta de 40 anos de idade e que vivera sozinha naquela ilha por muito tempo. Até que sua história veio à tona, trazida pela memória de um antigo missionário, que se recordou de um fato antigo.

Em 1835, portanto 18 anos antes, aquela índia fora retirada de sua aldeia, juntamente com outros indígenas e um filho pequeno, pelos mesmos missionários espanhóis que agora cuidavam dela, a fim de ser catequizada. O transporte foi pelo mar, mas, naquele dia, ele não estava nada amigável.

Durante a travessia, o barco sacudiu pavorosamente, atirando seus ocupantes de um lado para outro. Numa dessas balançadas mais intensas, a mulher deu falta do filho e, sem pensar duas vezes, se atirou ao mar, para procurá-lo na água. Em seguida, saiu nadando até uma ilha próxima, que era a desabitada San Nicolas. Lá, embrenhou-se na mata, julgando que o menino teria feito o mesmo, mas logo retornou à praia, sem encontrá-lo.

O barco manobrou e voltou para resgatá-la, mas o mau tempo não permitiu que chegasse perto da ilha. E assim ela foi deixada para trás, entregue à própria sorte naquele pedaço deserto de terra, sozinha e sem o filho.

Num primeiro momento, os religiosos se sensibilizaram e ofereceram uma recompensa para o barco que resgatasse a mulher solitária. Mas logo o fato caiu no esquecimento. Até que, quase 20 anos depois, aquele grupo de caçadores encontrou a índia, apática e praticamente muda.

Na missão religiosa, Juana Maria, aos poucos, passou a reconhecer certas palavras de outras tribos indígenas. Mas a dificuldade de comunicação fez com que as dúvidas sobre como ela sobreviveu todos aqueles anos na ilha ficassem sem respostas. E ficaram mesmo, porque, ironicamente, depois de ter sobrevivido tanto tempo sem recurso algum, a pobre mulher contraiu uma doença intestinal e morreu, pouco mais de um mês após ser resgatada.

Sobre o destino do filho, nem ela nem ninguém jamais teve uma resposta.

O náufrago que virou selvagem
Ele foi abandonado numa terra selvagem, mas teve bem mais sorte que outros ocupantes daquele barco

Narcisse Pelletier era um adolescente de apenas 14 anos de idade quando se juntou à tripulação do barco francês Saint Paul, na condição de camareiro, para uma viagem da França a Hong Kong, no primeiro semestre de 1858. De lá, o barco seguiu viagem para a Austrália, levando um grupo de 327 operários chineses que iriam trabalhar nas minas de ouro daquele país. Mas uma angustiante sequência de calmarias durante a travessia fez com que a jornada se tornasse vagarosa demais, o que comprometeu o estoque de comida a bordo.

Preocupado, o comandante francês Emmanuel Pinard decidiu mudar a rota, a fim de encurtar o tempo de viagem, e trocou a segurança do caminho habitual por um atalho sabidamente perigoso e mal mapeado, que passava entre as Ilhas Salomon e o arquipélago Louisiade. O resultado, como era de se esperar, acabou sendo o naufrágio do Saint Paul, após bater em um banco de corais, a pouca distância de um grupo de ilhotas que circundavam uma grande ilha, chamada Rossel, habitada por selvagens canibais.

O naufrágio não teve vítimas, mas deixou a tripulação e os chineses confinados em uma espécie de banco de areia, que nem água tinha, e perigosamente próximos aos primitivos nativos da ilha vizinha. Temendo o ataque dos supostos canibais e sabendo que nenhum outro barco ousaria passar por ali para resgatá-los, o capitão Pinard, homem cruel e autoritário, decidiu usar um dos dois barcos a remo que tinham sido salvos do naufrágio do Saint Paul para partir, com seus homens, deixando os chineses entregues à própria sorte naquela ilhota inóspita.

Aos chineses, Pinard apenas disse que estava partindo para buscar ajuda e que voltaria para resgatá-los. E justificou o embarque de toda a tripulação naquele único barco alegando que precisaria da força de seus homens nos remos para vencer a distância que os separavam da Austrália, a terra firme civilizada mais próxima.

Mesmo assim, para evitar retaliações dos chineses, a partida do grupo foi quase sigilosa. Na madrugada seguinte, Pinard e seus homens, incluindo o jovem e aturdido camareiro Pelletier, que apenas seguia ordens, aproveitaram que os chineses dormiam e se lançaram ao mar, com boa parte dos suprimentos que haviam conseguido resgatar dos restos do Saint Paul – que, mesmo assim, durariam pouco.

A travessia foi longa, sofrida, e obrigou o grupo a beber a própria urina para tentar aliviar a sede e a devorar aves marinhas, depois que a pouca comida que tinham acabou. Mesmo assim, Pinard manteve-se severo e implacável com seus subordinados. Até que, doze dias depois, o grupo atingiu a então deserta costa leste da Austrália, onde parou em busca de água e comida.

Após encontrar o que buscava, Pinard deu ordens para o grupo voltar para o mar e remar até Sydney, então praticamente a única cidade australiana. Mas, com um tripulante a menos. Para diminuir a quantidade de pessoas a bordo – e, consequentemente, de bocas para comer e beber –, o cruel capitão decidiu abandonar naquela terra ainda selvagem o seu jovem camareiro, que, pela pouca idade e corpo franzino, era o que menos renderia nos remos. Tal qual fizera com os chineses, Pinard esperou que Pelletier adormecesse para partir, silenciosamnete. Quando o jovem francês acordou, só havia ele e mais ninguém no horizonte.

A solidão, no entanto, durou pouco. Logo Pelletier se viu cercado por um grupo de aborígenes. Mas, para sua surpresa, não houve nenhuma hostilidade. Ao contrário: o grupo, em especial três mulheres que, se afeiçou pelo garoto de pele bem branca, que contrastava fortemente com a tez negra dos nativos australianos, e resolveu adotá-lo, em vez de devorá-lo.

Pelletier foi rebatizado "Amglo" e, de acordo com as tradições aborígenes, ganhou uma série de cicatrizes e piercings no peito e no rosto, que durariam para sempre. Também aprendeu a falar o idioma deles, casou-se com uma nativa e teve três filhos. Até que, 17 anos depois de ter sido abandonado pelo capitão Pinard, outro comandante europeu apareceu para resgatá-lo. Era o inglês Joseph Frazer, do barco John Bell, que também parara para buscar suprimentos e estranhou a presença de um homem branco vivendo entre os aborígenes australianos.

Pelletier, que mal conseguia se comunicar com o comandante Fraser, porque não sabia falar inglês e já havia esquecido boa parte do seu francês, tentou até evitar o resgate, porque queria permanecer entre os aborígenes. Mas a oferta de troca do francês por um punhado de quinquilharias fez os chefes aborígenes aceitarem a proposta do inglês, que levou Pelletier, à força, de volta à França.

Lá, Pelletier foi recebido com grande curiosidade. Suas cicatrizes em formas de linhas bem marcadas no peito e as orelhas deformadas por piercings que esticaram os lóbulos como se fossem brincos, atraíram a atenção dos franceses e, também, dos estudiosos. Naquela época, quase nada se sabia sobre o modo de vida dos aborígenes australianos, e os depoimentos de Pelletier acabaram sendo de grande valia para as universidades. Por outro lado, ele também recebeu propostas para se apresentar em circos, como uma espécie de ser bizarro, o que recusou com veemência.

Após um tempo de assédio constante, Pelletier cansou-se da súbita notoriedade e, depois de se casar novamente, dessa vez com uma jovem francesa, aceitou um emprego de faroleiro numa ilhota solitária, perto do porto de Saint-Nazaire, na França, onde viveu até morrer, praticamente recluso com a esposa, em 28 de setembro de 1894. Tinha, então, 50 anos de idade e uma incrível história vivida.

Já os trabalhadores chineses que foram abandonados pelo capitão Pinard naquela inóspita ilha da Oceania tiveram bem menos sorte. Quando, finalmente, o comandante francês voltou para resgatá-los, apenas um dos 327 chineses havia sobrevivido ao paulatino massacre que os canibais da ilha vizinha haviam perpetrado, depois de passarem semanas alimentando os chineses com um único objetivo: engordá-los, antes de devorá-los.

Perto da pena que imputou àqueles pobres chineses, o desalmado capitão Pinard foi até generoso com o jovem camareiro Pelletier.

O navio negreiro que fez história
Os ex-escravos do barco que zombou da lei foram os responsáveis pela criação de uma cidade

Em meados de 2019, uma comissão americana de pesquisas históricas anunciou que havia descoberto, soterrado no fundo da baía que banha a cidade de Mobile, no Alabama, os restos de um antigo navio negreiro. Seria apenas mais um achado do gênero, entre tantos outros, não fosse a peculiaridade daquele barco, o Clotilda.

Ele foi o último navio negreiro a transportar escravos da África para os Estados Unidos, e chegou lá em 1860 – 52 anos após o Congresso Americano ter proibido o comércio de seres humanos no país. Ou seja, era um barco que transportava escravos contrabandeados.

Mas isso também não era nenhum fato inédito. O que tornava aquele navio negreiro realmente peculiar é que ele havia feito aquela viagem condenável por um mero capricho de um poderoso fazendeiro da região, que havia apostado que, apesar da proibição, conseguiria continuar trazendo escravos para a América, zombando assim da lei. E assim ele fez, comprando o Clotilda para realizar apenas aquela viagem.

Após receber o dinheiro da aposta e se vangloriar do feito, o fazendeiro mandou incendiar e afundar o barco, para não deixar provas de seu ato ilícito, e vendeu os 110 escravos que sobreviveram a uma das últimas travessias do gênero que se tem notícia, entre a África e os Estados Unidos.

Mas, três anos depois, com a decretação da abolição da escravidão nos Estados Unidos, aquele grupo de escravos da infame última viagem do Clotilda voltou a se unir e formou uma comunidade, que deu origem à atual municipalidade de Africatown, vizinha à Mobile, onde o barco afundado foi encontrado.

De certa forma, o Clotilda fez nascer uma cidade, a partir de uma execrável aposta.

O naufrágio que gerou crise diplomática
Como o encalhe de um barco inglês por muito pouco
não levou o Brasil à guerra contra a Inglaterra

Até hoje, os raros visitantes do farol do Albardão, numa área particularmente erma dos 241 quilômetros de extensão da praia do Cassino, considerada a maior do mundo, entre a cidade gaúcha de Rio Grande e a divisa do Brasil com o Uruguai, podem ver, nas marés mais baixas, um pedaço do costado de um barco semissoterrado na beira mar. É o que restou do Prince of Wales, um veleiro mercante inglês de quatro mastros, que ali encalhou e naufragou, em 1861.

Mas não foi só aquilo que sobrou do grande barco. Restou, também, uma herança deixada pelo seu naufrágio: a da pior crise diplomática da história nas relações entre Brasil e Inglaterra, e que, por muito pouco, não levou os dois países à guerra, pouco mais de um século e meio atrás.

Tudo começou quando o Prince of Wales partiu de Glasgow, na Escócia, com destino a Buenos Aires, levando alguns passageiros e uma carga variada, que ia de peças de louças a sacos de carvão. Depois de fazer escala em alguns portos brasileiros, a embarcação não resistiu aos fortes ventos do litoral gaúcho e encalhou na praia do Albardão, no dia 7 junho de 1861.

Há quem diga que o naufrágio só aconteceu por conta do abominável hábito de alguns caçadores de naufrágios da região de acender tochas de fogo na praia para confundir os navegadores, já que não havia nenhum farol na região – e o Albardão só viria a ser construído quase um século depois. Mas isso jamais foi comprovado.

Logo após o encalhe do Prince of Wales, o tempo piorou ainda mais, e o casco do barco começou a adernar. Em seguida, quebrou um dos mastros. Alguns tripulantes conseguiram chegar à praia, através de cordas esticadas até a areia, e dali caminharam até Rio Grande, distante quase 100 quilômetros, para pedir socorro. Outros permaneceram a bordo, na esperança de que o barco não se desintegrasse por inteiro.

A caminhada de ida e volta até Rio Grande durou dias. E foi durante esse período que aconteceram os fatos que acabaram por deflagrar uma crise diplomática (e quase armada) entre os dois países. Mas o que aconteceu, até hoje, tem duas versões.

Na versão inglesa, ao retornarem ao local do naufrágio, na companhia do cônsul inglês em Rio Grande, Henry Vereker, e de policiais locais, os tripulantes do Prince of Wales encontraram boa parte da carga saqueada e dez ocupantes do barco (entre eles dois passageiros, uma mulher e uma menina) mortos, alguns já enterrados na areia da praia – o que, para eles, se transformou em um flagrante caso de pirataria cometido por brasileiros. Segundo as conclusões do cônsul inglês, aquelas pessoas haviam sido mortas para não denunciarem os autores do saque.

Já, na versão de alguns moradores das imediações, os corpos das vítimas haviam sido encontrados na praia e eles apenas fizeram a caridade de enterrá-los – ao mesmo tempo em que, dando o barco como abandonado, se apoderaram de parte da carga, como era hábito na época. Mas, quando oficialmente interrogados, nenhum dos moradores da região quis comentar o fato. E três suspeitos que seriam indiciados por saquear a carga fugiram para o lado de lá da fronteira com o Uruguai, o que levou os ingleses a acusar os policiais riograndenses de negligência.

Exames posteriores nos corpos das vítimas do Prince of Wales indicaram que elas haviam morrido por afogamento, não por atos violentos, mas isso não convenceu os ingleses, que relataram o fato, à sua maneira, ao embaixador inglês no Rio de Janeiro, William Dougal Christie. Este, por sua vez, formalizou um protesto oficial junto ao imperador Dom Pedro II, exigindo não só um pedido de desculpas do Brasil, como uma indenização pelo saque do navio e pela morte de seus ocupantes. Era o começo de uma pendenga que duraria mais de quatro anos e teria desdobramentos inusitados.

A animosidade dos ingleses com os brasileiros vinha de bem antes, por conta do comércio ilegal de escravos, que aqui ainda era praticado. Vários navios negreiros a caminho do Brasil haviam sido atacados pelos ingleses, gerando fortes tensões dos dois lados. O naufrágio do Prince of Wales foi apenas a gota d'água naquelas relações já desgastadas. Mas acabou ganhando proporções inimagináveis depois que o monarca brasileiro se recusou a aceitar as imposições do embaixador inglês – cujo nome acabaria batizando o caso, que ficou registrado na história como a Questão Christie.

Para intimidar os brasileiros, o embaixador Christie chegou a pedir à Marinha Inglesa que enviasse um navio de guerra ao porto de Rio Grande, para pressionar as autoridades gaúchas, durante os inquéritos do Prince of Wales. Em março de 1862, a canhoneira inglesa Sheldrake ficou ancorada diante da cidade por diversos dias, como uma forma de intimidação. Para piorar ainda mais as coisas, três meses depois, três marinheiros ingleses bêbados se envolveram numa briga com policiais brasileiros no porto do Rio de Janeiro e foram presos, depois de provocar a morte de um deles.

Imediatamente, o embaixador inglês voltou a agir, exigindo a soltura de seus conterrâneos, já que, pelas regras de seu país, os únicos tribunais aptos a julgar cidadãos ingleses eram as cortes britânicas. Dom Pedro II ignorou o argumento estapafúrdio e ofensivo do diplomata e respondeu que o Brasil estaria pronto até para a guerra contra a Inglaterra, se fosse necessário.

Christie contra-atacou rapidamente. Em dezembro daquele mesmo ano, navios ingleses chegaram ao Rio de Janeiro, bloquearam a saída da Baía de Guanabara e aprisionaram cinco navios brasileiros no porto, exigindo o pagamento de uma indenização em dinheiro pelo naufrágio do Prince of Wales – além da retratação oficial do imperador brasileiro.

Durante sete dias, a então sede do império ficou sitiada pelos navios ingleses, fato que gerou indignação nos brasileiros e levou Dom Pedro II a inverter os papéis. Agora, era ele que exigia um pedido formal de desculpas da Inglaterra por violação do território brasileiro, além de uma indenização pelo tempo que os navios ficaram retidos no porto carioca. Os ingleses não fizeram nem uma coisa nem outra. Então, o imperador brasileiro decidiu romper relações diplomáticas com a Grã-Bretanha, em maio de 1863.

Contudo, logo em seguida, como o Brasil dependia bastante

das relações comerciais com a Inglaterra, Dom Pedro II aceitou que a crise fosse intermediada por um monarca neutro, o rei Leopoldo I, da Bélgica, a quem coube julgar o caso do naufrágio do Prince of Wales. Mas, meses depois, temendo que o veredito fosse ser ainda pior para o Brasil, o imperador brasileiro voltou atrás e decidiu pagar uma indenização pela carga saqueada, colocando assim panos quentes na crise diplomática.

O argumento de Dom Pedro II para o pagamento foi que o estremecimento das relações entre os dois países tinha a ver com o desrespeito dos ingleses à soberania brasileira, não com questões de dinheiro. Só que, por fim, o rei belga acabou dando razão ao Brasil no episódio do bloqueio do porto carioca. Foi, então, a vez de Dom Pedro II exigir a devolução do dinheiro, o que jamais foi feito. Nem isso nem a retratação do governo inglês.

A crise entre os dois países só terminou dois anos depois, em 1865, por conta da Guerra do Paraguai, quando a Inglaterra, que estava politicamente envolvida no conflito, finalmente concordou em pedir desculpas ao imperador brasileiro. Mesmo assim, a Inglaterra jamais abriu mão de sua versão para os desdobramentos do naufrágio do Prince of Wales, o barco que quase levou o Brasil à guerra contra a maior potência mundial da época. E que, até hoje, mais de 150 anos depois, ainda rende histórias na insólita região do farol do Albardão.

Resgataram a carga, não o náufrago
Em vez de socorrer o sobrevivente do naufrágio, eles preferiram se apoderar do que o barco transportava

Uma forte tempestade desabou sobre a Baía de Chesapeake, na costa leste dos Estados Unidos, em 23 de outubro de 1878, fazendo afundar diversos barcos. Um deles foi o Express, cargueiro a vapor americano que atravessava a baía transportando um carregamento de barris de óleo entre Baltimore e Washington, quando foi surpreendido pela tormenta. E afundou rápido, deixando na água 31 tripulantes – metade dos quais morreu em seguida, engolidos pelas ondas.

Horas depois, um dos sobreviventes, já bastante cansado, viu uma escuna se aproximando dos destroços do Express que boiavam na superfície do mar agitado, e respirou aliviado – em questão de minutos, seria salvo, já que estava visivelmente agarrado a um dos muitos barris que flutuavam na água. Mas não foi.

A inescrupulosa tripulação da escuna se limitou a embarcar quantos barris de óleo conseguiu puxar para o barco, ignorando a presença do náufrago, a despeito dos berros desesperados. Não adiantou. Mesmo tendo sido visto no mar, o pobre homem foi deixado para trás, já à beira do completo esgotamento físico, porque os tripulantes julgaram que ele não sobreviveria para reportar o saque da carga do navio naufragado, muito menos aquela desumana não prestação de socorro.

Mas, de novo, não foi o que aconteceu. Tão logo a escuna partiu, surgiu outra, que, esta sim, deu prioridade ao náufrago, em vez de recolher os valiosos barris de óleo. Levado para terra firme, o sobrevivente relatou o caso às autoridades, o que fez com que os tripulantes da primeira escuna fossem presos, por omissão de socorro e roubo de carga.

Outros 14 tripulantes do Express sobreviveram ao naufrágio do vapor. Mas nenhum passou o mesmo desespero de ver a salvação quase escapar entre os dedos.

Rota de colisão sem nenhuma ação
Só a negligência foi capaz de explicar a absurda colisão de dois navios em pleno mar de Pernambuco

No final do século 19, quando ainda não haviam estradas nem muitos caminhos ao longo do litoral brasileiro, a forma mais comum de viajar de um estado para o outro era pelo mar, a bordo de navios movidos a vapor. Havia várias embarcações desse tipo operando entre os portos brasileiros, quase todas movidas por grandes pás, que substituíam os hélices, então ainda recém-inventados. E foi a improvável colisão em alto mar de dois navios que transportavam passageiros entre portos do Nordeste que gerou uma das maiores tragédias da história brasileira da navegação de cabotagem.

Perto da meia-noite de 24 de março de 1887, os vapores Bahia e Pirapama colidiram de frente, quando navegavam em rumos opostos, entre Recife e João Pessoa, a cerca de seis milhas da costa. Como foi possível que dois navios trombassem um contra o outro na vastidão do mar, sendo que bastaria apenas um deles ter desviado? A resposta estava no fato de que os dois desviaram. Mas só fizeram isso em cima da hora e – pior que tudo – para o mesmo lado. O resultado foi o choque dos dois vapores e o naufrágio imediato de um deles, o Bahia, com consequências trágicas.

O Bahia havia partido de Camocim, no Ceará, com destino a Porto Alegre, no Rio Grande do Sul, mas com escala nos principais portos do caminho, levando a bordo 200 pessoas – incluindo um batalhão inteiro do Exército Brasileiro. Já o Pirapama saíra de Recife e seguia no sentido contrário, rumo à região Norte, com pouco mais de 100 ocupantes: 68 passageiros e 37 tripulantes. Na altura do litoral norte de Pernambuco, os dois navios se encontraram. Mas, na escuridão da noite, um só percebeu o outro quando já era tarde demais.

O Bahia ainda tentou desviar, guinando bruscamente para boreste, como mandam as regras da navegação. Mas o Pirapama, equivocadamente, foi para o mesmo lado e acertou em cheio a bochecha de proa do outro navio, abrindo um rasgo no casco, na altura da linha d'água, onde ficou espetado. Para desengatar os dois navios, o comandante do Pirapama, Francisco Raymundo Carvalho, precisou dar ordem de toda força à ré, enquanto o Bahia afundava rapidamente, não dando muita escapatória aos seus ocupantes – especialmente aos passageiros do convés inferior, que dormiam no instante do acidente, e inundou instantaneamente.

Quando os dois navios finalmente se desgrudaram, o comandante do Pirapama, de maneira ainda mais inexplicável, ordenou que o seu navio voltasse a navegar e retornou ao porto de Recife, embora o Bahia já começasse a afundar, o que não levou mais que dez minutos para acontecer por completo. Mas, como ninguém ficou ferido no Pirapama, o comandante Carvalho deduziu que o mesmo havia acontecido no Bahia e partiu sem prestar socorro às vítimas. Isso fez com que a contabilidade final da tragédia fosse ainda mais macabra. Nada menos que 52 pessoas que estavam no vapor Bahia perderam a vida, afogadas ou porque ficaram presas no interior do barco, enquanto ele afundava.

Quando o Pirapama chegou de volta em Recife, na manhã seguinte, os corpos das vítimas do naufrágio do Bahia, inclusive o de seu comandante, Aureliano Izacc, já começavam a dar nas praias da região, enquanto jangadas e barcaças recolhiam sobreviventes no mar. Entre eles, estava o primeiro imediato Manoel Antonio Noites Dias, que conduzia o navio no instante do acidente, e que, mais tarde, acusaria o comandante do Pirapama de ter sido o causador da tragédia – embora Carvalho alegasse justamente o contrário.

No precário inquérito que investigou o caso, os responsáveis pelos dois navios se limitaram a colocar a culpa um no outro, o que, no entanto, a despeito do comportamento repulsivo do comandante Carvalho de não ter prestado socorro às vítimas do Bahia, não era de todo mentira. De certa forma, as duas tripulações eram culpadas, por terem sido negligentes e não desviado a tempo.

A culpa coletiva residia no fato de que, embora fosse uma noite escura e sem lua, os dois navios possuíam luzes de navegação fortes o bastante para serem avistadas há cerca de três milhas de distância, o que teria dado tempo suficiente de ambos desviarem. Além disso, como era praxe na época, também tinham recursos sonoros de alerta, que tampouco foram acionados.

Diante disso, a única conclusão possível – mas que tanto o comandante do Pirapama quanto o primeiro imediato do Bahia sempre negaram – foi que, no instante do acidente, os responsáveis pela condução dos dois navios cochilavam ao timão ou estavam completamente desatentos na navegação – falhas tão imperdoáveis quanto improváveis de acontecer nas duas embarcações ao mesmo tempo. Mas, aparentemente, foi o que aconteceu.

De tão absurda, a colisão dos dois vapores gerou algumas histórias fantasiosas, que perduram até hoje entre os marinheiros do Nordeste brasileiro. A mais famosa delas prega que não teria sido um acidente e sim uma vingança premeditada do comandante do Pirapama contra o do Bahia, por questões amorosas: ambos estariam apaixonados pela mesma mulher, que viria a ser a esposa do comandante Carvalho. A traição teria sido o verdadeiro motivo da tragédia e o choque dos dois navios proposital, o que explicaria por que o Pirapama pouco sofreu na batida, enquanto o Bahia afundou e matou o suposto comandante desafeto.

Como toda boa lenda, a história do naufrágio intencional do vapor Bahia não resiste a um bom questionamento. A começar pelo fato de que, no século 19, ainda não existiam recursos tecnológicos que permitissem identificar à distância uma embarcação navegando à noite em sentido contrário, o que, por si só, inviabilizaria um ataque premeditado do comandante Carvalho – nem os demais ocupantes da cabine de comando do Pirapama teriam permitido isso.

Mas, até hoje, a falsa história do naufrágio causado por uma vingança amorosa anima ainda mais os mergulhadores que visitam os restos do vapor Bahia, no fundo do mar de Pernambuco – não por acaso, um dos naufrágios mais interessantes do Nordeste brasileiro.

Duas versões para uma barbárie
Naquele naufrágio, só os oficiais escaparam. Mas nunca se soube se o que o capitão contou era verdade

Nove de julho é a data nacional da Argentina. Pois foi exatamente em um 9 de julho, o de 1892, que aconteceu um fato que quase maculou a honra da Armada, como é chamada a marinha argentina.

Na madrugada daquele dia, quando navegava ao largo do Uruguai, sob fortes ventos e mar revolto, o precário caça-torpedeiro a vapor argentino Rosales começou a fazer água, com cerca de 90 homens a bordo.

O mar invadia o barco com tal intensidade que as bombas não davam conta nem da metade do que entrava. Mesmo recorrendo a baldes, panelas ou qualquer coisa que ajudasse a escoar um pouco de água de dentro do barco, os marinheiros não conseguiam diminuir o problema. Era uma luta perdida. E ficou pior ainda quando a inundação atingiu a caldeira e apagou o motor. O Rosales ficou à deriva. E inundando mais e mais a cada instante.

Vendo que seu barco estava irremediavelmente condenado, o comandante Leopoldo Funes deu ordem para que os barcos salva-vidas fossem baixados ao mar. Mas havia um problema: não havia botes para todos a bordo. Eram apenas três, para uma tripulação de quase 100 pessoas. Ele, então, deu outra ordem: os marinheiros deveriam construir, ali mesmo, na hora, uma espécie de balsa, com todo tipo de material que pudesse flutuar – pranchas de madeira, barris amarrados uns aos outros etc. Em seguida, alocou os marinheiros de baixa patente naquela balsa mambembe. Mas só eles, porque Funes e os demais oficiais embarcaram em um dos barcos salva-vidas, enquanto o Rosales afundava de vez.

Por si só, aquele procedimento contrariava as normas da corporação, que determinavam que em cada barco deveria haver, ao menos, um oficial, justamente para comandá-lo. Mas não foi o que aconteceu. O máximo que Funes fez pelos marinheiros aboletados naquela balsa improvisada foi rebocá-los por um tempo, até que o cabo arrebentou e o grupo se separou. Para sempre. Dos outros dois barcos também não se teve mais notícias.

Dois dias depois, o barco dos oficiais do Rosales foi dar numa praia rochosa da costa uruguaia, nas imediações do farol do Cabo Polonio, cujas luzes eles vinham seguindo desde o naufrágio. E ali aconteceu uma nova tragédia. Na arrebentação violenta, o barco bateu nas pedras, tombou e arremessou todos ao mar. A grande maioria conseguiu nadar até a praia, mas, também de acordo com o relato de Funes, cinco tripulantes foram engolidos pelas ondas.

O comandante Funes foi um dos que sobreviveu ao drama na praia e, de lá, caminhou até o farol, para pedir ajuda. Chegou esgotado, mas conseguiu que os demais companheiros fossem resgatados. Um gesto heroico? Não para muitos argentinos, que, mais tarde, resolveram investigar melhor aquela história.

Ao retornar a Buenos Aires, Funes, que era parente da esposa do ex-presidente argentino Juan Rocas, e, por isso, visto com ressalvas pelos oposicionistas do governo, foi trancado em um quartel, enquanto a Armada Argentina investigava o caso, que ganhou proporções também políticas. O que intrigava é que nenhum corpo daqueles mais de 60 outros tripulantes do Rosales, nem tampouco restos dos dois outros barcos e da balsa improvisada, foram encontrados no mar ou nas praias do litoral do Uruguai.

O caso já ganhava dimensões de quase escândalo, com depoimentos contraditórios dos sobreviventes quanto a detalhes da construção daquela infame balsa, quando surgiu um fato novo e ainda mais escandaloso. Um suposto sobrevivente do Rosales, um foguista italiano chamado Bataglia, apareceu na capital uruguaia, negando ter havido a tal balsa no naufrágio e afirmando que os oficiais, comandados por Funes, haviam colocado boa parte dos marinheiros no refeitório e os embriagados, tão logo perceberam que o barco não iria resistir por muito mais tempo – e que só havia um barco salva-vidas em condições de ser usado. Disse ainda que achava que os outros cinco tripulantes do barco, que não chegaram até a praia, haviam sido assassinados, por ameaçar contar a verdade.

O depoimento do italiano caiu feito uma bomba no inquérito que vinha sendo conduzido pela Armada, a despeito do pouco interesse do governo argentino nele. Mas como Bataglia era tido como uma pessoa não confiável, que poderia ter recebido vantagens dos oposicionistas do governo para inventar tudo aquilo, sua acusação caiu no vazio e sequer foi usada no julgamento do caso, que, na época, teve uma enorme repercussão em Buenos Aires.

O promotor pediu nada menos que a pena de morte para Funes e a prisão perpétua para os demais oficiais, acusando-os pela morte de todos os marinheiros do Rosales. Mas, como não havia como provar que os fatos não tivessem acontecido exatamente como eles diziam – e como aquele julgamento já havia virado uma questão política –, todos acabaram sendo absolvidos. Inclusive Funes, que teve sua decisão de juntar todos os oficiais em um só barco (se é que existiram outros) transformada em uma punição bem branda: a de não mais comandar nenhum barco da Armada Argentina, embora tenha cumprido funções administrativas na corporação até morrer, em 1926.

Navegando no sentido oposto

O casco revestido de ferro era uma inovação naquele barco. Mas enlouqueceu a bússola a bordo

Quando foi construído, em 1853, na Inglaterra, o RMS Tayleur era um barco à frente de seu tempo. Entre outras inovações, tinha casco revestido com chapas de ferro, o que o tornava bem mais resistente que os demais grandes veleiros de madeira da época. Mas, ironicamente, foi justamente essa novidade que o deixou vulnerável, por um motivo bem prosaico: o metal do revestimento do casco afetou as precárias bússolas da época – e ninguém percebeu isso antes de o barco ser lançado. Nem mesmo o seu capitão, durante os testes preliminares que fez com o barco.

Assim sendo, logo em sua viagem inaugural, entre Liverpool e Melbourne, na Austrália, enquanto o negligente capitão e a inexperiente tripulação (metade dos marinheiros havia embarcado só para garantir uma viagem de graça até o outro lado do mundo) julgavam estar navegando na diração sul, o RMS Tayleur avançava no sentido oposto, rumo a costa da Irlanda.

Só quando os paredões de rocha nua da Ilha Lambay, no litoral leste irlandês, surgiram bem diante do barco, durante um denso nevoeiro, é que o comandante percebeu o erro grosseiro. Ele, então, mandou baixar imediatamente as velas e as âncoras, a fim de tentar deter o avanço do barco. Mas os cabos não suportaram e arrebentaram, permitindo que o RMS Tayleur seguisse em frente, empurrado pelos ventos, até se espatifar nas pedras.

Mais tarde, os números revelariam as dimensões da tragédia. Dos 652 passageiros e 71 tripulantes a bordo do RMS Tayleur, só pouco mais da metade sobreviveu, depois de usar o mastro quebrado do barco como ponte para chegar em segurança à ilha. Já a empresa dona do barco faliu em seguida.

A esposa que virou capitã
Quando o marido morreu no mar, ela assumiu a navegação, e o fez com total perfeição

Hanna Rebecca Burgess foi uma jovem americana que se revelou uma hábil navegadora, depois que seu marido, o capitão William Howes, comandante da escuna cargueira Challenger, morreu a bordo, durante uma travessia entre o Peru e a França, em dezembro de 1856.

Até então, Hanna era considerada pela tripulação da escuna apenas como a "mulher do capitão", já que sempre viajava com ele. Mas o que eles não sabiam era que, discretamente, desde que decidira embarcar naquela vida de porto em porto, a jovem esposa do comandante passara a se dedicar com afinco à arte da navegação estrelar, além de transformar o seu diário pessoal em uma espécie de livro de bordo, no qual registrava todos os rumos e avanços do barco. Tornou-se, enfim, uma especialista em navegação.

Assim sendo, quando o marido morreu de disenteria em pleno oceano, 19 dias após terem partido do porto de Callao, não havia ninguém a bordo da escuna mais capacitado para conduzir o barco até terra firme do que ela. E foi o que Hanna fez, apesar de seus parcos 22 anos de idade.

Dois dias depois, a Challenger atracou em segurança no porto chileno de Valparaiso, onde Hanna desembarcou com o corpo do marido, após receber um vultoso prêmio em dinheiro da empresa dona do barco, pois evitara não só a perda da escuna como a provável morte de toda a tripulação no mar.

De lá, ela e o caixão embarcaram em um vapor, rumo à sua cidade natal, Sandwich, no estado de Massachussets, onde Hanna viveu o resto de sua vida, na condição de viúva, apesar dos frequentes pedidos de casamento que recebeu, especialmente de marinheiros da região. Ao mar, que ela tão bem sabia decifrar, jamais voltou.

Desculpa para inglês ver

O navio estava cheio de escravos. Mas o comandante negou que estivesse fazendo algo errado

Em abril de 1839, três meses antes de um grupo de escravos africanos que estavam sendo levados para Cuba se rebelar, matar quase toda a tripulação, tomar o comando do barco espanhol Amistad e acabar nos Estados Unidos, onde foram absolvidos e declarados livres, uma embarcação militar inglesa que patrulhava o litoral do Rio de Janeiro em busca de navios negreiros, já que o Brasil havia assinado um acordo com a Inglaterra se comprometendo a abolir o tráfico de escravos, localizou e deteve o navio português Ganges, quando ele navegava nas proximidades de Cabo Frio.

Dentro do barco, os ingleses encontraram 420 negros africanos, mas, ainda assim, o comandante, que era brasileiro e não português, negou que estivesse transportando escravos. Segundo ele, tratavam-se de "colonos", que seguiriam para Angola, mas "ventos contrários" o haviam obrigado a cruzar o oceano, até o outro lado do Atlântico – e só por isso navegava no litoral do Rio de Janeiro, e não no africano, quando foi abordado pelos ingleses.

Obviamente, o argumento não convenceu ninguém, até porque metade dos negros eram crianças e jamais poderiam ser colonos. O comandante, então, foi preso, julgado e condenado a prisão. Já os escravos que estavam no barco trilharam o caminho oposto: foram desembarcados e declarados livres e emancipados, antes mesmo da abolição da escravatura no Brasil.

A escuna indestrutível

Ela foi dada como perdida e abandonada no mar.
Até aparecer do outro lado do oceano e ganhar vida nova

Barcos, às vezes, são bem mais resistentes do que os homens podem imaginar. Um bom exemplo disso aconteceu em 1885, quando a escuna cargueira americana The Twenty One Friends, assim batizada porque sua construção fora financiada por 21 amigos empresários do ramo de transporte marítimo, colidiu com outro barco, na costa da Carolina do Norte, e foi abandonada no mar, com toda sua carga a bordo, porque a tripulação, que fora resgatada pela outra embarcação, imaginou que ela não teria como escapar do naufrágio. Mas não foi o que aconteceu. Muito pelo contrário.

Durante os dois anos seguintes, a The Twenty One Friends, ligeiramente inundada, mas ainda flutuando, apesar dos porões repletos de carga, foi avistada algumas vezes, tanto na costa leste americana quanto – surpresa! – na Europa, depois de ter cruzado, à deriva e sem ninguém a bordo, todo o Atlântico Norte, ao sabor apenas das correntes marítimas. Até que, por fim, encalhou em uma praia da Irlanda. Mas nem isso decretou o fim da valente escuna.

Depois de ter sua carga saqueada, a The Twenty One Friends foi resgatada, levada para terra firme pelos moradores da região, reformada e transformada em barco de pesca, condição na qual navegou por mais de uma década.

E sem que seus donos originais soubessem de nada.

GRANDES NAVEGAÇÕES

O navio que fez a própria sepultura
Em contato com a água, a carga endureceu
e sepultou o cargueiro para sempre

No passado, não só o volume, mas também o armazenamento e até o tipo de carga transportada desempenhava um papel relevante na capacidade de navegação dos barcos. Um carregamento inadequado poderia até selar o destino da embarcação.

Foi o que aconteceu com o cargueiro inglês Cairnsmore, em 26 de setembro de 1883, quando tentou penetrar na sempre difícil barra do Rio Columbia, na costa oeste americana, onde a combinação de fortes correntezas, canais estreitos e ventos quase sempre bem fortes foi responsável por centenas de naufrágios, até os dias hoje.

Abarrotado com 7 500 barris de cimento e com a visibilidade comprometida por um denso nevoeiro, o navio perdeu agilidade nas manobras e encalhou na foz do traiçoeiro rio. Sabendo que não teria como tirar a pesada embarcação de lá naquele instante, a tripulação decidiu pedir ajuda ao vapor Queen of the Pacific, que vinha logo atrás do Cairnsmore, desembarcar e seguir para terra firme, programando retornar no dia seguinte para o resgate. E voltou – mas só para descobrir que, por um insólito motivo, seria impossível remover o navio.

Em contato com a água que invadiu os porões durante o encalhe, o cimento que o Cairnsmore transportava endureceu e transformou o casco inteiro do navio em uma espécie de fundação submarina, selando para sempre o destino do cargueiro – que acabou soterrado pela própria tumba que construiu.

Tragédia inglesa em águas brasileiras

Quando dois barcos estrangeiros colidiram no litoral brasileiro, quase não sobrou ninguém para contar a história

Na madrugada de 20 de janeiro de 1887, o improvável aconteceu no litoral sul de Alagoas: dois grandes veleiros ingleses, o Ada Melmore, que ia do Chile para a Inglaterra com um carregamento de manganês, e o Kapunda, que levava 313 imigrantes da Grã-Bretanha para a Austrália, colidiram, um de frente para o outro, em pleno oceano. E disso resultou uma das maiores tragédias já ocorridas do mar do Brasil – embora nenhum brasileiro tenha sido vítima.

Nada menos que 306 pessoas morreram quase que instantaneamente naquela noite, quase todas ocupantes do Kapunda, que afundou em menos de cinco minutos, deixando quase todos os seus passageiros, que dormiam no instante do acidente, presos no interior do barco. Não deu tempo sequer de lançar os botes salva-vidas. Todas as mulheres e crianças que estavam no Kapunda morreram. E só dez homens sobreviveram. Eles foram resgatados pelo próprio Ada Melmore, que, mesmo danificado, seguiu viagem. Mas não por muito tempo.

Logo, o cargueiro também começou a fazer água e, para aliviar o peso, parte de sua carga de manganês foi jogada ao mar. Não adiantou. O Ada Melmore afundou logo depois, em algum ponto até hoje desconhecido do litoral sul de Pernambuco. Seus ocupantes, no entanto, tiveram melhor sorte que os da Kapunda. Após dois dias à deriva em um bote salva-vidas, foram resgatados pelo barco francês Ulysses, que os desembarcou no Rio de Janeiro.

E foi só quando isso aconteceu que os brasileiros ficaram sabendo de uma das maiores tragédias já ocorridas na costa do Brasil.

GRANDES NAVEGAÇÕES

A herança de um desastre

A única coisa positiva do naufrágio do SS La Bourgogne foi o que veio depois dele

No final do século 19, o transatlântico francês SS La Bourgogne era um dos orgulhos marítimos da França. Confortável e luxuoso, tinha capacidade para transportar mais de 1 000 passageiros, a maioria na primeira classe. Era, também, esguio e veloz, chegando a atingir 17 nós de velocidade, característica que lhe valeu, em 1886, o recorde da travessia do Atlântico, entre a Europa e os Estados Unidos.

Doze anos depois, no entanto, o SS La Bourgogne virou notícia no mundo inteiro por um motivo bem menos nobre. Ao amanhecer do dia 4 de julho de 1898, quando, apesar do forte nevoeiro, navegava a toda velocidade, a cerca de 60 milhas náuticas da Ilha Sable, na costa leste do Canadá, o elegante navio francês colidiu a todo vapor com o cargueiro inglês Cromartyshire. E, após o choque, afundou em menos de 30 minutos, deixando um rastro de mortes e, mais tarde, barbaridades cometidas por parte dos sobreviventes – que foram bem poucos.

Das mais de 726 pessoas que havia no SS La Bourgogne naquela viagem, entre a França e Nova York, apenas 173 sobreviveram. E só 70 eram passageiros – entre eles uma única mulher e nenhuma criança, apesar de muitas terem embarcado. Já, entre os tripulantes, 103 escaparam com vida do naufrágio, o que colocou sob suspeita o cumprimento da regra de que, em caso de acidente, passageiros deveriam ter prioridade, sobretudo mulheres e crianças. No desastre do SS La Bourgogne, isso não aconteceu. Muito pelo contrário.

Foram dois os motivos que fizeram com que bem mais tripulantes do que passageiros sobrevivessem ao naufrágio. O primeiro foi que, no instante do acidente, praticamente todos os passageiros dormiam,

55

o que, aliado ao fato de o naufrágio ter sido praticamente fulminante, impediu que muitos deles conseguissem sair de suas cabines.

Já o outro motivo foi bem mais mundano e repugnante: muitos tripulantes se recusaram a ceder o lugar nos barcos salva-vidas aos passageiros, e alguns até os repeliram a golpes de faca e remo, quando tentavam se agarrar às bordas dos barcos, já na água. Até crianças foram vítimas da barbárie, que nem o comandante conseguiu evitar, porque, aparentemente, como havia tripulantes de diversas nacionalidades, um não entendia o que o outro dizia. E o pânico fez com que todas a normas fossem ignoradas.

A contabilidade da tragédia só não foi ainda pior porque o próprio navio atingido, o Cromartyshire, mesmo avariado, tratou de socorrer parte dos náufragos e levá-los para terra firme. Na chegada dos sobreviventes a Nova York, choveram protestos dos familiares das vítimas contra os tripulantes, que tiveram que sair do porto escoltados pela polícia.

Mais tarde, após serem investigados a partir de denúncias feitas por passageiros sobreviventes, alguns membros da tripulação foram levados a julgamento, mas acabaram absolvidos por falta de provas, já que crimes cometidos no mar raramente deixam pistas – e nem sempre bastam simples testemunhos.

Mesmo assim, a tragédia do SS La Bourgogne deixou um legado positivo. Meses após o naufrágio, a família de uma das vítimas mais poderosas da tragédia, o advogado húngaro-americano Anthony Pollok, que, entre outros feitos, ajudara o inventor Graham Bell a registrar a patente do primeiro telefone, lançou um concurso de segurança para a navegação, oferecendo um prêmio de 20 mil dólares, uma fortuna na época, para quem inventasse algo que ajudasse a evitar os naufrágios.

O projeto vencedor propunha instalar portas estanques internas nos navios, acionadas a partir da cabine de comando, capazes de isolar partes inundadas do casco – não por acaso, um recurso que poderia ter evitado o completo naufrágio do SS La Bourgogne. E que, até hoje, é usado em grandes embarcações.

CAPÍTULO 2

TRAVESSIAS OCEÂNICAS

1900 A 2000

Poderia ter sido bem pior

Por duas vezes, eles perderam tudo no mar.
Mas consideraram isso um golpe de sorte

Um dos nomes mais ilustres da história das Ilhas Falkland, mais conhecidas como Ilhas Malvinas, por conta da guerra entre Inglaterra e Argentina, em 1982, foi o casal formado pelo ilhéu George "Jack" John Felton, e sua esposa, a americana Wynnifred, apelidada "Win". Entre outros feitos, eles construíram a casa mais famosa das Falkland, hoje transformada no melhor hotel das ilhas, e foram donos de uma das maiores fazendas de criação de ovelhas do arquipélago, no início do século passado.

Mas os Felton também ficaram marcados por uma série de episódios nada agradáveis nas águas pouco amistosas que banham aquelas ilhas isoladas no Atlântico Sul. Um deles aconteceu logo após o casamento deles, em 1901, quando o barco que transportava todos os presentes recebidos pelos noivos, inclusive os móveis para a nova casa onde iriam morar, naufragou logo após partir do porto.

Jack e Win não se deixaram abater pelo incidente. Tempos depois, foram à Inglaterra e lá compraram todo o mobiliário que precisavam. Em seguida, embarcaram de volta às ilhas, juntamente com as mercadorias, no navio Oravia, que, no entanto, também afundou ao se aproximar das Falkland.

O casal foi salvo, sem maiores problemas, já que o navio afundou – de novo – praticamente no porto. Porém, uma vez mais, o mar engoliu tudo o que eles precisavam. Azar demais? Não para eles, que passaram a vida inteira agradecendo a sorte que tiveram ao embarcar naquele navio. É que, antes de decidir viajar com o marido no Oravia, Win Felton havia planejado seguir da Inglaterra para os Estados Unidos, a fim de visitar sua família. E já havia até comprado a passagem num novo e grande navio que dali partiria: o Titanic.

Façanhas suicidas
Despencar das cataratas do Niágara dentro de um barril ainda é a mais insana tradição americana

A americana Annie Edson Taylor sempre teve o sonho de ficar rica e famosa. Mas, professora aposentada e já com 62 anos de idade, as chances de isso acontecer eram praticamente nulas. Foi quando ela teve uma ideia, no mínimo, bizarra: entrar em um barril de madeira e se deixar levar pela correnteza até a maior e mais famosa cachoeira dos Estados Unidos: as Cataratas do Niágara, com 52 metros de altura, na fronteira com o Canadá.

Nunca ninguém havia feito isso – o que, para ela, significava que poderia dar certo, já que não havia provas em contrário. E, se conseguisse, Annie não tinha dúvidas de que conseguiria o seu duplo objetivo: ficar rica e famosa. Caso sobrevivesse, é claro.

Antes dela, outros malucos, ou "destemidos aventureiros", na opinião apenas deles próprios, já haviam feito algo igualmente insano na mesma região das Cataratas do Niágara: a travessia a nado de uma margem a outra do rio que dá forma à cachoeira, e que, logo depois dela, vira uma espécie de enxurrada, com toda a água disputando a apertada calha do Niágara. São os Whirlpool Rapids, ou "Corredeiras de Hidromassagem", como os americanos apelidaram o trecho mais violento do turbulento rio – mais até que a própria catarata.

Nos Whirlpool Rapids, a água escoa com a velocidade de uma ladeira abaixo e forma uma sequência de redemoinhos que engolem tudo o que encontram na superfície. Na prática, uma travessia praticamente impossível.

Tanto que, no final do século 19, quando o desafio de vencer os Whirlpool Rapids se tornou uma espécie de mania letal entre os americanos mais desmiolados, o número de mortes foi exatamente igual ao dos que tentaram a empreitada. Ou seja, morreram todos. Sobreviver àquela travessia usando apenas a força dos braços era – e continua sendo – o equivalente a um quase milagre. E foi isso que fez do americano William Kendall uma espécie de lenda na região do Niágara, até hoje.

Em 22 de agosto de 1886, desesperado pela falta de dinheiro para manter a esposa e os filhos, o ex-policial Kendall, de 24 anos de idade e então desempregado, aceitou o desafio de atravessar os Whirlpool Rapids a nado. Se conseguisse, ganharia um prêmio de 3 mil dólares, fruto de uma aposta entre os que acreditavam que tal façanha era possível e os que julgavam ser um simples suicídio.

Para Kendall, os antecedentes não eram nada animadores. Até então, só um homem, o também americano Carlisle Graham, havia conseguido chegar do outro lado vivo – mas fizera isso dentro de um barril fechado, que foi levado rio abaixo, até parar acidentalmente na outra margem. Nem o super-nadador Mathew Webb, o primeiro a homem a atravessar o Canal da Mancha a nado, em 1875, sobreviveu a letalidade dos Whirlpool Rapids. Em 1883, ele morreu afogado, tentando cruzar aquele inferno feito de água.

Mesmo assim, Kendall não desanimou – seu desespero financeiro era bem maior do que o bom senso. Às duas da tarde de um domingo ensolarado, quando uma pequena multidão se acumulava nas margens do Rio Niágara para testemunhar o desafio, ele vestiu um tosco colete salva-vidas feito de cortiça, deu uma talagada numa garrafa de uísque (a bebida era o seu ponto fraco, mas, naquele instante, virou estimulante – embora o que ele realmente fosse precisar era de sorte), e se atirou na turbulência das corredeiras.

Kendall começou dando vigorosas braçadas, mas logo foi engolido pelas ondulações e desapareceu. A plateia prendeu a respiração, tanto quanto ele, que tentava voltar à superfície. Mas isso só aconteceu três longos minutos depois, quando o nadador reapareceu, ofegante a ponto de mal conseguir respirar, mas vivo, já próximo da outra margem, o que aconteceu graças a um golpe de sorte: a correnteza o empurrara na direção inesperada.

Com isso, William Kendall se tornou o primeiro homem conhecido a enfrentar as corredeiras da lendária catarata e sair vivo delas. Naquela mesma noite, com o dinheiro do prêmio no bolso, ele embarcou em um trem e foi de encontro à família, que nada sabia sobre a sua louca tentativa. "Eu só queria o dinheiro, não a fama", explicou, depois, à esposa.

Anos mais tarde, a improvável e bem-sucedida travessia de Kendall, assim como a súbita fama que isso lhe trouxe, alimentaram ainda mais os audaciosos planos daquela destemida professora aposentada. Só que Annie Taylor decidiu fazer algo ainda mais marcante: se jogar catarata abaixo dentro de um barril. Primeiro, no entanto, ela decidiu fazer um teste. Colocou o seu gato de estimação dentro do mesmo barril que usaria e o soltou na catarata. Como o barril resistiu ao impacto, e o bichano, embora zonzo e apavorado, sobreviveu a queda, Annie ficou ainda mais confiante. Dois dias depois, foi a sua vez.

Em 24 de outubro de 1901, Annie Taylor entrou no barril com o seu travesseiro preferido, mandou um ajudante injetar uma grande quantidade de ar-comprimido dentro dele (na esperança de que isso a permitisse seguir respirando, caso algo desse errado e o barril ficasse submerso) e despencou na cachoeira, diante de uma plateia bem maior do que a que assistira a façanha de Kendall – porque ela própria tratara de divulgar amplamente o que pretendia fazer, em busca da fama que tanto almejava.

Dezessete longos minutos depois, a maior parte dos quais oculto debaixo da permanente nuvem d'água que encobre a base da catarata, o seu barril foi resgatado por um barco de apoio, e dele saiu Annie, viva, vitoriosa e apenas com um pequeno corte na cabeça – mas em estado de puro choque. "Prefiro entrar na boca de um canhão, sabendo que vou ser despedaçada, do que tentar isso de novo", diria, depois, a aloprada aposentada, que passou a ser chamada de "Heroína das Cataratas do Niágara".

Famosa, de fato, ela ficou. Rica, nem um pouco. Após ganhar algum dinheiro contando sua experiência ao público, Annie escreveu um livro e retornou à Niágara para vendê-lo. Mas foi enganada pelo gerente que a acompanhava nos eventos, que sumiu com o dinheiro.

Para Annie, que morreria de causas naturais vinte anos depois, aos 82 anos de idade, restou apenas o questionável mérito de ter inaugurado uma verdadeira mania entre os americanos sem juízo: a de se atirar nas Cataratas do Niágara, dentro ou não de um barril, só para ver o que acontece. De lá para cá, intencionalmente, outras 17 pessoas já fizeram isso – e outras tantas despencaram propositalmente, mas como puro suicídio. Nem todas, porém, tiveram a mesma sorte daquela ousada professora. E apenas dez sobreviveram.

Logo após a façanha de Annie Taylor, o segundo a experimentar a insana sensação de despencar de uma altura de 15 andares, sob um turbilhão de milhares de toneladas de água, o também americano Bobby Leach, igualmente sobreviveu – mas só após passar seis meses hospitalizado. Na queda, entre outras consequências, ele quebrou o maxilar e os dois joelhos.

Já, do terceiro, Charles Stevens, tudo o que se conseguiu recuperar foi um dos braços, ainda atado à tira que ele havia instalado dentro do barril para tentar, inutilmente, se segurar durante a queda. De nada adiantou. O barril se destroçou, bem como o próprio Stevens.

Quase o mesmo aconteceu com o pretendente seguinte: o barril de George Stathakis ficou preso atrás da cortina de água da catarata, girando alucinadamente durante 18 horas, até que seu corpo, finalmente, pode ser recuperado – totalmente triturado. O mais provável é que ele tenha sobrevivido à queda, mas morrido asfixiado depois. Já a tartaruga de estimação que Stathakis levou junto no barril sobreviveu.

Desde então, saltar das Cataratas do Niágara passou a ser crime punido com cadeia e pesada multa, tanto no lado americano quanto no canadense. Mesmo assim, tentativas furtivas continuaram acontecendo.

Em 1988, após meia dezena de novos saltos (e mais mortes), os amigos Peter Debemardie e Jeffrey Petkovich se tornaram a primeira dupla a vencer as cataratas dentro de um mesmo barril. Na verdade, uma cápsula especialmente construída para a empreitada, que, contraditoriamente fazia parte de uma campanha antidrogas, que tinha por objetivo mostrar aos jovens que havia "coisas melhores para fazer na vida". Mas, ao menos, os dois sobreviveram.

Já a mesma sorte não teve o remador Jesse Sharp, que, após ter sido impedido pela família de despencar da catarata a bordo de um caiaque (a polícia foi acionada pelos parentes e impediu que ele entrasse no rio), voltou ao local dez anos depois, e, desta vez, conseguiu o intento. Mas não pode comemorar, e seu corpo jamais foi encontrado.

A tentativa seguinte foi ainda mais engenhosa. Robert Overacker pretendia saltar da catarata com um jet ski, e quando atingisse a beirada, acionar um paraquedas – que não funcionou. Seu corpo só foi resgatado quilômetros depois.

Apesar da repressão policial constante, os saltos continuaram. Em um dos casos, duas vezes pela mesma pessoa. Em 2003, Kirk Jones, que se autointitulava "o maior dublê do mundo", tornou-se o primeiro homem a descer as lendárias cataratas sem proteção alguma – e, contrariando todas as probabilidades, sobreviveu à queda, com apenas algumas costelas quebradas. Mas, 14 anos depois, em 2017, morreu tentando repetir o feito – um raio não cai duas vezes no mesmo lugar, lembraram os jornais da época.

Jones, porém, não foi o último a desafiar a sorte nas Cataratas do Niágara. Em julho de 2019, um homem cuja identidade não foi divulgada pela polícia, também despencou da cachoeira sem nenhum tipo de proteção e, para sua decepção, não morreu. Porque, aquela sim, era uma tentativa real de suicídio. Para ele, o castigo foi ter sobrevivido.

O navio dos caixões

O afundamento SS Ventnor levou para o fundo do mar uma carga totalmente inusitada

Na segunda metade do século 19, a carência de operários para trabalhar nas minas da Nova Zelândia levou o governo neozelandês a abrir as portas do país para imigrantes da China. Muitos operários chineses aceitaram o convite e foram para lá, em busca de trabalho. E poucos retornaram.

Décadas depois, um grupo de chineses repatriados acabou entrando para a história por um fato inusitado: o afundamento do navio cargueiro neozelandês SS Ventnor, em 28 de outubro de 1902, que levava de volta para a China os corpos de 499 operários que haviam morrido na Nova Zelândia e sido exumados dos cemitérios, para serem novamente enterrados em sua terra natal.

A viagem havia sido encomendada por um comerciante sino-neozelandês, chamado Choie Sew Hoy, que se tornara rico, graças justamente aos conterrâneos imigrantes. Em retribuição, ele decidiu pagar a exumação dos corpos dos mineiros mortos e contratar um navio para levá-los de volta à China, a fim de serem enterrados junto aos seus familiares. E, para aquela peculiar viagem, fretou o SS Ventnor.

Só que, ironicamente, o próprio Choie Sew Hoy morreu pouco antes de o navio partir, e o seu corpo foi incluído no grupo de cadáveres, totalizando assim 500 caixões a bordo do navio – que, no entanto, não passou dos recifes de Hokianga, na ilha norte da Nova Zelândia, onde bateu e afundou.

O naufrágio do "Navio dos Caixões", como o SS Ventnor passou a ser conhecido, chocou os neozelandeses, porque, além de matar 13 tripulantes, incluindo o comandante, fez chegar às praias da região muitas ossadas de corpos que se desprenderam dos caixões. Sensibilizados com aquele cenário macabro, nativos maoris passaram a recolher os ossos e os enterraram em seus cemitérios, mesmo sem saber de quem se tratava. E assim aqueles ossos ficaram, ignorados e esquecidos, por mais de um século.

Até que, em maio de 2012, 110 anos após o episódio, um grupo de mergulhadores amadores, entre eles o cineasta neozelandês John Albert, encontrou os restos do SS Ventnor, cuja localização era até então desconhecida, a 150 metros de profundidade. E, com a descoberta, veio a ideia: por que não filmar os escombros do navio para um documentário sobre o caso? Era o início de uma polêmica que ainda se arrasta na Nova Zelândia.

Ao saber do achado e dos planos do cineasta, Jenny Sew Hoy Agnew, tataraneta daquele comerciante que fretara o navio – e cujo corpo acabou sendo embarcado nele também – passou a encabeçar um movimento, com apoio de descendentes daqueles operários chineses, para impedir que o documentário fosse produzido. O argumento era que os restos do SS Ventnor haviam se transformado em uma espécie de cemitério submerso, e que filmá-lo equivaleria a profanar sepulturas. "Como você reagiria se alguém abrisse os caixões de seus antecedentes para filmá-los?", questionou a tataraneta, na ocasião.

Já o cineasta se defendeu, dizendo que nenhuma ossada seria mostrada no documentário e que o SS Ventnor fazia parte da história do país, e que sua saga precisava ser contada. Na Nova Zelândia, as opiniões ficaram, então, divididas. A questão era: os restos mortais daquelas pessoas deveriam ser deixados em paz nas profundezas do mar ou eram parte de um fato que precisava ser trazido novamente à tona?

Até hoje o caso não teve uma solução, embora o documentário, entitulado Fallen Leaves, ou "Folhas Caídas", expressão que remete à tradição chinesa de retornar os mortos aos locais de sua origem, tenha sido feito, mas não exibido.

Mesmo assim, o imbróglio envolvendo a exploração do naufrágio do navio neozelandês produziu, ao menos, um ponto positivo: com a volta do assunto aos noticiários, os descendentes dos maoris que haviam coletados aqueles ossos na praia, mais de um século antes, procuraram Jenny Sew Hoy Agnew e contaram aquela história. O resultado foi uma cerimônia ecumênica conjunta, realizada meses depois, entre descendentes dos operários chineses cujos corpos estavam no navio e dos maoris que os re-enterraram em seus cemitérios, a fim de homenagear todos eles.

Nunca antes chineses e maoris haviam se aproximado tanto. E isso só aconteceu graças aos infelizes ocupantes do SS Ventnor, que, de certa forma, morreram duas vezes.

O curioso homem-rolha
Quando o fundo do barco rachou, só houve um jeito de resolver o problema

Uma das maneiras mais originais já usadas para evitar a inundação em um barco danificado foi posta em prática no dia 11 de março de 1902, após a escuna americana Wadena encalhar em um banco de areia na região de Cape Cod, no estado de Massachusetts.

Vendo que, quando a maré começasse a subir, não haveria como livrar a escuna do naufrágio, a pequena tripulação da Wadena decidiu pôr na água o único barco salva-vidas que tinha e partir, rumo à praia. Um a um, os homens foram descendo do convés para o barquinho, que era feito de tábuas de madeira. Mas o último tripulante a descer, um sujeito obeso e desajeitado, escorregou na escada feita de cordas, se desequilibrou e desabou feito uma pedra dentro do pequeno bote – que imediatamente começou a encher de água, porque, com a força do impacto, uma das tábuas do fundo do barco rachara.

Como não havia nada a bordo que pudesse ser usado para estancar a entrada de água, o único jeito foi usar o próprio causador do problema para resolvê-lo. Foi, então, ordenado que o desastrado tripulante se sentasse exatamente sobre a rachadura, a fim de vedá-la com o seu gordo traseiro, e que não se mexesse. Deu certo. A rolha humana permitiu que o barco não inundasse até chegar à praia, e todos se salvaram.

O que aconteceu com eles?

O desaparecimento de toda a tripulação do Carroll A. Deering ganhou diversas teses. Mas permanece sendo um mistério

Em 26 de agosto de 1920, a escuna cargueira americana Carroll A. Deering, comandada pelo experiente capitão William Merritt, um herói condecorado por bravura por evitar que seu barco fosse torpedeado por um submarino alemão na Primeira Guerra Mundial, partiu do porto de Norfolk, na Virginia, para uma viagem até o Rio de Janeiro, com um carregamento de carvão e dez pessoas a bordo – a maioria deles, marinheiros escandinavos, que haviam sido contratados para aquela viagem.

A travessia começou tranquila, mas logo teve que ser interrompida, porque o capitão Merritt, que tinha o próprio filho, Sewall Merritt, como primeiro imediato, passou mal. A empresa dona do barco providenciou, então, a substituição da dupla no comando da escuna, a fim de prosseguir a viagem. Para o lugar de Merritt foi enviado outro comandante: o seu amigo Willis Wormell, a quem o velho capitão confidenciou que não havia simpatizado muito com a nova tripulação. E, para substituir Sewall, um jovem primeiro imediato, chamado Charles McLellan, que acabaria se revelando um sujeito ainda mais antipático que os marinheiros escandinavos.

Mesmo assim, a longa travessia até o Rio de Janeiro, onde o barco chegou em 9 de setembro de 1921, transcorreu sem nenhum incidente. E logo o Carroll A. Deering, assim batizado em homenagem ao filho do dono da empresa dona do barco, tomou o rumo de volta aos Estados Unidos, sem nenhuma carga nos porões.

A viagem de retorno foi igualmente tranquila, exceto pelas constantes reclamações do primeiro imediato McLellan sobre o capitão Wormell, feita aos demais marinheiros. No início de dezembro, o barco fez uma parada na ilha de Barbados, no Caribe, para repor suprimentos e dar alguns dias de folga a tripulação – sobretudo ao irritado primeiro imediato McLellan, que seguiu falando mal do capitão também em terra firme.

Após ser detido pela polícia por bebedeira (algo impossível de ser feito nos Estados Unidos naquela época, por conta da Lei Seca, que proibia a venda de bebidas alcoólicas no país inteiro), McLellan, novamente bêbado, fez severas críticas a respeito do capitão Wormell ao comandante de outra escuna americana que estava parada no porto, a Augusta W. Snow. E chegou a prometer que "assumiria o comando do barco antes que eles chegassem aos Estados Unidos", numa explícita confissão da intenção de promover um motim a bordo, algo não tão raro assim naquela época, mas já considerado crime abominável.

Apesar de todos os indícios de mau-caratismo, o capitão do Carroll A. Deering manteve o primeiro imediato no posto e seguiu viagem, rumo à costa americana, onde, porém, ao que tudo indica, jamais chegou vivo. Já o seu barco, sim.

Quase 20 dias depois, durante uma tormenta na região de Outer Banks, uma temerária fileira de ilhas e bancos de areia no litoral da Carolina do Norte, o Carroll A. Deering foi visto passando próximo a um barco-farol que sinalizava um dos cabos e foi saudado pelo operador da estação móvel. Em resposta, através de uma espécie de megafone, o faroleiro recebeu a informação de que a escuna havia perdido as duas âncoras na tempestade e pedia que isso fosse informado à empresa dona do barco.

Mas o operador estranhou um detalhe: aquela informação não fora dada pelo próprio capitão, como de praxe, mas sim por um dos marinheiros, com forte sotaque estrangeiro. Além disso, ele não conseguiu ver o comandante em seu local habitual no convés, e sim outros marinheiros ocupando aquele espaço. Aquilo o deixou intrigado. Foi a última vez que o Carroll A. Deering foi visto navegando.

No dia seguinte, o barco apareceu encalhado em um banco de areia bastante conhecido na região, o Diamond Shoal, sem ninguém a bordo. Nascia ali um mistério jamais explicado: o que aconteceu a bordo da escuna Carroll A. Deering? Nunca houve uma resposta conclusiva a esta pergunta.

Quatro dias depois, ao abordar o barco sinistrado, que ainda mantinha as velas içadas em seus cinco mastros, a equipe de resgate constatou que, além da ausência das duas âncoras comunicadas ao faroleiro dias antes, uma parte do timão estava quebrado, o leme desencaixado e uma escada feita de cordas pendia para o lado de fora do casco – indício claro de que pelo menos parte da tripulação havia abandonado o barco.

Também havia desaparecido alguns equipamentos de navegação, o livro de bordo (onde eram feitos todos os registros e ocorrências), todos os pertences da tripulação e, mais evidente ainda sobre o abandono intencional da embarcação, os dois botes que o Carroll A. Deering possuía. De ser vivo a bordo, só havia um gato, mascote do barco, que acabou adotado por um dos membros da equipe de resgate – que também retirou o sino e a Bíblia da escuna, para entregar à esposa do capitão desaparecido.

Em seguida, eles tentaram desencalhar a escuna, mas, dada as dimensões do casco, não conseguiram. Decidiram, então, explodi-la, para não comprometer a navegação na região. Acabava assim a curta carreira da escuna Carroll A. Deering, que tinha menos de dois anos de uso. Mas começava um mistério que dura até hoje, um século depois.

Para a equipe de resgate, parecia claro que aquele barco havia sido abandonado pelos seus tripulantes. Mas nunca se soube o motivo, nem se isso ocorreu com ou sem o seu comandante – possivelmente sem, a julgar pelo comentário que o primeiro imediato McLellan havia feito naquela escala em Barbados.

Na época, uma investigação conduzida por cinco órgãos do governo americano, inclusive o FBI, passou um ano inteiro analisando o caso, mas não chegou a conclusão alguma – exceto que também acreditava ter havido um motim a bordo. Mas que fim teriam levado também os amotinados, já que o capitão, muito provavelmente, foi morto e atirado ao mar por eles?

De lá para cá, o caso se tornou um dos mais discutidos enigmas marítimos dos Estados Unidos, e diversas teorias (algumas estapafúrdias, como o sequestro da tripulação por bolchevistas russos, ou vítimas dos folclóricos fenômenos sobrenaturais do chamado Triângulo das Bermudas) tentaram explicar o sumiço da tripulação do Carroll A. Deering – que passou a ser chamado de "Barco Fantasma de Outer Banks".

Uma delas pregava que eles teriam sido atacados por piratas, embora não houvesse nenhum registro de ato de pirataria na região, nem carga que pudesse ser roubada a bordo da escuna. Outra tese defendia que uma tempestade teria atingido o barco e comprometido sua capacidade de navegar (o que explicaria a perda das duas âncoras, o leme solto e o timão parcialmente quebrado), levando os seus tripulantes a abandoná-lo, com os botes de apoio. Mas estes também teriam sido engolidos pela tormenta e todos morreram afogados. No entanto, nenhum vestígio das vítimas, nem dos botes, foi dar nas praias da região nos dias subsequentes.

Outro detalhe que deixou os investigadores intrigados foi que, se a escuna já estivesse com problemas de navegabilidade ao passar pelo barco-farol, por que o tal marinheiro que trocou mensagens com o faroleiro não mencionou o fato, citando apenas a perda das âncoras, um detalhe bem menos relevante?

Para complicar ainda mais as coisas – e confundir ainda mais as investigações –, dois meses depois, um morador da região alegou ter encontrado na praia uma mensagem dentro de uma garrafa, que dizia ter sido escrita por um dos tripulantes do Carroll A. Deering. Ela dizia que eles haviam sido "atacados", mas não dava maiores detalhes. Nem poderia. Porque era uma mentira.

Dias depois, ao ser interrogado pela polícia, o tal morador confessou que havia inventado o bilhete, para, com a visibilidade gerada pelo "achado", tentar conseguir um emprego nos faróis da região.

Ao final, a tese de um motim comandado pelo rebelde primeiro imediato Charles McLellan prevaleceu e passou a ser aceita como a explicação mais provável para o caso – os amotinados teriam matado o comandante Wormell e fugido nos botes, mas acabaram tragados pela tempestade. Ou, então, teriam sobrevivido à tormenta e resgatados pelo navio americano Hewitt, que sabidamente navegava na região na ocasião, mas que afundou em seguida, sem deixar nenhum sobrevivente. Mas, por que o primeiro imediato McLellan teria promovido um motim?

O motivo, além das divergências com o capitão Wormell, estaria em algumas caixas que McLellan, secretamente, teria embarcado no Carroll A. Deering antes de partirem do porto de Barbados. Elas conteriam garrafas de rum, a principal bebida da ilha, que, na época da Lei Seca, valia fortunas no mercado negro americano. E o peso da bebida teria contribuído para aumentar ainda mais a instabilidade dos botes no qual os amotinados fugiram, durante a tempestade.

Na falta de provas contrárias, esta passou a ser a explicação mais plausível para o mistério em torno do Carroll A. Deering, o "Barco Fantasma de Outer Banks".

O jovem marinheiro que quis entrar numa fria

Aquele garoto tanto fez que conseguiu embarcar, quase como clandestino, em uma das primeiras expedições ao Fim do Mundo

Em setembro de 1928, o almirante e explorador americano Richard Byrd partiu de Nova York, rumo à Antártica, levando em sua expedição um tripulante improvável e inesperado: um garoto chamado Billy Gawronski, que não estava na lista inicial dos membros da tripulação. Nem poderia, já que tinha apenas 17 anos de idade.

O garoto admirava tanto Byrd, um explorador famoso nos Estados Unidos no início do século passado, que, quando ficou sabendo que a expedição dele ao recém-descoberto continente gelado partiria de Nova York, mesma cidade onde morava, não teve dúvidas: se atirou nas águas do Rio Hudson, onde a frota estava ancorada, e nadou até o barco de Byrd, na esperança de se esconder a bordo. Mas foi descoberto e mandado de volta para casa.

Billy, no entanto, não desistiu. Tentou de novo e, uma vez mais, foi capturado. Só na terceira tentativa conseguiu ser recebido por Byrd e, após muita conversa o convenceu a levá-lo na viagem – o que o explorador só fez depois de pedir permissão aos pais do garoto, atraído, sobretudo, pela publicidade que isso traria ao seu projeto.

A determinação de Billy, que foi e voltou com a expedição, virou mesmo notícia nos jornais americanos. Na volta, com a experiência adquirida, ele se tornou marinheiro profissional e, mais tarde, chegou a comandar um navio cargueiro na Segunda Guerra Mundial.

Mas Billy não parou por aí. Anos depois, retornou à Antártica, já comandando o seu próprio barco, provando assim que sabia muito bem o que queria quando tentou, por três vezes, embarcar, como clandestino, em um navio que seguia para o então chamado Fim do Mundo. Que, para ele, foi o início de tudo.

Mistério condenado a ser eterno
Jamais se soube o que aconteceu com o maior veleiro do mundo, no início do século passado

Ao ser lançado ao mar, em 1921, o Kobenhavn era o maior veleiro do mundo. Media 354 pés de comprimento, deslocava 4 200 toneladas e tinha cinco gigantescos mastros. Somadas, suas velas cobriam uma área equivalente à de três campos de futebol e pesavam oito toneladas. Além disso, o superveleiro possuía casco de aço e, entre outros recursos que ainda eram novidades na época, um poderoso motor, movido a óleo diesel, para quando o vento não fosse forte o bastante para movimentá-lo.

Era um barco excepcional, feito para transportar grandes quantidades de carga em longas viagens, e, ao mesmo tempo, treinar jovens marinheiros para a então poderosa marinha mercante dinamarquesa, a quem o barco pertencia – como, aliás, seu nome (em português, Copenhague, capital da Dinamarca) deixava evidente.

O Kobenhavn era motivo de orgulho de um país inteiro, e, no dia de seu lançamento, foi visitado por cerca de 10 000 pessoas – entre elas, o próprio Rei e a Rainha da Dinamarca. Em seguida, partiu para a sua travessia inaugural, que foi logo uma volta ao mundo, que durou mais de um ano.

Depois disso, o imponente barco passou a fazer viagens frequentes à América do Sul e Austrália, usando a velha rota pelas altas latitudes do planeta, apelidada pelos marinheiros de "40 Rugidores", por causa do vento abundante, constante e poderoso, que passa o tempo todo "rugindo" sobre os barcos – daí o nome. E foi em algum ponto dessa rota que tudo aconteceu. Mas nunca se soube o quê.

Em certo momento entre o final de 1928 e o início de 1929 (nem a data pode ser fixada com precisão), o robusto, resistente e gigantesco Kobenhavn desapareceu completamente no mar, sem deixar vestígio algum – sequer detritos na superfície. Nada, absolutamente nada, do imenso veleiro jamais foi encontrado. A começar pelos corpos de seus 60 tripulantes, 54 deles jovens cadetes dinamarqueses, com média de 17 anos de idade.

Tudo o que se soube sobre o trágico destino do Kobenhavn é que ele partiu do porto de Buenos Aires, rumo à Austrália, em 14 de dezembro de 1928, sem nenhuma carga, porque seu comandante, o também jovem capitão Hans Ferdinand Andersen, de apenas 35 anos de idade, tinha ficado cansado de esperar que a burocracia argentina liberasse as mercadorias a serem embarcadas. Para garantir a estabilidade do barco, ele, então, colocou 700 toneladas de areia nos porões, para servir de lastro para a longa viagem.

Além da carga não embarcada, outro contratempo – este positivo – marcou a partida do Kobenhavn de Buenos Aires. Na véspera, um dos cadetes precisou retornar à Dinamarca, por motivos particulares. Com isso, ele se tornaria o único "sobrevivente" do veleiro, e, mais tarde, seus depoimentos sobre as virtudes do barco e a segurança que ele passava aos tripulantes ajudariam a tornar o desaparecimento do Kobenhavn ainda mais intrigante. Como um barco tão moderno e evoluído poderia ter afundado e desaparecido por completo?

Uma semana após partir de Buenos Aires, quando navegava a cerca de 1 000 milhas da costa da Argentina – e quase a mesma distância da isolada ilha de Tristão da Cunha, no meio do Atlântico Sul –, o veleiro dinamarquês fez aquele que seria o seu último contato com o mundo exterior. Ao se comunicar com o cargueiro norueguês William Blumer, que passava pela região, o capitão Andersen não reportou nenhum problema pelo rádio e seguiu em frente, rumo à Austrália – onde, no entanto, jamais chegou.

A travessia, embora longa e por uma rota famosa pelos ventos violentos, estava prevista para transcorrer sem maiores contratempos, porque era verão, época imune às grandes tempestades nas altas latitudes, que só costumam acontecer no inverno. Se tudo desse certo, o Kobenhavn chegaria à Austrália após um período entre 42 e 55 dias de mar, e, de lá, retornaria à Europa, completando assim mais uma volta ao mundo. Mas não foi o que aconteceu.

No começo, ninguém estranhou o atraso nem o silêncio. Embora o Kobenhavn tivesse um ótimo equipamento de rádio de longo alcance, outra quase novidade na época, seu comandante costumava passar longos períodos sem se comunicar com terra firme. Mas, quando o calendário indicou um mês inteiro de atraso da data que ele deveria ter chegado à Austrália, as autoridades dinamarquesas resolveram dar início às buscas.

Começaram fazendo contato com outros navios que tinham

feito aquela rota, na mesma época. Dois deles, o cargueiro inglês Horatius e o alemão Heidelberg, afirmaram que não havia ocorrido nada de anormal em suas travessias, sequer tempestades, salvo a presença de um ou outro iceberg distante. E foi este detalhe, a presença de icebergs na rota — algo, no entanto, já esperado naquelas latitudes tão ao sul — que ajudou a tecer a primeira e, até hoje, mais provável explicação para o sumiço do barco dinamarquês e seus infelizes jovens tripulantes.

De acordo com os defensores da tese de colisão com um iceberg, o Kobenhavn, tal qual o Titanic, 16 anos antes, teria atingido com tamanha violência um imenso bloco de gelo, muito possivelmente quando navegava à noite, que seu naufrágio pode ter sido instantâneo — tão rápido que não teria dado tempo sequer de enviar um pedido de socorro pelo rádio de longo alcance.

A mesma explicação caberia para justificar a ausência de um pedido de socorro também no caso da segunda hipótese levantada para o desaparecimento do gigantesco barco: a de que fortes ventos vindos da Antártica o tivessem feito capotar e afundar.

Mesmo assim, considerando que o mar subantártico é um dos mais remotos do planeta, o que dificulta a visualização de eventuais vestígios e náufragos pelos demais navios, mas que a região, embora erma, possui algumas ilhas, para onde os sobreviventes poderiam ter seguido em botes salva-vidas, os dinamarqueses deram início a uma grande operação de busca em toda a região. De certa forma, o orgulho do país estava em jogo. Bem como a vida de meia centena de jovens adolescentes. O desaparecimento misterioso do Kobenhavn chocou a Dinamarca. E o mundo.

Imediatamente, navios foram despachados para reconstituir a rota completa da viagem do grande veleiro e visitar todas as ilhas inóspitas e desabitadas ao sul dos oceanos Atlântico e Índico, como Goughm, Kerguelen, St. Paul, Prince Edward, Amsterdam e Crozet — esta, considerada um dos locais mais remotos da Terra. Mas nada foi encontrado.

Mesmo nas ilhas onde existiam "depósitos para náufragos", abrigos construídos para eventuais sobreviventes de naufrágios, os estoques de alimentos lá deixados seguiam intactos. Nenhum tripulante do Kobenhavn chegara a nenhuma delas. Isso era certo. Mas o que ninguém sabia explicar era por que nenhum vestígio do enorme barco surgia no mar. Os dinamarqueses não aceitavam que uma embarcação robusta e grandiosa como aquela pudesse ter sido simplesmente engolida pelo mar – de certa forma, a mesma soberba que vitimara o Titanic, anos antes.

Isso, no entanto, poderia ser explicado por uma metódica e obsessiva rotina que havia a bordo do Kobenhavn: a de manter tudo bem preso e amarrado. Especialmente naquela rota, sabidamente sujeita a fortíssimos ventos. Mais tarde, esse procedimento seria confirmado pelo cadete que só escapou com vida do naufrágio porque voltou para casa um dia antes da partida do barco de Buenos Aires.

Durante um par de meses, as buscas pelo veleiro desaparecido levaram as equipes a locais que, até então, jamais tinham sido visitados. Mas nenhum vestígio do barco ou de seus infelizes ocupantes foram encontrados. Começaram, então, a surgir boatos e pistas falsas por todos os lados.

Em abril de 1929, uma notícia chegou aos ouvidos das autoridades navais dinamarquesas. Um missionário inglês garantia ter visto um grande veleiro, "de cinco mastros", navegando erraticamente próximo à ilha de Tristão da Cunha, no dia 21 de janeiro daquele ano. A data batia com período em que o Kobenhavn sabidamente navegava no Atlântico Sul, já que era a mesma daquele contato, feito via rádio, com o cargueiro norueguês William Blumer. Mas o barco em questão, não.

Naquela data, o barco que o missionário viu nas imediações de Tristão da Cunha era o também grande veleiro finlandês Ponape, que chegou à ilha exatamente naquele dia, como comprovaram, mais tarde, os registros de navegação do barco. Mas a prova definitiva de que não se tratava do Kobenhavn veio de um detalhe inquestionável: o Ponape possuía apenas quatro mastros. E não cinco, como contara, equivocadamente, o missionário.

Nos meses subsequentes, novas pistas não confiáveis seguiram pipocando nas mais diferentes regiões. A última investigação foi a de um bote encontrado em uma praia deserta da costa sudoeste da África do Sul, com alguns esqueletos humanos. Uma equipe foi enviada ao local, mas o bote nada tinha a ver com o Kobenhavn – embora jamais se tenha sabido a quem pertenceram aquelas ossadas.

As buscas seguiram por quase um ano, até que o governo da Dinamarca declarou o Kobenhavn oficialmente perdido. E um inquérito foi instaurado. Mas sua conclusão, após meses de análises e audiências, especialmente com o cadete que escapou por pouco de desaparecer também, foi a mesma que todo velho marinheiro sabia desde o início: o mar havia engolido o grande barco, sem deixar nenhuma pista, gerando assim um mistério que se tornou eterno: o que aconteceu com o maior veleiro do início do século passado?

O legado de um ato

O navio alemão que foi atacado por brasileiros na Baía de Guanabara deixou algo bom para o país inteiro

No dia 24 de outubro de 1930, um movimento político armado que entraria para a história brasileira como a Revolução de 30, pôs fim à chamada República Velha, na qual apenas paulistas e mineiros se revezavam na presidência do país. Também depôs o então presidente Washington Luís, impediu a posse de Júlio Prestes e, dias depois, entregou o comando da nação à Getúlio Vargas. Foi, em síntese, um golpe de estado. E um dia bastante tumultuado na então capital do país, o Rio de Janeiro – que, por isso mesmo, naquele dia, proibiu a entrada ou saída de navios de seu porto. Mas nem todos obedeceram isso.

Alheio aos tumultos que aconteciam nas ruas da cidade, o comandante do transatlântico alemão Baden, que fazia uma escala no porto carioca durante a sua rota regular entre Hamburgo e Buenos Aires, decidiu soltar as amarras do porto do Rio de Janeiro e seguir viagem. Mas não foi longe.

Ao passar pela Fortaleza de Santa Cruz, uma das fortificações construídas no passado para proteger a entrada da Baía de Guanabara, o Baden recebeu três alertas, na forma de inofensivos disparos de pólvora e uma sinalização visual com bandeiras, de que não poderia sair da cidade e deveria retornar ao porto. Mas o capitão alemão também ignorou os avisos e seguiu em frente.

Diante disso, o responsável pela fortaleza seguinte, o Forte da Vigia, foi avisado de que deveria deter o navio de qualquer maneira e recebeu autorização para disparar contra o transatlântico – desta vez, com munição de verdade. O projétil explodiu sobre o tombadilho de popa do Baden e causou, além de muitos danos, a morte de 22 passageiros, além de ferimentos em outros 55, todos estrangeiros.

Só então o comandante do navio deu meia volta e retornou ao porto carioca, onde foi levado para interrogatório, em meio ao tumulto que o golpe de estado causara na cidade. Uma das suspeitas para a detenção do navio era a de que ele estivesse sendo usado para a fuga de envolvidos na Revolução, o que, mais tarde, ficaria provado não ser verdade.

Apesar dos tensos dias que se seguiram ao golpe de estado, o episódio do ataque do navio alemão em plena Baía de Guanabara, e as mortes que ele causou, gerou comoção na cidade. Especialmente porque as vítimas eram humildes imigrantes espanhóis e poloneses, que estavam indo tentar a vida na Argentina.

A retirada dos corpos do navio mexeu com os cariocas, que pressionaram o principal jornal da época, o Correio da Manhã, a lançar uma campanha para receber donativos para os feridos e parentes das vítimas. Contudo, na Europa, o bombardeamento intencional de um navio de passageiros gerou indignação tanto na Alemanha quanto na Espanha, de onde provinham boa parte de seus ocupantes.

Imediatamente, os dois países exigiram que o então confuso governo brasileiro fizesse uma rigorosa investigação do caso, a fim de punir os responsáveis. Mas o Brasil, envolto em seus próprios problemas políticos, não tinha como fazer isso a contento. A Alemanha, então, levou o caso para julgamento em seu Tribunal Marítimo, o que colocou os brasileiros numa clara situação de vulnerabilidade, já que seriam julgados por juízes alemães. Mas, apesar disso, o julgamento foi justo.

Três meses depois, saíram as sentenças. O tribunal alemão concluiu que houve negligência por parte dos responsáveis pelas fortalezas cariocas, que não obedeceram às normas internacionais, tanto na sinalização por bandeiras (que seguiram o código brasileiro e não o mundial, embora o navio fosse estrangeiro), quanto no disparo intencional (que não deveria ter sido feito diretamente ao navio e sim a 200 metros dele). Além disso, os oficiais brasileiros também ignoraram a possibilidade de usar um aparelho de rádio para se comunicar com o navio infrator, antes de bombardeá-lo. Mas, numa exemplar lição de justiça, os juízes alemães tampouco pouparam o comandante conterrâneo. Ele foi condenado por burlar o fechamento do porto, ignorar os disparos de alerta e não se dar ao trabalho de averiguar o que aquelas bandeiras de sinalização poderiam indicar, ainda que em outra linguagem.

Cinco anos após aquela tragédia na Baía de Guanabara, o Baden deixou de operar na rota de passageiros para Buenos Aires, foi convertido em navio cargueiro, e, com a eclosão da Segunda Guerra Mundial, acabou sendo afundado pela sua própria tripulação na costa da França, no dia de Natal de 1940, para não cair nas mãos dos inimigos ingleses. Mas deixou um legado positivo para os brasileiros.

Foi graças ao estúpido incidente que o Baden protagonizou no Rio de Janeiro que o Brasil passou a ter, já a partir do ano seguinte, os seus próprios tribunais marítimos, hoje responsáveis por julgar tudo o que acontece no mar brasileiro.

Suvenir de um naufrágio

Na pressa em abandonar o barco, ele agarrou a primeira coisa que viu pela frente – ainda que totalmente inútil

Nas primeiras horas da manhã de 23 de junho de 1908, a escuna cargueira americana Chippewa atropelou um punhado de rochas submersas no litoral de Long Island, na costa leste dos Estados Unidos, e estancou sobre elas.

Apesar da colisão, nada sério aconteceu ao barco, a não ser parte da carga que desabou no convés. Tanto que a tripulação, em vez sair em polvorosa para resolver o problema, preferiu, primeiro, sentar para tomar o café da manhã, algo sagrado para os americanos. Foi quando uma sequência de ondas violentas atingiu o casco imobilizado sobre as pedras.

O aguaceiro desencalhou o barco, que saiu flutuando, mas derrubou a porta da cabine, permitindo que uma absurda quantidade de água penetrasse no interior da escuna. E, inundado, desequilibrado e com a carga solta no casco, o Chippewa começou a inclinar, até que tombou de vez no mar. Para a tripulação, só deu tempo de pegar o que estava à mão e pular para o barco salva-vidas, antes que o Chippewa afundasse completamente, bem ao lado dos rochedos sobre os quais estava a apoiado, minutos antes.

No bote, a caminho da margem e já aliviado do susto, um dos tripulantes passou a rir descontroladamente ao descobrir que, na pressa em deixar a cabine tomada subitamente pelas águas, havia agarrado a única coisa que estava à sua frente: um garfo – que ele guardou pelo resto da vida, como lembrança daquele naufrágio.

HISTÓRIAS DO MAR

O latido da salvação

Ninguém notou o acidente que levou ao naufrágio daquele navio. Exceto um cachorro muito atento

Quando, durante uma forte tempestade, na noite de 15 de janeiro de 1909, o cargueiro francês Alice colidiu com a ponta da península da foz do Rio Columbia, na costa oeste dos Estados Unidos, ninguém no povoado que havia no topo do promontório percebeu o fato. Exceto o cachorro de uma das casas, que passou a latir compulsivamente na escuridão da noite.

O animal latiu tanto que, a despeito do frio, dos ventos e da tormenta, o dono da casa saiu da cama e foi ver o que se passava. E o que ele viu foi o vulto de um navio entalado nas pedras, lá embaixo. Imediatamente, o homem acordou os vizinhos e, unida, toda a comunidade resgatou os tripulantes do navio, que afundou em seguida. Graças ao alerta dado por aquele cão, não houve vítimas no naufrágio do Alice, que ocorreu bem na foz de um dos rios mais perigosos da região, quase sempre fatal para os barcos sinistrados.

Mais tarde, ao saber que fora um cão que alertara a comunidade sobre o acidente, o comandante do cargueiro procurou o dono do animal e perguntou se havia alguma explicação para tal comportamento. E havia, como explicou o velho morador: tal qual a tripulação do Alice, aquele cachorro também havia sobrevivido a um naufrágio, no passado, no mesmo local. E, por isso, fora adotado por ele.

A má lembrança ficara na memória do animal. E foi o que salvou os tripulantes do Alice.

Coincidência ou premonição?
Teria um livro que fora escrito bem antes previsto o naufrágio mais famoso de todos os tempos?

Quando ocorreu o naufrágio mais famoso de todos os tempos, o do Titanic, em 15 abril de 1912, poucos lembraram de um livro intitulado Futility ("Futilidade", em português), escrito pelo americano Morgan Andrew Robertson. Mas, quem lembrou, ficou arrepiado para sempre.

O livro narrava uma história fictícia: o trágico naufrágio de um grande transatlântico inglês, chamado Titan, que colidiu com um iceberg e afundou quando atravessava o Atlântico Norte, matando, pela falta de botes salva-vidas para todos a bordo, a maior parte de seus ocupantes – exatamente como aconteceu com o Titanic real. E as coincidências entre a história do livro e o que aconteceu com o Titanic não paravam por aí.

O transatlântico do livro também tinha capacidade para 3 000 pessoas, o sobrenome de seu comandante era igualmente Smith, e seu fim trágico foi fruto, sobretudo, da prepotência humana, que julgava que nada poderia acontecer com aquele poderoso navio, e da frivolidade da maioria dos passageiros – daí o título do romance.

Como uma espécie de precognição, Robertson, que, antes de se tornar escritor, havia trabalhado em embarcações, escreveu, inclusive, que o naufrágio do Titan ocorrera em um dia do mês de abril – também exatamente como no caso do Titanic.

O mais impressionante, contudo, é que ele escreveu tudo isso em 1898 – 14 anos antes da tragédia marítima mais famosa de todos os tempos.

O transatlântico que trouxe a morte
A gripe espanhola, que matou milhares de brasileiros, chegou ao país escondida em um navio

Em setembro de 1918, durante a Primeira Guerra Mundial, um navio de passageiros chegou ao porto de Recife trazendo algo bem mais letal do que as armas e munições usadas nos campos de batalha. Era o transatlântico inglês Demerara, com cerca de 200 passageiros, a grande maioria imigrantes europeus a caminho da Argentina, e uma silenciosa bomba escondida a bordo: o vírus da chamada gripe espanhola, que acabaria matando cerca de 50 milhões de pessoas no mundo inteiro – seis vezes mais do que a própria primeira grande guerra.

Duas passageiras morreram na própria viagem e outros tantos ficaram doentes durante a travessia do Atlântico. Mas o Brasil só se deu conta do terror que desembarcara no país – inicialmente em Recife, depois em Salvador e no Rio de Janeiro, onde o Demerara também fez escalas – quando milhares de brasileiros passaram a morrer de maneira fulminante. Inclusive o então presidente recém-eleito, Rodrigues Alves, que nem chegou a tomar posse.

Estima-se que cerca de 100 000 brasileiros foram vítimas do vírus trazido pelo Demerara, que, por isso, passou a ser conhecido como o Navio da Morte. Mas ao menos uma herança positiva o navio que trouxe a pandemia para o Brasil deixou para o país: a partir da mistura de cachaça, limão, mel e alho, usada pelos brasileiros para combater inutilmente a gripe fatal, nasceu a caipirinha.

TRAVESSIAS OCEÂNICAS

Aquele navio era fogo!
Por três vezes, o Bermuda sobreviveu aos incêndios. Mas o seu fim acabou sendo na água

Um princípio de incêndio irrompeu no navio inglês de passageiros Bermuda, quando ele estava parado no porto da ilha que o batizara, no Atlântico, perto da costa leste americana, em 17 de junho de 1930. Mas, como o fogo estava apenas começando, foi facilmente controlado pela tripulação com a ajuda dos funcionários do porto.

Só que, no mesmo dia, horas depois, outro incêndio irrompeu em outra parte do navio. E, dessa vez, até que as chamas fossem apagadas, os estragos foram grandes.

Quando o segundo incêndio foi extinto, uma vistoria feita no navio mostrou que não havia como ele ser reparado na ilha, que, além de pequena e com poucos recursos, não tinha especialistas no assunto. A melhor alternativa era enviá-lo para a Inglaterra, já que as Bermuda eram – e ainda são – parte do Reino Unido.

Bastante avariado, mas ainda capaz de navegar, embora precariamente, o navio foi levado para a Europa. Contudo, ao chegar lá, ao final de uma travessia lenta e tenebrosa, pegou fogo mais uma vez. Dessa vez, de vez.

Sem condições de voltar a navegar, o Bermuda foi vendido como sucata para um desmanche naval. Mas, no caminho para o seu derradeiro destino, quando era puxado por um rebocador, bateu em um conglomerado de rochas submersas na costa da Inglaterra e afundou.

O navio que por três vezes sobreviveu ao fogo não resistiu à água.

A diferença do Titanic argentino
Ao contrário do famoso transatlântico, o Monte Cervantes afundou duas vezes. Mas só matou uma pessoa

Nas primeiras décadas do século passado, o intenso movimento de imigrantes da Europa para as Américas gerou o surgimento de muitos navios transatlânticos – que, como a própria definição deixava clara, eram navios feitos para "cruzar o Atlântico". O mais famoso de todos, pelo que se seguiu ao seu lançamento, foi o legendário Titanic, que naufragou na viagem inaugural, em 1912, quando fazia a rota Inglaterra-Estados Unidos.

Mas o Titanic não foi o único transatlântico a escrever uma triste história naquela época. Do lado de cá do planeta, em frente à cidade argentina de Ushuaia, no extremo sul da América do Sul, outro navio igualmente portentoso, com capacidade para mais de 2 000 passageiros e certos luxos até então inéditos, como salão de beleza a bordo, também fez história pelo seu infortúnio – e, por isso mesmo, ganhou a alcunha de "Titanic Argentino". Só que, ao contrário do infeliz navio que virou sinônimo de tragédia, o transatlântico alemão Monte Cervantes não afundou apenas uma vez, mas duas.

O primeiro naufrágio aconteceu em janeiro de 1930, quando o navio, ao partir do porto de Ushuaia, onde desembarcara alguns imigrantes alemães, bateu em uma pedra submersa não catalogada no Canal de Beagle, bem diante da cidade e praticamente ao lado do famoso farol Les Eclaireus, erroneamente confundido até hoje com o farol que teria inspirado Julio Verne a escrever "O farol do fim do mundo". Mas o verdadeiro inspirador do escritor fica na vizinha Ilha dos Estados.

Após o choque, o comandante alemão Theodor Dreyer mandou evacuar o navio. Sem maiores problemas, já que o dano no casco não era grande e a inundação estava sendo parcialmente controlada pelas bombas de água, todos os 1 117 passageiros e 255 tripulantes foram levados para a cidade. A bordo, só ficaram alguns oficiais e ele, com o objetivo de encalhar o navio em águas rasas e assim facilitar o resgate, mais tarde.

Na minúscula Ushuaia, então com míseros 800 habitantes, a chegada de tantos náufragos, que somavam quase o dobro da própria população da cidade, causou comoção e tumulto. Como não havia abrigo para todos, algumas pessoas foram acomodadas no presídio federal que ali existia.

Enquanto os náufragos eram abrigados em todos os cantos da cidade, a bordo do Monte de Cervantes o comandante fez funcionar os motores e rumou para um local raso, onde, seguindo seu plano, encalhou propositalmente o navio. Mas, em seguida, percebeu que o lugar escolhido ficava à beira de um precipício submarino. Temendo que o navio deslizasse para as profundezas, ele dispensou os oficiais e se manteve sozinho a bordo.

Quase não houve tempo para o desembarque dos tripulantes restantes. Logo o navio começou a deslizar e os últimos oficiais tiveram que pular na água e nadar até o bote que os levaria também para a cidade. Já o comandante, aparentemente, não teve tempo para isso e afundou com o navio. Ou, então, preferiu dessa forma – nunca se soube o verdadeiro motivo de sua morte.

Durante duas décadas, o Monte Cervantes ficou escondido no fundo do Canal de Beagle, perto do famoso farol. Até que, no início da década de 1950, uma empresa italiana de exploração submarina resolveu resgatar o navio, a fim de vendê-lo como sucata. A operação, feita com o consentimento do governo argentino, levou três longos anos para ser concretizada, mas, por fim, fez o Monte Cervantes voltar a flutuar. Mas, por pouquíssimo tempo.

Ao ser rebocado, o velho transatlântico começou a adernar, até que tombou e voltou a afundar. Desta vez, definitivamente, a menos de uma milha do local do primeiro naufrágio. E por lá ficou.

No início dos anos 2000, uma equipe de televisão alemã, com a ajuda de um robô submarino, localizou os restos do transatlântico, a

115 metros de profundidade. Mas, na ocasião, apenas alguns objetos foram retirados e enviados ao museu da cidade, onde passaram a ocupar lugar de destaque.

O duplo naufrágio do Monte Cervantes acabou transformado em patrimônio histórico de Ushuaia, e o fato de ter afundado duas vezes, mas com apenas uma vítima fatal (o seu próprio comandante, que jamais se saberá se morreu por acidente ou pela liturgia do cargo, preferindo afundar com o seu barco), só faz alimentar ainda mais a fama que cerca a história do Titanic Argentino.

Navio fantasma do Ártico

Durante quase quatro décadas, o Baychimo apareceu em diferentes pontos do Alasca, sem ninguém a bordo

Um dos casos mais longevos de um barco vagando à deriva, sem ninguém a bordo, foi o do navio cargueiro canadense Baychimo. No primeiro dia de outubro de 1931, quando navegava nas águas congelantes do Alasca, comercializando peles e provisões com os esquimós, ele ficou preso no gelo e foi deixado por sua tripulação, que buscou abrigo na comunidade de Barrow, ali perto.

Uma semana depois, quando a tripulação retornou, encontrou o navio livre do gelo, mas prestes a ficar novamente preso – o que, de fato, aconteceu em seguida. Outra semana se passou e, como o navio seguia trancado no mar congelado, a empresa dona do Baychimo tratou de remover seus homens da região. Mas não todos.

Dos 22 tripulantes do navio, 15, incluindo o comandante, montaram abrigo próximo ao local onde o Baychimo jazia, na esperança de que ele voltasse a se livrar do gelo. Um mês depois, no entanto, durante uma violenta tempestade de neve, o cargueiro simplesmente sumiu na paisagem branca do Alasca. Seu comandante deduziu que o navio havia sido esmagado pelo gelo e afundado, e deu o Baychimo como perdido. Mas não foi o que aconteceu.

Uma semana depois, quando os tripulantes restantes já haviam retornado a Barrow, para aguardar o transporte que os levaria de volta ao Canadá, alguns esquimós chegaram à cidade relatando que haviam visto o Baychimo flutuando, a cerca de 70 quilômetros de onde ele supostamente teria "afundado". E era verdade.

A tripulação correu para lá e reencontrou o navio, que flutuava livre do gelo. Mas ele estava tão deteriorado pela pressão que os blocos sólidos de água congelada haviam exercido sobre o casco, que concluíram que o Baychimo não resistiria ao rigor do inverno que se aproximava. Mais dia, menos dia, ele afundaria, deduziram. Mas, de novo, não foi o que aconteceu.

Quatro meses depois, o Baychimo foi visto flutuando normalmente por um viajante, nas proximidades da cidade de Nome, também no Alasca. E, tempos depois, voltou a ser visto por um grupo de nativos inuits, que chegaram a se abrigar no interior do navio abandonado, durante uma tempestade de neve.

Informada sobre a surpreendente sobrevida do navio, a empresa dona do Baychimo preferiu não fazer nada, já que uma operação de resgate, àquelas alturas, seria complicada e cara demais. E, de mais a mais, parecia certo que o navio não sobreviveria por muito tempo. Porém, uma vez mais, não foi o que aconteceu. E as aparições do "Navio-Fantasma do Ártico", como ele passou a ser chamado, continuaram.

Em julho de 1934, o Baychimo foi visto por um grupo de exploradores. Em setembro de 1935, foi avistado junto a costa nordeste do Alasca. Quatro anos depois, em novembro de 1939, chegou a ser abordado pelo capitão americano Hugh Polson, que, no entanto, desistiu de rebocá-lo, por conta dos enormes blocos de gelo que cercavam o navio. E, mais de duas décadas depois, em março de 1962, outro grupo de inuits deram de cara, de novo, com o navio flutuando à deriva no Mar de Beaufort.

Até que, em 1969, após 12 desconcertantes aparições, o Baychimo foi visto pela última vez – inacreditáveis 38 anos após ter sido dado como perdido. Ele estava atado a um gigantesco bloco de gelo, mas ainda assim, inteiro. Depois disso, o "navio-fantasma do Ártico" nunca mais foi visto.

É certo que, por fim, o velho cargueiro afundou, embora não tenha aparecido nenhum vestígio disso – nem tampouco seja possível dizer quando nem onde aconteceu. Ou, talvez, ele tenha sido totalmente envolvido por algum colossal bloco de gelo, o que permitiria supor que, de certa forma, ele ainda estaria navegando, encapsulado dentro de um iceberg.

Para tentar colocar um ponto final na intrigante história do navio errante, em 2006 o governo do Alasca patrocinou uma expedição para tentar encontrar os restos do Baychimo, dentro ou fora d´água. Mas, ao contrário do incrível histórico de aparições desconcertantes, desta vez nada foi encontrado.

O navio que passou quase quatro décadas desafiando a lógica, finalmente sumiu para sempre. Ou não.

Encontro indesejado

Os tripulantes do USS Ramapo toparam no mar com a pior coisa que poderiam imaginar

Passava pouco mais da meia-noite do dia 7 de fevereiro de 1933, quando o USS Ramapo, um pequeno navio-tanque que transportava combustível das Filipinas para os navios da Marinha Americana baseados na Califórnia, viveu um encontro histórico – e assustador. Naquela madrugada, durante uma tempestade que já durava dias no meio do Pacífico, sua tripulação testemunhou a maior onda oceânica até então vista, pelo menos entre as que deixaram sobreviventes para atestá-la: uma colossal montanha de água, com estimados 34 metros de altura – o mesmo que um prédio de 12 andares.

E não foi apenas uma onda solitária desse tipo, fenômeno que, mais tarde, a ciência classificaria com o termo "ondas loucas" – porque fogem totalmente do padrão de altura das demais ondas –, mas sim três delas, em sequência. Todas gigantescas. Logo após a primeira onda, cuja altura foi estimada em 25 metros, veio outra, ainda maior. E, em seguida, mais uma – esta, a mais alta de todas.

O pequeno navio só não foi a pique porque conseguiu manobrar a tempo e abordar os vagalhões de proa, escalando os paredões de água como se fossem rampas, e também porque, como o USS Ramapo era acanhado em tamanho, encaixou-se perfeitamente no vão entre as vagas. E foi justamente o fato de ter mergulhado completamente nos "buracos" entre as ondas que permitiu que elas pudessem ser dimensionadas, o que, até então, também jamais havia sido possível.

Na época, os instrumentos de navegação ainda eram rudimentares demais para medir com precisão o tamanho das ondas que atingiram o USS Ramapo. Mas uma observação feita pelos marinheiros que estavam na sala de comando mostrou que o último vagalhão daquela apavorante série era mais alto que o próprio mastro do navio, que media 30 metros de altura.

Com base nisso, através de cálculos trigonométricos, a tripulação do USS Ramapo estimou a altura daquela derradeira onda em impressionantes 34 metros. Mas, fora dali, poucos acreditaram nisso, porque naquela época ondas gigantes estavam muito mais relacionadas ao folclore marítimo do que a um fenômeno natural real. Até a própria tripulação custou a acreditar no que vira. E, principalmente, do que escapara. O resto da noite foi de vigília intensa no sortudo navio.

Anos depois, o USS Ramapo foi transferido para uma base da Marinha Americana no Havaí e, de novo, mostrou ser um navio de sorte: estava fundeado em Pearl Harbour quando os japoneses atacaram, em 7 de dezembro de 1941, e foi um dos poucos que nada sofreram.

Logo após o final da Segunda Guerra Mundial, o USS Ramapo foi desativado e desmontado. Mas entrou para a história graças a um encontro que nenhum outro navio jamais gostaria de ter.

Uma decepção atrás da outra
Cada vez que a salvação parecia próxima, algo acontecia e levava a esperança embora

No início do século passado, o cientista francês Jean-Baptiste Charcot era uma das maiores autoridades mundiais em explorações polares. Sempre a bordo do Pourquois-pas? ("Por Que Não?", em português), um bonito barco com nome irreverente, movido a vela e a vapor, ele visitava os mares polares com frequência e, a cada viagem, acrescentava conhecimento científico sobre aquelas águas para a humanidade. E foi ao final de uma dessas viagens, ao Ártico, que Charcot viveu sua derradeira experiência: a de ser tragado por uma tempestade, com os outros 39 tripulantes do Pourquois-pas? – que afundou dramaticamente, na noite de 15 de setembro de 1936.

Um dia antes, após uma escala para abastecer o barco com carvão e mantimentos, na viagem de volta à França, Charcot e sua equipe partiram de Reikjavik, na Islândia, sob tempo bom e nenhuma ameaça no horizonte. Ao contrário, o clima era agradável e o ambiente a bordo de euforia, pela volta para casa, após seis meses no gelo do Ártico. Mas, naquela mesma noite, quando ainda estavam nas proximidades da cidade, o barômetro despencou e o mar enfureceu abruptamente. Um furacão se aproximava.

O comandante do Pourquois-pas?, que dividia as decisões e responsabilidades no barco com o próprio Charcot, resolveu retornar ao porto e deu meia volta. Mas não havia mais como fazer isso. Rapidamente, o mar virou um inferno líquido de tamanha intensidade, que, embora eles estivessem tão perto de Reikjavik que fosse possível ver as luzes das casas, não conseguiam se aproximar da cidade.

A força do mar era muito maior que a dos motores do Pourquois-pas?, cujos hélices giravam em falso no ar, ao ser arremessado da crista de uma onda para outra. Foi a primeira vez, naquela angustiante noite, que os ocupantes do Pourquois-pas? experimentaram a frustrante sensação de estar bem perto da salvação e não alcançá-la. E não seria a única.

A situação se tornou ainda mais dramática, quando, no meio da tempestade, surgiu um barco de pesca bem diante da proa do Pourquois-pas?, vindo no sentido contrário. Uma colisão naquelas condições de mar seria fatal. Mas, quase por milagre, os dois barcos passaram rentes um ao outro.

Controlar o rumo do Pourquois-pas? em meio a um turbilhão de ondas e ventos era algo praticamente impossível. Com isso, o barco foi sendo empurrado para o lado oeste da ilha, onde havia muitos bancos de areia. E foi em um deles que Charcot e sua equipe, finalmente, pararam, encalhados. O que poderia ser algo positivo – a detenção do barco, que vinha sendo empurrado pela tempestade –, logo se transformou em um pesadelo, porque as ondas passaram a quebrar sobre o casco inerte do Pourquois-pas?, como se ele fosse um obstáculo a ser vencido.

O barco de Charcot só não se desmantelou inteiro porque, de tanto martelarem o casco, as próprias ondas acabaram por livrá-lo do banco de areia. Ele e seus homens comemoraram o fato. Mas não por muito tempo. Logo descobriram que o encalhe havia danificado as caldeiras e o motor do Pourquois-pas?, que pararam de funcionar – mais uma vez, quando parecia que tudo terminaria bem, surgia um empecilho pela frente.

À deriva e incapaz de controlar os próprios movimentos, o Pourquois-pas? encalhou novamente, logo adiante. E não conseguiu mais sair. Dois marinheiros saíram no convés para analisar a situação e foram tragados pelas ondas, que voltaram a quebrar sobre o casco. Era o início da tragédia.

O comandante decidiu pedir socorro pelo rádio, embora fosse pouco provável que algum outro barco conseguisse ajudá-los em meio aquela tempestade. Mas, no exato instante em que ele pegou o microfone, a antena do aparelho voou longe, arrancada pelo vento – tudo parecia dar errado para os infelizes tripulantes do Pourquois-pas? Chacort, então, deu ordens para que todos abandonassem a embarcação. Mas o vento, fortíssimo, também fez voar pelos ares o único bote salva-vidas, que caiu no mar, despedaçado.

A única saída para tentar escapar com vida daquele iminente naufrágio, já que o Pourquois-pas? começava a se desintegrar, passou a ser se atirar ao mar, apesar da superfície em convulsão. Como, porém, não havia coletes salva-vidas para todos, alguns tripulantes, como o próprio Charcot e o comandante, preferiram permanecer a bordo do barco prestes a ser demolido pelas ondas – o que, de fato, aconteceu em seguida. Em poucos minutos o Pourquois-pas? desapareceu completamente, condenando os seus ocupantes – inclusive Charcot – à morte certa. Todos, menos um.

O marinheiro francês Eugène Gonidec milagrosamente sobreviveu ao mar furioso e ao frio congelante e foi resgatado por um barco de pesca na manhã seguinte, inconsciente, mas vivo. Foi o único que teve sorte naquela noite em que nada deu certo para os pobres ocupantes do Pourquois-pas?

Mais tarde, como homenagem póstuma a Charcot, uma ilha que o pesquisador havia explorado na Antártica anos antes, passou se chamar Pourquois-pas?, curioso nome que mantém até hoje.

O enigma Amelia Earhart
Na busca pelo que teria acontecido com a aviadora, nem o homem que achou o Titanic encontrou uma resposta

Em agosto de 2019, após um mês e meio de intensas buscas com avançados equipamentos de rastreamento submarino, não deu em nada a poderosa expedição montada pelo explorador americano Robert Ballard, o homem que achou o Titanic, para tentar encontrar restos do avião da lendária aviadora Amelia Earhart, que desapareceu em algum ponto do Pacífico, durante a primeira tentativa de uma mulher de dar a volta ao mundo voando, em julho de 1937.

Mesmo usando um moderno navio de pesquisas, o Nautilus, equipado com dois mini submarinos capazes de descer a grandes profundidades, tudo o que a expedição de Ballard encontrou no entorno do esquecido atol de Nikumaroro, na parte central do Pacífico Sul, onde se imaginava que o desaparecido avião pudesse ter feito um pouso de emergência, foram restos do naufrágio de um velho barco, uma antiga garrafa de refrigerante e dois chapéus carcomidos pelo tempo – e nada disso tinha a ver com a famosa aviadora, misteriosamente desaparecida com seu companheiro de voo, o navegador Fred Noonan, 82 anos antes.

Mas nem assim Ballard, um especialista em procurar agulhas em palheiros dentro dos oceanos (além do Titanic, ele também encontrou os restos do mais famoso navio alemão afundado na Segunda Guerra Mundial, o encouraçado Bismarck), desistiu do objetivo de achar vestígios do avião Lockheed Electra da americana e, com isso, desvendar um dos maiores mistérios do último século: onde – e como – morreu Amelia Earhart?

"Já sabemos onde o avião não está", disse Ballard, malandramente, ao retornar da fracassada expedição, que quase ninguém acreditava mesmo que pudesse ser bem-sucedida – se não é nada fácil achar um navio inteiro no fundo do oceano, que dirá restos de um pequeno avião, mais de oito décadas depois.

Mas, para o pesquisador, o insucesso da expedição com o Nautilus fora apenas o primeiro passo efetivo nas buscas pelo avião desaparecido. "Para achar o Titanic, tivemos que fazer quatro tentativas e, numa delas, não achamos o navio por míseros metros de distância", explicou ele, na ocasião.

A busca de Ballard pela verdade sobre a morte da mais icônica aviadora da história se baseou em hipóteses levantadas por uma instituição chamada Tighar (iniciais, em inglês, de "Grupo Internacional para Descoberta de Aviões Históricos"), que já havia realizado uma série de expedições ao atol de Nikumaroro, com o mesmo propósito.

Segundo a Tighar, a suposta queda (ou pouso na água) do Electra acontecera naquele atol, e não nas imediações da Ilha Howland, a cerca de 600 quilômetros de distância, onde Amelia deveria fazer uma escala para reabastecimento durante aquele voo de volta ao mundo, e onde sempre se acreditou que teria acontecido o acidente – justamente por falta de combustível no avião.

De acordo com a Tighar, uma foto aérea de Nikumaroro, feita por um oficial inglês, em 1940, mostrava um objeto que se assemelhava ao trem de pouso de um avião nas pedras da costeira da ilha. Além disso, em uma das primeiras expedições, os pesquisadores da entidade haviam encontrado um pedaço de metal que se assemelhava ao da fuselagem de um avião.

Em sua expedição, Ballard vasculhou o atol em busca, particularmente, do tal trem de pouso, mas tudo o que encontrou foram rochas com formatos curiosos, que, do alto, poderiam dar a impressão de serem o tal equipamento de um avião. Mas não passavam de blocos de pedras caprichosamente encaixadas pelo mar.

A equipe também recolheu amostras do solo do local onde, no passado, houvera um acampamento improvisado naquela ilha deserta (supostamente feito por algum náufrago, talvez a própria Amelia, caso tivesse sobrevivido à eventual queda do avião), em busca de algum vestígio que pudesse fornecer uma amostra de DNA, a fim de compará-la com o de descendentes da aviadora. Mas também não conseguiu nada de concreto.

Naquele mesmo acampamento, décadas antes, foram encontrados 13 ossos humanos, que, no entanto, não foram devidamente analisados. Além disso, com o tempo, a tal ossada acabou se perdendo em um laboratório das Ilhas Fiji, restando apenas algumas imagens, que, após serem analisadas por especialistas, revelaram que bem poderiam ter pertencido a uma mulher (coisa rara em se tratando de um náufrago, ainda mais em uma parte tão erma do planeta). E essa mulher poderia ter sido Amelia Earhart – que, neste caso, teria sobrevivido a um pouso de emergência no mar (talvez, seu navegador não), mas morrido como náufraga solitária naquela ilha deserta e inóspita.

No entanto, a teoria mais aceita até hoje é que Amelia Earhart e seu navegador teriam mesmo caído, ou pousado, no mar, nas proximidades da própria Ilha Howland (e não em Nikumaroro), onde iriam reabastecer para continuar a travessia do Pacífico – e bem perto do navio da Marinha Americana Itasca, que vinha dando apoio pelo rádio, para que a aviadora encontrasse a pequena ilha na imensidão do oceano.

Naquele dia, 2 de julho de 1937, navio e avião mantiveram contato por um bom tempo, até que Amelia deixou de responder aos chamados do operador de rádio do navio, talvez por uma falha em seu equipamento. Desesperada, a tripulação do Itasca enviou mensagens em código morse, que foram recebidas pelo avião de Amelia, mas não respondidas pelo navegador Noonan. Os marinheiros também acionaram as chaminés do navio, na esperança de que a fumaça servisse de referência para a aviadora localizar a ilha. Igualmente não adiantou.

Durante meses, intensas buscas pelos restos do avião nas proximidades da Ilha Howland não mostraram nenhum resultado. E foi isso que levou a Tighar – e Ballard – a concentrarem suas pesquisas em outra ilha: Nikumaroro.

"O Atol de Nikumaroro fica na mesma direção que Amelia seguia. Ela pode ter passado pela ilha Howland sem tê-la visto e seguido adiante até ficar sem combustível. Mas, talvez, seu avião não tenha caído e sim feito um pouso de emergência no mar, junto ao atol, daí os ossos encontrados no acampamento", analisava Ballard, antes de partir para a sua malograda expedição. Só que, mesmo com toda a tecnologia do Nautilus a seu serviço, ele também não encontrou nada que comprovasse isso.

De certa forma, o que torna o desaparecimento de Amelia Earhart um tema relevante até hoje foi a própria história da aviadora, repleta de feito inéditos. Mulher muito à frente de seu tempo, ela começou a se interessar pela aviação numa época em que o sonho de praticamente todas as mulheres era apenas casar, ter filhos e se tornar uma exemplar dona de casa.

Em 1920, Amelia aprendeu a pilotar aviões, numa época em que as mulheres sequer dirigiam automóveis. E, menos de oito anos depois, em junho de 1928, conseguiu ser incluída na tripulação, com mais dois homens, que levaria a primeira mulher a fazer a travessia do Atlântico pelos ares.

O vôo foi um sucesso, mas Amelia saiu do avião irritada, porque não lhe foi permitido fazer praticamente nada a bordo. "Fui um mero lastro. Um saco de batatas teria feito a mesma função", resumiu, furiosa, a aviadora, que, por conta disso, tratou de criar o seu próprio projeto: o de se tornar a primeira mulher a atravessar o Atlântico pilotando sozinha, o que fez quatro anos depois.

O feito transformou Amelia em celebridade nos Estados Unidos, especialmente entre as mulheres. E a tornou uma espécie de símbolo da independência feminina, no final dos anos de 1930.

Em seguida, embalada pela fama e popularidade, ela apresentou um projeto ainda mais ousado: tornar-se a primeira mulher a voar ao redor do mundo pilotando o próprio avião, mas, dessa vez, dada a complexidade da viagem, tendo a companhia de um navegador, Fred Noonan.

A dupla partiu da Califórnia em março de 1937, mas não passou da primeira escala, no Havaí, quando uma falha na decolagem causou problemas mecânicos no aparelho. A travessia foi abortada. Mas não cancelada.

Três meses depois, Amelia e Fred partiram novamente, com o mesmo Lockheed Electra, mas, desta vez, no rumo oposto, no sentido oeste/leste, a fim de aproveitar os ventos predominantes. A jornada, que começou em Miami e incluiu até uma escala em Natal, no litoral do nordeste brasileiro, avançou pela África, Oriente Médio e Ásia, até chegar a Papua Nova Guiné, onde Amelia se preparou para o trecho mais desafiador da viagem: a travessia do Pacífico, o maior oceano do planeta.

Como seu avião não tinha autonomia para uma travessia tão longa, ficou combinado que haveria uma escala para reabastecimento na minúscula Ilha Howland, e que o navio Itasca ficaria nas proximidades, dando apoio pelo rádio e indicando a localização exata do pouso – que jamais ocorreu.

Nas suas últimas comunicações com o navio, Amelia reportou que estava com pouco combustível. Em seguida, teve início um desencontro geral de informações entre o Itasca e o avião, que culminou em um angustiante silêncio.

Se o avião de Amelia Earhart caiu nas proximidades da Ilha Howland, como sempre defenderam as teorias mais difundidas, ou se ela voou a esmo sobre o oceano até acabar a última gota de combustível, como Ballard tentou provar, é o grande enigma desse histórico e trágico episódio, que, até hoje, não tem uma resposta para a pergunta que não quer calar: que fim levou Amelia Earhart?

A passageira que nunca desembarcava
Durante 15 anos, ela morou a bordo do mesmo navio, sem nunca descer em lugar algum

Até a metade do século 20, quando os aviões passaram a tomar o lugar dos navios, os transatlânticos eram bem mais do que simples meios de transporte para longas viagens. Eram, também, oportunidades para os seus privilegiados passageiros desfrutarem o glamour dos grandes cruzeiros. Um desses sofisticados navios de passageiros, talvez o mais grandioso dos anos pós-guerra, foi o Caronia, um luxuoso transatlântico inglês, lançado em 1947 pela empresa Cunard, com a missão de atender a rota mais exigente da época, entre a Europa e os Estados Unidos.

Entre outros ineditismos, o Caronia foi o primeiro navio a oferecer uma piscina permanente, acomodações apenas de primeira classe, atendimento personalizado de um tripulante para cada passageiro, além de água quente nas torneiras e – supremo conforto – banheiros privativos em todas as cabines. O objetivo era que ele virasse uma extensão das mansões de seus passageiros. E pelo menos um deles levou isso ao pé da letra: a milionária americana Clara Macbeth, que decidiu morar naquele navio.

Solitária e muito rica, ela trocou seu luxuoso apartamento na Quinta Avenida, em Nova York, por uma suíte bem ao lado do elevador do Caronia (outra quase novidade na época), através do qual subia diretamente ao restaurante, sem precisar sequer caminhar. Lá, sentava-se sempre a mesma mesa, e, após comer, retornava à sua cabine. Raramente passeava pelo navio, que, no entanto, transformara em sua casa.

Mesmo assim, "Miss Macbeth", como era chamada por todos os tripulantes, conhecia o Caronia melhor do que qualquer marinheiro, já que viveu nele por 15 longos e consecutivos anos, emendando um cruzeiro no outro, sem desembarcar em porto algum. Foi a mais longa permanência de um passageiro em um navio que se tem notícia. Só com passagens, ela gastou cerca de 20 milhões de dólares, em dinheiro de hoje.

Miss Macbeth só retornava ao seu apartamento em terra firme quando o Caronia era levado ao estaleiro para manutenção e reparos. Mas, tão logo ele voltasse à água, ela reembarcava. E sempre na mesma cabine e com a mesma mesa no restaurante.

Estima-se que Clara Macbeth tenha dado o equivalente uma dúzia de voltas ao redor do mundo, sem sair do Caronia, e de ter somado mais horas de navegação do que os seus próprios comandantes. Ela não era mais considerada uma passageira. Era uma residente. A primeira do gênero. E, como tal, com direito a regalias, como o convite especial para o mais exclusivo cruzeiro que o Caronia realizou, em 1953, para a posse da rainha Elizabeth, na Inglaterra – e nem assim ela desembarcou.

Mas tamanha fidelidade de uma passageira para lá de especial não foi suficiente para salvar o navio da bancarrota. Nos anos de 1960, com a popularização dos aviões a jato, os transatlânticos perderam a primazia nos transportes de pessoas, a Cunard entrou em séria crise financeira e decidiu vender o Caronia. Mas isso só aconteceu depois que Clara Macbeth, já bastante doente, foi obrigada a abandonar a vida a bordo e voltar a viver em Nova York.

Uma década depois, o empresário americano que comprou o Caronia resolveu aposentá-lo de vez e pôs à venda, através de um leilão em Nova York, todo o mobiliário do navio. Quem arrematou parte dos móveis foi um homem interessado em abrir um restaurante na cidade. Em 1974, o estabelecimento foi inaugurado na Quinta Avenida – bem em frente ao apartamento de Clara Macbeth.

Mas ela não chegou a frequentar o restaurante, nem testemunhou o triste fim de seu querido navio. Poucos meses antes de o Caronia ser demolido, quando já havia até mudado de nome, Clara Macbeth embarcou em sua última viagem – e não mais a bordo do navio que tanto amava.

Já a sua mesa, continuou lá, no restaurante, à sua espera.

A incrível jornada de uma jangada
Para protestar contra o descaso, quatro jangadeiros foram navegando do Ceará a Buenos Aires

Até a década de 1940, os pescadores não eram reconhecidos pelo governo brasileiro como trabalhadores. Não tinham sequer direito a aposentadoria. Foi quando o líder de um grupo de jangadeiros do Ceará, Manuel Olimpio Meira, o Jacaré, como era chamado pelos colegas, resolveu aprender a ler para poder escrever uma carta ao então presidente da República, Getúlio Vargas, expondo sua indignação com aquela situação.

Mas Jacaré foi bem além disso e resolveu entregar a carta pessoalmente, no Palácio do Governo, no Rio de Janeiro. E decidiu que iria até lá navegando com o seu próprio instrumento de trabalho, a jangada São Pedro, uma típica jangada cearense, feita de troncos de piúba, uma madeira que quanto mais molha mais resistente fica.

A empreitada iria repetir a travessia feita, 18 anos antes, por outros quatro jangadeiros, Umbelino dos Santos, Joaquim Faustilino, Eugênio Oliveira e Pedro da Silva, todos alagoanos, que foram de Maceió ao Rio de Janeiro com uma jangada também feita de troncos, a Independência.

Para a nova jornada, Jacaré chamou três companheiros: Jerônimo André de Souza, o Mestre Jerônimo, Raimundo Correia Lima, o Tatá, e Manuel Preto. Eles partiram de Fortaleza em 14 de outubro de 1941 e, dois meses depois (61 dias, para ser mais exato), chegaram à então Capital Federal, onde foram recebidos pelo chefe máximo do país, a quem entregaram suas reivindicações – que logo caíram no esquecimento.

A extraordinária jornada da jangada São Pedro virou notícia também no exterior, onde chamou a atenção de um jovem cineasta americano, chamado Orson Welles. Ele havia sido contratado pelo governo dos Estados Unidos para produzir um documentário sobre o Brasil, visando melhorar as relações entre os dois países, naqueles tempos de guerra, e decidiu incluir no filme a chegada dos bravos jangadeiros ao Rio de Janeiro. Para isso, foi preciso refazer o desembarque do quarteto, na praia da Barra da Tijuca. E foi lá que aconteceu o improvável: a jangada usada na filmagem virou na arrebentação da praia, e Jacaré, mesmo tendo passado a vida inteira no mar, desapareceu, a míseros metros da areia. Seu corpo jamais foi encontrado.

Apesar da trágica morte do líder e amigo – e de não terem conseguido nada de efetivo por parte do governo na longa travessia até o Rio de Janeiro –, os jangadeiros cearenses voltaram confiantes de que deveriam seguir pleiteando os seus direitos, navegando, como forma de protesto e para chamar a atenção da sociedade, para lugares cada vez mais distante. E assim fizeram.

Dez anos depois daquela primeira expedição, outra, do mesmo gênero, já então chamada pelos jangadeiros de "raid" (algo como "incursão", em inglês, termo que eles passaram a usar de tanto ouvir o cineasta Welles falar durante as filmagens), levou outros cinco jangadeiros cearenses, entre eles o próprio Mestre Jerônimo, de Fortaleza à Porto Alegre, onde, mais uma vez, viraram notícia – sobretudo porque foram pedir que Getúlio Vargas, que era gaúcho, cumprisse o que havia prometido, uma década antes. Mas, de novo, não conseguiram o seu objetivo.

Por isso, o raid seguinte foi o mais arrojado de todos. Em 15 de novembro de 1958, Mestre Jerônimo e mais três jangadeiros, Luis Carlos de Souza, o Mestre Garoupa, Samuel Isidro e José de Lima, partiram de Fortaleza com o objetivo de chegar a outro país: a Argentina – que jamais havia visto uma jangada em suas águas.

A odisseia, de 6 000 quilômetros, também foi feita com uma jangada cearense de "seis paus". Ou seja, meia dúzia de troncos de piúva amarrados uns aos outros, cada um com sete metros de comprimento, e um feixe de madeira fincado entre eles, fazendo a função de mastro – que, apesar da aparência tosca, nada tinha de frágil, porque era feito da junção de diversas varetas flexíveis, permitindo que ele envergasse sem quebrar, como uma espécie de vara de pescar.

Batizada de Maria Teresa Goulart, em homenagem a esposa de João Goulart, na época vice-presidente do Brasil e visto como herdeiro político de Getúlio Vargas, com quem os jangadeiros vinham conversando há 17 anos sem conseguirem o seu intento, a jangada comandada por Mestre Jerônimo levou seis meses para chegar à Buenos Aires, onde foi recebida com um misto de surpresa e incredulidade – como uma embarcação tão primitiva e precária, que não passava de troncos de madeira amarrados com um pedaço de pano ao centro, poderia ter vindo de tão longe?

Naquela época, os argentinos nada sabiam sobre jangadeiros, uma classe de homens do mar que, numa hipotética graduação de bravura e resistência, sempre esteve bem acima dos pescadores convencionais. Por isso, a imagem daqueles homens esfarrapados e encharcados chegando à capital argentina deu o que falar na cidade. E a façanha ficou ainda mais espantosa quando eles começaram a contar detalhes da longa e difícil jornada. Como a tempestade de três dias e três noites que enfrentaram ao cruzar o litoral do Uruguai.

Até então, os quatro jangadeiros vinham cumprindo a rotina de navegar durante o dia e parar para dormir à noite, em alguma praia. Na escala em Santos, no litoral paulista, chegaram a levar a jangada, por terra, até a capital de São Paulo, para uma homenagem que receberam do governador do estado. Mas naquele trecho quase final da travessia, com o mar grosso e sob fortes ventos, não era mais possível parar para descansar em terra firme. O único jeito era se manter no mar e se afastar cada vez mais da costa, a fim de evitar que a jangada fosse arremessada de encontro às praias.

A rigor, navegar longe da costa não era exatamente um problema para aqueles homens, habituados a ficarem dias à fio no mar. Mas as circunstâncias, sim. As características do mar na região sul do continente eram bem diferentes daquelas que eles estavam habituados no Nordeste brasileiro. A começar pelo frio, a temperatura da água e a intensidade do mar uruguaio, que fora potencializado por uma frente fria poderosa, que pegou os jangadeiros de surpresa, no meio da travessia.

Como sempre faziam, eles haviam partido de Chuí, o ponto mais extremo do sul do Brasil, levando um pequeno estoque de farinha e dois sacos de carvão, com o qual preparariam o pirão que acompanharia os peixes que iam pescando pelo caminho. Os fósforos, para acender o fogareiro, iam debaixo dos chapéus, quase sempre a única parte seca do corpo dos jangadeiros.

Mas, com o mau tempo, ficou impossível pescar – que dirá cozinhar – na jangada. Em determinado momento, ainda no primeiro dia daquele trecho da viagem, o mar invadiu a rasa embarcação, que normalmente já navegava semissubmersa, e levou tudo embora. Os quatro jangadeiros só não foram arrastados para o mar porque, àquela altura, já tinham se amarrado ao mastro, como sempre faziam quando o tempo piorava demais. Mas ficaram sem ter o que comer.

A situação era dramática. Os ventos passavam dos 100 km/h e as ondas eram medonhas, beirando os dez metros de altura. Mesmo assim, aqueles quatro homens, também como sempre faziam, jamais confrontaram a natureza. Fiéis ao princípio básico de todo jangadeiro de que o segredo é não oferecer resistência ao mar e deixar as ondas passar, mesmo que por cima deles, apenas aguardaram, resignados, que tudo aquilo terminasse.

Ainda naquele primeiro dia, surgiu um navio, vindo na direção da jangada. Era o cargueiro brasileiro Bandeirantes, cujo comandante, ao ver a situação em que se encontravam aqueles homens, que ele interpretou como sendo náufragos, mandou jogar galões de água e sacos de comida no mar. Mas as ondas estavam tão altas que não permitiram que os jangadeiros recolhessem os mantimentos. O drama continuou por mais dois dias, até que o mar, finalmente, amansou e eles retomaram o rumo da capital argentina.

Para avançar na direção de um destino para o qual jamais haviam ido, e sem nenhum instrumento de navegação, eles se guiavam apenas pelas estrelas e demais sinais da natureza. Como as ondas, que também dentro da sabedoria intrínseca dos jangadeiros, sempre avançam na direção da costa. Aqueles quatro homens eram fenomenais na arte intuitiva de navegar.

E foi graças a isso que chegaram a Buenos Aires, de onde regressaram, de avião, com passagens pagas pelo governo brasileiro – que, por fim, acabou cedendo ao justo pedido dos jangadeiros, reconhecendo os pescadores como trabalhadores. Nunca antes uma jangada nordestina havia ido tão longe – uma façanha jamais repetida, feita por leões, muito mais do que simples lobos do mar.

O melancólico adeus do Normandie
Após um final inglório, o navio que era o orgulho da França acabou sendo vendido como sucata

Quando ficou pronto, em 1932, o Normandie era o maior, mais requintado e mais confortável transatlântico da França, país que sempre entendeu de luxo como poucos. Com 313 metros de comprimento, capacidade para mais de 2 000 passageiros (além de 1 300 tripulantes), suítes com o tamanho de apartamentos, teatro, cinema, jardim de inverno, piscina coberta, cancha de tiro e um salão decorado com uma cascata da altura de um prédio de três andares, aquele navio era o orgulho dos franceses e uma espécie de embaixador do país nos mares do mundo.

Era, também, muito veloz. Em sua viagem inaugural, entre o porto de Le Havre e Nova York, navegando a confortáveis e consistentes 30 nós, quebrou o recorde de velocidade do Atlântico, fazendo a travessia em apenas quatro dias, o que lhe valeu a cobiçada Blue Ribbon, uma flâmula azul, perseguida por todos os navios do mundo.

Com tantos predicados, fazer um cruzeiro no Normandie era sinônimo de exclusividade e elegância, e se tornou objeto de desejo de toda a alta sociedade americana e europeia. Dois de seus famosos cruzeiros, rumo ao Rio de Janeiro, durante o Carnaval brasileiro, também marcaram época na Cidade Maravilhosa, com uma multidão indo ver o grande navio ancorado na Baía de Guanabara. Por onde passassa, o Normandie virava espetáculo.

Mas o glamour durou pouco. Com a iminência da Segunda Guerra Mundial, o sofisticado transatlântico foi "guardado" ("internado", em linguagem marítima) no porto de Nova York, considerado mais seguro que os franceses, já que, até 1941, os Estados Unidos eram um país neutro no conflito.

No entanto, a entrada americana na guerra acabaria selando o destino do Normandie para sempre. Primeiro, porque ele foi requisitado pelos próprios americanos para o transporte de tropas, o que gerou contundentes protestos dos franceses, a começar pelo próprio comandante do navio, Hervé Le Huédé, que deixou o navio cantando A Marselhesa, em sinal de desagravo. Depois, porque, em 9 fevereiro de 1942, durante os trabalhos de conversão do transatlântico no que viria a se tornar o navio militar USS Lafayette, como ele foi rebatizado, um violento incêndio irrompeu a bordo. E o pior ainda estava por vir.

Na ânsia de deter as chamas, que teriam começado com uma prosaica faísca de maçarico que atingiu uma pilha de coletes salva-vidas, os então mal preparados bombeiros do porto de Nova York inundaram o navio com mais de dez mil toneladas de água, lançadas por todos os rebocadores disponíveis na região. Após cinco horas de inundação, o fogo foi, enfim, controlado. Mas, cheio d'água e, por isso mesmo, instável, o casco do ex-transatlântico começou a adernar e não resistiu à subida da maré, tombando no próprio porto – de onde nunca mais voltaria a flutuar. A imagem do gigantesco navio deitado no porto de Nova York foi uma das mais dramáticas da história marítima americana.

Logo após o incidente, no entanto, começaram os planos de recuperação do navio, que gozava da simpatia do próprio presidente americano, Franklin Roosevelt. Mais de 11 milhões de dólares, em dinheiro da época, foram gastos apenas nos projetos para fazê-lo voltar a flutuar – a mais cara operação de salvamento de um navio até então feita nos Estados Unidos. E bem mais que isso seria preciso para que o ex-Normandie voltasse a navegar – se é que isso seria possível, porque havia suspeitas de que sua estrutura estivesse comprometida.

Por conta disso e da cada vez mais intensa prioridade americana em concentrar esforços na indústria bélica, por causa da guerra, os trabalhos de recuperação do transatlântico foram interrompidos de vez. E o que restou do outrora garboso navio acabou sendo vendido como sucata, logo após o fim da guerra.

Nunca mais a França teve um navio igual.

Um santo navio

De certa forma, a vida do transatlântico Zamzam sempre esteve ligada à religião

Em 1933, ao ser comprado por um armador egípcio, o ex-transatlântico inglês Leicestershire ganhou um novo nome, Zamzam, em homenagem a uma fonte de água considerada sagrada pelos muçulmanos, e passou a ter um objetivo específico: levar peregrinos do Egito para a cidade sagrada de Mecca, visita obrigatória para todos os seguidores do islã.

Por isso, entre outros elementos religiosos, o Zamzam ganhou uma grande mesquita a bordo, capaz de receber mais de 500 fiéis/passageiros ao mesmo tempo para as orações diárias, e virou uma espécie de templo flutuante.

Mas, com o início da Segunda Guerra Mundial, o navio perdeu o status de peregrino e passou a ser usado no transporte regular de passageiros entre os Estados Unidos e a África. Mas não por muito tempo.

Logo em uma de suas primeiras travessias, em abril de 1941, quando retornava de Nova York, o Zamzam foi avistado e bombardeado pelo cruzador alemão Atlantis próximo à Cidade do Cabo, na costa da África do Sul, após ser confundido com um navio inglês. Ao perceber o erro, o comandante alemão tratou, ele mesmo, de recolher todos os ocupantes do navio que afundava, e, graças a isso, não houve nenhuma vítima – um raro gesto humanitário em tempos de guerra.

O detalhe interessante é que dos 201 passageiros que havia a bordo do Zamzam naquela viagem, 142 eram missionários americanos, que viajavam para fazer pregações voluntárias na África. E eles consideraram aquele improvável resgate alemão como um milagre.

De certa forma, o Zamzam nunca deixou de ser um navio religioso.

Extraordinária luta pela vida

A saga do náufrago que veio parar no Brasil, após quatro meses e meio à deriva no mar, sem água nem comida

Em 10 de novembro de 1942, durante a Segunda Guerra Mundial, o navio mercante inglês Benlomond partiu da África do Sul com destino a Guiana Holandesa, atual Suriname, com uma tripulação de 55 homens a bordo – metade marinheiros ingleses, metade trabalhadores chineses, que faziam serviços gerais no cargueiro. Naqueles tempos difíceis, cruzar o Atlântico era algo sempre arriscado, por conta dos submarinos alemães que patrulhavam intensamente a região, em busca justamente de navios ingleses. E não deu outra.

Quando navegava a cerca de 750 milhas náuticas da foz do Rio Amazonas, já se aproximando do continente sul-americano, o Benlomond foi avistado, torpedeado e afundado pelo submarino alemão U-172, que chegou a emergir após o ataque, a fim de interrogar alguns náufragos – que, no entanto, não foram resgatados.

O navio afundou rapidamente, deixando na água todos os tripulantes que escaparam com vida da explosão e do naufrágio, já que não houve tempo sequer de baixar todos os botes salva-vidas. Entre os que ficaram boiando no oceano, sem nenhum apoio, estava um jovem chinês, chamado Poon Lim, que, por fim, se tornaria o único sobrevivente daquele episódio. Mas isso não representava muito perto do purgatório que ele viveria dali em diante.

Lim, que mal sabia nadar, ficou cerca de duas horas se debatendo na superfície, até que viu algo flutuando no mar, a certa distância. Era uma espécie de balsa salva-vidas quadrada, feita de madeira, com pouco mais de dois metros de cada lado, que lembrava uma jangada e saíra boiando, quando o navio afundou. Com certa dificuldade, já que, ao mesmo tempo em que tentava avançar no mar, Lim tinha que cuidar para não se afogar, ele alcançou a balsa e ficou em pé, vasculhando o horizonte. Não viu nenhum dos ex-companheiros no mar. Ele estava só. Mas, agora, ao menos, tinha aonde ficar. Ainda bem. Porque ficaria ali por muito tempo.

No interior da balsa, havia um compartimento com uma lanterna, alguns foguetes sinalizadores, meia dúzia de caixas de biscoito, dez latas de alimentos em conserva, uma barra de chocolate e, mais importante que tudo, um galão com 30 litros de água potável. Lim fez uma conta rápida e concluiu que conseguiria sobreviver com aqueles mantimentos por uns 20 dias. Até lá, haveria de ser resgatado. Mas não foi.

Um mês depois, já sem água nem comida, ele passou a ficar seriamente preocupado. Precisava fazer algo para continuar vivo. Mas como conseguir alimento se não tinha com o que pescar? E como obter água se não chovia, e o sol inclemente da linha do Equador brilhava todos os dias?

A esperança veio quando um pedaço de lona fina, com um pedacinho de corda, apareceu boiando bem perto da sua balsa à deriva. Lim se atirou ao mar e recolheu o objeto. Com a lona, fez uma cobertura para a balsa, a fim de se proteger do sol. E, com a cordinha, desfiou pacientemente os fios, até gerar uma linha de pesca, que foi atada a um anzol improvisado com o arame da mola interna da lanterna, que ele dobrou em forma de gancho. Com o engenhoso artefato, passou a pescar, usando como isca pequenas cracas arrancadas do fundo da balsa. A sobrevivência de Lim dependia apenas de sua criatividade. Sorte que isso ele tinha de sobra.

Mesmo sendo um jovem marinheiro inexperiente, Lim desenvolveu técnicas de sobrevivência tão eficientes que, mais tarde, algumas delas seriam adotadas até pela Marinha Inglesa. Como a própria cobertura de lona, que ele passou a usar, também, para coletar água da chuva e esconderijo para capturar (com as mãos, por baixo do tecido) aves que eventualmente pousassem no toldo da balsa. Estas, por sua vez, eram atraídas pelos peixes que ele pescava com o anzol improvisado, e que colocava para secar ao sol, com a dupla finalidade de desidratar (e assim durar mais), bem como atrair as aves.

Lim era um pequeno gênio autodidata da sobrevivência no mar. Mesmo assim, levou um mês e meio até conseguir capturar sua primeira ave. Mas, em seguida, experiente e treinado, capturou várias.

Com a carne das aves, Lim também conseguiu variar sua dieta e assim fortalecer a saúde. Mesmo sem saber, ele fez, intuitivamente, quase tudo o que preconizam os melhores guias de sobrevivência no mar. A começar por não entrar em pânico – mesmo quando não havia perspectiva alguma de resgate no horizonte.

A primeira frustração do gênero veio quando um navio passou bem perto da sua balsa, mas não parou para socorrê-lo – apesar de ele ter disparado os únicos foguetes sinalizadores que tinha. O segundo, quando dois aviões militares o avistaram no mar (um dele até lançou uma boia para marcar o local), mas não voltaram para resgatá-lo. Vagando ao sabor das ondas, Lim parecia condenado a uma morte lenta e dolorosa. Mas, ainda assim, não desanimava.

Foi preciso esperar mais de quatro meses desde o início de seu infortúnio para que algo de concreto, finalmente, acontecesse. No final de março, o mar subitamente começou a mudar de cor, indício de águas rasas, e a quantidade de aves voando sobre a balsa aumentou – sinal de que havia terra firme por perto. Lim passou a ficar ainda mais alerta. À noite, mal dormia, porque, na escuridão, seria mais fácil visualizar luzes no horizonte.

A angústia durou mais uma semana, até que, em 5 abril de 1943, ele avistou uma manchinha no horizonte. Minutos depois, a manchinha se converteu nos contornos de uma pequena traineira de pesca. Lim arrancou a única peça roupa que lhe restara, já em farrapos, e acenou furiosamente, já que não tinha mais foguetes. Também berrou o mais alto que pode. Minutos depois, o barquinho mudou de rumo e veio em sua direção. Ele estava salvo, após 133 dias no mar – um recorde de sobrevivência do gênero, até então.

O barco era de uma humilde família de pescadores brasileiros – pai, mãe e filha –, de Belém do Pará, que lhe deu água, roupa e comida. Mas eles não podiam voltar para terra firme antes de capturarem os peixes que garantiriam o seu sustento. Assim sendo, Lim precisou passar mais três dias a bordo do pesqueiro, mas já se recuperando. Durante esse tempo, através de mímicas, recebeu do pescador até a oferta de casamento com sua filha, que ele elegantemente declinou – não era hora de pensar naquilo.

Quando o barco, finalmente, chegou à Belém, trazendo aquele esquálido chinês, dez quilos mais magro, mas surpreendentemente saudável, as autoridades brasileiras já haviam sido informadas do resgate. E foram buscá-lo no porto, com uma ambulância. Lim aceitou a oferta de internação em um hospital da capital paraense, mas fez questão de descer sozinho do barco, caminhando. Nem parecia um náufrago. Duas semanas depois, saiu do hospital, plenamente recuperado, e embarcou para a Inglaterra, onde o seu feito assombrara os jornais.

Em Londres, Lim foi recebido como herói e condecorado por bravura pelo próprio rei George, pai da atual rainha Elizabeth. Mas, pouco tempo depois, pediu para imigrar para os Estados Unidos, em busca de trabalho. Seu pedido, contudo, foi negado. Ele só conseguiu imigrar para Nova York graças a uma autorização especial do próprio presidente americano, que ficou sensibilizado com a história do jovem chinês – que, ao chegar lá, nunca mais saiu dos Estados Unidos.

Em Nova York, Lim foi trabalhar na indústria naval, mas nunca mais voltou a navegar. Virou, também, personagem de livro e passou a ser reverenciado por onde passava. Mas jamais perdeu a humildade. Sempre repetia que seu feito nada tinha de heroico, e fora apenas uma questão de sorte.

Poon Lim morreu em 1991, aos 74 anos, de câncer. Aos que perguntavam como se sentia por deter o recorde de sobrevivência no mar, ele apenas respondia: "É uma marca que eu espero que nunca ninguém tenha que quebrar".

Mas o infeliz pescador salvadorenho Jose Alvarenga quebrou. Em 2012, ele passou inacreditáveis 438 dias no mar, também sem água nem comida, nas mesmas condições de Poon Lim. Mas esta já é outra história, contada no primeiro volume de Histórias do Mar.

O triste fim de um grande veleiro
A glória e decadência do primeiro barco para correr de regatas oceânicas que o Brasil teve

Em janeiro de 1942, o Brasil ganhou aquele que se tornaria o mais emblemático veleiro de regatas de sua história: o Vendaval, um Sparkman & Stephens, de 65 pés, projetado nos Estados Unidos, mas construído no Rio de Janeiro. Seu dono era José Cândido Pimentel Duarte, um aficionado por um esporte que praticamente nem existia no país naquela época: as regatas oceânicas de longo percurso.

Quando o veleiro ficou pronto, como não havia onde usá-lo, José Cândido decidiu também criar uma grande regata no mar aberto, para alavancar as competições do gênero no Brasil – onde, inclusive, faltavam outros barcos competidores. Ele, então, viajou para a Argentina e tratou de convencer os vizinhos a aderirem a uma regata de longo percurso que ele queria criar, entre Buenos Aires e o Rio de Janeiro.

Não foi difícil conseguir a adesão dos argentinos, que eram bem mais evoluídos do que os brasileiros nos esportes náuticos. Cinco anos depois, graças ao empenho de José Cândido, aconteceu a primeira edição daquela que acabaria por se tornar a mais tradicional regata da América do Sul – e que segue sendo disputada até hoje.

No comando do próprio Vendaval, José Cândido por muito pouco não venceu a primeira edição da Buenos Aires-Rio, que ficou marcada por uma chegada empolgante. Os barcos já estavam há 11 dias no mar, quando, na manhã de 15 de janeiro de 1947, os dois ponteiros, o Vendaval e o veleiro argentino Alfard, entraram, praticamente lado a lado, na Baía de Guanabara, reta final da competição.

Da orla da cidade, os cariocas, que mal sabiam o que era uma regata, acompanhavam, empolgados, a disputa entre os dois barcos, após terem sido convocados por uma emissora de rádio a incentivar o barco brasileiro na disputa pela vitória. A vantagem do Vendaval era mínima, mas suficiente para ele chegar à frente. Só um capricho da natureza ou uma inesperada calmaria poderia roubar a vitória de José Cândido. E foi exatamente o que aconteceu.

De repente, o vento rondou e o veleiro brasileiro estancou no meio da Baía de Guanabara, enquanto o barco argentino, que era bem mais leve e seguia um rumo rente à costa, manteve o ritmo. A ultrapassagem aconteceu a míseros 50 metros da chegada, praticamente nada após 1 140 milhas navegadas. Na linha final, a diferença a favor do veleiro argentino foi de apenas um minuto e meio.

Em seguida, porém, veio a manobra ainda mais inesperada. Num gesto de extremo cavalheirismo, o comandante brasileiro derrotado vestiu um terno e foi cumprimentar o vencedor. A imprensa argentina ficou tão surpresa com o gesto cordial de José Cândido que o chamou de "maior perdedor do mundo", nos jornais do dia seguinte. Depois de inspirar os velejadores brasileiros a se lançarem mar afora, o patriarca das nossas regatas oceânicas ensinou, também, como perder com elegância numa raia.

Contudo, na ocasião, além de felicitar o capitão argentino pela vitória, José Cândido lançou um desafio: o de os dois voltarem a se encontrar no ano seguinte, nas duas principais regatas do Rio da Prata: a Buenos Aires-Mar del Plata e a Mar del Plata-Punta del Este – que o Vendaval venceria com sobras.

A dramática derrota do veleiro de José Cândido na primeira Buenos Aires-Rio logo foi apagada por uma fantástica sucessão de vitórias do barco brasileiro. E a empolgante disputa com os argentinos deixou José Cândido ainda mais entusiasmado para a segunda edição da Buenos Aires-Rio, que aconteceria em 1950. Só que ele não pode participar.

Pouco antes da data marcada para a largada, José Cândido descobriu que estava com leucemia e viajou para os Estados Unidos, para tratar da saúde. Mas fez questão que o seu barco participasse da competição que ele criara. Nomeou, então, o amigo Hélio Leôncio Martins como comandante do Vendaval e colocou seus dois filhos, José Luiz e Fernando, ambos jovens adolescentes, como tripulantes.

Para alegria de José Cândido, o Vendaval foi o primeiro barco a chegar ao Rio de Janeiro, bem à frente dos adversários, recebendo assim a fita azul da regata, embora, no tempo corrigido, que leva em conta as diferenças técnicas entre os cascos, tenha caído para o terceiro lugar. Mas isso não importava muito para José Cândido. Mais importante do que vencer, era fomentar as regatas de mar aberto e o surgimento de novos barcos do tipo no Brasil, mesmo que não tão excepcionais quanto o seu veleiro.

O Vendaval era um barco diferenciado. Seu mastro tinha 25 metros de altura e, embora fosse um veleiro feito para correr regatas, tinha uma cabine repleta de mordomias, com uma grande sala, cozinha e camas para 14 tripulantes – algo inconcebível para os padrões atuais dos veleiros de competição.

Além disso, pesava uma barbaridade. Nada menos que 36 toneladas, outro absurdo se comparado aos barcos atuais. E foi justamente o peso excessivo, mesmo para os padrões da época, que acabou decretando a sua aposentadoria das regatas, anos depois. Antes, porém, o Vendaval fez ainda mais história.

Em 1949, com José Cândido e os dois filhos a bordo, ele se tornou o primeiro barco brasileiro particular a navegar até a distante Ilha de Trindade, o ponto mais avançado do território brasileiro no Atlântico, a 800 milhas do continente. O objetivo seguinte era chegar à Europa e os Estados Unidos, algo até então também inédito para um veleiro privado brasileiro. Mas não deu tempo.

José Candido morreu em 1950, deixando o Vendaval nas mãos de seu filho, Fernando José Pimentel Duarte, que, no entanto, manteve a saga pioneira do pai. Com ele ao comando, o Vendaval foi fita azul, também, na primeira edição da regata Santos-Rio, em 1951 — outra competição cuja criação fora estimulada por seu pai, desde que, nove anos antes, empreendera uma pioneira travessia com o recém-lançado veleiro entre aquelas duas cidades.

Naquela época, 1942, o mundo vivia os temores da Segunda Guerra Mundial, e o resiliente José Cândido precisou de muita persuasão para convencer os oficiais da Marinha do Brasil de que poderia fazer aquela viagem em segurança. E fez, apesar dos riscos — reais — de topar com algum submarino alemão no caminho. Com isso, José Cândido inaugurou, também, a era das grandes travessias de lazer do país. E tornou-se uma espécie de embrião dos nossos atuais cruzeiristas.

Contudo, com o tempo, o Vendaval foi ficando cada vez menos competitivo, por conta do seu peso exagerado, e, também, pelo surgimento de barcos nacionais bem mais leves e modernos. Foi quando Fernando decidiu vendê-lo. E foi, também, o começo do fim do legendário veleiro.

A partir daí, o Vendaval foi trocando de mão em mão e colecionando novos donos. Ao final de sua saga, somava perto de dezenas de ex-proprietários, nem todos tão zelosos com o barco quanto o seu criador.

O último deles foi um oficial da Marinha, o capitão-de-corveta Carlos Henrique Ferreira Braga, que, no entanto, não ficou muito tempo com o barco. Em 1984, incomodado com as frequentes manutenções que era obrigado a fazer no já velho veleiro, Braga doou o Vendaval à Escola Naval do Rio de Janeiro, que tratou de fazer uma ampla reforma no barco, incluindo a instalação de um novo mastro. Mas o trabalho não foi tão bem executado. Quando voltou para o mar, o Vendaval já era um veleiro desfigurado.

Nos dez anos em que ficou sob a guarda da Marinha, o Vendaval entrou em uma lenta e agonizante decadência, e foi sendo adulterado e desmantelando aos poucos. Até, que, ao ser negociado (em troca de um simples guindaste) com o francês Jean Bardot, dono de uma metalúrgica nos arredores do Rio de Janeiro, mal passava de uma pilha de madeiras desconexas.

Bardot comprara os restos do barco incentivado pelo amigo Jean Maligo, um ex-tripulante do Vendaval. Juntos, os dois tinham planos de fazer o veleiro voltar aos seus dias de glória. Mas não conseguiram. A falta de recursos e de patrocinadores interessados em bancar a reconstrução do barco, já então resumido a alguns cavernames do casco espalhados no fundo de um galpão, levou os dois amigos, ambos com a saúde já debilitada, a desistirem de vez da empreitada. Até porque, dado o estado do barco, não seria mais um trabalho de restauração e sim quase a construção de uma espécie de réplica, a partir das únicas partes originais do Vendaval que restaram.

Maligo morreu logo depois, quase na mesma época em que o filho de José Cândido, Fernando, viu o veleiro que dera régua e compasso à vela oceânica brasileira virar sucata de vez – especialmente depois que ladrões invadiram o galpão e roubaram o seu mastro e quilha – esta, para ser derretida, por conta do chumbo.

O histórico barco que abriu caminho para uma legião de velejadores oceânicos brasileiros, hoje não existe mais. Em vez de ir para um museu, acabou apodrecendo a muitos quilômetros de seu habitat natural, o mar – onde, sob o comando do pioneiro José Cândido Pimentel Duarte, protagonizou algumas das mais relevantes façanhas da vela brasileira.

Engolido pelo mar

O impressionante desaparecimento de um encouraçado brasileiro no meio do Atlântico

No início do século passado, a Marinha do Brasil era uma potência no continente sul-americano, pelos bons navios que possuía. Um deles era o encouraçado São Paulo, de 20 000 toneladas, construído sob encomenda, na Inglaterra, e com um prestigioso histórico na corporação.

Logo na viagem inaugural, rumo ao Brasil, em 1910, coube a ele transportar o então presidente Hermes da Fonseca, e, mais tarde, também os restos mortais do imperador Dom Pedro II e da imperatriz Tereza Cristina – além de ter participado da Revolta das Chibatas, movimento deflagrado pelos marinheiros contra o fim dos maus tratos e castigos físicos na Marinha Brasileira, e atuado, como fortaleza flutuante na proteção ao porto de Recife, durante a Segunda Guerra Mundial.

No entanto, após quase meio século de serviços prestados, o então já defasado encouraçado estava obsoleto e ultrapassado. Mas ainda em relativo bom estado, como mostrou sua última grande revisão, em 1948, quando foi colocado em dique seco e constatado que seu casco, de fundo duplo, permanecia intacto.

Como, no entanto, sua capacidade de navegação já estava limitada, o encouraçado São Paulo foi colocado à venda, e logo atraiu o interesse dos próprios ingleses, mas com outro objetivo: transformá-lo em sucata, já que nos anos pós-guerra a Europa vivia uma carência e escassez de aço.

O negócio foi fechado e ficou acertado que a empresa inglesa que comprara o navio enviaria dois rebocadores ao Brasil, para buscá-lo. À Marinha do Brasil, que já vinha sucateando o encouraçado para manter funcionando as demais embarcações da corporação, restou apenas acabar de depenar o navio, retirando todos os seus equipamentos, inclusive portas estanques, caldeiras (que alimentavam a sua propulsão, ainda a vapor), e todos os armamentos, cujos vãos e orifícios no casco foram tapados com pranchas de madeira. Mesmo assim, o serviço atrasou.

Quando os dois rebocadores ingleses, o Bustler e o Dexterous, chegaram ao Rio de Janeiro para recolher o navio, ele ainda não estava pronto para a sua derradeira viagem – e que seria a última de fato, porque o encouraçado São Paulo jamais chegaria à Inglaterra.

Com o passar dos dias, os comandantes dos dois rebocadores começaram a ficar aflitos com aquele atraso. Eles pretendiam fazer a travessia, que prometia ser bem lenta, dado o tamanho da embarcação a ser rebocada, antes que começasse a temporada de tempestades de inverno no Atlântico Norte, o que geralmente acontecia a partir de novembro. Sabiam também que não seria nada fácil rebocar um pesado encouraçado em mares agitados. E passaram a pressionar os oficiais brasileiros encarregados da preparação do barco, estes sim habituados a um costumeiro atraso.

Até que, em 20 de setembro de 1951, bem mais tarde do que os comandantes ingleses desejavam, o encouraçado São Paulo ficou pronto e deixou o porto do Rio de Janeiro, puxado pelos dois rebocadores. Dentro dele, iam oito tripulantes da equipe inglesa, encarregados de monitorar o comportamento do navio inerte durante a travessia. As informações entre as equipes eram passadas através de um rádio portátil, já que o equipamento original do navio também havia sido retirado. Por outro lado, foram embarcados dois pequenos barcos de apoio, coletes salva-vidas e duas dúzias de foguetes sinalizadores, para o caso de alguma emergência a bordo do navio a reboque.

Por muito pouco, a tripulação do São Paulo não ganhou também a companhia de uma família inglesa, pai, mãe e filho, desejosa de retornar ao seu país, mas sem recursos para comprar passagens. Em troca da viagem, eles haviam proposto trabalhar a bordo, especialmente a mulher, que se ofereceu para a ser cozinheira do navio. Mas, ao examinar o interior totalmente depenado do São Paulo, ela mesma mudou de ideia. Foi a melhor decisão da sua vida, como ficaria tragicamente comprovado semanas depois.

O reboque do encouraçado foi feito por meio de dois longos e grossos cabos, cada um com 30 centímetros de espessura, e a velocidade do comboio, por questões de segurança, não passava dos cinco nós. Tão lento que o comboio levou um mês e meio para atingir a metade do caminho, nas proximidades do arquipélago dos Açores. E foi quando tudo aconteceu.

Até então, a viagem vinha sendo lenta, mas tranquila. Mas, naquela altura do calendário, início de novembro, as condições climáticas no Atlântico Norte já haviam mudado bastante. A suavidade do outono dera lugar às primeiras tempestades de inverno, e uma delas, bem mais forte que as anteriores, atingiu o comboio no início da tarde de 6 de novembro de 1951.

Rapidamente, a visibilidade foi piorando na mesma proporção em que as ondas aumentavam de tamanho. E a operação de reboque foi ficando cada vez mais difícil, com o grande navio oscilando muito e dando apavorantes trancos nos cabos.

O São Paulo estava perto de ficar incontrolável.

No final da tarde daquele dia, quando já não era mais possível ver o encouraçado, por conta das altas ondas e da baixa visibilidade, os comandantes dos rebocadores fizeram contato, pelo rádio, com a tripulação do São Paulo, para saber como estava a situação a bordo. Do navio a reboque, os oito homens relataram o desconforto gerado pela grande instabilidade do casco, comportamento que nem o enchimento dos tanques de lastro, para evitar que o navio balançasse excessivamente na viagem, conseguiu atenuar. Foi a última vez que se teve notícias deles.

Em seguida, as condições de navegação pioraram ainda mais e os dois rebocadores passaram a ter extrema dificuldade em manter esticados os cabos que os atavam ao navio – sem falar no risco de uma colisão entre as embarcações. Os trancos e solavancos eram apavorantes e começaram a causar danos em um dos rebocadores, o Dexterous.

Temendo o pior, o comandante do rebocador danificado mandou soltar o cabo do reboque. Se não fizesse isso, havia o risco de o rebocador ser puxado pelo encouraçado, em vez de puxá-lo. E o resultado, muito provavelmente, seria o naufrágio. Só que, ao soltar o seu cabo, toda a tensão foi transferida para o do outro rebocador – que não suportou e rompeu. Era o que faltava para selar o destino do encouraçado São Paulo. Ele agora estava à deriva, descontrolado, entregue à própria sorte na tempestade e sem nenhum meio de propulsão capaz de permitir abordar as ondas com alguma segurança. Era o seu fim.

O que exatamente aconteceu, nunca se soube nem jamais será sabido – porque tudo desapareceu no mar. Quase que instantaneamente, aquele grande e poderoso navio foi engolido pelas ondas, ao que tudo indica numa só talagada, sumindo da superfície como num passe de mágica, levando com ele os seus oito infelizes ocupantes.

Quando o comandante do Dexterous pegou o rádio para avisar os colegas do encouraçado sobre a decisão de soltar o cabo, já não houve resposta do outro lado.

Mas ele só compreendeu o por que daquele silêncio quando o comandante do outro rebocador o avisou, também pelo rádio, que o seu cabo havia rompido. A explicação, então, só poderia estar na pior das hipóteses: o encouraçado havia afundado. Imediatamente, o navio desapareceu dos radares dos dois rebocadores.

No mesmo instante, eles iniciariam as buscas, apesar do mar em fúria e do estado precário de um deles. Do Dexterous e do Bustler foram disparados foguetes, na esperança que os tripulantes do navio respondessem da mesma maneira, com os sinalizadores que havia a bordo. Mas não houve nenhuma resposta.

Os dois rebocadores passaram a noite navegando em círculos, buscando algum sinal ou vestígio do São Paulo na superfície. Nada encontraram. Nem mesmo uma simples rolha que pudesse ter escapado de afundar junto com o navio – talvez, porque, como o encouraçado havia sido totalmente depenado antes da viagem, não houvesse mesmo muito o que se desprender dele.

Com a ajuda de aviões das Forças Aéreas da Inglaterra, Estados Unidos e Portugal, as buscas continuaram por mais uma semana. Até que todos tiveram que admitir o improvável: mesmo tendo 17 compartimentos estanques, cujas funções eram justamente impedir naufrágios fulminantes, o encouraçado São Paulo havia sido tragado pelo mar, de uma só vez, como uma simples canoa.

O mais provável é que ele tenha adernado em demasia ao ser atingindo pelas ondas, após perder sua ligação com os rebocadores, e tombado, inundado, capotado e mergulhado. Tudo isso em questão de minutos. Mas, como um navio de 150 metros de comprimento poderia ter sido engolido inteiro em tão pouco tempo?

Para tentar responder essa pergunta, um inquérito foi instalado na Inglaterra e, três anos depois, o comandante do rebocador Dexterous foi levado a julgamento.

Pesava sobre ele a acusação de que, ao tomar a decisão de soltar o cabo que atava o navio ao seu rebocador, ter entregue à própria sorte os oito tripulantes do São Paulo. Os familiares das vítimas cobravam justiça e a investigação decidiu recuar no tempo, até quando o encouraçado ainda estava no Brasil, sendo preparado para a viagem.

Naquela ocasião, a decisão de extrair as portas estanques dos deques e tapar os orifícios dos armamentos no casco com meras placas de madeira chamou a atenção dos investigadores, que concluíram que as duas coisas poderiam ter contribuído para a inundação acelerada do navio. Também deduziram que colaborou bastante para a tragédia o fato de a preparação do encouraçado ter atrasado, o que impediu que os comandantes dos rebocadores fizessem a travessia no período desejado, antes que começassem as tormentas de inverno, embora eles também tivessem falhado ao não adiar a viagem – o que, no entanto, traria sérios prejuízos financeiros à empresa que comprara o navio.

Quanto à decisão do comandante do Dexterous de soltar o cabo do reboque (que ele alegou só ter feito por temer o seu próprio naufrágio e por acreditar que um navio com aquele porte sobreviveria à tempestade, mesmo se ficasse à deriva), o júri não viu nada de irregular no procedimento e definiu que, "do contrário, a tragédia teria sido maior ainda".

Por fim, o julgamento inocentou o comandante acusado e, depois de puxar as orelhas dos responsáveis brasileiros pela preparação do navio, concluiu que o que efetivamente levou o encouraçado ao naufrágio foi a sua incapacidade de realizar manobras num mar que exigia isso, acima de tudo. Ninguém foi punido pela morte dos oito infelizes ocupantes do encouraçado São Paulo. Nem lá, nem aqui.

O homem que quis virar náufrago

Para provar sua tese de que era possível sobreviver no mar, ele cruzou o oceano com um bote, sem nada a bordo

Após a Segunda Guerra Mundial, chocado com a quantidade de marinheiros que sobreviviam aos naufrágios, para, depois, morrerem de fome e sede nos oceanos, o médico francês Alain Bombard resolveu provar, de uma forma ultrarradical, que era possível sobreviver no mar sem água nem comida por longos períodos. Como? Tornando-se ele próprio um náufrago voluntário e colocando em prática a sua tese: a de que o ser humano poderia sobreviver no mar bem mais do que se imaginava.

Bastava, segundo ele, alimentar-se de peixes capturados e beber dois tipos de água: a da chuva, que eventualmente caísse do céu, e outra bem mais farta e polêmica: a do próprio mar, em pequenas doses, algo que era considerado fatal, porque, embora a água salgada aliviasse a sede num primeiro momento, causava ressecamento do organismo depois. Bombard mostrou que não era bem assim – embora sua experiência tenha sido marcada por sustos, sofrimentos e algumas suspeitas.

A tese de Bombard, desenvolvida enquanto ele trabalhava no Instituto Oceanográfico de Mônaco, um dos mais respeitados centros de estudos marinhos do mundo, era a de que o ser humano poderia beber pequenas doses de água do mar sem danos à saúde, desde que se alimentasse de peixes, cujo sumo da carne contém o complemento de água potável que organismo necessita. No laboratório, a experiência tinha sido bem-sucedida, mas faltava prová-la na prática. Foi quando ele decidiu chamar um amigo, Jack Palmer, para ir com ele para o mar, a fim de experimentar, na própria pele, a sensação de se tornar náufrago de verdade.

Bombard e Palmer embarcaram em um bote de borracha, igual ao usado como salva-vidas nos barcos, sem nenhum tipo de comida ou bebida e fizeram o primeiro teste, navegando apenas ao sabor das ondas, de Mônaco às Ilhas Baleares, na costa da Espanha. Dezoito dias depois, chegaram lá, sãos, salvos e relativamente saudáveis. Era um bom sinal.

O resultado positivo encheu Bombard de entusiasmo. Ele, então, decidiu fazer uma travessia bem mais longa e relevante, que, no seu entendimento, não deixaria dúvidas sobre a eficácia de seu método – além de gerar uma publicidade espontânea que ajudaria na propagação de sua tese. E escolheu atravessar o Atlântico, de um lado a outro do oceano, o que causou um misto de espanto e incredulidade na comunidade científica.

O plano de Bombard era realmente ousado: cruzar das Ilhas Canárias ao Caribe com o mesmo tipo de bote de borracha que usara na primeira travessia, e da mesma forma. Ou seja, sem água nem comida. Ele comeria apenas os peixes que conseguisse capturar e beberia apenas água de chuva, além da tal pequena porção diária de água salgada, prevista na sua teoria. Bombard só não contava que dessa vez teria que ir sozinho, porque, na última hora, o seu companheiro Palmer desistiu, alegando que seria uma experiência longa e dura demais. E ele estava certo. Aquela travessia prometia não ser nada fácil. E não foi mesmo.

Bombard foi para o mar, sozinho, em 19 de outubro de 1952, pouco dias depois do nascimento de sua filha, a bordo de um bote inflável equipado com uma pequena vela improvisada (coisa que qualquer náufrago teria como fazer, a partir de um simples pedaço de tecido) e um kit de sobrevivência igual ao que acompanha as balsas salva-vidas. Mas, por precaução, levou um pacote extra, lacrado, contendo um aparelho de rádio, víveres para o caso de emergência, e alguns barbitúricos, se tudo desse errado e ele optasse pelo suicídio, em vez de uma lenta morte por inanição.

O começo foi desanimador. Nos primeiros dias, Bombard sofreu horrores com uma forte calmaria, que o impedia de avançar, além do sol forte e nenhum peixe mordiscando o anzol do kit de sobrevivência do bote. Decidiu, então, criar uma espécie de arpão, atando uma faca à ponta do remo, já que sempre havia muitos peixes ao redor de seu bote. Mas não era nada fácil fisgá-los.

Na noite do quinto dia, veio o primeiro susto: o tempo virou e uma onda inundou o bote. Bombard acordou quando já estava sendo quase lançado borda afora. Conseguiu se manter no bote, mas perdeu todos os fósforos que havia no kit. Fogo para cozinhar os eventuais peixes que pescasse, ele não tinha mais.

No dia seguinte, outro problema: ao arrumar as tralhas no bote, uma rajada de vento fez voar para o mar a vela reserva que ele tinha. Bombard bem que poderia nadar para recuperá-la. Mas, desde o início da jornada, tubarões rondavam sinistramente a pequena embarcação. Prudentemente, ele desistiu da ideia. "Melhor perder uma segunda vela do que a vida, que é uma só" – filosofaria, depois, no livro que escreveu sobre a experiência.

Mas, naquele mesmo dia, o sexto da travessia, Bombard teve o consolo de fisgar o seu primeiro peixe. Seguindo sua tese, ele devorou e sugou todo o líquido do animal, e com as espinhas ainda moldou um anzol a mais. Coincidência ou não, dali em diante, não parou mais de extrair peixes do mar. Às vezes, até quando não estava pescando, porque, à noite, peixes-voadores caiam dentro do bote e bastava recolhê-los. Nisso, a teoria dele parecia estar correta: o oceano poderia ser bem generoso em alimentos, desde que um náufrago tivesse a sorte de atrair seus habitantes.

Mas a maré de sorte não durou muito. Além dos persistentes tubarões, um enorme marlim passou a perseguir, dia e noite, o bote inflável do médico francês, ameaçando furá-lo com seu bico afiado. Numa das tentativas de afastá-lo, Bombard deixou cair o seu "arpão" no mar. E, de novo, a presença dos tubarões o impediu de recuperá-lo. Além disso, o contato permanente com a água salgada fez o seu corpo se transformar em um amontoado de feridas, além de fazê-lo perder quase todas as unhas do pé, o que gerava dores constantes. Em alguns momentos, o experimento se tornava uma autêntica luta pela sobrevivência – bem mais do que uma simples experiência prática de laboratório.

Água para beber, por exemplo, não havia. Porque não chovia. Bombard, então, aplacava a sede com as pequenas porções diárias sorvidas do mar e o sumo extraído da carne dos peixes, previstas na sua tese. Só 20 dias após a partida, caiu a primeira chuva. Mas, em seguida, o problema passou a ser o oposto: o excesso de água. Choveu tanto, durante dias seguidos, que foi preciso ficar o tempo todo tirando água de dentro do bote, para que ele não inundasse de vez.

Para orientar a navegação, que era feita basicamente ao sabor das correntes marítimas, já que a vela do seu bote era mínima, Bombard tinha um sextante, mas mal conseguia usá-lo, por conta da instabilidade do barco. Na prática, ele nunca sabia onde estava. Para completar o drama, sua dieta apenas de peixe rendeu-lhe uma forte diarreia, que quase o desidratou.

No quadragésimo dia, quando já estava quase perdendo as esperanças de completar a travessia – e pensando seriamente em mandar as favas o experimento, pegar o rádio e pedir socorro –, Bombard viu uma boia flutuando no mar e muitas aves no céu – indícios de que poderia haver terra firme por perto. Mas não tão perto assim. Só quase um mês depois, a silhueta de uma ilha surgiu no horizonte. Era Barbados, no Caribe, o seu destino, como ele previra e torcia para que conseguisse.

Bombard desembarcou em uma das praias da ilha em 23 de dezembro, 65 dias após ter partido das Canárias, do outro lado do oceano. Chegou 25 quilos mais magro, com feridas horríveis pelo corpo, mas vivo. E eufórico, por ter comprovado sua tese "da maneira mais clara possível", como fez questão de afirmar à comunidade científica. Também como previra, o feito lhe rendeu fama e, anos depois, o tornou um político respeitado na França.

Mesmo assim, Bombard não escapou de suspeitas de fraude na sua sofrida travessia, o que, no entanto, jamais foi comprovado. Alguns o acusaram de levar água e comida escondidas dentro das câmaras de ar do bote, além de ter escolhido uma rota propositalmente farta em peixes e chuvas – e de não ter ingerido água do mar durante a travessia, já que não havia ninguém mais a bordo para comprovar isso. Mas, polêmicas à parte, o fato é que o francês realmente cruzou todo o oceano com um minúsculo bote e sobreviveu àquela que, até hoje, é considerada a mais radical experiência de sobrevivência já levada a cabo nos mares: a de depender apenas da natureza para fornecer água, alimento e movimento.

Bombard morreu em 2005, aos 80 anos de idade, depois de publicar o livro "Náufrago voluntário", no qual narrou sua saga, ainda cercado de muita admiração pelo seu feito. Que jamais foi tentado por outra pessoa.

TRAVESSIAS OCEÂNICAS

Foi mais que fundo
O histórico primeiro mergulho de um minisubmarino
ao ponto mais profundo dos oceanos

No final dos anos de 1950, o mundo já sabia que o ponto mais profundo dos oceanos – e do próprio planeta – é uma fenda submarina a 11 034 metros da superfície, a cerca de 200 quilômetros da Ilha de Guam, no Pacífico, conhecida como Fossa das Marianas. Mas não havia a menor ideia do que poderia havia nela. Foi quando a Marinha Americana resolveu responder a essa pergunta, e assim aumentar o seu prestígio.

Pouco antes disso, em 1953, o físico e oceanógrafo suíço Auguste Piccard, que, na década de 1930 havia se tornado o primeiro homem a atingir a estrastofera do planeta com um balão que ele mesmo construíra, havia investido o seu genial conhecimento no sentido oposto e criado um pequeno submarino – na verdade, um batiscafo – capaz de atingir incríveis profundidades.

Batizado de Triestre, nome da cidade italiana onde fora desenvolvido, mas que na época era um território livre, administrado pela Iugoslávia, o engenho tinha 15 metros de comprimento, capacidade para duas pessoas e casco com espessura que variava entre 14 e 18 centímetros, capaz de suportar a pressão submarina equivalente a mais de 15 000 metros de profundidade.

Pelo menos era o que diziam os testes em laboratório. Faltava, contudo, comprovar na prática se aquele pequeno engenho seria capaz de ir tão fundo, sem ser esmagado pelas pressões abissais. Foi quando surgiu o desejo da Marinha Americana de realizar aquele mergulho exploratório inédito.

No final de 1959, após o Triestre ter feito uma série de bem-sucedidos testes de submersões profundas no Mediterrâneo, a Marinha Americana resolveu comprá-lo de Piccard e dar início ao "Projeto Nekton", cujo objetivo era chegar ao ponto mais profundo dos oceanos com um veículo tripulado.

123

Para pilotar o Triestre, no entanto, foi escolhido o próprio filho de Piccard, o engenheiro suíço Jacques Piccard, que já havia participado de todos os testes iniciais do batiscafo. E, para acompanhá-lo na missão, foi designado o oficial Don Walsh, da Marinha Americana. O Projeto Nekton começou a ser colocado em prática nos primeiros dias de janeiro de 1960, com uma série de mergulhos, cada vez mais profundos, na própria região da Fossa das Marianas. E todos foram bem-sucedidos. O Triestre parecia suficientemente seguro para conduzir aqueles dois homens às entranhas do ponto mais profundo dos mares do mundo, e ambos retornarem vivos.

Assim sendo, nas primeiras horas da manhã de 23 de janeiro, teve início o histórico mergulho, que ganhou o codinome de Challenger Deep, ou "Desafio Profundo". A lenta descida, de pouco mais de 11 quilômetros até o fundo, durou horas, com Piccard e Walsh espremidos dentro de um cubículo arredondado sob a "barriga" do batiscafo – que, por sua vez, era totalmente preenchida por quase 100 000 litros de combustível. O Triestre era como uma espécie de balão submarino, com o reservatório de combustível, na parte de cima, desempenhando o papel de peso para a descida e, uma vez vazio, de boia para a subida.

Durante toda a submersão, os dois tripulantes monitoraram permanentemente o comportamento do batiscafo, atentos a qualquer sinal de vazamento na cabine ou no tanque. E ele veio, após mais de quatro horas descendo rumo ao desconhecido.

A 9 800 metros de profundidade, a pressão externa rachou a proteção da janelinha da cabine, que era pouca coisa maior do que um pires – mas, através da qual, eles podiam observar a escuridão das profundezas, graças a um holofote. Por sorte, a proteção interna da janela não foi afetada. Embora preocupados, os cientistas apenas comunicaram o fato à equipe de superfície, com a qual mantinham contato por uma espécie de interfone, e seguiram oceano adentro.

Até que, mais de seis horas após terem partido da superfície, Piccard e Walsh tocaram o ponto mais profundo da Fossa das Marianas, atingindo um ponto do planeta jamais visitado pelo homem. E ficaram ali por cerca de 20 minutos, buscando algum sinal de vida marinha.

Pouco antes disso, eles haviam tido a maior surpresa do experimento. Pela minúscula janelinha do batiscafo, viram um ser quase transparente, até então desconhecido pela ciência, num ponto onde a pressão era mil vezes maior do que a da superfície. Em seguida, apareceu também uma espécie de camarão albino. Era a prova definitiva de que havia vida até na parte mais profunda do planeta. O fato foi comunicado à base, que comemorou duplamente.

Após duas dezenas de minutos na escuridão do real fundo do mar, o Trieste começou o lento caminho de volta à superfície, onde só chegou no final da tarde daquele dia histórico. No regresso ao navio, Piccard e Walsh fincaram, simbolicamente, no convés da embarcação, já que seria impossível fazer isso lá no fundo, a bandeira americana. A última fronteira do planeta havia sido conquistada.

Décadas depois, outros aparatos submarinos também chegaram ao ponto mais profundo da Fossa das Marianas, um deles levando a bordo o diretor de cinema James Cameron, que, anos antes, havia descoberto os restos do Titanic, no Atlântico Norte.

Mas o Trieste continuou em atividade, como uma espécie de precursor dos atuais submarinos não tripulados de grandes profundidades. E, antes de ser aposentado, ainda ajudou a encontrar, no fundo do mar, o submarino americano USS Thresher, desaparecido em 1963.

Foi sua última missão. Em seguida, o histórico batiscafo foi enviado para o Museu da Marinha Americana, em Washington, onde se encontra em exposição permanente.

Manobra escandalosa

Quando uma onda varreu oito marinheiros para o mar, teve início o martírio do único sobrevivente de uma grande farsa

Havia meses que o velho destroier ARC Caldas, da Marinha da Colômbia, estava parado em um estaleiro da cidade de Mobile, no estado americano do Alabama, passando por alterações e reformas. Sua tripulação não via a hora de voltar para casa. Por isso, a notícia de que finalmente partiriam deixou todo mundo animado. A tripulação saiu para comemorar e comprar presentes para os familiares. Inclusive os oficiais, que voltaram carregados com grandes caixas, que foram empilhadas no convés do navio colombiano.

Na madrugada de 24 de fevereiro de 1955, o ARC Caldas soltou as amarras e ganhou as águas do Golfo do México, rumo ao porto de Cartagena, na Colômbia, uma travessia prevista para durar quatro dias. Mas, no terceiro deles, o tempo fechou, o mar engrossou, as ondas se ergueram e o velho navio passou a balançar perigosamente – muito mais do que o habitual. Naquela noite, todos os tripulantes do velho destroier foram dormir preocupados.

Na manhã seguinte, sem saber o que fazer para melhorar a estabilidade do navio, e com as condições do mar piorando ainda mais, os oficiais da ponte de comando deram ordem para que todos os marujos ficassem no convés de bombordo, uma tentativa desesperada de contrabalançar, com o peso de seus próprios corpos, as ondulações que vinham daquela direção. E eles ficaram, entre as muitas caixas de eletrodomésticos (geladeiras, máquinas de lavar roupa, aparelhos de televisão) que haviam sido embarcadas no porto americano, embora embarcações militares não pudessem transportar mercadorias.

Por volta do meio dia do último dia de viagem, quando ainda restavam muitas milhas até o porto de Cartagena, uma onda mais forte estourou sobre o costado do navio, que adernou violentamente, ao mesmo tempo em que era varrido por uma enxurrada de água salgada. Quando voltou à posição normal, boa parte das caixas, que não estavam devidamente presas no convés, havia sido levada pelo mar, bem como oito dos marinheiros que atuavam como lastro humano. Começava ali o polêmico caso do ARC Caldas.

Com sua estabilidade seriamente comprometida, o navio não conseguiu parar, muito menos dar meia-volta para tentar resgatar os marinheiros levados pelo mar. O máximo que os oficiais fizeram foi mandar arremessar, a esmo, balsas salva-vidas na água, na esperança de que os náufragos as agarrassem. Mas só um dos oito infelizes marujos conseguiu fazer isso: o colombiano Luis Alejandro Velasco, de 20 anos de idade. Os demais, se conseguiram subir nas balsas, desapareceram junto com elas. E nunca mais foram vistos.

Já Velasco tentou manter a calma quando subiu na pequena balsa, apesar do mar agitado. Imaginava que logo viriam buscá-lo, porque, afinal, se aquela balsa fora lançada ao mar, era porque o navio sabia sobre a sua queda na água. Bastava, portanto, esperar o retorno do ARC Caldas. Mas isso não aconteceu. Após lançar as balsas ao mar, o cambaleante destróier colombiano seguiu em frente, abandonando aqueles homens à própria sorte.

Velasco começou a se dar conta de que o navio não retornaria quando anoiteceu e a escuridão tornou inviável qualquer operação de resgate. Mas só teve certeza disso no dia seguinte, quando viu passar um avião militar voando baixo, que foi e voltou diversas vezes, sem, no entanto, visualizá-lo. Depois disso, nada mais aconteceu. E o jovem marinheiro concluiu que a sua sobrevivência dependeria apenas dele mesmo.

Mas não seria nada fácil, porque, além da falta de água e comida, outros inimigos passaram a rondar com frequência a pequena balsa: os tubarões. Eles raspavam seus corpos na lona da embarcação o tempo todo, para desespero de Velasco, que passou a ficar dia e noite com o remo na mão, pronto para desferir golpes na água, a fim de afugentar os bichões. Mas era inútil. Para cada tubarão que as pancadas conseguiam afastar, apareciam outros mais, atraídos justamente pelas vibrações geradas pelos impactos do remo no mar. Ficar o tempo todo rodeado de ameaçadoras barbatanas passou a ser a apavorante rotina do pobre marinheiro abandonado.

A presença dos tubarões ficou ainda intensa quando, no quinto dia, apesar de não ter ingerido nada desde a queda no mar, Velasco precisou atender ao chamado intestinal de seu organismo – até então, ele mal urinara, o que não era de todo ruim, porque assim evitava de perder ainda mais líquidos. O marinheiro sentou-se na borda da balsa e despejou no mar o conteúdo de seu ventre. Quase nada, mas o suficiente para gerar um frenesi em pequenos peixes, que subiram para apreciar o banquete. Aproveitando a oportunidade, Velasco pegou o remo e ficou dando pancadas na água, na tentativa de acertar um deles. Mas logo desistiu. Porque, com os peixes, vieram ainda mais tubarões. E a frágil balsa ficou no meio de um frenético turbilhão de barbatanas alvoroçadas.

Um dia antes, sedento e com a língua inchada feito uma bola, Velasco havia experimentado beber um gole de água salgada, para aliviar o desconforto. Embora condenada em todos os manuais de sobrevivência no mar, a medida não causou nenhum prejuízo ao seu organismo. Mas tampouco lhe trouxe benefícios. A sede continuou e a língua não desinchou. Mesmo assim, nos dias subsequentes, ele continuou dando pequenas goladas no mar azul do Caribe. Mas, com o passar dos dias, um outro desejo foi se materializando em sua mente: a vontade de morrer.

Pelas contas de Velasco, àquela altura ele já havia sido dado como morto, o que não causaria nenhuma surpresa, caso, um dia, seu corpo viesse a ser encontrado. Mas, como fazer isso? Como tirar a própria vida, se, na hora agá, o senso de sobrevivência falava mais alto? Sempre que pensava em se matar, como forma de abreviar aquele sofrimento, o medo impedia o marinheiro de seguir adiante. E os dias foram passando, sem nenhum sinal animador, a não ser um grupo de gaivotas, que, de vez em quando, sobrevoavam a balsa.

No começo, ele imaginou que aquelas gaivotas poderiam ser um sinal de que havia ilhas por perto. Depois, no entanto, aquelas aves passaram a ter outro significado: comida. De vez em quando, uma ou outra gaivota pousava atrevidamente na balsa, para descansar. E Velasco tentava capturá-la com as mãos. Nunca conseguia. Até que resolveu ficar imóvel no fundo da balsa, como um cadáver, apesar dos constantes solavancos causados pelos tubarões. Após um par de horas de agoniante vigília, conseguiu agarrar uma pequena ave, que mal passava de uma bola de penas sobre uma frágil ossada. Mesmo assim, ela foi devorada. Mas não supriu as suas necessidades.

O dia seguinte foi bem mais proveitoso. Ao tentar escapar de um tubarão tão faminto quanto ele, um cardume de peixes veio na direção da balsa e um deles, inadvertidamente, saltou para dentro dela, tentando fugir do predador. Foi como um presente de Deus. Velasco se atirou sobre o peixe e o devorou ainda vivo – sua primeira refeição, de fato, desde o início daquele infortúnio. Mas, naquela mesma noite, o mar voltou a piorar e, em determinado momento, a balsa virou, fazendo Velasco perder o único equipamento que tinha: o remo, que usava para se defender contra os tubarões.

Dois dias depois, o décimo daquela agonia, veio a compensação: uma praia surgiu ao longe. Mas, sem o remo para dar rumo à balsa, e temendo que a correnteza a fizesse desviar na última hora, Velasco teve que tomar a mais difícil decisão até então: abandonar a embarcação e ir nadando até a praia, apesar dos tubarões, ou permanecer na segurança dela e torcer para que apenas a força de suas mãos o conduzisse até a areia? Temendo perder a única chance que tinha, ele preferiu a primeira opção. Se atirou no mar e saiu nadando, o mais rápido que pode.

O marinheiro levou quase um par de horas para atingir a praia, onde chegou semimorto, pelo esforço. Quando tocou a areia, por pouco não desmaiou de fraqueza. Mas conseguiu se arrastar até a sombra de um coqueiro, onde jaziam alguns frutos na areia. Velasco sacudiu um deles e ouviu o delicioso barulho de água batendo dentro da grossa carapaça do coco. Mas não havia como abri-lo. Nem ele tinha forças para isso.

Enquanto pensava num jeito de acabar com aquela tortura, ele viu, ao longe, uma pessoa caminhando na praia. E esperou que ela se aproximasse. Era uma mulher. Mas, ao ver aquele ser moribundo se arrastando e gritando, ela saiu correndo, antes que o náufrago pudesse explicar qualquer coisa. Ela, no entanto, voltou minutos depois, junto com um homem – armado e mal-encarado. Velasco tremeu: será que depois de tudo o que passara o seu destino seria levar um tiro?

O homem, que falava espanhol tão bem quanto ele, já que aquela praia ficava no litoral da própria Colômbia, ouviu o relato do náufrago que passara dez dias no mar e deu-lhe abrigo. Mas, para a surpresa de Velasco, que imaginava que o seu desaparecimento havia virado notícia em todo o país, nada sabiam sobre o caso. A razão estava no período político que a Colômbia vivia, a ditadura de Gustavo Rojas Pinilla, que, como toda ditadura, abafava tudo que pudesse ser delicado ao regime.

Quando os militares ficaram sabendo da sobrevivência do marinheiro, foram buscá-lo na praia e praticamente o isolaram em um hospital militar, enquanto reforçavam à tímida imprensa local que a queda dele no mar fora causada pela má estabilidade que o navio passou a apresentar depois da reforma no estaleiro americano. Sobres as pesadas caixas de eletrodomésticos colocadas no convés, nenhuma palavra.

Mas, quando o assunto começou a se tornar cada vez mais intenso em toda a Colômbia, o governo mudou de estratégia e decidiu apresentar o marinheiro como um herói nacional, o que ele, a princípio, se recusou a fazer. No entanto, a habitual pressão militar, a promessa de uma promoção e uma condecoração recebida das mãos do próprio presidente Pinilla, sob a velada condição de não revelar mais detalhes sobre o seu calvário no mar, fizeram Velasco mudar de atitude.

De repente, o novo herói colombiano passou a ser convidado para fazer até comerciais de televisão. Velasco virou uma celebridade. Mas algo o perturbava. Ele precisava contar a verdade sobre a causa do acidente que o tornara subitamente famoso.

Cerca de um mês depois, o marinheiro procurou um jornal local e relatou tudo o que sabia sobre o acidente a um jovem repórter colombiano, que transformou a história em uma série de reportagens. E, mais tarde, também em um livro intitulado "Relato de um náufrago", que ajudou a render o Prêmio Nobel de Literatura de 1972 àquele repórter, já então transformado no mais famoso escritor da Colômbia: Gabriel Garcia Márquez – que, por conta do que publicou, acabou tendo que se exilar do país.

Já Velasco perdeu todas as honrarias que havia recebido, a começar pelo emprego na Marinha, e acabou seus dias esquecido e anônimo, como um simples cobrador de ônibus. E tudo porque revelara o verdadeiro motivo do acidente que o condenara a quase morrer no mar: o contrabando de eletrodomésticos que o ARC Caldas, um navio da Marinha Colombiana, trazia naquela viagem.

A verdade custou a liberdade à Gabriel Garcia Márquez e toda a glória ao infeliz náufrago.

O enigma do Joyita

Mais de um mês depois, o barco que havia sumido reapareceu, sem tripulação e sem explicação para o que aconteceu

Na manhã de 3 de outubro de 1955, o Joyita, um ex-iate de luxo transformado em barco cargueiro, partiu do porto de Apia, capital de Samoa, no Pacífico Sul, com destino ao arquipélago de Tokelau, distante cerca de 270 milhas náuticas. Levava 25 pessoas e um carregamento de mantimentos que seria trocado por cocos, na viagem de volta. Mas nunca chegou lá.

Pouco mais de um mês após a data em que deveria ter atracado no seu destino – e quando já era dado como perdido –, o Joyita reapareceu misteriosamente à deriva, semissubmerso, numa região a centenas de milhas da sua rota original. E sem ninguém a bordo. Nunca mais se teve notícias dos seus ocupantes. Sumiram todos, engolidos por um mistério que até hoje intriga os habitantes da região e que está entre os maiores enigmas do Pacífico. E sobram motivos para isso.

Para os supersticiosos, o Joyita já nasceu amaldiçoado. Foi construído para ser o iate particular de Roland West, ex-diretor de filmes de Hollywood na década de 1930, que logo após o barco ficar pronto, deixou a esposa para ficar com a jovem atriz Thelma Todd – e foi em homenagem a ela que o barco fora batizado de Joyita ("Pequena Jóia", em espanhol). Mas o romance durou pouco e terminou em tragédia.

Em 1935, Thelma foi encontrada morta dentro de um carro, intoxicada com os gases do escapamento do motor, num episódio jamais esclarecido. As suspeitas recaíram sobre Roland, que resolveu sumir dos holofotes – mesmo não tendo sido provado nada contra ele.

O Joyita, então, foi vendido a um empresário da Califórnia, que acabou entregando o iate ao governo americano, já que, durante a Segunda Guerra Mundial, diversos barcos particulares foram requisitados para ajudar nos combates. Com isso, o ex-iate de luxo virou barco-patrulha e quase foi a pique durante o ataque japonês ao porto de Pearl Harbour.

Após a guerra, o iate que havia sido transformado em barco de guerra foi vendido para uma empresa do Havaí e virou um pesqueiro. Para isso, recebeu revestimento interno com grossas placas de cortiça, a fim de ganhar capacidade de refrigeração, e, como consequência disso, ficou, também, praticamente à prova de naufrágios, o que mais tarde seria decisivo para alimentar o mistério que cercaria o seu tumultuado destino.

Tempos depois, durante uma viagem de pesca à Samoa, o Joyita (o nome do barco jamais mudou, apesar dos diversos donos que teve) sofreu uma pane no sistema de refrigeração e foi levado para Apia, de onde nunca mais saiu. Lá, o barco foi vendido a um capitão inglês, chamado Thomas Miller, que estava interessado em criar um serviço de transporte de cocos entre as ilhas do Pacífico Sul. Em 1955, ele conseguiu um bom frete entre Samoa e as Ilhas Tokelau, e partiu. Foi a última viagem do comandante Miller, do Joyita e de outras 24 pessoas que estavam a bordo naquela enigmática viagem.

Além da carga de 44 sacos de farinha, 15 de açúcar, 11 de arroz e 460 sacos vazios, que seriam usados para trazer polpa seca de coco na volta, o Joyita também recebeu alguns passageiros, entre eles dois empresários locais que levavam boa soma em dinheiro para pagar os cocos que comprariam em Tokelau, e sete habitantes do distante arquipélago, entre eles uma mulher e duas crianças. No total, 25 pessoas – que nunca mais foram vistas.

A partida foi marcada para o dia 2 de outubro, mas não começou nada bem. Como um mau presságio, tão logo o Joyita partiu do porto, seus motores pararam de funcionar, por conta do precário estado de manutenção do barco. O Joyita ficou à deriva, quase foi parar nos arrecifes que circundam a ilha e voltou ao porto rebocado, para reparos.

No dia seguinte, Miller partiu novamente, com os paióis repletos de mantimentos e cinco vezes mais combustível do que o necessário para aquela travessia, prevista para durar apenas dois dias. Mas, apesar dos tanques abarrotados, o Joyita não chegou a Tokelau. Nem a porto algum. E jamais se soube por quê.

Caso navegasse na velocidade habitual, o barco deveria chegar a Tokelau na manhã de terça-feira, 5 de outubro. Mas, na noite de quarta-feira, três dias após ter partido, não havia nenhum sinal do barco. Os habitantes da ilha estranharam o atraso e comunicaram o fato às autoridades, que, no dia seguinte, iniciaram as buscas com um avião, apesar do mau tempo que se formou na região.

Durante uma semana, a despeito da longa tempestade, uma equipe de busca vasculhou a rota prevista e nada encontrou. Dias depois, o Joyita foi oficialmente dado como perdido – fruto, deduziu a equipe de buscas, da violenta tormenta, que o teria afundado. Só que, quase um mês depois, veio a surpresa. E teve início o mistério que se tornou eterno.

Na manhã de 10 de novembro, quase um mês após o fim do inquérito que investigou o caso, o capitão de um pesqueiro que navegava a mais de 500 milhas da rota original do barco desaparecido encontrou um casco à deriva. Era o Joyita. Só que não havia ninguém a bordo.

Embora parcialmente inundado e com a casaria danificada, como se houvesse se chocado com outro barco, ou sido massacrado na tempestade, o ex-iate ainda flutuava, graças apenas a tal camada interna de cortiça que revestia o casco. Mas era impossível saber se aquela inundação havia ocorrido antes (o que poderia ter levado a tripulação a abandonar prematuramente a embarcação, pressupondo um naufrágio na tempestade) ou depois do sumiço dos ocupantes do Joyita, quando o barco seguramente passou dias à deriva.

A princípio, a ausência do bote salva-vidas indicava que a tripulação havia abandonado o barco e partido em busca de terra firme. Mas logo veio a informação de que o Joyita havia partido sem um bote de apoio, justamente porque o capitão Miller sabia que ele era insubmergível, por conta da cortiça.

Começaram, então, as dúvidas. E a primeira, foi a mais óbvia de todas: por que os tripulantes do Joyita abandonariam um barco repleto de combustível e mantimentos, se seria infinitamente mais seguro permanecer a bordo do que se lançar ao mar sem nenhum recurso?

Para aumentar ainda mais o mistério, nenhum pedido de socorro vindo do Joyita foi recebido por outro barco da região. E, ao ser encontrado, tampouco havia registros de problemas em seu diário de bordo – embora tenha ficado claro que o Joyita havia enfrentado um novo defeito mecânico, pois havia sinais de tentativas de consertos na casa de máquinas.

Mas, ainda que o barco tivesse ficado à deriva, por pane nos motores, por que seus ocupantes o abandonariam, se havia provisões a bordo suficientes para uma longa espera por socorro? A única resposta plausível é que, talvez, eles não tivessem abandonado o barco, mas sim tirados dele à força.

Contribuiu para esta teoria um fato igualmente intrigante: a carga do barco, apesar de volumosa, havia desaparecido, bem como o dinheiro que os dois empresários levavam para comprar as mercadorias da volta – embora, nesse caso, eles pudessem simplesmente ter levado o dinheiro embora, apesar de a bagagem de todos os tripulantes ter permanecido no Joyita.

O sumiço da carga, do dinheiro e dos ocupantes do barco, sem falar na estranha avaria na casaria, apontaram na direção de um possível ataque de piratas. E as suspeitas recaíram sobre barcos japoneses que costumavam pescar na região. Especialmente depois que uma faca, com a inscrição de que fora feita no Japão, foi encontrada no convés do Joyita. Mas nada também foi provado.

Já outra teoria pregou que pudesse ter havido a combinação de duas situações: o abandono do barco avariado pela tripulação (que teria buscado abrigo em uma das muitas ilhas da região, mas, no caminho, sucumbido na tempestade) e o posterior saque da carga por oportunistas que encontraram o Joyita sem ninguém a bordo.

Também se especulou que, talvez, o próprio capitão Miller tivesse outros planos naquela travessia, como roubar o dinheiro dos empresários, se livrar do restante da tripulação e fugir com o Joyita para o Havaí, onde vivia sua noiva, o que explicaria ter abastecido o barco com cinco vezes mais combustível do que o necessário para ir e voltar à Tokelau. Mas, talvez, ele apenas pretendesse vender mais caro o combustível excedente na ilha para onde seguia, ganhando assim algum dinheiro.

O mais provável, no entanto, é que os tripulantes do Joyita não tenham abandonado o barco de maneira voluntária, porque, quem conheceu o falido capitão Miller, garantia que ele jamais faria isso – já que o barco era tudo o que tinha. Com isso, a tese de morte da tripulação causada pelo barco à deriva durante a tempestade, ou o assassinato coletivo por piratas, que teriam abordado o barco de maneira violenta (daí os danos na casaria), saqueado a carga e atirado os ocupantes do Joyita ao mar, tornou-se a mais aceita. Embora igualmente jamais comprovada.

A história do ex-iate que protagonizou uma tragédia ignorada segue com o final em aberto; um mistério que tende a ser eterno.

A baleia morta que virou espetáculo

Para que as pessoas pudessem tocar uma baleia de verdade, espertalhões exibiram um cadáver em plena cidade

Em meados de 1955, o navio cargueiro Lloyd Nicaragua atracou no porto do Rio de Janeiro, vindo da Europa, com uma carga no mínimo inusitada: uma enorme baleia jubarte morta, mas conservada dentro de um tanque de formol. O animal havia sido capturado – e morto – anos antes, na costa do Marrocos, e desde então mantido intacto, graças a imersão no milagroso produto químico. Mas, ao contrário do que poderia parecer, o destino do cadáver daquele cetáceo não era um centro de pesquisa, museu ou instituto da vida marinha – eram shows em praça pública, nas principais cidades do Brasil.

Os eventos, largamente propagandeados em anúncios de jornal e cartazes espalhados pelas ruas, consistiam em exibir o gigantesco animal, que media quase 20 metros de comprimento e pesava 60 toneladas, no tal tanque e, depois, com a ajuda de um guindaste, extraí-lo daquela piscina de formol para que as pessoas pudessem tocá-lo. Foi um tremendo sucesso, apesar da morbidez do espetáculo.

O intuito era convencer o ingênuo público de que aquela "baleia-gigante" era a lendária Moby Dick, embora o fictício animal do livro de Herman Melville (que, no entanto, fora inspirado em um caso real, envolvendo os náufragos do barco baleeiro americano Essex, em 1820) fosse um cachalote, e não uma baleia jubarte, e a obra do famoso escritor tenha sido escrita no século 19. Mesmo assim, muita gente acreditou. E até quem sabia do caráter apelativo do evento, foi ver de perto o gigantesco animal morto. Afinal, não era todo dia que se via uma baleia de verdade, bem ao alcance das mãos, no centro de metrópoles como Rio de Janeiro e São Paulo.

O patético espetáculo foi especialmente concorrido na cidade de Santos, no litoral de São Paulo, por conta de um lance oportunista: o time de futebol da cidade, o Santos Futebol Clube, tinha uma baleia como símbolo, mas muitos de seus torcedores jamais haviam visto uma ao vivo – ou, no caso, morta. Mas isso pouco importava. Uma multidão lotou a principal praça do centro da cidade para tocar o corpanzil gelado do animal, que, em seguida, perambulou por outras cidades brasileiras, até ser descartado em um aterro sanitário.

Mas não sem antes encher os bolsos dos organizadores do bizarro espetáculo.

O rei do ar que morreu no mar
O criador da mais famosa fábrica de aviões da História se despediu da vida navegando, e não voando

Pouca gente sabe, mas o americano William Boeing, criador da mais famosa fábrica de aviões da história, que até hoje leva o seu sobrenome, morreu no ambiente oposto ao que lhe trouxe fama mundial.

Em 28 de setembro de 1956, anos após deixar o comando do maior conglomerado aeronáutico do mundo – e trocar a mansão onde vivia por um barco, que passou a ser a sua casa –, Boeing, então com 74 anos, sofreu um ataque cardíaco enquanto navegava próximo à cidade de Seattle, nos Estados Unidos, e morreu a bordo do seu iate Taconite, que ele mandou construir – e que, não por acaso, foi o primeiro barco civil a possuir radar, equipamento, até então, restrito apenas aos navios e aviões.

Depois, atendendo a um pedido deixado por escrito pelo próprio Boieng, suas cinzas foram jogadas nas águas da Columbia Britânica, onde ele costumava navegar.

O homem que passou quase a vida inteira voando, morreu – quem diria? – navegando.

O diabo submarino
A cada navio que sumia, a lenda aumentava. Até que um comandante descobriu o motivo

O folclórico Triângulo das Bermudas não é a única área do planeta que se tornou mundialmente famosa pelo suposto desaparecimento de navios.

Do outro lado do mundo, uma região também de mar, a cerca de 130 quilômetros da costa leste do Japão, gozou da mesma má fama, durante muito tempo. Batizada de Mar do Diabo, na década de 1950, uma dúzia de navios ali desapareceram, aparentemente sem nenhum motivo.

Até que o comandante de uma das vítimas, o cargueiro japonês Kaiyo Maru, acabou com o mistério, ao dar o alerta, momento antes de ir a pique: havia um vulcão submarino na região. E quando ele entrava em erupção, o chamado Mar do Diabo virava um verdadeiro inferno.

Foi o fim do folclore do Triângulo das Bermudas japonês.

A plataforma que virou "principado"
De olho em ganhar dinheiro, ele invadiu uma velha base sobre o mar e a transformou em uma "nação"

Durante a Segunda Guerra Mundial, a Inglaterra construiu algumas pequenas bases ao longo de sua costa, para se proteger das eventuais invasões alemãs pelo mar. A maioria delas não passava de simples plataformas fincadas sobre o mar, algumas até fora dos limites territoriais do país. Quando a guerra terminou, aquelas plataformas foram desativadas, esquecidas e abandonadas. Mas duas delas voltariam ao noticiário, 20 anos depois.

No Natal de 1965, o inglês Roy Bates, dono de um pequeno barco que fazia transportes regulares pela costa leste inglesa, teve a ideia de se apropriar de uma daquelas plataformas, que ele tanto via ao navegar, e ali instalar uma emissora de rádio pirata, pensando em ganhar algum dinheiro com isso.

A plataforma escolhida foi a Knock John, que ficava bem perto da costa, mas já fora dos limites territoriais do mar inglês, o que permitiria a Bates operar sua rádio clandestina sem ser importunado pelas autoridades, já que ela ficaria em águas internacionais. Mas, logo em seguida, o governo inglês decidiu aumentar os limites territoriais do seu mar, abrangendo também a área onde ficava a base Knock John.

Bates, no entanto, não se deu por vencido e apenas mudou a sua emissora pirata para outra plataforma, um pouco mais adiante dos novos limites do mar inglês. E, dessa vez, foi bem além: decidiu transformar a nova sede da sua emissora, na pequena base de Roughs Tower, que consistia em duas torres de concreto, com 20 metros de altura, e uma plataforma do tamanho de duas quadras de tênis no topo delas, também em um "país" independente – que ele batizou de Sealand, "Terra do Mar", em inglês.

Em 2 de setembro de 1967, acompanhado da mulher, Joan (a quem deu Sealand como presente de aniversário), e dos filhos Penelope, então com 16 anos, e Michael, de 14, Bates tomou posse da plataforma e declarou criado o Principado de Sealand, tendo ele como "rei". Em seguida, criou um hino, desenhou uma bandeira e passou a vender passaportes e títulos de nobreza para quem quisesse virar cidadão de Sealand, também como forma de ganhar algum dinheiro.

Para Bates, o fato de aquela plataforma ficar sobre águas internacionais e ter sido abandonada pela Inglaterra (que, aliás, nem poderia ter construído uma base militar naquele local), a tornava sem dono, portanto passível de ser pleiteada por qualquer pessoa, dentro dos princípios jurídicos da terra nullius, ou "Terra de Ninguém" – embora não houvesse um simples grão de terra nela.

Como já era previsto, o governo inglês tentou reagir contra aquela ousadia – e por meia dúzia de vezes tentou expulsar Bates e sua família de lá, realizando manobras militares nas imediações da plataforma, a fim de intimidar os invasores. Mas a localização da antiga base inglesa, que, de fato, havia sido erguida de forma ilegal em águas internacionais, impedia uma ação mais efetiva.

Ao mesmo tempo, ao ver o sucesso da operação promovida por Bates, outros invasores tentaram conquistar a sua plataforma à força. Os primeiros foram membros de uma rádio clandestina rival, que decidiram acabar com a concorrência, invadindo Sealand. Mas foram recebidos a bala – e arremesso de galões de gasolina incendiados – e deram meia-volta.

Depois, em 1978, aproveitando a ausência temporária de Bates, que fora convidado para uma reunião na Áustria, sob o pretexto de que um empresário local queria transformar Sealand em um cassino, um alemão chamado Alexander Achenbach tentou fazer o mesmo, mas foi dominado, na volta, por Bates e seu filho Michael e feito "prisioneiro".

O fato levou o governo alemão a enviar um diplomata à Inglaterra para resolver a questão, mas o governo inglês alegou que, embora não aceitasse aquela invasão, nada podia fazer contra Bates, porque a localização de Sealand ficava fora de sua jurisdição.

O diplomata, então, pegou um barco e foi até a plataforma negociar diretamente com Bates, que aceitou "soltar" o alemão. Mas, espertamente, transformou aquela ação do governo alemão em um "reconhecimento oficial" do seu país de ficção. Com isso, passou a apresentar ainda mais Sealand como uma "nação independente". E uma fonte de renda.

Rumores sugeriram que, na época da Guerra das Malvinas, até o governo da Argentina procurou Bates, visando transformar o seu país-plataforma em uma espécie de base avançada, para atacar a Inglaterra. Mas isso nunca foi confirmado – bem como um suposto pedido de "asilo político" do ativista australiano Julian Assange, que acabou se refugiando na embaixada do Equador em Londres, mais tarde, em 2010.

Com o advento da internet, a venda de passaportes e títulos de nobreza, além de camisetas e canecas, passou a ser a principal fonte de renda do "principado". E, por causa disso, Sealand e Bates se viram envolvidos em algumas encrencas.

Uma delas aconteceu em 1997, com a morte, por assassinato,

do famoso estilista italiano Gianni Versace, em Miami. O assassino, o maníaco americano Andrew Cunanam, fugiu da cena do crime e se escondeu no iate de um amigo, que, para impedir a entrada da polícia, apresentou um título diplomático de Sealand, o que tornava aquele barco uma espécie de embaixada do bizarro país-plataforma.

O barco, por fim, acabou sendo invadido e Cunanam cometeu suicídio, antes de ser preso. Mas o caso trouxe novamente à tona a questão da venda de passaportes e títulos de nobreza de um país que não existia, o que passou a interessar a outros criminosos. E isso trouxe ainda mais aborrecimentos jurídicos a Bates, já então bastante doente. Ele, então, decidiu passar o comando de Sealand para o filho, Michael, nomeado "príncipe-regente", e foi viver em terra firme, na Inglaterra, onde morreu em 2012, aos 91 anos – quatro anos antes de sua mulher, a "princesa" Joan.

Hoje, depois de escrever um livro sobre a audaciosa saga da "família real de Sealand", Michael Bates, que também se mudou para a Inglaterra e visita a plataforma apenas esporadicamente, ainda tenta vender a ilha-país criada por seu pai por cerca de um milhão de libras esterlinas, acenando em contrapartida com vantagens como "vista infinita para o mar" e "nada de impostos". Mas, há mais de uma década, não aparece nenhum interessado.

A ilha artificial que deu o que falar

Em busca do sonho da total liberdade, um italiano construiu o seu próprio país, no meio do mar

No início da década de 1960, irritado com a burocracia e o excesso de regras criadas pela sociedade, um rebelde e criativo engenheiro italiano, chamado Giorgio Rosa, teve uma ideia ainda mais inusitada do que a história que você acabou de ler, sobre a plataforma Sealand: ele decidiu criar uma ilha (ou seja, construí-la), proclamá-la uma nação independente e fincá-la bem diante da costa italiana, mas fora dos limites do mar territorial daquele país – portanto, isenta das leis italianas, nas chamadas "águas internacionais", que, tecnicamente, não pertencem a país algum.

Seria uma mera utopia, não fosse um detalhe desconcertante: ele a construiu de fato, batizou-a de Ilha Rosa (um duplo sentido com o seu sobrenome e o movimento hippie da época, que usava flores com símbolo) e a proclamou uma micronação independente, tendo ele próprio como presidente. E tudo isso diante da incredulidade geral das pessoas e da fúria generalizada do governo italiano com aquele ato inédito de ousadia e audácia – embora, sob o ponto de vista técnico e político, perfeitamente legal e exequível.

Dono de uma mente brilhante, capaz de encontrar soluções mirabolantes para problemas que fariam qualquer um desistir de imediato – além de uma determinação que beirava a teimosia –, Rosa passou dez anos "construindo" a sua ilha, que foi erguida com tijolos e concreto sobre pilares de aço fincados no Mar Adriático, a exatas seis milhas náuticas da costa de Rimini – só um pouquinho além do limite do mar italiano, o que, porém, tornava ilegal qualquer represália do governo local.

Mas não foi o que aconteceu. Desde o princípio, embora quase ninguém levasse a sério aquela ideia, o insólito projeto de Rosa foi visto com certa desconfiança e explícita insatisfação pelas autoridades italianas, que fizeram o possível para impedir a construção da ilha – que, na prática, não passava de uma marquise de 400 metros quadrados sobre o mar, com duas pequenas edificações.

Dada a carência geral de recursos do então simples engenheiro assalariado, e o desafio colossal das dimensões do projeto, Rosa levou dez anos para dar forma à sua ilha, já que contava, apenas, com a ajuda de meia dúzia de amigos abnegados, além da sua colossal capacidade para resolver os gigantescos problemas que iam se sucedendo.

Um deles foi a questão do abastecimento de água, já que ele não queria contar apenas com a imprevisibilidade das chuvas. Para isso, Rosa decidiu perfurar o solo marinho, com uma sonda, até encontrar o precioso líquido. E achou. Mas não exatamente tudo o que buscava. No íntimo, ele tinha esperanças de também encontrar petróleo, o que tornaria sua micronação, além de independente, fabulosamente rica.

Apesar dos ideais de "completa liberdade", tão apregoados naquela época dos movimentos hippies e que sempre nortearam o projeto, Rosa nunca escondeu de ninguém que sua ilha-nação teria, também, papel comercial e turístico, gerando dinheiro para os envolvidos – ele, sobretudo.

O projeto da Ilha Rosa previa uma espécie de edifício sobre o mar, com cinco andares de altura, para abrigar todos os que decidisse adotar a cidadania da ilha – que teria bandeira, hino, passaporte e até os vocábulos do esperanto como idioma oficial. Além disso, teria um bar, um restaurante e uma lojinha de souvenires – que, por estarem fora da jurisdição italiana, tampouco pagariam impostos. Mas apenas metade do primeiro piso, o bar e a lojinha foram erguidos, porque as dificuldades em erguer construções em alvenaria no meio do mar se mostraram maiores do que a força de vontade irrefreável do italiano.

Na primeira noite que passou em sua sui generis ilha, uma fortíssima tempestade gerou ondas que quase arrastaram Rosa para o mar. Qualquer um teria desistido na hora. Mas ele não. Perto dos gigantescos problemas gerados pela criação de uma ilha-nação à revelia do governo, um simples contratempo climático pouco significava. A obstinação daquele italiano prestes a autocriar a sua próxima nacionalidade sempre falou mais alto do que a razão.

Por fim, em 24 de junho de 1968, Giorgio Rosa inaugurou a sua ilha em forma de plataforma e proclamou-a uma nação independente: a República da Ilha Rosa – um "microestado" que, no entanto, país algum jamais reconheceu.

Logo, aquele exótico pedaço de mar onde as leis de outros países não valiam, virou uma espécie de Meca para os jovens naqueles acalorados anos de rebeldia social, e a ilha passou a ter cada vez mais movimento. E isso incomodou ainda mais o governo italiano, que decidiu agir com inesperado rigor.

Alegando que a ilha de Rosa estava sendo usada como base para contrabando – além de "abrigar uma emissora pirata de rádio e servir de apoio para espiões russos", entre outras mentiras –, a Marinha italiana despachou um navio de guerra para lá, e, em 11 de fevereiro de 1969, pôs a obra do engenheiro a pique. O sonho da ilha-nação de Rosa durou apenas 55 dias – e ele ainda teve que pagar o custo da própria operação que a destruiu.

Na ocasião, não havia mais ninguém na ilha. Nem o próprio Rosa, que já havia se refugiado na Itália, alegando, contudo, ser um "governo no exílio". Foram preciso duas sequências de explosivos para, ainda assim, apenas danificar parcialmente a estrutura da ilha-plataforma – o que não deixou de ser um reconhecimento ao perfeito trabalho do engenheiro. Dias depois, uma tempestade terminou o serviço, embora, durante meses, os restos da Ilha Rosa tenham permanecido visíveis na superfície do Mar Adriático.

Quarenta anos depois, mergulhadores curiosos vasculharam o fundo do mar da região e acharam os restos da Ilha Rosa. Um tijolo foi recolhido e dado de presente a Rosa, com uma dedicatória espirituosa: "Um pedacinho de um sonho para um grande sonhador", dizia a mensagem.

Giorgio Rosa morreu em 2017, aos 92 anos de idade, ainda um tanto amargurado com a destruição da sua nação utópica, assunto sobre o qual só gostava de falar se fosse para explicar as soluções de engenharia que havia aplicado para resolver os muitos desafios de erguer uma plataforma no mar aberto e nela erguer uma ilha – história que, mais tarde, viraria um delicioso filme, apropriadamente chamado "A incrível história da Ilha Rosa". Mais incrível que isso, seria realmente difícil.

Náufragos patrióticos
Aqueles soviéticos já estavam à deriva no mar há 49 dias. Mesmo assim, recusaram ajuda

Na noite de 17 de janeiro de 1960, após retornar de mais um reabastecimento de suprimentos para os navios da frota soviética ancorada ao largo das Ilhas Curilas, no extremo oriental da então da União Soviética, a barcaça militar T-36, da Marinha Soviética, fundeou nas proximidades da ilha Iturup, como habitualmente fazia.

Ali, os seus quatro tripulantes, o sargento Askhat Ziganshin e os marinheiros Philip Poplavsky, Anatoly Kryuchkovsky e Ivan Fedotov, todos na faixa dos vinte e poucos anos de idade, passariam a noite, enquanto aguardavam instruções sobre os reabastecimentos do dia seguinte, como informou a base na ilha. Mas o que não disseram a eles é que um tufão se aproximava da região.

Quanto a tormenta começou, o cabo da âncora que prendia a barcaça, uma espécie de balsa com cerca de 20 metros de comprimento e uma pequena cabine, não suportou os solavancos e arrebentou, deixando os quatro marinheiros soltos no mar furioso. E, naquelas condições, a força do motor pouco ajudava.

Durante horas, eles tentaram retornar a base, mas as ondas, que logo beiraram os 10 metros de altura, simplesmente não deixavam a barcaça se aproximar da costa. O esforço consumiu todo o combustível do pequeno tanque da embarcação, que não fora feita para longas navegações. E, para completar o drama, a tempestade danificou a antena do rádio, deixando-os sem comunicação.

Quando os efeitos do tufão finalmente cessaram, não havia o menor sinal da T-36 nas imediações da ilha. Buscas foram realizadas, mas não encontraram nada. Ao mesmo tempo, pedaços e equipamentos da embarcação começaram a chegar às praias, o que levou os militares a concluir que a barcaça havia afundado e os seus ocupantes morrido no naufrágio. Rapidamente, os familiares das vítimas receberam a triste notícia e simbólicos funerais foram realizados em homenagem aos quatro marinheiros mortos no mar. Só que não...

Na mesma ocasião, já bem distante da ilha de onde haviam involuntariamente partido, os quatro ocupantes da T-36 começavam uma longa e dramática saga, à deriva, para cada vez mais longe da terra firme. E velozmente, porque haviam sido tragados pela poderosa Corrente de Kuroshio, que chega a avançar mais de 100 quilômetros por dia – um fluxo de água tão intenso que é chamada pelos pescadores japoneses de Corrente Negra, porque nem os peixes aguentam tamanha correnteza.

Por conta disso, pescar para suprir a ausência de mantimentos na barcaça – cuja função, ironicamente, era justamente levar comida para os navios –, tornou-se uma sequência de tentativas inúteis para os quatro marinheiros soviéticos, já dados como mortos e até simbolicamente enterrados. Não havia peixes naquele mar para morder os anzóis.

Como se não bastasse o infortúnio de estarem imersos em uma correnteza deserta, ainda havia outro aspecto que tornava as chances de o grupo ser encontrado bastante remotas. Toda aquela parte do mar entre as Ilhas Curilas e a costa do Japão era uma conhecida área de testes de mísseis soviéticos, o que levava os barcos em geral – especialmente os não militares – a evitá-la. E, com menos barcos navegando, menores eram as possibilidades de eles serem resgatados.

Logo, o pequeno estoque de água e comida a bordo da barcaça acabou completamente. E como não chovia, nem eles capturavam peixe algum, o jeito foi tentar sobreviver com o que havia no próprio barco. Ou seja, nada.

Para matar a sede, os quatro marinheiros passaram a beber, em doses mínimas, a intragável e lamacenta água enferrujada do sistema de refrigeração do motor da barcaça. E para enganar o estômago, passaram a improvisar sopas, cozidas com água do mar, de tudo o que vagamente lembrasse comida: pedaços de seus cintos de couro, cadarços e solas das botas, sabão, pasta de dente e por aí afora. Até as alças dos rádios portáteis foram devoradas por aqueles náufragos famintos. À noite, para combater o frio do inverno, dormiam abraçados uns aos outros, a fim de manterem os corpos levemente aquecidos.

Mesmo assim, apesar da fome latente, eles guardaram o último cigarro que tinham (os outros, já haviam comido) para comemorar o Dia da Pátria, data nacional da União Soviética, que aconteceu mais de um mês após o início daquele sofrimento. Na ocasião, além de um discurso improvisado, feito pelo sargento que comandava a barcaça, cada um teve direito a duas tragadas no derradeiro cigarro e, ao final, ainda dividiram a bituca em quatro pedaços – como uma espécie de almoço para festejar a data. Eram náufragos patriotas, apesar do pouco empenho dos camaradas soviéticos em procurá-los no mar – talvez, por conta da tal zona secreta de testes de mísseis, o que tornava a área um tanto fechada até para os próprios militares.

Os dias foram passando e nada mudava na angustiante rotina dos quatro marinheiros. Mas, na manhã de 7 de março, 49 dias após o início daquela pavorosa jornada, eles acordaram com um barulho de motor sobre suas cabeças. Era um helicóptero militar. Mas americano e não soviético, da frota do porta-aviões Kearsarge, que cruzava do Japão para a Califórnia. E isso os levou a tomar uma medida surpreendente: recusar o socorro.

Como eram tempos da Guerra Fria, quando Estados Unidos e União Soviética disputavam o protagonismo mundial, seria vergonhoso demais para um militar soviético ser "capturado" pelo "inimigo" americano. Além disso, eles temiam ser considerados traidores da pátria, se aceitassem o resgate. Através de gestos, o máximo que fizeram foi pedir água, comida, combustível e um mapa, garantindo que assim se virariam sozinhos. Por duas vezes, os ocupantes do helicóptero tentaram convencê-los a embarcar e eles recusaram. Porém, quando, no dia seguinte, o mesmo helicóptero retornou com os suprimentos pedidos, os soviéticos mudaram de ideia, se arrependeram da recusa e decidiram se deixar resgatar pelo porta-aviões americano. Alguns deles estavam 30 quilos mais magros do quando começou aquela insana jornada.

Ainda assim, nos primeiros momentos a bordo do Kearsarge, o sentimento de vergonha dos marinheiros soviéticos continuou latente. Após desmaiar de franqueza e ficar três dias inconsciente, o sargento Ziganshin chegou a pensar em suicídio, se atirando ao mar ou se enforcando no banheiro, por temer a reação pública soviética ao saber do resgate do grupo por americanos. Mas, gradativamente, eles combateram as próprias pressões morais que se impunham como militares soviéticos e aceitaram ser tratados como simples náufragos que precisavam de ajuda.

Quando, porém, o porta-aviões Kearsarge chegou aos Estados Unidos, levando aqueles quatro improváveis militares soviéticos a bordo, o governo americano resolveu aproveitar a oportunidade para mostrar – a eles e ao mundo – como era boa a vida no lado capitalista do planeta. Recebidos com explícita falsa simpatia, os jovens soviéticos ganharam roupas civis, deram inúmeras entrevistas, foram convidados a passear pelo país e até receberam, das mãos do próprio prefeito de São Francisco, a chave simbólica da cidade onde o navio atracou. Depois, foram levados para Nova York, onde o governo americano ofereceu-lhes asilo político, o que eles, cautelosamente, recusaram – uma coisa era terem sido resgatados pelos americanos de uma situação aflitiva; outra, bem diferente, era decidir virar um deles. E o temor de serem considerados traidores da pátria soviética seguia martelando a cabeça dos quatros marinheiros.

Mas, em um lance surpreendente – e tão oportunista quanto o dos americanos –, o governo soviético, ao saber do resgate dos quatro conterrâneos, decidiu apresentá-los também como heróis, porque sabia que isso repercutiria positivamente mundo afora – além de mostrar ao povo da própria União Soviética a resiliência de seus cidadãos. Enquanto ainda estavam em Nova York, os quatro russos receberam um telegrama do líder soviético Nikita Khrushchev, desejando "um bom e rápido retorno à pátria" – o que não deixava de ser uma cobrança. Tudo pura propaganda política, claro. Mas que também renderia bons frutos aos ex-náufragos.

Em Moscou, após viajarem para a Europa no confortável e luxuoso transatlântico inglês Queen Mary (outra maneira de impressionar aqueles futuros mensageiros dos benefícios do mundo capitalista ao povo soviético), o sargento Ziganshin e seus três comandados foram recebidos com honras militares, tiveram direito a uma recepção privada com o próprio Khrushchev, receberam a Ordem da Bandeira Vermelha, a mais alta honraria soviética, e foram entrevistados por todos os principais programas das emissoras estatais de rádio e televisão.

Durante dias, aqueles quatro marinheiros, que já haviam sido dados até como mortos, viraram as principais estrelas da União Soviética e ficaram tão populares quanto nos Estados Unidos – tornaram-se, enfim, heróis dos dois lados do mais tenso conflito da segunda metade do século 20. Dali em diante, pelo resto da vida, Ziganshin, Poplavsky, Kryuchkovsky e Fedotov nunca mais passaram necessidades. E jamais se arrependeram do sofrimento que tiveram.

O visitante misterioso

Nunca se soube qual submarino era aquele e o que ele estava fazendo no litoral argentino

No primeiro dia de fevereiro de 1960, o radar do navio patrulha Murature, da Marinha Argentina, detectou a presença de um submarino nas águas do golfo Nuevo, ao sul daquele país.

Como não havia nenhuma informação de um submarino atuando na região, o navio tentou um contato. Não houve resposta. Novas tentativas foram feitas e igualmente ignoradas. Bombas de alerta foram lançadas na água e o silêncio do misterioso submarino continuava.

Chegaram, então, aviões militares. Do alto, eles viram o intruso navegando, lentamente, a baixa profundidade, mas não conseguiram identificá-lo. A caçada, no estilo gato e rato, durou dois dias. No terceiro, o submarino tentou escapar do cerco argentino. Foi perseguido e se abrigou nas profundezas. Mas continuou na região, como indicava o radar do Murature.

Enquanto isso, o governo argentino consultou os Estados Unidos, já que eram tempos da Guerra Fria com a União Soviética. Mas os americanos negaram que o submarino fosse deles. E os soviéticos também.

Ao mesmo tempo, surgiram rumores de que um casal recolhera um mergulhador morto no litoral de Puerto Madryn, cidade próxima das águas que estavam sendo frequentadas por aquele sinistro intruso. Seria um dos tripulantes do submarino em alguma missão secreta que não deu certo? Nada foi comprovado. Nem mesmo se o tal casal existiu de fato.

Dezessete dias depois de ter sido avistado pela primeira vez, o tal submarino ainda permanecia em águas argentinas. Até que, um dia, sumiu dos radares e não mais foi detectado. Uma semana depois, as buscas foram encerradas, supostamente após um sigiloso novo contato do governo soviético com o argentino.

E não ficou só nisso. Logo depois, o presidente dos Estados Unidos visitou a Argentina. Para muitos, aquela visita teve algo a ver com o enigma do submarino, que, até hoje, oficialmente, ninguém sabe qual foi, nem o que estava fazendo naquela obscura baía argentina, em fevereiro de 1960.

Náufraga e desesperada

O horror que aquela menina viveu no mar, nem os roteiristas de filmes de terror poderiam imaginar

Viver no mar sempre foi o sonho do médico americano Arthur Duperrault. Em novembro de 1961, aos 41 anos de idade e com uma próspera carreira profissional já montada no interior do estado americano de Wisconsin, ele decidiu avaliar a viabilidade de se mudar, com a família (a mulher Jean, de 38 anos, e os filhos Brian, 14, Terry Jo, 11 e René, 7), para um barco. Mas, antes disso, decidiu fazer um teste prático.

Arthur alugou um bonito veleiro de dois mastros, o Bluebelle, na Flórida, para que a família Duperrault passasse uma semana a bordo, nas Bahamas. Mas, como não tinha experiência, nem conhecia a região, contratou os serviços de um capitão: o também americano Julian Harvey, de 44 anos, um ex-combatente e herói da Segunda Guerra Mundial e da Guerra da Coreia, que levou com ele Mary Dene, de 34 anos, sua quinta esposa. Ela cuidaria da cozinha, e ele da navegação – ambos acompanhados bem de perto pelo interessado casal Duperrault, que queria aprender tudo sobre a vida no mar.

Durante cinco dias, tudo correu maravilhosamente bem a bordo. O capitão Julian era experiente e passava segurança na navegação, o casal Duperrault se empolgava cada vez mais com a possibilidade de passar a morar em um veleiro, e as crianças se esbaldavam em praias que nem de longe a rural e gelada Wisconsin podia oferecer. A família Duperrault já estava convencida de que aquele era mesmo o tipo de vida que eles queriam ter. Mas, antes disso, era preciso retornar à rotina e a preparar a radical mudança de vida.

No domingo, 12 de novembro, o Bluebelle suspendeu âncora e iniciou o seu caminho de volta à Florida. Mas, desta vez, com uma novidade: o capitão Julian resolveu navegar à noite, o que, até então, jamais havia proposto. E convocou a sua esposa, Mary Dene, para ficar com ele no convés, durante a navegação.

Os Duperrault gostaram da novidade e foram dormir entusiasmados com a ideia de ver, na manhã seguinte, o sol nascer no mar. Mas, quando isso aconteceu, só a pequena Terry Jo ainda estava viva para ver. E absolutamente aterrorizada com o que testemunhou antes disso.

Por volta das 11 horas da noite daquele domingo, quando o Bluebelle navegava em algum ponto entre a Ilha Grand Bahamas e a costa da Flórida, e todos já tinham ido dormir, exceto o casal de tripulantes no convés, a filha dos Duperrault foi despertada pelos gritos de seu irmão mais novo e abriu a porta do seu camarote, para ver o que se passava.

Ao fazer isso, deu de cara com sua mãe morta, estendida sobre uma poça de sangue, no chão da sala do barco. Assustada, a menina correu para a cabine do pai e encontrou uma cena pior ainda: ele e seus dois irmãos jaziam igualmente mortos, esfaqueados em diversas partes do corpo.

Apavorada e desorientada, ela tentou chegar ao convés, mas foi impedida pelo capitão Julian, que apareceu à sua frente e a obrigou a voltar para o seu quarto. Ela foi, em choque. E desabou em choro e desespero.

Terry Jo só saiu do estado de quase entorpecimento quando percebeu que havia água, muita água, entrando por baixo da porta do seu camarote. Assustada, ele saiu da cabine já parcialmente inundada, passou uma vez mais sobre o corpo da mãe caído na sala (àquela altura, já quase submerso) e alcançou o convés, onde novamente encontrou o capitão Julian, mas já fora do barco, desatando o bote salva-vidas do casco do Bluebelle. Ele mal olhou para a garota. Apenas subiu no bote e saiu remando, deixando Terry Jo sozinha e aterrorizada num barco que afundava rapidamente.

Apesar da sequência de episódios traumatizantes, a menina conseguiu lembrar que havia uma grande boia retangular, com a qual brincara na praia dias antes, guardada na cabine do barco. E voltou para buscá-la, apesar de o interior do Bluebelle já estar inundado. Com muito esforço, conseguiu pegar a boia e voltar para o convés, de onde já não viu mais o capitão Julian, que fugiu apressado. Foi melhor assim. Era fácil imaginar o que ele faria se encontrasse com ela no mar.

A franzina Terry Jo só teve tempo de empurrar a boia para fora do convés, antes que o Bluebelle afundasse completamente, levando com ele os corpos de toda a sua família – e também, supostamente, o da esposa de Julian, que ela não vira nem na cabine nem no bote no qual ele fugira.

Mas isso era o que menos importava naquele instante. Era preciso se manter viva, embora a pequena Terry Jo não soubesse exatamente como faria isso. Aboletada sobre uma boia de pouco mais de um metro, ela não tinha água, comida, muito menos abrigo. Só o fino pijama que vestia. E tremia de medo e de frio.

Quando o dia amanheceu, o problema passou a ser outro: o sol abrasador e o calor intenso. Mas, pelo menos, Terry Jo não sentia fome nem sede, porque o terror da noite anterior a horrorizara de tal forma que seu organismo parecia entorpecido. Além de náufraga, ela, agora, estava órfã. E sozinha, naquela imensidão deserta, sobre uma boia menor que o seu corpo. E ela ainda temia que, a qualquer instante, o bote do capitão Julian viesse ao seu encontro. Difícil imaginar situação pior. Especialmente para uma criança de apenas 11 anos de idade.

O dia arrastou-se lentamente, minuto após minuto, sem nenhum barco à vista. E veio a segunda noite. E a segunda manhã. E a segunda tarde. Até que, ao entardecer do segundo dia de sofrimento, surgiu um pequeno avião no horizonte, voando relativamente baixo. Terry Jo animou-se, agitou os braços, berrou com todas as forças, mas ele passou reto. Era realmente difícil ver uma pequena boia com uma criança em cima dela na vastidão do mar – ainda mais porque ninguém sabia do naufrágio do Bluebelle. Portanto, não havia nenhuma operação de busca e resgate em curso.

Contudo, quase na mesma hora, a algumas milhas de distância dali, o comandante do navio petroleiro Gulf Lion avistou algo boiando no oceano bem à sua frente, e deu ordem de diminuir a marcha, para ver o que se tratava. Era o bote do Bluebelle, com o capitão Julian pedindo ajuda.

O navio estancou a certa distância e Julian remou até ele, escalou o casco por meio de uma escada lançada do convés e foi recebido pelo comandante do navio, a quem contou uma história mirabolante: a de que o veleiro que comandava, com sua mulher e uma família inteira a bordo, havia sido vítima de uma tempestade, que derrubara um dos mastros sobre eles, abrindo um rombo no convés e rompendo a tubulação de alimentação de combustível do motor, que, por sua vez, gerou um incêndio incontrolável, que acabou por afundar o barco, com todos dentro – menos ele, que conseguira escapar a tempo.

O comandante ouviu todo o relato, mas torceu o nariz para aquela história, que parecia estranha demais para ser verdadeira. Até porque

Julian falava com uma tranquilidade incompatível com a de alguém que tivesse acabado de perder a esposa e cinco pessoas. Mas, seguindo as leis do mar, deu abrigo ao náufrago, até que chegasse a um porto da Flórida. E lá acionou as autoridades.

Para a Guarda Costeira, Julian contou a mesma história fantasiosa. Mas, como era apenas o início de uma investigação, foi liberado, com o único compromisso de se reapresentar ao longo do inquérito. Era o máximo que a entidade legalmente podia fazer, já que não havia nenhuma acusação formal contra ele, nem testemunhas contrárias.

Mas, no mesmo dia em que isso aconteceu, o quarto após o naufrágio do Bluebelle, a tripulação de outro navio, o cargueiro grego Captain Theo, avistou outro pontinho no mar e decidiu averiguar. Era uma boia com uma menina praticamente desmaiada sobre ela. Após 84 horas sozinha no mar, Terry Jo estava salva. E com isso o capitão Julian não contava.

Quando o resgate da menina – e o depoimento que ela deu ao comandante do cargueiro – chegou aos ouvidos da polícia e dos repórteres de um canal de televisão, que imediatamente levou a notícia ao ar, Julian estava hospedado em um motel da Flórida. A reportagem o deixou desesperado – como aquela menina poderia ter escapado com vida de um barco que naufragava?

Possivelmente tão atordoado quanto deixara a pequena Terry Jo naquela noite, Julian Harvey caminhou até o banheiro do quarto, pegou a navalha com a qual se barbeara antes de dar seu depoimento mentiroso, e a enfiou no pescoço. Para ele, não havia escapatória. O suicídio era melhor do que a prisão perpétua, que inevitavelmente o aguardava.

Com a morte de Julian e os depoimentos assombrosos que a menina deu, a polícia levantou a ficha completa do capitão assassino. Entre outras semelhanças, que não pareciam ser simples coincidências, aquele ex-herói de guerra já havia sobrevivido a dois naufrágios, ambos com perda total dos barcos, e a um estranho acidente de carro, no qual morrera outra de suas ex-esposas. E, em todos os casos, fora beneficiado pelo dinheiro pago pelo seguro.

O detalhe levou a polícia a concluir que o que aconteceu no Bluebelle tinha o mesmo objetivo, mas não exatamente da forma como aconteceu. Segundo a tese mais provável, Julian havia planejado matar apenas a esposa, atirando-a ao mar, enquanto todos dormiam, para uma vez mais se beneficiar do seguro de vida que ela possuía – razão pela qual decidira navegar à noite, tendo a companhia apenas da esposa no convés, quando seria praticamente impossível algum barco resgatá-la, como, de fato, não aconteceu. Se tivesse dado tudo certo, bastaria, depois, acordar os Duperrault e simular uma busca no mar, usando a família como testemunha.

Mas algo deu errado (talvez, o surgimento repentino da mãe de Terry Jo no convés, no exato instante em que Julian empurrava a esposa ao mar, daí a perseguição e morte dela na sala do barco), e ele decidiu liquidar todos, para não deixar testemunhas – algo que o completo isolamento do alto mar sempre favoreceu.

Mas, por que não matar também a menina Terry Jo, já que ele teve duas oportunidades de fazer isso?

"Me pergunto isso até hoje", diz Terry Jo, que ainda está viva, é mãe de seis filhos e avó de cinco netos, que só 50 anos depois daquela fatídica noite de navegação no paradisíaco mar das Bahamas juntou forças suficientes para contar sua história em um livro chamado "Sozinha e órfã no oceano". E fez isso com um objetivo: mostrar às pessoas que se sentem sozinhas e desesperadas após uma grande tragédia familiar que nem tudo está perdido.

Ela que o diga.

Tudo começou em um navio

Os sequestros aéreos, que aterrorizaram o mundo no passado, foram inspirados em algo similar que aconteceu no mar

Um episódio até então inédito aconteceu a bordo do transatlântico português Santa Maria, em 22 de janeiro de 1961, quando navegava de Lisboa para Miami, com centenas de passageiros a bordo: o sequestro de um navio em pleno mar.

A ação, orquestrada por oposicionistas dos regimes ditatoriais que vigoravam em Portugal e na Espanha, teve fins meramente políticos, mas resultou na morte de um tripulante do transatlântico, que tentou reagir à invasão da ponte de comando e foi alvejado por um disparo.

Apesar disso, os líderes do sequestro conseguiram asilo político no Brasil, após desviarem o Santa Maria para o porto de Recife e de lançarem um perigoso modismo: o do sequestro de grandes meios de transporte de pessoas, o que, em seguida, levou terroristas do mundo inteiro a fazerem o mesmo com aviões, semeando o pânico no ar, durante toda a década seguinte.

O pré-drone náutico
Para levar um cabo até o navio encalhado, eles usaram o céu e não a água

Criatividade foi o que salvou o cargueiro americano Amazon, após o encalhe que sofreu, na costa da Tunísia, no dia de Natal de 1963. Quatro dias após o incidente, quando um rebocador chegou para tentar desencalhar o navio, cuja tripulação continuava a bordo, surgiu o problema: como levar o cabo do reboque até ele, se o mar não permitia nenhum tipo de aproximação, muito menos desembarque, e a distância era grande demais para tentar um disparo, como habitualmente era feito? A solução veio, literalmente, do céu: uma grande pipa foi empinada até atingir o navio e, uma vez sobre ele, abatida pelo disparo de um foguete pela própria tripulação do cargueiro.

Por incrível que pareça, a estratégia deu certo. E os marinheiros usaram a própria linha do brinquedo para ir puxando gradativamente cabos cada vez mais grossos, vindos do rebocador, até chegar a um bem grosso, que permitisse puxar o navio.

Graças àquela espécie de ancestral dos drones, o Amazon foi desencalhado e salvo.

TRAVESSIAS OCEÂNICAS

O navio que virou presídio
Após décadas transportando bravos imigrantes,
o velho vapor brasileiro teve um final vergonhoso

Alguns sobreviventes das perseguições do regime militar que assolou o Brasil a partir de 1964 nutrem más lembranças do navio brasileiro Raul Soares.

Ao longo de sua história, o velho vapor, construído em 1900, na Alemanha, foi um bravo transportador de imigrantes para a América do Sul, além de ter superado duas guerras mundiais, levando e trazendo pessoas. Mas o seu final nada teve de glorioso.

Com o golpe militar no país, o Raul Soares foi transformado em navio-prisão para os contrários ao regime e, nessa condição, ficou parado no porto de Santos por cerca de um ano. Seu estado, contudo, já era tão precário, que, quando todos os presos foram transferidos para presídios de verdade, por falta de condições mínimas a bordo, o Raul Soares foi desmanchado e sucateado.

Para muitos, sem deixar nenhuma saudade.

A única certeza é que sumiram
Nunca houve uma explicação para o que aconteceu com
aqueles dois amigos, no canal de acesso de Miami

Na noite de 22 de dezembro de 1967, Dan Burack e Patrick Horgan, dois amigos americanos, zarparam de uma marina em Miami, em uma pequena lancha, de 23 pés, a Witchcraft, para apreciar, do mar, as luzes de Natal que iluminavam a cidade. Mas, menos de uma milha depois, quando estavam próximos a uma das boias que sinalizavam o canal de acesso à maior cidade da Flórida, bateram em algo, o que fez Burack informar a Guarda Costeira, calmamente pelo rádio, que precisariam de reboque. Menos de 20 minutos depois, um barco de socorro chegou ao local, para o resgate. Mas não encontrou sinal algum da Witchcraft, nem de seus dois ocupantes.

Nos dias subsequentes, toda a região foi vasculhada e nada foi encontrado. É certo que o barco afundou – e tão rapidamente que não deu tempo nem de pedir outro tipo de socorro pelo rádio. Mas, por qual motivo?

Nunca houve essa resposta.

Trancados, mas vivos
Quando estava para começar o desmanche do navio, veio a melhor de todas as surpresas

Os operários do porto de Pilus, na Grécia, ficaram intrigados quando estavam prestes a começar os trabalhos de desmanche do navio Aygaz, que havia capotado durante uma tempestade na Península de Peloponesio, em 24 de março de 1960, e sido rebocado até lá, ainda emborcado: estranhos ruídos vinham da casa de máquinas.

Eles, então, resolveram bater com um martelo no fundo do casco virado e receberam como resposta outras batidas, vindas de dentro do navio, que deveria estar vazio, já que todos os tripulantes que sobreviveram ao capotamento tinham sido resgatados. Mas não. Um buraco foi aberto no fundo do casco e dele brotaram cinco aliviados tripulantes do navio, que haviam sido dados como perdidos no mar. Foi a melhor notícia que o desastre do Aygaz gerou, dois dias depois.

Só os bichos sobreviveram

O navio apareceu queimado e sem ninguém a bordo.
Mas não adiantou perguntar para as únicas testemunhas

No início da década de 1970, o aparecimento de um navio cargueiro sem ninguém a bordo, na costa leste da África, acabou virando até crise política em Moçambique, então em plena guerra de independência contra Portugal.

O Angoche, que, entre outras mercadorias, transportava muitas caixas de material bélico que seria usado contra os soldados portugueses, deveria fazer uma série de escalas em portos moçambicanos, a fim de entregar sua sinistra carga. Mas, em 26 de abril de 1971, apareceu à deriva, parcialmente queimado e sem o menor sinal dos seus 24 ocupantes – que jamais foram encontrados.

Um confuso inquérito foi instaurado, mas, como seria de se esperar em um momento tão conturbado, o máximo que a investigação conseguiu apontar foram hipóteses. E a mais provável é que tenha havido um princípio de incêndio a bordo, que fez os tripulantes do navio se jogarem ao mar, por temerem que as munições dos armamentos nos porões explodissem.

A conclusão foi baseada no fato de que todos os coletes salva-vidas do navio haviam desaparecido, mas o barco de apoio, para ser usado em emergências, não. Ele continuava a bordo, mas bastante chamuscado, o que também levou os investigadores a concluírem que o barco não pode ser usado porque estaria envolvido pelo fogo – que, no entanto, por alguma razão, teria se auto extinguido logo após os tripulantes se lançarem ao mar, só com os coletes salva-vidas, fazendo o navio arder apenas pela metade.

O episódio só teve duas testemunhas oculares, mas que nada puderam relatar: eram as mascotes do navio, um gato e um cachorro – únicos sobreviventes de uma história que entrou para os anais dos mistérios do mar africano.

HISTÓRIAS DO MAR

Fenômeno estranho, mas explicável

O Bergensfjord navegava tranquilo, quando algo inesperado aconteceu bem debaixo de seu casco

Na madrugada de 9 de dezembro de 1970, o transatlântico norueguês Bergensfjord navegava suavemente ao largo da costa sul-americana do Pacífico, quando foi sacudido por um tremor na água, seguido de agudas pancadas no casco, como se tivesse sido atingido por algo. Mas o que poderia ser, se não havia onda alguma na superfície e o navio estava em águas mais do que profundas?

O comandante mandou parar o navio, ordenou, por precaução, que todos os passageiros vestissem coletes salva-vidas e iniciou uma minuciosa revista no casco do transatlântico, por dentro e por fora – que, no entanto, não revelou nada de errado. Um par de horas depois, ainda intrigados, os tripulantes retomaram suas funções e o passageiros voltaram para suas cabines. E o navio seguiu viagem.

O enigma durou até a manhã seguinte, quando, finalmente, o estranho fenômeno ganhou uma explicação: na noite anterior, havia ocorrido um terremoto na costa do Peru, e o epicentro ocorrera no mar, a menos de 70 milhas de onde o Bergensfjord navegava, o que explicava aquele chacoalhar intenso do navio. Eram reverberações submarinas geradas pelo abalo sísmico, que, por sorte, causaram ondulações apenas abaixo da superfície.

Do contrário, talvez, não sobrasse nenhum vestígio do Bergensfjord, nem de seus assustados passageiros, para contar essa história.

O recreio que virou aborrecimento

Os moradores acordaram com um navio espetado na areia da praia. E ele nunca mais quis sair de lá

Na noite de 24 de fevereiro de 1971, um fato curioso entrou para a história da cidade de Santos, no litoral brasileiro. Uma tempestade de verão deixou o mar agitado e rompeu os cabos que prendiam um pequeno navio, que fora transformado em boate flutuante, o Recreio, que ficava permanentemente ancorado em uma das margens da baía.

Impossibilitado de reagir ao incidente, já que não tinha mais motor, o inerte navio, velho conhecido dos moradores da cidade, atravessou à deriva toda a baía, com três assustados tripulantes a bordo, até encalhar na beira da praia, onde imediatamente virou atração turística. E um problema que dura até hoje.

Nos dias subsequentes, diversas tentativas de arrancar aquele intruso espetado na areia da praia foram feitas. Todas em vão. O Recreio, um ex-navio de passageiros, de 62 metros de comprimento, que, no passado, fez história transportando viajantes para Santa Catarina, não se movia um centímetro, nem quando puxado por mais de um rebocador ao mesmo tempo. Cravado à beira-mar, ele se recusava a desgrudar da praia.

Temendo pela segurança dos banhistas, já que o navio estava ao alcance das mãos até de crianças, a prefeitura passou a pressionar o dono do barco, Wladimir Grieves, engenheiro russo radicado na cidade, para que o tirasse de lá a qualquer custo. E o foi o que ele fez.

Sabendo que o navio estava irremediavelmente perdido, Grieves ordenou que o outrora bem cuidado Recreio fosse depenado, a fim de aliviar peso e facilitar o trabalho dos rebocadores. Como também não deu certo, veio a ordem seguinte: usar dinamite, para tentar para arrancá-lo de qualquer maneira daquela armadilha na qual se metera. Mas também não deu em nada. E piorou ainda mais as coisas.

O máximo que os explosivos conseguiram fazer foi fragilizar a estrutura do casco, que, depois, ao ser puxado pelos rebocadores, simplesmente rasgou, feito uma folha de papel. A parte de cima da casaria saiu inteira e foi removida com a ajuda de boias. Mas a de baixo, a que realmente importava, continuou teimosamente cravada na praia. E não houve quem a tirasse de lá.

Com o passar do tempo, a ação das marés foi encobrindo gradativamente os ferros retorcidos do que restou do casco, até que os escombros do Recreio desapareceram por completo, para alívio do dono do navio, da prefeitura e dos banhistas, que, até então, viviam se machucando nos restos submersos. E assim foi por quase 40 anos, tornando o Recreio apenas uma peculiar história contada pelos velhos moradores da cidade.

Até que, no início dos anos 2000, a dragagem do canal de acesso ao porto de Santos causou uma alteração no fluxo de areia levado pelas marés para as praias da cidade e fez aflorar, mais uma vez, os vergalhões do casco do teimoso navio – que, feito um zumbi, voltou a assombrar os banhistas. Resignada, a prefeitura da cidade limitou-se a colocar estacas em torno dos escombros, cada vez mais aflorados na areia da praia, e uma placa alertando para o perigo de tomar banho de mar naquele local. E assim permanece até hoje.

Quando foi construído, em 1926, e batizado com o nome do empresário alemão-catarinense que o encomendara para o transporte de carga e passageiros para Santa Catarina, o Recreio, então chamado Carl Hoepcke, era o principal meio de ligação entre Florianópolis e o restante do país – uma espécie de transatlântico da ilha, com acomodações de primeira classe, e motivo de orgulho para os moradores da cidade. Sempre que chegava ou saía do porto catarinense, as pessoas iam para a margem, saudá-lo.

A alegre rotina durou 30 anos, até que um incêndio, em 1956, na partida do próprio porto de Santos, decretou a sua aposentadoria como meio de transporte. Na ocasião, para extinguir o fogo, que matou um tripulante e deixou outro 27 horas boiando no mar, até ser resgatado, foi preciso afundar parte do casco. Mesmo assim, o Carl Hoepcke foi salvo. Mas seu destino como navio de passageiros estava selado.

Tempos depois, ele foi vendido para uma empresa de transporte de carga do Pará e ganhou outro nome: Pacaembu. O ex-transatlântico, famoso até hoje entre os velhos moradores da ilha de Santa Catarina, ficou dez anos atuando como cargueiro, até seu cansado motor parar de funcionar. Isso levou seu desanimado proprietário a vendê-lo, quase como sucata, para o russo Wladimir Grieves, que tinha planos ambiciosos para o velho ex-Carl Hoepcke: ele seria transformado em um navio só para festas e diversão, o Recreio.

Para isso, Grieves promoveu uma completa alteração na embarcação. A chaminé virou caixa-d'água, a torre de comando foi transformada em mirante e, no lugar da casa de máquinas, surgiu uma piscina, já que, mesmo na nova fase, o Recreio continuou sem motor, porque seu objetivo era ficar permanentemente ancorado na Baía de Santos. E assim foi, até aquela tempestuosa noite de 1971, quando o curioso navio-boate da cidade de Santos cruzou toda a baía, à deriva, para morrer na praia, onde se tornou, até hoje, uma encrenca do tamanho de um navio. Literalmente.

A polêmica balsa do sexo
A bizarra experiência marítima que deu origem ao fenômeno dos Big Brothers

Em 12 de maio de 1973, uma balsa feita de aço, com doze metros de comprimento por sete de largura, partiu do Porto da Luz, nas Ilhas Canárias, com destino à costa do México, do outro lado do Atlântico, levando onze pessoas a bordo – cinco homens e seis mulheres –, que não se conheciam.

O objetivo daquela viagem não era a simples travessia do oceano, e sim a análise de como aquelas pessoas, que nunca haviam se visto, se comportariam ao longo de tanto tempo isoladas, no meio do mar e na companhia de estranhos. E, para apimentar as relações, em quantidades equilibradas entre os dois sexos.

Batizada de Experimento Acali ("casa na água", em uma das linguagens indígenas mexicanas), a experiência, um estudo prático sobre o comportamento humano em espaços reduzidos e sem possibilidade de fuga, fora concebida pelo antropólogo mexicano Santiago Genovés como um "laboratório social".

Para tanto, meses antes, ele publicou anúncios em jornais de diferentes partes do mundo, convocando voluntários. E fez a escolha dos candidatos usando como critérios diferentes culturas, religiões e nacionalidades. Só o que não variou foi o perfil dos escolhidos. Todos tinham entre 20 e 40 anos de idade, corpos razoavelmente atraentes e a maioria era casada, embora fosse proibido a presença de cônjuges a bordo – o que, desde o princípio, deixou claro as fortes conotações sexuais do experimento.

A tripulação foi composta por uma capitá sueca (a única do grupo de candidatos com experiência anterior em barcos), uma médica israelense, um fotógrafo japonês, um restaurador grego, um antropólogo uruguaio, uma francesa vaidosa, duas jovens americanas, uma mulher árabe e até um padre católico negro – além do próprio Santiago, que dizia ter tido a ideia após ter sido mantido confinado durante dias, com outros passageiros, em um avião sequestrado.

O próprio Santiago já havia participado de duas experiências similares, qundo fez parte das tripulações das expedições do também antropólogo Thor Heyerdah, norueguês que atravessou oceanos com balsas feitas de papiro e feixes de capim, para provar que os povos antigos haviam ido muito mais longe do que se imaginava.

Por meio da convivência estreita e intensa, o objetivo da experiência era estimular a discórdia entre os tripulantes, incitar o sexo matrimonialmente condenado e elevar as tensões no grupo, a ponto de eles passarem a se odiar mutuamente.

Para fomentar ainda mais tudo isso, sobretudo as relações sexuais, Santiago mandou construir a balsa com apenas uma cabine, de quatro por quatro metros, equipou-a com uma única cama coletiva, e ordenou que todos dormissem juntos, mas propositalmente intercalando homens e mulheres. Também determinou que o único banheiro fosse aberto, de forma que não houvesse nenhuma privacidade – todos teriam que fazer suas necessidades diante dos demais, fossem homens ou mulheres.

Como o objetivo era estimular os conflitos, atividades como "jogos da verdade", nos quais os tripulantes eram obrigados a dizer o que pensavam uns dos outros, diante de todos (inclusive sobre com quem gostariam de fazer sexo), foram conduzidas por Santiago ao longo da travessia, bem como propostas para que todos passassem os dias nus ou fizessem sexo coletivo.

Para provocar os homens, Santiago colocou apenas mulheres nas principais funções a bordo, a começar por delegar o comando da balsa à sueca Maria Bjornstam. Cabia a eles executar apenas atividades banais, como lavar louça e limpar a balsa. O intuito era rebaixá-los moralmente e fomentar o machismo. Mas o que Santiago não contava é que, por ter ido um pouco além na execução de sua experiência, acabaria, ele também, virando vítima dela.

Depois de contestar veementemente a decisão da comandante sueca de aguardar, num porto da ilha de Barbados, o fim da temporada de furacões no Caribe para prosseguir viagem, Santiago a destituiu autoritariamente do cargo e assumiu o posto. Mas teve que voltar atrás pouco depois, quando, na madrugada seguinte, durante o momento mais tenso da travessia, a balsa do grupo só não foi atropelada por navio porque a comandante destituída manteve a calma e instruiu a equipe para acender tochas em volta da embarcação, a fim de chamar a atenção do piloto – que desviou a tempo, enquanto Santiago tinha uma crise nervosa.

Mais tarde, ele sofreria duas outras crises a bordo: uma de depressão, quando soube que sua experiência estava sendo chamada de "Balsa do Sexo" e era alvo de pesadas críticas e notícias sensacionalistas na Europa, e outra de apendicite, que só não terminou em morte porque o grupo já estava próximo da ilha mexicana de Cozumel, onde terminou a travessia e o experimento, após 101 dias no mar.

Ao final da viagem, um balanço mostrou que, apesar do ambiente mais que propício a conflitos, os problemas foram poucos e prevaleceu a tolerância e a convivência entre o grupo. E, apesar das seguidas tentativas de incitação ao sexo livre (envolvendo, inclusive, o padre angolano), nenhuma orgia foi registrada durante a travessia, embora tenha havido casos esporádicos de relacionamentos entre os tripulantes – que, no entanto, ao fim do experimento, retomaram normalmente suas vidas de casados.

Ainda assim, Santiago, que morreu em 2013, ainda cercado de muita controvérsia, preencheu mais de mil páginas de anotações durante a viagem, que, depois, geraram um livro. Também produziu horas de filmagens, que resultaram em um documentário, e, mais tarde, também em um filme-depoimento, chamado "A balsa".

Mas, o maior legado deixado por aquela estranha experiência foi, décadas depois, ter servido de inspiração para um fenômeno mundial nas televisões: os realities shows. A bizarra expedição de Santiago Genovés foi – quem diria? – o primeiro Big Brother da história.

O maior mistério dos Grandes Lagos
O que fez o cargueiro Edmund Fitzgerald afundar instantaneamente é um enigma que dura até hoje

Os Grandes Lagos da América do Norte, entre os Estados Unidos e o Canadá, não têm esse nome por acaso. Juntos, eles concentram o maior volume de água doce represada do planeta e, nos dias de tempestades, nem de longe lembram a placidez habitual de um lago. Ao contrário, por ficarem em uma região de clima inclemente no inverno, com ventos violentos e temperaturas congelantes, formam um dos mais duros cenários para se navegar com um barco. Mesmo os grandes navios. Como era o Edmund Fitzgerald.

Quando foi lançado, em junho de 1958, o cargueiro americano era o maior (e, por consequência, considerado o mais seguro) navio que já havia singrado as cinco gigantescas porções de água, que, interligadas, dão forma aos Grandes Lagos. Passava dos 220 metros de comprimento e tinha casco de aço com uma polegada de espessura – duas precauções necessárias frente às centenas de naufrágios que já haviam ocorrido naquelas águas.

O Edmund Fitzgerald fora construído para enfrentar as piores condições de navegação. Podia enfrentar ventos com a intensidade de furacões e seu curioso casco, bem alto e com a casaria dividida em duas partes – a ponte de comando bem na proa e todo o restante na popa, com enormes paióis para carga ao centro – oferecia uma proteção extra contra as ondas.

Entre as pessoas que acreditavam que nada podia afetar o poderoso cargueiro estava o seu próprio comandante, o experiente capitão americano Ernest McSorley. Com 63 anos de idade e mais de 700 travessias realizadas com o Edmund Fitzgerald, ele confiava cegamente em seu barco. Por isso, não temia forçá-lo. Mesmo sob as piores condições, o navio do comandante McSorley sempre se mostrava confiável.

Não havia, portanto, nenhum motivo para preocupações antes daquela rotineira travessia entre o porto de Superior e a cidade de Detroit, com uma carga de 26 000 toneladas de minério, que seguiam dentro dos paióis centrais, tampados com placas de aço presas por travas rosqueáveis. Nem mesmo o fato de ser início do inverno, época já sujeita a tempestades, incomodava o capitão McSorley, cuja tripulação, naquela viagem, somava 26 pessoas.

No dia da partida, 9 de novembro de 1975, o clima era até agradável para os padrões da região. McSorley já havia checado a previsão do tempo, e, embora houvesse uma mudança meteorológica a caminho, ainda assim aquela travessia do Lago Superior, o maior de todos os lagos, prometia ser tranquila. A previsão indicava ventos com intensidades entre 8 e 16 nós, aumentando, depois, para 23 – ainda assim, bem abaixo do que o Edmund Fitzgerald era capaz de enfrentar. Mas os números verdadeiros seriam outros. E bem piores do que os previstos.

No início da tarde do dia seguinte, quando o Edmund Fitzgerald já navegava longe, sendo acompanhado a certa distância pelo também cargueiro Arthur M. Anderson, os barômetros despencaram e começou a nevar forte – sinal de que uma tempestade se aproximava. Não demorou muito e a visibilidade caiu para míseros metros, ao mesmo tempo que os ventos se tornaram intensos, erguendo grandes ondas no gigantesco lago.

As ondas passaram a varrer a superfície do lago com incrível velocidade e formavam abismos entre suas cristas. A bordo do Edmund Fitzgerald a tripulação se desdobrava para controlar as rotações do hélice, para que, quando a popa do navio saísse fora d´água, o giro do motor não ultrapassasse o limite máximo. Também era preciso evitar que o casco ficasse suspenso no ar, no vão entre duas ondas, porque isso poderia comprometê-lo, já que era bem comprido.

Mesmo para um navio de grande porte, navegar sob aquelas condições não era nada agradável. Por isso, o capitão McSorley chamou o comandante do Arthur M. Anderson pelo rádio, e propôs que ambos se abrigassem atrás de uma ilha que havia não muito distante de onde estavam, o que foi aceito de imediato.

A ilha oferecia boa proteção contra os ventos daquele quadrante. Mas, para chegar lá, era preciso, primeiro, atravessar um famoso e perigoso estreito, onde a profundidade não passava de 12 metros – daí o seu nome: Six ("seis") Fathom, uma antiga forma de medida. Era, no entanto, o bastante para o Edmund Fitzgerald cruzar o estreito sem maiores problemas, como já havia feito diversas vezes.

O problema é que, naquele dia, as ondas estavam tão altas que sugavam periodicamente as águas do estreito, tornando-o subitamente bem mais raso. E foi em um destes momentos que o fundo do casco do Edmund Fitzgerald tocou as rochas pontiagudas do fundo do estreito, abrindo uma fenda em seu casco, por onde, imediatamente, começou a entrar água. Muita água.

Às 15h30 daquela tempestuosa tarde, o capitão McSorley chamou novamente o comandante do Arthur M. Anderson, algumas milhas atrás, para informar o ocorrido e avisar que também havia perdido duas tampas de aço dos paióis, o que tornava a situação ainda mais crítica, porque a água estava entrando por baixo e, também, por cima do casco. E completou dizendo que, apesar da tempestade, iria seguir em frente, agora à toda velocidade, para tentar chegar o mais rápido possível a localidade de Whitefish, nas margens do lago, a apenas 18 milhas de distância. Mas uma perversa combinação de infortúnios fez com que o Edmund Fitzgerald jamais chegasse lá.

Meia hora depois daquele contato, o capitão McSorley voltou a chamar o colega do outro navio, relatando, agora, outro problema: o radar do Edmund Fitzgerald havia parado de funcionar – e a má visibilidade causada pela tempestade não permitia enxergar nada à frente. Ele, então, pediu que o Arthur M. Anderson se aproximasse, a fim de compartilhar as informações do seu radar. Para isso, precisou diminuir a marcha, já que o alcance do radar do outro navio era limitado a pouco mais de oito milhas. Navegando mais lentamente, a inundação do Edmund Fitzgerald aumentou de intensidade.

Mesmo usando todas as bombas do casco, capazes de expelir a colossal quantidade de 28 toneladas de água por minuto, o casco do Edmund Fitzgerald foi ficando cada vez mais cheio d'água. Ainda assim, no entanto, seguiu avançando, às cegas e lentamente, sob o bombardeio das ondas, enquanto rezava pela aproximação do outro navio, porque sem o compartilhamento do radar, McSorley não conseguiria achar o porto de Whitefish. A agonia durou até o cair da noite. E, junto com ela, veio o pior de tudo.

Às 19h15, logo após voltar a se comunicar com o cargueiro avariado, naquela que viria a se tornar a última mensagem enviada pelo Edmund Fitzgerald (na qual o comandante McSorley disse apenas que "estavam se segurando como podiam"), o capitão do Arthur M. Anderson sentiu seu navio se erguer subitamente no ar, como se algo gigantesco tivesse passado por baixo dele. Em seguida, o mesmo se repetiu. Eram duas ondas monstruosas que haviam passado pelo seu navio, bem maiores do que as habituais.

As duas montanhas d'água, fora dos padrões mesmo para uma região famosa pela intensidade de suas tormentas, nada causaram ao Arthur M. Anderson, além de um apavorante frio na espinha de seus ocupantes. Mas deixaram um rastro de iminente tragédia, porque avançaram justamente na direção do Edmund Fitzgerald, que tentava, a duras penas, se manter flutuando.

O resultado, ao que tudo indica, não poderia ter sido mais trágico: em questão de minutos, o Edmund Fitzgerald sumiu da tela do radar do Arthur M. Anderson, muito possivelmente após ser engolido inteiro pelas águas em convulsão do lago. Era o fim do maior navio dos Grandes Lagos e início de um enigma que jamais teve uma resposta: o que fez o Edmund Fitzgerald afundar subitamente, decretando a morte de seus 26 tripulantes?

O motivo mais provável é que tenham sido aquelas duas ondas gigantescas, em sequência – a primeira teria erguido a popa do navio a níveis absurdos, e a segunda acelerado a descida do cargueiro de encontro à primeira, mergulhando o navio no lago feito um míssil. O impacto com a onda também teria partido o comprido casco ao meio, fazendo com que o cargueiro descesse para o fundo dividido em duas partes – e a da popa, onde estava a maior parte da tripulação, virada ao contrário, o que pode ter feito com que alguns tripulantes tenham tido uma morte lenta e sufocante. Nenhum pedido de socorro foi enviado. Certamente, porque não deu tempo.

A busca inicial por sobreviventes foi realizada pelo próprio Arthur M. Anderson. Mas não trouxe resultados. Logo, a despeito do mau tempo, chegaram outros navios, convocados pelo comandante do cargueiro. E, também, nada foi encontrado. Só quatro dias mais tarde, um avião da Marinha dos Estados Unidos equipado com um aparelho detector de anomalias magnéticas submersas, encontrou as duas partes do Edmund Fitzgerald, separadas por mais de 70 metros de distância, a 160 metros de profundidade.

Quando isso aconteceu, as teorias sobre o naufrágio mais famoso da história dos Grandes Lagos já haviam se multiplicado e permitido todo tipo de especulação. Uma delas pregava que o navio, de tão grande e comprido, havia sofrido um rompimento estrutural causado pelo fato de a junção das placas de aço do seu casco terem sido feitas com solda, e não rebites, o que o teria tornado excessivamente rígido.

Outra tese defendia que algumas tampas dos compartimentos de carga tinham se soltado, permitindo a inundação deles, como já havia acontecido com dois deles no início da travessia, pela má fixação das travas, que não teriam sido rosqueadas até o fim – como o comandante do Edmund Fitzgerald contara ao colega do Arthur M. Anderson pelo rádio. E até o sabido hábito do capitão McSorley de forçar o seu navio ao máximo, por confiar na resistência dele, foi usado para acusá-lo, postumamente, de negligência irresponsável.

No entanto, a tese mais aceita sempre foi a das duas ondas em sequência, como relatado pelo comandante do Arthur M. Anderson, que jamais se perdoou por não ter chegado a tempo ao local onde o Edmund Fitzgerald o aguardava, navegando em ritmo lento – o que, certamente, também contribuiu para a tragédia, porque impediu o navio de chegar até a margem antes de ser atingido pelas ondas.

Oficialmente, porém, a causa do naufrágio jamais foi decretada, já que a única parte resgatada do navio foi o sino, hoje principal peça do Museu dos Naufrágios dos Grandes Lagos, em Whitefish, no estado de Michigan – mesmo local onde o Edmund Fitzgerald tentou desesperadamente chegar naquela noite de 1975, e onde, desde então, todo dia 10 de novembro um farol emite melancólicos fachos de luzes em direção ao horizonte, em homenagem às vítimas da mais famosa tragédia daquele conjunto de lagos, que, de plácidos, não têm nada.

Absurda tragédia urbana

A história de João Pessoa foi marcada por um naufrágio em uma simples lagoa, dentro da própria cidade

Era dia de festa em João Pessoa. Naquele 24 de agosto de 1975, um domingo ensolarado, o Dia do Soldado estava sendo comemorado com uma concorrida exposição de armas, fotos, carros de combates e alguns canhões, no principal ponto da capital paraibana, a Lagoa Solon de Lucena, bem no centro da cidade. Mas a atração que mais interessava as pessoas, sobretudo as crianças, era a oportunidade de dar uma volta na lagoa na balsa que o Exército também levara para a festa, o que gerou uma longa fila de espera, o dia inteiro.

No final de tarde, já quase anoitecendo, a festa estava por terminar e os soldados encarregados de organizar o embarque dos passageiros na balsa, que não passava de uma chata de transporte de carga, avisaram que aquela seria a última viagem. O comunicado gerou um frenesi entre quem estava esperando na fila a vez de navegar na lagoa, ao redor da fonte luminosa, passeio que não durava mais que 15 minutos. Depois daquela última partida, só no ano seguinte, quando houvesse outra festa do Dia do Soldado.

Ao ouvir o aviso, a multidão abandonou a fila ordeira e todos corream para garantir um lugar na balsa, a despeito das tentativas frustradas dos soldados de colocar alguma ordem no embarque caótico. Só parou de entrar gente quando não cabia mais ninguém naquele pranchão flutuante, que era operado por um piloto igualmente espremido na popa. Embarcaram perto de 200 pessoas, embora a capacidade da balsa fosse para pouco mais de 50. Nenhuma delas com colete salva-vidas.

Menos de três minutos após partir, quando a balsa superlotada ainda estava cerca de 50 metros da margem, as pessoas em volta da lagoa notaram que o piso da embarcação estava estranhamente se aproximando da superfície da água. Lentamente, centímetro a centímetro, a balsa estava cedendo ao peso exagerado, até que os pés dos ocupantes começaram a ficar molhados. Em seguida, submersos. E aquele amontoado de gente seguiu afundando gradualmente, em câmera lenta, sem que nada fosse feito, apesar da proximidade com a margem da lagoa – que, no entanto, era bem profunda naquele trecho.

Só quando a água subiu até quase os joelhos, e os pais começaram a erguer as crianças sobre as cabeças, é que começou o alvoroço. E, com ele, o pânico, que fez muita gente cair na água, empurrada pelos outros. Como ninguém vestia colete salva-vidas e muitos não sabiam nadar, a começar pelas crianças, que eram quase maioria no barco, a tragédia começou a se delinear. Quem permaneceu na balsa semissubmersa, tentava se manter sobre o casco, que sumia sob os seus pés. E os que já estavam na água, agarravam-se mutuamente, na desesperada luta pela sobrevivência. Com isso, um afogava o outro.

O cenário era desesperador e acompanhado com aflição por todos que estavam na margem, assistindo, atônitos, aquele trágico espetáculo – um dramático naufrágio com plateia e endereço: altura da rua Padre Meira, na parte mais profunda da lagoa, que ali chegava aos cinco metros. Quem passava de carro pelas ruas que contornavam a lagoa, parava para acompanhar o drama das vítimas, embora pouquíssimos tenham entrado na água para ajudá-las.

A exceção foi o sargento Reginaldo Calixto, que aproveitara o dia de folga para ir à festa, e caminhava na calçada que circundava a lagoa quando ouviu a gritaria. Sem pensar duas vezes, se jogou na água e começou a puxar quem via pela frente. Mas, logo agarrado por todos os lados pelos náufragos desesperados, acabou também sucumbindo naquele absurdo naufrágio, que matou até quem não estava na balsa.

Outro herói do dia foi o radialista Gilvan de Brito, que também estava na lagoa passeando com a família. Ao ver a balsa afundando, ele correu no sentido oposto ao da lagoa. Mas por um bom motivo: foi para a rádio na qual trabalhava, a Tabajara, a poucas quadras de distância, interrompeu a transmissão de uma partida de futebol, anunciou a tragédia e convocou todas as pessoas "que soubessem nadar" para ajudar.

Rapidamente, voluntários começaram a chegar, muitos a pé, porque moravam nas ruas que rodeavam a lagoa, trazendo tudo o que pudesse flutuar – boias, galões, pedaços de pau. Minutos depois, chegou também o Corpo de Bombeiros, que também ouvira a notícia dada pelo radialista. Mas era tarde demais. Corpos já flutuavam na lagoa, enquanto pais desesperados buscavam pelos filhos que não conseguiram sair da água. O Brasil nunca tinha visto nada igual. Muito menos em uma plácida lagoa urbana de não mais que 500 metros, no centro de uma capital.

O trabalho de busca e resgate dos corpos na água escura da lagoa continuou a noite inteira. Até porque, como não se sabia quantas pessoas havia na balsa, era impossível saber quantos tinham morrido. Quando o dia amanheceu, uma multidão ainda maior lotou o perímetro da lagoa, para acompanhar a retirada dos corpos – que eram colocados lado a lado na margem, para serem identificados pelos familiares. Até o prefeito da cidade foi para lá, prestar solidariedade.

Em dado momento, um sobrevivente do naufrágio, que vagava desorientado pela lagoa desde o acidente, desabou em prantos na calçada. Estirados no gramado, jaziam os corpos de sua mulher e seus três filhos. Uma cena que se repetiria outras vezes ao longo do dia, já que praticamente só haviam famílias na balsa. E crianças. Muitas crianças. No final, a fúnebre contabilidade do desastre somou 35 mortos, incluindo o soldado que pilotava a balsa. Vinte e nove deles eram crianças. Foi a maior tragédia da história de João Pessoa, até hoje.

Mas, como o Brasil vivia os duros anos da ditadura militar – e a catastrófica festa fora organizada pelo Exército –, o acidente não repercutiu muito fora dali, porque, na época, as notícias eram minimizadas ou simplesmente censuradas. Tempos depois, o inquérito que investigou o caso apontou o Exército como responsável pelo acidente, por ter permitido o excesso de pessoas na balsa, e sem nenhum tipo de proteção. Mas ninguém foi punido ou sequer rebaixado de cargo. A única consequência prática foi que, no ano seguinte, não houve comemoração do Dia do Soldado em João Pessoa. Ninguém na cidade sentiu falta disso.

Detalhe que revelou a verdade
Não se sabia o que havia ocorrido com o navio desaparecido. Até que o seu bote foi encontrado

Na madrugada de 12 de dezembro de 1978, o gigantesco cargueiro alemão München, que tinha o tamanho equivalente ao de dois campos e meio de futebol, disparou um angustiante pedido de socorro quando navegava no Atlântico Norte.

A mensagem, enviada em código Morse, chegou picotada, mas permitiu saber que o grande navio estava totalmente à deriva, sem motor nem energia, e com uma insustentável inclinação de 50 graus, "após ter sido..." – mas a transmissão foi interrompida antes que o operador conseguisse completar a frase que explicaria o que tinha causado tudo aquilo.

Dois dias depois, um sinal automático de socorro vindo da região foi detectado pelos equipamentos de uma equipe de resgate. Mas, ao chegar lá, só havia a boia que o emitia – e nenhum sinal do cargueiro e seus 27 tripulantes. O desaparecimento do München se tornou um mistério.

Até que, dois meses depois um de seus barcos salva-vidas foi encontrado, vazio e parcialmente destruído, mas ainda preso a um pedaço do suporte que o atava ao navio. E foi esse detalhe (os restos do suporte – "turco", em linguagem marítima) que permitiu saber o que aconteceu com o cargueiro: uma onda gigantesca havia atingido o München, a ponto de danificar e arrancar o barco do local onde ele ficava preso.

Como se chegou à conclusão de que a tal onda era tão grande assim? Porque o barco salva-vidas do München ficava a 20 metros de altura do mar.

TRAVESSIAS OCEÂNICAS

A regata que terminou em desastre
Ninguém imaginava que a previsão do tempo pudesse errar tanto e o resultado foi chocante

A regata Fastnet é, talvez, a principal competição de veleiros de oceano da Inglaterra, país que ama os barcos a vela. É, também, uma das regatas mais antigas e famosas do mundo, disputada a cada dois anos, desde 1925, num percurso de 605 milhas náuticas, entre a Inglaterra e a costa da Irlanda, sempre com grande número de participantes. Já teve até vitória de um barco brasileiro, o heroico veleiro Saga, do comandante Erling Lorentzen, que foi Fita Azul da competição, em 1973. Mas, apesar de toda essa fama, a Fastnet (nome de um farol encarapitado numa rocha na ponta sul da costa da Irlanda, que marca o ponto de retorno do percurso) já protagonizou uma das piores tragédias da história da vela mundial.

Na edição de 1979, uma feroz tempestade, com ventos que superaram os 50 nós, se abateu sobre os 306 barcos participantes e deixou um rastro de naufrágios, abandonos de embarcações e nada menos que 15 mortos. Gerou, também, a maior operação de resgate no mar já conduzida pelo Reino Unido em tempos de paz, envolvendo mais de 4 000 homens. E tudo porque ninguém imaginava que aquela sabida tempestade que se aproximava seria muito mais forte que o previsto.

Quando os barcos partiram da Ilha Cowes, na Inglaterra, no dia 11 de agosto, a previsão para os dias seguintes era de ventos entre 22 e 27 nós, nada que assustasse os comandantes, a despeito do mau tempo que se avizinhava. Mas, dois dias depois, na noite do dia 13 de agosto (não poderia haver data mais agourenta), quando os líderes da regata se aproximavam do icônico farol que a batiza, aconteceu aquilo que os meteorologistas ingleses costumam chamar de "tempestade louca" – uma tormenta que trai todas as previsões e desaba feito um furacão no oceano.

Ventos de 40 nós passaram a castigar a flotilha e, em questão de horas, atingiram o nível de Força 11, na escala Beaufort. A superfície do mar se transformou em montanhas descontroladas de água salgada, e as rajadas passaram a rasgar as velas dos barcos feito folhas de papel. Para completar o cenário desesperador, naquela época nem todos os barcos, eram obrigados a ter rádios a bordo, o que impediu alertas de última hora da meteorologia e privou muitos competidores de pedir socorro. Com isso, o que era para ser apenas uma divertida regata, virou uma terrível luta pela sobrevivência – que muitos não venceram.

As baixas começaram rapidamente. Uma das primeiras vítimas foi o veleiro Metric, que foi varrido por uma onda que elevou tanto o seu casco que deixou a quilha fora d´água, além de arrancar os dois ocupantes do barco – que só sobreviveram porque vestiam cintos de segurança e ficaram pendurados nele. Em seguida, outro competidor, o Camargue, capotou, perdeu o mastro e o leme, e foi abandonado pela tripulação, que, temendo o naufrágio do barco, preferiu ficar na balsa salva-vidas, sacudindo de um lado para outro naquele quase maremoto. Outras tripulações decidiram fazer o mesmo, depois que seus veleiros passaram a tombar nas ondas, feito barquinhos de brinquedo.

No total, nada menos que 75 veleiros capotaram naquela tempestade. Alguns deles diversas vezes, como o Grimalkin, que virou em cinco ocasiões, matando, na última delas, dois de seus tripulantes e deixando um terceiro abandonado à própria sorte num barco avariado e totalmente à deriva, que só foi resgatado quando também já era dado como morto. Por causa da intensidade da tempestade, só na manhã seguinte, quando os ventos baixaram para a escala 9, com rajadas na faixa dos 45 nós, é que começaram os resgates. E o cenário que os helicópteros encontraram foi dramático. Havia veleiros destroçados e velejadores boiando na água por todos os lados – alguns, já mortos.

No total, 23 barcos foram dados como perdidos, abandonados ou afundados naquela prova, e 125 velejadores foram resgatados – 15 deles já sem vida, por conta de uma noite inteira boiando nas frias águas do Atlântico Norte. Apenas 85 veleiros, dos mais de 300 que largaram, completaram a prova, que – sim – continuou, a despeito da tragédia.

Na frente, chegou o barco Tenacious, do então poderoso dono da rede de TV CNN, Ted Turner, que só escapou do pior porque estava bem à frente dos demais competidores quando o mundo desabou. E ele, obviamente, nem comemorou a vitória. O favorito, o veleiro

Kialoa, também completou o percurso. Mas seu comandante chegou com várias costelas quebradas.

A tragédia causou comoção nacional na Inglaterra e gerou uma série de mudanças nas regras das regatas oceânicas, que se mantém até hoje. Entre elas, a obrigatoriedade de todos os barcos terem, no mínimo, um rádio a bordo, o que atualmente parece óbvio, mas, naquela época, não era.

Mesmo assim, seis anos depois, em 1985, outro incidente marcou essa famosa regata: o maxiveleiro Drum capotou e deixou o então astro da música pop Simon Le Bon, que fazia parte da tripulação, preso debaixo do casco por algumas horas, até ser resgatado. Mas, dessa vez, tudo não passou de um susto, se comparado ao que aconteceu naquela macabra noite de 13 de agosto.

Um enigma dentro do outro
O que aconteceu com aqueles cinco rapazes e como o barco deles foi parar do outro lado do oceano?

Quando, na metade da manhã de 11 de fevereiro de 1979, os amigos Peter Hanchett, Benjamin Kalama, Ralph Malaiakini, Patrick Woessner e Scott Moorman, todos americanos na faixa entre os 20 e 30 anos de idade, chegaram ao píer da cidade de Hana, na Ilha de Maui, no Havaí, para mais um dia de pescaria, como habitualmente faziam, o sol brilhava, a brisa era suave e o mar estava um espelho, sem ondulação alguma na superfície – perfeito, portanto, para ir atrás dos peixes, com um pequeno barco de apenas 17 pés de comprimento, o Sarah Joe, que o irmão de um deles havia emprestado.

Mas, menos de três horas depois, tudo mudou. O céu ficou cinza chumbo, a brisa deu lugar a um vendaval assustador e o mar entrou em convulsão, com grandes ondas vindas de todos os lados –

prenúncio de uma violenta tempestade que se aproximava, e que eles não sabiam, porque não haviam checado a meteorologia.

Preocupado, o pai de um dos amigos chamou um vizinho, o biólogo John Naughton, e foi para a beira do píer, buscar notícias do grupo entre as embarcações que retornavam do mar em fúria. Mas não conseguiu nenhuma informação. Ninguém havia visto o pequeno Sarah Joe.

Acionada, a Guarda Costeira Americana iniciou as buscas, com helicópteros, mas também não encontrou sinal algum do barquinho – que, para dificultar ainda mais a operação, tinha o seu interior pintado do mesmo azul do mar havaino, o que o tornava praticamente camuflado quando visto do alto, ainda mais no mar agitado. Após uma semana de varreduras infrutíferas na região, a conclusão óbvia das equipes de buscas foi que o pequeno barco, aberto e com pouco mais de cinco metros de comprimento, não resistira à tormenta e afundara, matando os cinco ocupantes – cujos corpos tampouco foram encontrados.

Inconformada, a pequena comunidade de Hana não aceitou o veredito. Durante dias promoveu buscas privadas, com voluntários, nas praias de toda a ilha. Até que, resignada, se rendeu às evidências e também deu os cinco rapazes como mortos. Houve, então, uma cerimônia funerária simbólica e a instalação de uma placa no píer da cidade, com o nome dos amigos engolidos pela tempestade. Teria sido apenas mais um insolúvel desaparecimento no mar, não fosse uma extraordinária coincidência, muito tempo depois.

Em 10 de setembro de 1988, quase dez anos após o desaparecimento dos cinco amigos, John Naughton, o mesmo biólogo que ajudara o pai de um deles nas buscas no dia em que o grupo desapareceu, estava fazendo um trabalho de pesquisa de campo sobre aves marinhas no deserto Atol de Taongi, nas distantes Ilhas Marshall, a mais de 3 000 quilômetros do Havaí, quando viu o casco de um pequeno barco de fibra de vidro, castigado pelo tempo, encalhado na areia da praia.

Como a ilha era desabitada, Naughton ficou curioso e se aproximou do barco. E nele viu, pintado no casco, números que indicavam a licença da embarcação, que mostrava ser um barco registrado na sua terra natal, o Havaí. E mais. A menos de 100 metros do casco, havia uma pilha feita com pedaços de coral, com dois pedaços de madeira fincados, imitando uma cruz. Era uma sepultura. E dela brotava, entre os blocos de coral, uma mandíbula humana.

Ao mover, respeitosamente, alguns blocos daquele misterioso túmulo em uma ilha deserta, Naughton encontrou outros ossos, alguns deles envolvidos por pedaços de papel e folhas de alumínio, dessas usadas para manter alimentos conservados. Cada vez mais intrigado, ele decidiu levar a mandíbula para análise, em um laboratório especializado – ao mesmo tempo que checava, por meio do número da licença, que barco, afinal, era aquele. As duas respostas o deixaram desnorteado: o barco era o Sarah Joe, e a mandíbula pertencia a Scott Moorman, um de seus ocupantes.

Quase uma década depois, do outro lado do oceano Pacífico, Naughton encontrara o barco que tanto procurara com o pai de uma das vítimas, naquela angustiante tarde no píer de Hana. Mas, longe de deixá-lo aliviado, o achado o tornou atormentado. Como aquele barco fora parar ali? Como um simples casquinho de fibra de vidro poderia ter resistindo a uma tempestade que causara danos severos em barcos bem maiores? O que teria acontecido com os outros quatro ocupantes do Sarah Joe? Por que, na ilha, só havia os ossos de um deles? Quem os havia enterrado? E o que significavam aqueles papéis em volta dos ossos?

Para dificultar ainda mais o raciocínio, Naughton descobriu que, em 1985, três anos antes de ele ir até aquele esquecido atol do Pacífico Sul, uma expedição da Marinha Americana esteve no local e não registrou nenhum barco ou túmulo na ilha. Ou seja, fosse lá o que tivesse acontecido, o pequeno Sarah Joe e seu macabro ocupante solitário – ou os restos dele, o que soava bem mais provável – havia chegado àquela praia após aquela expedição, ou seja, no mínimo, seis anos após ter partido involuntariamente do Havaí. E onde ele teria passado todo aquele tempo, já que, analisando as correntes marítimas, era fácil concluir que uma jornada como aquela, mesmo à deriva, não levaria mais do que alguns meses?

Com aquela surpreendente reviravolta em uma história que há muito parecia encerrada, surgiram ainda mais perguntas sem respostas. Para tentar elucidá-las, as famílias dos cinco rapazes contrataram um detetive particular, que passou dias na região do atol, investigando o caso. Mas o máximo que ele descobriu foi o motor de popa do Sarah Joe submerso perto da praia, que, por sua vez, ficava dentro de uma lagoa com acesso bem difícil e estreito, praticamente só possível se houvesse alguém conduzindo o barco. E, também, um punhado de simples teorias do que poderia ter acontecido.

Uma delas dizia que Scott Moorman havia sido o único sobrevivente da tempestade, e que só conseguira isso porque se amarrara ao barco. Mas, com o passar dos dias, sem água nem comida, teria morrido de inanição, e seu cadáver seguiu avançando para o outro lado do oceano, levado pelas correntes marítimas. No entanto, ao chegar ao arquipélago das Marshall, uma miríade de pequenas ilhas, o barco teria ficado retido em alguma ilha ou obstáculo, antes de ser libertado pelas marés, o que explicaria não ter sido encontrado pela expedição americana que antecedeu John Naughton no Atol de Taongi.

Pela mesma tese, o Sarah Joe, com a macabra ossada de Scott Moorman a bordo, teria sido encontrado à deriva no mar, perto de Taongi, por pescadores chineses, que, sensibilizados, o teriam levado até aquela praia, vencendo a estreita entrada da lagoa graças a habilidade humana, e ali enterrado os restos do rapaz. Mas teriam feito isso de acordo com certas tradições funerárias da China (daí a dedução de que seriam chineses), intercalando os ossos com papéis e metais (o que explicaria o enigmático papel alumínio), que significam, em certas culturas orientais, votos de "fortuna" nas vidas futuras. Os benfeitores chineses, no entanto, não teriam notificado o achado às autoridades porque, como era hábito na região, poderiam estar pescando ilegalmente em águas marshalesas.

Jamais houve prova alguma de que o trágico destino dos cinco ocupantes daquele barquinho tenha terminado assim, nem do suposto suplício vivido no mar por Scott Moorman, o único que por fim teve o seu corpo encontrado. Mas, na falta de tese melhor, esta acabou sendo a mais aceita, embora não totalmente, pelas famílias das vítimas, que tiveram que aprender a conviver com a angústia permanente de um mistério que jamais será explicado: o que aconteceu com os cinco rapazes do Sarah Joe?

O nobre gesto do comandante brasileiro

Graças a ele, 24 pessoas foram salvas no mar.
Mas ele nunca quis ser chamado de herói

Nos anos que se seguiram ao fim da Guerra do Vietnã e a ascensão dos comunistas ao poder naquele país asiático, milhares de vietnamitas se lançaram ao mar a bordo de qualquer coisa que flutuasse, na esperança de serem resgatados por navios que passassem e levados para outros países. Eram os "Boat People", como ficaram conhecidos os desesperados vietnamitas que não buscavam navegar para lugar algum (até porque não tinham barcos para isso), mas apenas tentavam uma chance de virarem refugiados.

Para isso, eles avançavam até o alto-mar, muitas vezes famílias inteiras, e por lá ficavam, dias à fio, tentando sensibilizar os comandantes dos navios a parar e resgatá-los, o que garantiria a ida do grupo para outro país, fosse ele qual fosse – quase sempre, a mesma nação do dono do navio, porque os regulamentos internacionais determinam que quem socorre alguém no mar fica automaticamente responsável por aquela pessoa. E isso não agradava nem os países, nem os donos das cargas dos navios, porque atrasava as viagens.

Cientes do problema, a grande maioria dos comandantes dos navios em travessias pela região passou a ignorar a presença daqueles pobres coitados no mar, mesmo quando, no auge do desespero, eles erguiam crianças e clamavam por ajuda. Mas, felizmente, nem todos os comandantes eram tão insensíveis assim. E um deles, o brasileiro Charles França de Araújo e Silva, comandante do também brasileiro navio petroleiro José Bonifácio, acabaria virando uma espécie de herói por isso.

Em 1979, quando retornava do Japão para o Brasil, a tripulação do José Bonifácio avistou um daqueles barcos de candidatos a refugiados à deriva na costa vietnamita e avisou o comandante França.

Em circunstâncias normais, ele também nada faria, porque, além de frequentes, os "Boat People" representavam uma grande dor de cabeça política. Mas era época dos tufões no Mar da China e um deles se aproximava rapidamente da região. Após consultar a meteorologia, o comandante brasileiro pegou um binóculo e examinou atentamente o barco que implorava por ajuda – um precário casco aberto de madeira, com cerca de duas dezenas de pessoas, incluindo um bebê de colo. Eles não teriam a menor chance de sobreviver frente ao que estava por vir.

Foi quando o comandante França decidiu mandar às favas o bom senso e colocar em prática a mais nobre das virtudes dos homens do mar: a solidariedade. Deu ordem para o navio reduzir a marcha, dar meia volta e resgatar aquelas pessoas, antes que fosse tarde demais. Entre o dilema político de tornar o Brasil responsável por aqueles vietnamitas ou cumprir o dever humanitário de não deixar aquele grupo de pessoas entregue à própria sorte, o comandante França optou, acertadamente, pela segunda hipótese. Mas não seria uma tarefa nada fácil, porque, com 334 metros de comprimento, o José Bonifácio era gigantesco – o maior navio que já navegou sob bandeira brasileira em todos os tempos.

Tão difícil quanto a decisão do comandante foram as manobras que precisaram ser feitas para o navio parar totalmente e resgatar aquelas pessoas no mar, porque qualquer movimento errado poderia resultar na destruição do barco dos refugiados. O José Bonifácio passou a navegar em círculos, cada vez mais fechados, até que a velocidade diminuísse gradualmente e permitisse a parada total dos motores – uma tarefa extremamente complexa para um navio com o tamanho de três campos de futebol. A manobra consumiu mais de uma hora, mas foi bem-sucedida. E na hora certa. Duas horas depois de o grupo ser resgatado, o tufão que vinha se aproximando varreu o mar com brutal ferocidade. Se não tivessem sido socorridos a tempo, todas aquelas pessoas teriam morrido.

Depois de receberem água, comida e peças roupas dos tripulantes do navio, os vietnamitas, 24 pessoas ao todo, mais do que a tripulação do próprio petroleiro, contaram a sua história. Eles já estavam no mar há três dias e quatro noites, sem comer nem beber, após terem conseguido driblar a patrulha costeira do Vietnã, que tentava impedir a força que os vietnamitas fugissem do país. O sonho do grupo, que era liderado pelo jovem pescador Vo Van Phuog, de 21 anos, e sua namorada Nguyen Thi Kim Dung, de 20, era ser resgatado por um navio americano, porque assim eles acabariam sendo levados para os Estados Unidos, praticamente o único país que já tinham ouvido falar, por conta da guerra. Mas o único navio que parou para socorrê-los foi o petroleiro brasileiro, graças a bravura e destreza do comandante França.

Após o resgate, os vietnamitas foram levados para Cingapura, onde o navio fez escala. Lá, com a ajuda da ONU, desembarcaram e seguiram para um campo de refugiados, enquanto aguardavam a autorização do governo brasileiro para a imigração legal. Um mês depois, e logo após o José Bonifácio retornar ao Brasil, eles também desembarcaram no país, de avião, com passagens pagas pela ONU, que também ofereceu ajuda financeira por um ano para eles se estabelecerem em solo brasileiro. E nunca mais nenhum deles quis voltar ao Vietnã.

Todos os refugiados resgatados pelo petroleiro José Bonifácio viraram cidadãos brasileiros e aqui constituíram famílias – além de darem origem à primeira comunidade vietnamita do Brasil, depois acrescida por outras levas de refugiados, também resgatados no mar por navios brasileiros. Entre eles, o casal líder daqueles primeiros vietnamitas, Phuog e Nguyen, aqui autorebatizados "Fu" e "Sonia", hoje donos de um pequeno restaurante de comida vietnamita em São Paulo, o Miss Saigon, considerado o melhor do gênero na cidade, que eles tocam com os três filhos, todos nascidos no Brasil.

Até a morte do comandante França, em 2013, Phuog e o seu salvador conversavam periodicamente, e o imigrante sempre terminava as conversas agradecendo, uma vez mais, o resgate. Mesmo assim, o comandante do José Bonifácio jamais aceitou ser chamado de herói, porque considerava que havia tomado apenas uma decisão humanitária.

Mas esse nunca foi o sentimento dos primeiros integrantes da comunidade vietnamita brasileira. Para eles, o futuro só existiu graças àquele nobre gesto de um comandante, que, por isso mesmo, fez história na Marinha Mercante do Brasil.

Vida e morte no mar

Sete casamentos e uma série de tragédias marcaram a vida de um dos velejadores mais peculiares da história

O norueguês Per (que todos chamavam de Peter) Tangvald nunca foi uma pessoa convencional. Muito menos um velejador dentro dos padrões habituais. Quando comprava um barco, por exemplo, a primeira coisa que fazia era tirar o motor e jogá-lo fora, porque dizia que motores acabavam com o romantismo dos veleiros – além de ocuparem espaço, serem barulhentos e extremamente fedorentos. Também substituía o banheiro por um simples balde, porque pregava que ninguém deveria ter a bordo algo que não pudesse consertar com facilidade – e privadas eram uma permanente fonte de problemas para ele.

Para Peter Tangvald, não fazia sentido ter em um veleiro nada além do que os antigos barcos a vela possuíam no passado – motor, baterias, eletricidade, muito menos qualquer coisa que lembrasse vagamente tecnologia. Ele navegava apenas com um sextante, guiava-se pelas estrelas e não dava a mínima bola para conforto – embora fosse filho de um rico empresário. Era um velejador purista e um aventureiro nato. E, também, um mulherengo incorrigível.

Ao longo de sua vida, quase toda passada no mar (entre outras façanhas, deu duas voltas ao mundo navegando com barcos que tinham apenas o básico), Peter teve incontáveis companheiras passageiras e casou-se nada menos que sete vezes – e, de certa forma, também levou quase todas as suas esposas também para o mar, o que, inclusive, explicava o por que de tantos casamentos. Com duas delas, Peter teve filhos, nascidos e criados a bordo do barco no qual moravam. Mas, tragicamente, perdeu ambas em acidentes no mar, tornando-se assim, também, duplamente viúvo e responsável por criar, sozinho, os dois filhos: Thomas, nascido em 1976, e Carmen, 8 anos e um novo casamento depois.

A paixão de Peter por barcos extremamente básicos só não era maior do que pelas mulheres. Na primeira vez em que buscou companhia para navegar, após se separar de sua primeira esposa (a única que ele não conseguiu convencer a viver no mar, e que, por isso mesmo, logo virou "ex"), o norueguês deixou claro que teria que ser uma mulher, sem esconder suas segundas intenções. "Se eu estivesse satisfeito em dormir sozinho no barco, teria procurado um homem como tripulante", explicava às eventuais candidatas, com uma desconcertante franqueza machista. E uma delas aceitou. Mas não por muito tempo.

Não demorou muito e Lillemor, segunda esposa do velejador, abandonou o barco ainda no início de uma viagem de volta ao mundo, ainda no Caribe, após antever a precariedade da vida que levariam dali em diante. Peter não se importou com a decisão da esposa – já agora também "ex" – e, ali mesmo, na Ilha de Santa Lucia, conheceu Bjula, uma magnetizante filha de uma feiticeira local, que impôs apenas uma condição para seguir viagem com ele: que Peter jamais removesse uma pequena argola que ela mesma, com uma agulha enferrujada, enfiou em sua orelha, feito os brincos dos piratas – e que ele manteve até o fim da vida. Já a união dos dois durou quase nada. E nem chegaram a partir juntos para realizar o sonho de Peter de dar a volta ao mundo.

Peter, porém, logo conheceu a francesa Simonne, uma professora que dava aulas na Martinica. Apaixonada pelo norueguês, ela se licenciou do trabalho e seguiu com ele para o Taiti, onde chegaram meses depois. Simonne, no entanto, precisou retornar à Martinica, para mais um período na escola, deixando Peter sozinho na tentadoramente romântica Polinésia Francesa. Foi o bastante para ele engatar um longo romance com uma nativa, o que Simonne logo ficou sabendo. Era o fim de mais um casamento.

Mas Peter não ficou solteiro por muito tempo. Logo, outra francesa, Lydia, entrou em sua vida errante no mar. Só que, desta vez, com consequências trágicas.

Três anos após dar a luz, em pleno oceano, ao primeiro filho de Peter, um menino chamado Thomas, Lydia foi assassinada, também no mar, por piratas filipinos, que tentaram assaltar o barco da família. Peter só sobreviveu porque os bandidos, aparentemente, se sensibilizaram com a presença da criança a bordo e decidiram poupá-lo. Mesmo assim, o norueguês foi recebido com certa desconfiança pela polícia ao retornar para terra firme sem a esposa a bordo.

Suspeitas (ou fantasmas da má sorte) voltariam a rondar Peter Tangvald no seu casamento seguinte, com a taiwanesa Ann, com quem ele teve seu segundo filho: a menina Carmen, quando Thomas somava apenas 8 anos de idade. Durante uma travessia do Atlântico, Ann foi atingida pela retranca da vela do barco, caiu no mar e jamais foi encontrada. A morte de mais uma esposa em circunstâncias difíceis de comprovar – e sob o eterno silêncio do mar – renderam a Peter um apelido nada lisonjeiro: Barba Negra dos Mares, embora ele fosse loiro feito um viking e nem de longe um assassino.

Ao contrário, o norueguês era pacífico feito um monge budista e um pai tão dedicado que decidiu criar, sozinho, no barco, os dois filhos – cada um de um casamento diferente, mas órfãos das respectivas mães, ambas mortas no mar. Durante um par de anos, entre um namorico e outro, Peter fez longas navegações com as duas crianças, chamando a atenção tanto pela simplicidade de seus barcos quanto pela sua curiosa tripulação infantil.

Isso atraiu a atenção também de Florence, uma canadense com quem Peter – adivinhe só! – se casou novamente, e com quem teve seu terceiro filho: outra menina, chamada Virgínia. Mas ela pouco conviveu com os meio-irmãos no barco-casa da família, porque Florence, temendo ter o mesmo destino das duas esposas de Peter que a antecederam, não demorou e mudou de ideia sobre viver em um veleiro. Ela, então, decidiu desembarcar – do barco e do casamento –, e foi viver no Canadá, com a filha. Já Peter seguiu navegando com os outros dois filhos. Foi quando o pior aconteceu.

Em 22 de julho de 1991, ao se aproximar da Ilha de Bonaire, no Caribe, o barco de Peter, então um veleiro de dois mastros, batizado L'Artemis de Pytheas, que ele mesmo construíra sob os mesmos princípios da extrema rusticidade, atropelou um recife de coral, possivelmente pela falta de um motor que permitisse mudar de direção a tempo, e afundou na hora, matando tanto o velejador, então com 66 anos de idade, quanto sua filha Carmen, de apenas 7.

O outro filho, Thomas, nada sofreu, porque não estava a bordo no momento da colisão, e sim seguindo o pai com um barquinho que Peter havia comprado para o garoto, então com 15 anos de idade, começar a navegar por conta própria. Thomas escapou com vida. Mas viu o pai e a irmã morrerem também no mar, bem diante dele, tal qual já havia acontecido com sua mãe e uma de suas madrastas – mais uma tragédia na família. E isso, mais tarde, se repetiria com ele próprio.

Thomas Tangvald conseguiu a proeza de levar uma vida ainda menos convencional que a do pai. A começar pelo fato de que nasceu no mar. Literalmente. Quando ele veio à luz, Peter e sua mãe, Lydia, navegavam no Estreito de Malaca, na costa da Malásia, e não deu tempo de buscar um local para o parto. O nascimento aconteceu no próprio barco, com Peter se desdobrando entre a pilotagem do veleiro e o auxílio a parturiente. Mas deu certo. Problemas mesmo só surgiram semanas depois, quando o casal, agora acrescido de um novo tripulante, finalmente parou em um porto, no Sultanato de Brunei.

Temendo problemas legais, já que a criança ainda não tinha documento algum, Peter e Lydia esconderam o bebê, enquanto recebiam a bordo os agentes da imigração, a quem haviam declarado serem os únicos ocupantes do barco – até que Thomas começou a chorar na cabine. A travessura rendeu uma ameaça de prisão ao casal, por mentir aos oficiais. Mas acabou sendo relevada, graças ao próprio bebê, que não poderia ser levado para a prisão, muito menos ser mandado embora, sozinho, no barco.

Rapidamente, Thomas mostrou ser um marinheiro nato – e ainda mais purista do que seu pai na arte de navegar. Só dormia na cabine de proa, onde todos os barcos balançam bem mais, e, ainda criança, aprendeu os princípios da navegação estelar, guiando-se no mar apenas pelos astros e estrelas no céu. Só de vez em quando ia para alguma escola, nas escalas temporárias que o pai fazia, aqui e ali. Frequentou nada menos que 15 delas, apenas em seus primeiros anos de vida.

Mesmo assim, quando Peter morreu e Thomas foi viver temporariamente com um casal de amigos de seus pais, na Inglaterra, formou-se com facilidade tanto em matemática quanto na complexa área dos fluídos dinâmicos, tema que particularmente lhe interessava, por causa dos barcos. E tão logo se formou, construiu ele próprio um pequeno veleiro – sem motor, obviamente – e com ele atravessou, sozinho e sem nenhum equipamento de navegação, o Atlântico. Tinha, então, apenas 22 anos de idade.

Em Porto Rico, onde fincou âncora por algum tempo, Thomas, que, tal qual o pai, era um apaixonado por primitivas embarcações regionais, comprou um velho casco de madeira e decidiu transformá-lo na sua nova casa. Construiu uma acanhada cabine, batizou o barco de Oasis, e foi viver nele, com sua jovem esposa, que conhecera lá mesmo, e um filho recém-nascido. Mais tarde, ao se interessar pelas embarcações usadas pelos pescadores no Nordeste brasileiro, decidiu que se mudaria para o Brasil.

Em março de 2014, Thomas embarcou no Oasis com a mulher, já novamente grávida, e o filho pequeno, e navegou até a Guiana Francesa, de onde partiu, desta vez sozinho, rumo à ilha de Fernando de Noronha, onde pretendia se estabelecer com a família. O objetivo da viagem era conhecer a ilha e voltar para buscar a mulher e o filho. Mas Thomas não chegou à Fernando de Noronha. Em algum ponto entre a Guiana Francesa e a costa brasileira, ele desapareceu, juntamente com o seu barco.

Tal qual seu pai e sua mãe, Thomas também morreu no mar, mas em circunstâncias ainda mais dramáticas, porque nenhum vestígio, nem dele nem do barco, foi encontrado. No blog que mantinha na internet, seu último post foi sobre a engenhosidade dos saveiros da Bahia, que ele sonhava conhecer de perto. Não deu tempo.

A peculiar vida de Thomas Tangvald no mar terminou como a do seu pai: com mais uma tragédia.

Sobreviveu à água, mas não à areia

Após atravessar a remo dois oceanos, o intrépido aventureiro não resistiu à secura do deserto

Na década de 1980, os americanos Curtis e Kathleen Saville, que se autodefiniam "exploradores modernos", atravessaram o Oceano Atlântico com um barco a remo que eles mesmos haviam construído, e se tornaram o primeiro casal, marido e mulher, a fazer a travessia entre o Marrocos e o Caribe dessa forma.

Em seguida, não satisfeitos, atravessaram também o Pacífico, do Peru à Austrália, remando o mesmo barco e garantindo que, apesar do confinamento de meses em um espaço pouca coisa maior do que o de uma canoa, jamais discutiam ou brigavam a bordo.

Mas Curtis era inquieto demais para ficar só nessas duas homéricas aventuras. Em abril de 2001, após participar tanto de missões de paz na Bolívia quanto de escaladas em glaciares do Ártico, ele embarcou, desta vez sem a companhia da esposa, em uma expedição em solitário pelas montanhas do deserto do Egito e sumiu. Nunca mais se teve notícias dele.

O intrépido aventureiro que fez história no mar acabou sucumbindo às areias do deserto.

O golpe dos desastrados

A operação secreta dos argentinos para virar o jogo da Guerra das Malvinas acabou virando um grande fiasco

No segundo dia de abril de 1982, a Argentina invadiu as Ilhas Falkland ("Malvinas", para os argentinos, que sempre consideraram aquelas ilhas como suas) e ficou aguardando a óbvia reação da Inglaterra – que não tardou a vir.

Uma semana depois, quando os ingleses já haviam despachado uma avassaladora frota de navios e aviões de combate para o extremo sul do Atlântico, a junta militar que governava a Argentina tratou de achar uma maneira de forçar a Inglaterra a retroagir. Ou, no mínimo, ter outras preocupações, como forma a diminuir a intensidade dos ataques, então prestes a acontecerem.

Foi quando o almirante Jorge Anaya, comandante da Armada Argentina e membro da junta militar que dirigia no país – e que havia ordenado a invasão das Malvinas –, bolou um plano tão mirabolante quanto audacioso: atacar de maneira secreta os ingleses, mas não nos arredores das ilhas, como esperado, e sim onde eles menos contavam: na própria Europa, de onde aquela frota havia partido e ninguém imaginava que pudesse haver um ataque.

Seria uma ação de sabotagem totalmente inesperada – como o ladrão que em vez de atacar a vítima na porta do banco, invade a casa dele e fica esperando seu retorno. Um lance genial, caso tivesse dado certo. E chegou bem perto disso, não fosse uma sequência de trapalhadas dos argentinos.

O plano era enviar mergulhadores para explodir navios ingleses em seu próprio território, obrigado assim a Inglaterra a desviar sua atenção também para outros focos da guerra – e, talvez, até trazer de volta alguns combatentes, facilitando assim as coisas para as tropas argentinas nas ilhas. Os mergulhadores avançariam submersos até os navios e grudariam minas magnéticas nos cascos, para que eles explodissem no próprio porto.

Mas, para evitar reações negativas mundiais, a ação não visaria navios comerciais ingleses nem transatlânticos de cruzeiro, bem mais fáceis de atacar, para não gerar vítimas inocentes. O foco seriam apenas os navios de guerra da Marinha Inglesa que ficavam estacionados na Base Naval de Gibraltar, um polêmico enclave inglês no Sul da Espanha, o que era favorável aos argentinos, por conta do idioma, e despertaria menos suspeitas entre os moradores locais. Os mergulhadores argentinos se fariam passar por turistas interessados em pescar enquanto aguardavam, na cidade vizinha de Algeciras (que acabou virando codinome da própria operação), a ordem de atacar.

Para conduzir a missão, Anaya escolheu um oficial da inteligência da Armada Argentina e três ex-terroristas do grupo Montoneros, que, no passado, haviam combatido contra os próprios militares argentinos. Um deles, Maximo Nicoletti, que nos tempos de terrorista já havia implantado uma mina do mesmo tipo em um navio da própria Armada – portanto, com alguma experiência no assunto –, embora aquela explosão não tivesse dado totalmente certo, comandaria a operação. Disfarçados de turistas, os quatro argentinos embarcaram para a Europa tão logo os navios de combate ingleses zarparam rumo às ilhas invadidas. Mas os problemas começaram logo no desembarque.

Para não levantar suspeitas, o grupo viajou para a França, e não diretamente para a Espanha, com passaportes falsos, feitos pelo governo argentino. Lá, alugariam um carro e seguiram por terra até Algeciras. Antes, porém, fariam uma parada na capital espanhola para retirar duas minas magnéticas submarinas que haviam sido enviadas à Madri, através da mala diplomática (portanto, sem vistorias) da Embaixada Argentina.

Mas a falsificação dos passaportes havia sido tão grosseira que o primeiro agente da alfândega francesa a examiná-los, ainda no aeroporto, estranhou a autenticidade dos documentos. Mesmo assim, permitiu que eles entrassem no país. Mas comunicou a suspeita aos seus superiores, que, por sua vez, avisaram o governo francês, que passou a monitorar os argentinos à distância.

No caminho para Algeciras, a fim de disfarçar o real propósito da viagem, os quatro argentinos dublês de agentes secretos compraram apetrechos de pesca e um bote de borracha, que, este sim, seria efetivamente usado na operação, quando ela fosse autorizada. Mas a ordem para o ataque demorou muito a chegar, porque a junta militar argentina decidiu esperar a chegada de uma nave de guerra inglesa realmente "representativa" à base, para dar mais relevância a ação.

Com isso, os quatro argentinos tiveram que ficar dias e mais dias na pequena Algecira, fingindo estar pescando, enquanto observavam, à distância, a base inglesa e traçavam planos para o ataque. Também passaram a frequentar com assiduidade o comércio da cidade, nos quais, para não deixar pistas, pagavam tudo em dinheiro, em vez de cheques de viagens, como usualmente costumava ser feito por turistas de verdade.

Também por conta dos seguidos adiamentos na missão, eram obrigados a renovar periodicamente a permanência no hotel e o aluguel do carro, sempre com dinheiro vivo, e isso começou a deixar intrigado o chefe da polícia local, que também passou a monitorá-los, achando que se tratavam de traficantes de drogas.

Até que, no dia 2 de maio, mesma data da chegada da fragata inglesa HMS Ariadne à base de Gilbratar, os ingleses afundaram o cruzador argentino General Belgrano, gerando a maior catástrofe argentina na guerra das Malvinas. Furioso, Anaya finalmente ordenou o ataque, que foi marcado para a noite seguinte.

Os quatro argentinos se prepararam, revisaram todo o plano – que previa a travessia da baía com o bote inflável até perto da base, onde Nicoletti e mais outro mergulhador nadariam, submersos, com as duas minas, até a fragata, retornando ao bote em seguida – e foram dormir, ansiosos pelo início da operação. Que não chegou a acontecer.

Na manhã seguinte, o grupo acordou com a polícia batendo na porta do hotel, e bastou uma simples busca nos quartos dos argentinos para encontrar os dois explosivos e os passaportes grosseiramente falsificados. Conduzidos à delegacia local, os quatro então pediram para conversar em particular com o chefe da polícia e contaram que estavam em uma missão secreta do governo argentino contra os ingleses, revelando o plano de explodir o HMS Ariadne – ao que o policial deu uma gargalhada e respondeu que, "se soubesse que era isso, não os teria prendido, porque a Inglaterra havia roubado Gilbratar da Espanha". Mas a missão já estava irremediavelmente fracassada.

Em Madri, ao saber da prisão dos quatro argentinos, o primeiro ministro espanhol, Leopoldo Sotelo, que não queria tomar partido na questão da Guerra das Malvinas, determinou silêncio geral sobre o caso, e mandou um avião levar o grupo de mergulhadores para as Ilhas Canárias, de onde eles embarcaram, ainda com os mesmos passaportes falsos, de volta a Buenos Aires, sem nenhuma consequência legal sobre o ato que pretendiam executar.

Ao chegarem à Argentina, o grupo se dispersou e nunca mais voltou a atuar para a junta militar, que cairia em seguida, com o fim da desastrosa guerra contra a Inglaterra. Anos depois, ao retornar a sua rotineira vida fora da lei, Maximo Nicoletti foi preso por assalto a um carro forte, e contou tudo sobre a frustrada operação espanhola – que jamais se soube ao certo, por que, afinal, virou um fracasso.

Nunca se soube o que levou aquele chefe de polícia a prender os quatro argentinos horas antes que eles explodissem a fragata HMS Ariadne. Uma das teorias é que, ao saber dos passaportes falsificados, o governo francês tenha alertado os demais países europeus sobre a presença daquele grupo de pescadores de araque.

Outra, bem mais plausível, é que a inteligência britânica soubesse sobre a missão desde o princípio, porque monitorava as ligações telefônicas entre a Argentina e suas embaixadas, como a de Madri, para onde foram enviadas as minas magnéticas. Em seguida, os ingleses teriam esperado a chegada dos quatro "agentes" e acompanhado secretamente todos os seus passos em Algecira, até que eles recebessem a ordem para o ataque – que foi impedido com a prisão do grupo pela polícia da cidade.

O engenhoso plano da Argentina para virar o jogo da Guerra das Malvinas com um lance surpreendente acabou virando um rocambolesco fiasco.

Adão e Eva dos tempos modernos

Eles mal se conheciam quando aceitaram o desafio de passar um ano juntos, numa ilha deserta. O resultado já era esperado

No final de 1980, o jornalista, escritor e, acima de tudo, excêntrico aventureiro inglês Gerald Kingsland, na época com 49 anos de idade, publicou um anúncio de jornal no qual buscava uma "esposa" para passar um ano numa ilha deserta com ele. Por mais absurda que a proposta parecesse, uma jovem inglesa, chamada Lucy Irvine, respondeu ao anúncio. E aceitou a proposta.

Para ela, que já havia feito um pouco de tudo na vida, apesar dos parcos 24 anos de idade (abandonou a escola aos 13, viajou sozinha de carona pela Europa aos 16, e trabalhou em qualquer coisa que pudesse render algum dinheiro, de tratadora de macacos em zoológico a pintora de barcos), aquela era uma oportunidade de viver uma experiência única e – quem sabe? – até encontrar o homem de sua vida.

Gerald, que pregava querer "viver uma experiência de autossuficiência e isolamento, visando escrever um livro", feito uma espécie de Robinson Crusoé moderno, aceitou na hora a jovem candidata. A única, por sinal.

A ilha escolhida por ele para aquela insólita experiência foi um ilhote no Estreito de Torres, entre a Austrália e a Papua Nova Guiné, chamado Tuin, que, pelas poucas informações que tinha, parecia ser um paraíso tropical. Mas o que nem Gerald nem Lucy sabiam era que, para ocuparem a ilha, teriam, primeiro, que se casar, porque assim impusera o governo australiano, a quem Tuin pertencia. Apesar de mal se conhecerem, foi o que fizeram, apenas dias antes de pegarem carona em um barco e desembarcarem naquela ilha que nunca fora habitada.

Embora o objetivo fosse apenas "sobreviver, feito náufragos", como Gerald (que Lucy passou a chamar apenas de "G"), definiu em seu destrambelhado projeto, a empreitada logo se revelou um completo desastre. A começar pela falta de planejamento e de bom senso.

Com o que sobrou dos poucos recursos financeiros que os dois tinham, após comprarem passagens só de ida para a Austrália, Gerald e Lucy conseguiram juntar alguns mantimentos para levar para a ilha. Basicamente, um saco de chá, outro de trigo, dois de frutas secas, uma caixa de macarrão, quatro quilos de arroz, dois de feijão, um litro de óleo, um quilo de sal, outro de aveia e algumas sementes – praticamente nada para quem pretendia passar um ano inteiro numa ilha desconhecida.

Eles contavam que lá conseguiriam pescar, plantar e, eventualmente, até caçar, caso houvesse o que capturar. Mas a ilha se mostrou bem mais inóspita do que imaginavam.

Tuin tinha uma extensa praia sem viva alma por perto (só algumas comunidades de pescadores nas outras ilhas), era revestida de arbustos espinhosos, com apenas um ou outro coqueiro, e repleta de aranhas, iguanas e outros seres não comestíveis e nada agradáveis. No mar, além de pequenos tubarões sempre rondando a beira da praia, havia também o risco de crocodilos de água salgada, animais comuns naquela parte da costa australiana, que não só aterrorizavam o casal, como dizimavam os peixes ao redor, deixando bem pouco alimento para eles capturarem.

Além disso, nenhum dos dois tinha experiência em sobrevivência, tampouco habilidades naturais para encontrar comida na natureza. E, para completar o cenário desanimador, a única fonte de água doce que havia na ilha, fundamental para a sobrevivência dos dois, secou logo após a chegada do casal, por conta de uma seca fenomenal, que também impediu que as sementes que eles levaram germinassem.

Com o fim dos poucos mantimentos que tinham, Lucy e Gerald passaram a viver apenas de peixes e cocos, quando conseguiam pegar um ou outro, já que sequer sabiam subir em coqueiros. Só muito eventualmente encontravam ovos de tartarugas enterrados na areia da praia, e os devoravam ainda crus, pois também era preciso poupar os poucos recursos que tinham para fazer fogo.

A experiência logo se mostrou muito distante do sonho dourado de uma vida ao estilo Adão e Eva no Paraíso. E o relacionamento entre os dois começou a azedar na mesma proporção em que aumentava a escassez de água e comida. Gerald (cujo sobrenome, curiosamente, era Kingsland – algo como "Rei da Terra") revelou-se um homem dominador, o que Lucy jamais aceitou. Ela, por sua vez, passou a reclamar de tudo – menos da ilha em si, que passou a admirar, mas não propriamente da vida que levava lá. Não demorou muito e eles passaram a viver feito cão e gato na pequena ilha habitada só pelos dois.

Como Lucy e Gerald também não tiveram a sensatez de pedir que alguém fosse até a ilha de tempos em tempos para ver se estava tudo bem com eles, rapidamente passaram a viver os horrores da desnutrição. Passavam os dias buscando incessantemente água e comida, mas só de vez em quando conseguiam capturar um peixe, com uma espécie de arpão primitivo, de madeira, que Gerald esculpira – um dos dias mais felizes da vida de Lucy foi quando ela conseguiu fisgar seu primeiro filhote de tubarão, na praia.

Nada, porém, aliviava a sede. E o líquido do interior dos poucos cocos que conseguiam derrubar dos coqueiros não era o bastante. Lucy e Gerald dormiam e acordavam pensando em beber água e rezando para que chovesse, o que, no entanto, só acontecia bem raramente. Sobreviver passou a ser o único objetivo do casal. Nisso, o experimento de Gerald era um sucesso: eles haviam se tornado, por opção, em autênticos náufragos.

Mesmo assim, no começo, nenhum dos dois pensou em desistir da experiência. Nem teriam como, porque tampouco tinham um barco para sair da ilha, em caso de necessidade. Mas, com o passar do tempo, Gerald foi esmorecendo e coube a Lucy manter a firme decisão de cumprirem o combinado, o que, de fato, fizeram, entre maio de 1981 e junho de 1982. Mas não exatamente do jeito que haviam imaginado.

Faltando alguns meses para terminar o prazo, quando os dois padeciam de fome e Lucy já estava dez quilos mais magra, a ilha começou a ser visitada esporadicamente por nativos da região, atraídos pela curiosidade de ver o que aqueles dois malucos estavam fazendo naquela ilhota deserta.

Com o tempo, os visitantes ficaram sabendo que Gerald tinha certa habilidade para consertar motores, o que fez com que alguns pescadores com problemas mecânicos em seus barcos passassem a chegar à ilha, em busca de ajuda. Não demorou, e um deles ofereceu uma casa para o inglês abrir uma oficina na ilha onde ele vivia. Gerald aceitou. Mas, pressionado por Lucy, impôs a condição de, primeiro, completarem a experiência de um ano inteiro na ilha. Quando, porém, o prazo terminou, ambos partiram rapidamente. E em rumos opostos.

Gerald virou mecânico na vizinha ilha de Badu, onde acabou ficando por pouco tempo. Logo voltou a perambular pelo mundo e, após o divórcio de Lucy (concedido depois que ele lhe enviou uma carta, contando que havia engravidado uma moça de 19 anos de idade e precisava se casar com ela), casou-se mais duas vezes (no total, o inglês teve cinco casamentos e nove filhos), antes de morrer, de ataque cardíaco, aos 70 anos de idade.

Já Lucy, que era criticada pelos nativos pela maneira ríspida como os recebia na ilha, voltou para a Inglaterra, onde transformou sua experiência em um livro chamado Castaway ("Náufraga", em português), lançado antes que a obra semelhante do seu companheiro ficasse pronta, o que foi visto como uma traição aos planos iniciais de Gerard. Mas ela nunca admitiu isso.

"Meu erro foi ter me apaixonado pela proposta de uma ilha deserta, mas não por quem me levou para lá", escreveu Lucy na apresentação de seu livro, que, mais tarde, teve duas continuações – uma delas, dedicada à sua segunda experiência em uma ilha praticamente deserta, nas Ilhas Salomão, seis anos depois, dessa vez na companhia de dois dos três filhos que teve. "Foi a melhor escola que eles tiveram", disse a inglesa, ao retornar uma vez mais à Inglaterra e se isolar em uma ilha da Escócia.

Antes disso, porém, Lucy revisitou, sozinha, a ilha que a tornou famosa, mas não encontrou mais nada da época, porque um ciclone havia devastado a região.

Hoje, após ter vencido um câncer, ela vive cercada dos animais que recolhe nas ruas, em um velho motorhome no quintal de sua antiga casa, que pegou fogo, numa esquecida área rural da Bulgária, para onde se mudou, anos atrás. "A experiência na ilha me ensinou a viver com bem pouco e ser muito grata à vida", resume a, agora, sexagenária aventureira.

De certa forma, Lucy Irvine continua vivendo isolada, em sua própria ilha. Só que, agora, em terra firme.

Graças aos golfinhos
Não fosse um grupo daqueles animais, o destino daquele velejador teria sido outro

Um simples escorregão no convés fez com o que o velejador Egon Purkl vivesse a pior situação que um navegador pode enfrentar: ele caiu no mar, enquanto velejava, sozinho, no Mediterrâneo, em agosto de 1985, a cerca de 30 milhas da ilha italiana de Stromboli.

Mas o que tinha tudo para ser o início de um incidente praticamente fatal acabaria se transformando em uma surpreendente sucessão de golpes de sorte. Primeiro, porque era verão e o mar estava tranquilo, com uma deliciosa temperatura de 24 graus – portanto, o risco de morte rápida por afogamento ou hipotermia era pequeno. E, segundo, porque logo surgiu bem diante dele duas boias atadas a um pedaço de rede de pesca, que Egon transformou em uma espécie de salva-vidas, diminuindo assim o esforço físico para se manter na superfície.

Mas o melhor de tudo foi o que aconteceu na manhã seguinte, após uma noite inteira boiando no Mediterrâneo: um numeroso grupo de golfinhos se aproximou e cercou o velejador, no mesmo instante em que um navio surgiu no horizonte – mas tão distante que Egon preferiu poupar energia, em vez de gastá-la tentando chamar a atenção da embarcação. Para sua surpresa, no entanto, o navio mudou repentinamente de curso e veio em sua direção. Como alguém poderia tê-lo visto de tão longe?

A explicação estava no binóculo que um dos marinheiros trazia nas mãos, quando o navio se aproximou para resgatar o velejador. Era com ele que o marinheiro observava, à distância, aquele grupo de golfinhos, quando viu Egon agarrado à boia, bem no meio dos animais. Não fosse isso, muito possivelmente aquele sortudo velejador não teria escapado com vida de um simples escorregão no convés.

Transatlântico macabro
Por duas vezes o Admiral Nakhimov sucumbiu no oceano, matando quase todos seus ocupantes

Durante a Segunda Guerra Mundial, o pequeno transatlântico alemão Berlin foi transformado em navio-hospital, mas nem isso impediu que ele afundasse ao tocar em uma mina submarina, no primeiro dia de fevereiro de 1945 – ocasião em que praticamente todos os seus pacientes foram transformados em vítimas fatais.

O navio ficou submerso por quatro anos, até que, com o fim da guerra, os russos resolveram resgatá-lo e reativá-lo para uso em cruzeiros recreativos pelo Mar Negro – afinal, tratava-se de um navio feito originalmente para o lazer, embora tivesse servido para decretar a morte de uma centena de pessoas.

O Berlin passou oito anos em reparos, mas, em 1957, rebatizado como Admiral Nakhimov, voltou a navegar, em alegres roteiros. E assim ficou por quase 30 anos.

Até que, em 15 de setembro de 1986, ao partir do porto russo de Novorossisk para mais um cruzeiro no Mar Negro, foi abalroado por um cargueiro e afundou pela segunda vez, mas, agora, de vez.

As dimensões da tragédia foram ainda maiores do que no primeiro naufrágio: morreram perto de 400 passageiros – que, muito provavelmente, desconheciam o passado sinistro daquele navio.

Uma ousadia traumática

Na travessia do Atlântico com um barquinho, ele viu o companheiro de aventura morrer bem ao seu lado

O velejador baiano Julio Alay Esteves sempre foi um homem de poucas palavras – mas de grandes façanhas na água. A começar pelo seu próprio nascimento, que, por muito pouco, não aconteceu no mar.

Em 1962, seus pais faziam um habitual passeio de barco de fim de semana, nas águas de Salvador, quando sua mãe entrou em trabalho de parto. Julio veio ao mundo apenas um par de horas depois, e cresceu tendo a Baía de Todos os Santos como quintal. Ainda criança, conheceu os Hobie Cats, pequenos e ágeis catamarãs a vela, e com eles sua carreira de velejador aventureiro evoluiu de vento em popa.

A primeira expedição de Julio Esteves, com um acanhado Hobie Cat 16 (que, como todo barco daquele tipo, não tinha cabine), já foi um feito e tanto. Em dupla com o amigo Paulo Gabrielle, ele velejou 1 700 quilômetros no Rio São Francisco, entre as cidades de Pirapora, em Minas Gerais, e Juazeiro, na Bahia, a fim de refazer a rota dos antigos vapores do Velho Chico.

Depois, com o mesmo barco, também navegou o Rio Amazonas quase inteiro, do Peru a Manaus, ao longo de mais de 2 000 quilômetros. No ano seguinte, o desafio foi ainda maior: desceu, sozinho (depois que seu parceiro desistiu da viagem em cima da hora), o rio mais longo do mundo, o Nilo, no Egito, onde chegou a ser preso por invadir acidentalmente uma área militar.

Na ocasião, Julio ficou retido em uma tenda do exército egípcio no deserto por quatro dias, até que a embaixada brasileira interviu e conseguiu sua liberação, para seguir viagem. Mesmo assim, quando chegou ao Cairo, seu barco foi confiscado e ele voltou ao Brasil de mãos abanando, mas com uma ideia germinando na cabeça: cruzar o

Atlântico com o mesmo tipo de barco – o que ele colocaria em prática anos depois, em 1987. Só que essa expedição, ao contrário das anteriores, terminaria de maneira trágica.

Para a então inédita travessia do oceano com um pequeno catamarã, Julio escolheu um Supercat 17, um tipo de Hobie Cat igualmente aberto, mas com pouco mais de cinco metros de comprimento, sintomaticamente batizado de Aventureiro. E o parceiro, dessa vez, seria o velho amigo de infância, Rafael Ribeiro, um velejador com boa experiência em regatas, mas nem tanto em mar aberto, que tinha acabado de se separar da esposa e julgava que aquela travessia seria uma boa oportunidade de refletir sobre a vida. Rafael tinha 33 anos – nove a mais que Julio, que, na época, somava apenas 24. E ninguém imaginava que sua vida pudesse terminar tão rápido.

A travessia, da África para a Bahia, prevista para durar cerca de 35 dias, começou difícil, como eles mesmos haviam previsto, por conta dos fortes ventos junto à costa da Nigéria. Somente após muitas – e sofridas – milhas navegadas, eles encontrariam os ventos alísios, bem mais tranquilos e consistentes, que ajudariam na travessia do oceano. E isso levou dias para acontecer.

O barco, um modelo feito para competir em regatas curtas, não para realizar longas travessias oceânicas, era espartano ao máximo e totalmente desprovido de conforto. Não tinha nenhum tipo de abrigo, o que implicava em dormir ao relento, dentro de sacos de tecido amarrados ao mastro, para nenhum dos dois cair no mar durante o sono.

À noite, para poderem descansar, deixavam o barco à deriva, e, no dia seguinte, tratavam de recuperar o tanto que as ondas os havia empurrado para trás, já que a corrente predominante na região era contrária ao rumo que eles queriam seguir. A cada madrugada, recuavam cerca de 15 milhas. Mas, ainda assim, graças à agilidade do Aventureiro, progrediam quase 100 milhas por dia. E assim, Julio e Rafael foram seguindo em frente, determinados a cruzarem até o outro lado do Atlântico com aquele precário barquinho.

Alguns imprevistos, contudo, viviam ameaçando a paz dos dois velejadores. O primeiro deles, dez dias após a partida, foi a queda do mastro, porque as manilhas de sustentação dos cabos não haviam sido devidamente reforçadas. Julio e Rafael levaram quase dois dias inteiros tentando pôr o mastro novamente em pé, em pleno oceano, mas conseguiram. Em seguida, porém, o rádio parou de funcionar. E as ondas, sempre altas e violentas, acabaram por soltar o leme, o que obrigou Julio, um temente de tubarões, a passar horas dentro d'água, instalando uma peça sobressalente. Mesmo assim, nada tirava o ânimo dos dois brasileiros.

Até que, duas semanas após a partida, Rafael começou a ficar bem mais quieto e apático que o habitual. Também passou a ter desarranjos intestinais frequentes, e, à noite, dormindo, gemia baixinho, o que fez Julio ficar preocupado. Mas ele só teve certeza de que havia algo realmente de errado com o amigo um pouco antes do amanhecer do 22º dia, quando acordou com Rafael gemendo bem mais forte que antes.

Julio pegou a lanterna, iluminou o rosto do amigo e viu que ele estava com os olhos arregalados, as pupilas amareladas e sem reação alguma a estímulos. Rafael estava em estado de pré-coma – algo que jamais havia passado pela cabeça dos dois que pudesse acontecer durante uma travessia oceânica.

Naquela época ainda não havia sistemas de comunicação via satélite, que permitissem a Julio pedir socorro. Ele tampouco imaginava o que poderia ter desencadeado aquele quadro agudo no companheiro, já que vinham bebendo a mesma água e comendo a mesma comida. Contaminação, portanto, não poderia ser. O sonho de Julio Esteves de atravessar o oceano havia se transformado em um pesadelo tão gigantesco quanto o próprio Atlântico. E o destino de Rafael, selado para sempre.

Assustado, Julio correu para o leme e girou o barco no sentido contrário. Mesmo sem saber o que havia acontecido com o amigo, decidiu regressar à África, já distante 700 milhas náuticas. Traçou como rumo a Baía de Biafra, na Ilha de São Tomé e Príncipe, que ficava um pouco mais perto do que a costa da Nigéria, de onde eles haviam partido, três semanas antes.

Julio amarrou o parceiro, inerte, ao mastro e navegou feito um desesperado, rezando para que o pior não acontecesse. Mas aconteceu. Por volta das 10 horas da manhã do 23º dia, Rafael parou de gemer e, de boca aberta, congelou com os olhos estatelados no céu. Estava morto.

Ao perceber isso, Julio gritou, tentou uma massagem cardíaca e, aos prantos, ficou parado, no meio do oceano, por cerca de três horas, sem saber o que fazer. Quando, finalmente, teve forças para sair do estado de quase choque em que se encontrava e retornou ao leme, decidiu que, dali em diante, iria velejar sem parar, dia e noite, até que o corpo de Rafael fosse resgatado. Manteve o cadáver do amigo atado ao maestro, mas cobriu sua cabeça com um saco, mantendo, no entanto, um vão aberto, para ele "respirar", caso voltasse à vida. Julio estava tão confuso e perturbado que custava a aceitar que Rafael havia morrido.

A alucinada jornada do velejador baiano em busca de ajuda virou um quase suicídio. Julio esteve perto de fazer o barco capotar diversas vezes e passou cinco dias e quatro noites praticamente sem dormir, velejando sem parar, enquanto tentava espantar as aves, já atraídas pelo mau cheiro exalado pelo corpo em decomposição do companheiro morto, amarrado ao mastro. Também não conseguia parar de pensar em qual seria a reação da família de Rafael ao receber a notícia. Mas, quase uma semana depois, só ele sabia da morte do amigo.

A triste notícia só começaria a se tornar pública quando, na manhã do quinto dia do retorno, dois navios militares surgiram no horizonte, navegando mais ou menos juntos. Julio pegou um sinalizador e disparou. Também tentou contato pelo rádio portátil, que só cobria uma dúzia de milhas de distância, e, para seu alívio, foi ouvido.

"Tenho um tripulante morto no barco", gritou, em inglês, quando uma das duas corvetas se aproximou do seu pequeno catamarã. "Quem é você?", respondeu, em português, o operador de radio do outro lado. Por uma dessas coincidências da vida, aquelas duas embarcações eram da Marinha do Brasil e estavam voltando da África.

Julio subiu a bordo, apresentou sua documentação ao comandante de um dos navios e ajudou a acondicionar o corpo de Rafael em um saco mortuário improvisado. Em seguida, seu catamarã foi içado e logo as duas corvetas tomavam o caminho de volta para o continente africano, onde chegaram dois dias depois. A bordo, o médico da tripulação antecipou a causa da morte de Rafael, que, mais tarde, seria confirmada pela autópsia: ele havia sido vítima de hepatite, possivelmente desencadeada pelo esforço no barco – ou, talvez, porque já fosse portador de um câncer hepático, que não sabia ter. Ou seja, sua morte havia sido uma fatalidade.

Uma semana depois, Julio voltou ao Brasil, de avião, com o corpo do amigo em um caixão. Na chegada, choveram críticas e ele foi acusado de tudo – especialmente, de imprudência, por tentar atravessar um oceano com um barco tão pequeno. "Fiquei mais sentido com o que eu ouvi das pessoas ao pisar em terra firme do que com o pesadelo que vivi no mar", diria, depois, quando finalmente venceu a depressão e voltou a velejar.

Mas o fantasma da perda do amigo naquelas circunstâncias tão dramáticas só parou realmente de assombrar Julio quando ele anunciou, 12 anos depois, que faria uma nova expedição: iria refazer a travessia não completada do Atlântico, como uma homenagem póstuma a Rafael. Dessa vez sozinho, mas com um barco bem parecido: o Aventureiro V, um catamarã igualmente aberto, de 20 pés de comprimento, pouca coisa maior que o anterior.

Em abril de 2000, Julio partiu, novamente da Nigéria, e levou apenas 17 dias (ou 414 horas, título do livro que, depois, escreveria sobre aquela travessia) para cruzar da África à Bahia, embora seu plano inicial, de se juntar aos barcos que vinham de Portugal na célebre regata que comemorou os 500 anos da independência do Brasil, tenha falhado por um desencontro de roteiros. Ele, por fim, acabou vencendo o Atlântico com um simples barquinho aberto, e sozinho, embora tenha garantido "sentir" o amigo Rafael ao lado dele, durante toda a travessia. "Tenho certeza que ele estava no barco comigo", disse Julio ao chegar ao Brasil, dessa vez saudado com um corajoso aventureiro.

Mas foi na véspera do embarque para o outro lado do Atlântico que Julio viveu o encontro mais marcante de sua vida, até então. Naquela ocasião, o filho (já crescido) de Rafael lhe procurou, para, pela primeira vez, perguntar como tudo tinha acontecido, naquela fatídica expedição de 1987. A conversa entre os dois foi longa, sincera e emocionante. Mas, ao final, a alma de Julio estava lavada. No dia seguinte, ele iniciou a travessia do Atlântico com um pequeno Hobie Cat. E, desta vez, o sucesso foi completo.

O cargueiro que virou mansão
O tempo já havia condenado a velha barcaça de carga. Mas o seu dono a transformou em algo inusitado

Benson Ford, neto do criador da indústria automobilística, Henry Ford, foi o nome dado a uma grande barcaça de transporte de carga, construída pelo fundador da Ford para levar minério de ferro para as fábricas da marca, através dos Grandes Lagos da América do Norte, na década de 1920. Mas a rude embarcação acabou tendo um destino inusitado: virou mansão de milionário.

Em 1986, após ser comprada da Ford por outro empresário (que logo descobriu que o velho barco não tinha mais condições de navegar), a barcaça teve a sua proa e casaria extraídas e fincadas no topo de um promontório, na ilha de Put-in-Bay, no Lago Eire, no estado americano de Ohio, onde foi transformada em uma curiosa casa de férias para a família – além de virar imediata atração turística, porque não é em qualquer lugar que se vê um quase navio espetado no alto das pedras sem que isso tenha sido fruto de um desastre.

Nem Henry Ford, com sua extraordinária capacidade de prever o sucesso dos automóveis nas décadas seguintes, conseguiria ser mais criativo.

Artimanha na raia
Para manter o título da regata mais famosa do mundo, os desafiados usaram um recurso moralmente condenável

America's Cup, criada em 1851 é a mais lendária regata do planeta e a mais antiga competição do mundo ainda em disputa, entre todas as modalidades esportivas. Mais antiga até que as

Olimpíadas modernas, que só foram recriadas quase meio século depois que ela. Mas nem isso impediu que sua 28ª edição, disputada em 1988, se transformasse em um dos maiores vexames esportivos de todos os tempos.

Tudo começou um ano antes, quando o banqueiro neozelandês Michael Fay lançou um desafio ao então detentor da America's Cup, o skipper americano Dennis Conner, comandante do barco que representou os Estados Unidos na competição anterior, o Stars & Stripes, um veleiro convencional, ou seja, com apenas um casco, de 87 pés de comprimento, que competiu em nome do San Diego Yacht Club.

Fay estava prestes a colocar na água o New Zealand, um gigantesco veleiro também monocasco, de 133 pés de comprimento, o máximo que as regras da categoria permitiam, e duvidava que pudesse perder para o barco americano na edição seguinte da America's Cup.

O próprio Conner também duvidava que pudesse vencer aquele enorme barco neozelandês e, sem condições de preparar um barco maior a tempo, tratou de convencer o San Diego Yacht Club a embarcar em uma manobra tão antiética quanto inédita.

A proposta consistia em alterar as regras da competição: em vez de os americanos construírem um novo veleiro do mesmo tamanho que o barco desafiante, o que levaria tempo e ainda os deixaria em desvantagem, porque o barco neozelandês já estava praticamente pronto, por que não liberar o uso de qualquer tipo de barco à vela, inclusive os catamarãs, bem mais velozes do que os veleiros convencionais, como era o New Zealand?

Como clube desafiado, o San Diego Yacht Club poderia fazer isso. E fez. Mas só quando não havia mais tempo de os neozelandeses voltarem atrás na proposta, muito menos construírem um barco do mesmo tipo para a disputa. O resultado foi uma duelo desigual, entre dois barcos completamente diferentes. Como uma corrida entre um veleiro e uma lancha.

Na raia, a competição foi um fiasco e o vencedor, mais previsível do que a soma de um mais um dar dois. Enquanto os neozelandeses tiveram que participar com um volumoso e pesado barco monocasco, os americanos alinharam com um ágil e leve catamarã, com a metade do comprimento do barco desafiador – que não teve a menor chance nas regatas.

O tão esperado duelo entre "David e Golias", como a organização da centenária regata tentou alardear na mídia, visando atrair a atenção do público, não passou de uma disputa desonesta e desigual. E o catamarã americano, também batizado Stars & Stripes, ganhou fácil.

Também fora da raia o espetáculo beirou o ridículo, com as duas partes trocando acusações mútuas, que culminaram em um processo movido pela equipe neozelandesa na mais alta instância da justiça americana, a Suprema Corte. E esta, mesmo reconhecendo o total desequilíbrio da competição, ratificou vitória da equipe dos Estados Unidos.

O episódio maculou a tradicional lisura do iatismo, mas deixou uma herança positiva: dali em diante, a America's Cup passou a ser disputada apenas por barcos de portes e tipos iguais, como sempre deveria ter sido.

Caminhando sobre as águas
Com um par de "sapatos" em forma de caiaques, o francês Rémy Bricka atravessou o Atlântico

Em 1988, quando o mundo imaginava que já tinha visto todo tipo de ousadia, surgiu o francês Rémy Bricka com uma proposta ainda mais maluca: atravessar o Atlântico "caminhando" sobre as águas. Ou quase isso.

Até então, Bricka era um cantor e músico showman, desses que tocam vários instrumentos presos ao corpo ao mesmo tempo, feito uma banda de um homem só. E foi com base nessa múltipla habilidade que ele planejou aquela esdrúxula aventura, que tinha por objetivo torná-lo mundialmente famoso.

Para aquela insólita travessia, Bricka, então com 40 anos de idade, mandou construir um par de flutuadores, que eram como caiaques em forma de sapatos, e, para impulsioná-los, usava um remo, além de mover as pernas para frente e para trás, como quem caminha com esquis na neve. Só isso? Não.

Para ajudar na performance na água, ele também levava uma espécie de vela presa ao corpo, para se beneficiar dos ventos. E puxava a reboque, por meio de um cabo preso à sua cintura, uma balsa, onde comia, dormia e descansava. E tudo isso sozinho, no meio do mar. Ninguém acompanhou de perto a louca travessia de Bricka, de forma que foi impossível garantir que a tenha feito exatamente daquela maneira, o tempo todo. Mas, o fato é que, 59 dias após partir das Ilhas Canárias, ele chegou à ilha de Trinidad, do outro lado do Atlântico, ainda que envolto em suspeitas e desconfianças.

Para alguns céticos, como bom artista que era, Bricka teria apenas simulado sua "caminhada", e, longe de testemunhas, passado bem mais tempo na balsa, avançando ao sabor das correntes marítimas, do que efetivamente "caminhado" toda a extensão do oceano – embora tenha chegado do outro lado do Atlântico bastante debilitado, faminto e 20 quilos mais magro.

Mas a redenção do artista-aventureiro, que escreveu um livro sobre o seu feito, veio quando, após minucioso levantamento, seu nome foi incluído no Guinness Book, o livro dos recordes, como autor da "mais rápida caminhada de travessia do Atlântico" – como se alguém já tivesse tentado isso antes, e o simples fato de ter atravessado um oceano "caminhando" não fosse impressionante o bastante para entrar para a galeria dos recordes absurdos.

Entusiasmado com o reconhecimento oficial de seu feito, Bricka decidiu ir mais longe. Doze anos depois, em abril de 2000, ele decidiu fazer o mesmo no maior oceano do planeta, o Pacífico. Seu plano era "caminhar" da Califórnia à Austrália, numa travessia de quase 8 000 milhas náuticas. Mas, dessa vez, ele não conseguiu.

Cinco meses após partir de Los Angeles, Bricka pediu ajuda quando estava nas proximidades do Havaí, após sua balsa inundar e afundar, durante uma tempestade. Ele foi resgatado, desistiu da travessia e, também, das estripulias nos mares, voltando a ser apenas um excêntrico músico – mas já duplamente famoso, sobretudo na França, onde, até hoje, segue cantando e tocando em festas e programas de televisão.

Nunca, em sã consciência, ninguém tentou bater o seu recorde.

Tensão no mar gelado

O dia em que o navio símbolo da missão
brasileira na Antártica quase virou história

No dia 29 de janeiro de 1988, quando retornava de mais uma missão à base brasileira na Antártica, o navio de pesquisas da Universidade de São Paulo, Professor W. Besnard, viveu horas de tensão e apreensão em um dos piores mares do planeta: o Estreito de Drake, que separa a América do Sul da península antártica.

De repente, o único motor do velho mas bravo navio, construído na década de 1960, parou de funcionar, deixando-o à deriva e sem nenhum controle. O diagnóstico veio rápido: o eixo do motor havia partido. Era uma situação preocupante. Se o navio precisasse mudar rapidamente de posição para enfrentar melhor o vento e as ondas, ambos totalmente imprevisíveis na região, nada poderia ser feito.

O Professor W. Besnard estava totalmente a mercê do mar, numa região que é considerada a maior fábrica de ventos do planeta. E o que era pior: com 37 pessoas a bordo, entre tripulantes, pesquisadores e jornalistas, que retornavam de uma temporada na base científica brasileira no continente gelado. Era uma situação realmente delicada e com risco real de naufrágio, caso o tempo virasse, o que ali costuma acontecer com absurda frequência.

A primeira providência do comandante, o capitão-de-longo-curso Wladir da Costa Freitas, após ter certeza de que nada poderia ser feito para contornar o problema, foi pedir ajuda pelo rádio. Na verdade, foi quase um pedido de socorro, dada a vulnerabilidade que o Professor W. Besnard se encontrava. Era preciso agir rápido.

Por sorte, a mensagem foi logo respondida por outro navio brasileiro, o Barão de Teffé, da Marinha do Brasil, também usado em pesquisas oceanográficas e que seguia para a península antártica justamente para substituir o Professor W. Besnard na base brasileira. Mas havia um problema: o Barão de Teffé só conseguiria chegar ao local onde o Professor W.

Besnard estava parado, bem no meio do Estreito de Drake (que, com mais de 800 quilômetros de largura, só pode ser considerado "estreito" no nome) na manhã seguinte.

Portanto, os ocupantes do navio teriam que passar a noite sacudindo feito uma rolha no oceano e torcendo para que nada de pior acontecesse. Foi uma noite tensa. Quase ninguém conseguiu pregar o olho, porque estavam todos prontos para uma eventual evacuação do navio, caso houvesse risco de naufrágio.

Dentro dele, o perturbador silêncio do motor contribuía para reverberar ainda mais a intensidade das pancadas que o casco dava na superfície do mar, todas as vezes que as ondulações maiores passavam por baixo dele. Quando isso acontecia, a proa do Professor W. Besnard era erguida até quase apontar para o céu, para, em seguida, despencar no vazio deixado pela onda que passara, gerando um assustador estrondo a bordo. Não seria tão preocupante se o navio não estivesse impossibilitado de reagir a qualquer emergência. Mas ele estava tão indefeso quanto um barquinho de brinquedo.

Na cabine de comando, a única coisa que o comandante Freitas podia fazer era tentar manter o leme do navio na direção das ondulações, embora, às vezes, como é comum nos mares antárticos, elas viessem por todos os lados. Até que, às quatro da manhã, o Barão de Tefé finalmente se aproximou do navio moribundo. Mas mal dava para vê-lo. Uma densa neblina impedia a visibilidade e conferia tons ainda mais sinistros à operação que se seguiria.

Os passageiros comemoraram – sobretudo os leigos em questões náuticas. Mas o comandante Freitas e os demais tripulantes, nem tanto. Eles sabiam que o momento mais crítico daquela operação, o desembarque dos passageiros e o reboque do navio, ainda estava por vir. E que aquela neblina, bem como o estado do mar, que piorara desde a tarde anterior, dificultaria ainda mais as duas operações.

A primeira medida, a de atar os dois navios com um grosso cabo de reboque, até que não foi difícil, embora tenha consumido cerca de 40 minutos em tentativas de acertar o convés do Professor W. Besnard com disparos de um fuzil lança-retinida, no qual viajava um cabo mais fino, que, depois, seria usado para puxar o cabo definitivo. Só o terceiro disparo acertou o alvo, para alívio de todos. Mas o desembarque dos passageiros e, especialmente, o reembarque deles no Barão do Tefé foi uma quase epopeia, porque as ondulações impediam o nivelamento entre o bote e o navio. Quando um subia, o outro descia.

Naquela situação, o risco de alguém errar o passo, não conseguir agarrar a escada, cair no mar e ser prensado entre os dois cascos era grande. Quem tinha menos agilidade, sofreu um bocado. Até que, por fim, todos os passageiros embarcaram. Já os tripulantes do Professor W. Besnard ainda tinham o pior momento pela frente: o reboque do navio inerte.

Era preciso manter, permanentemente, a "curva catenária" no cabo, uma espécie de folga que evitaria que ele se rompesse. Se isso acontecesse, não só todo o trabalho do lança-retinida teria sido perdido, como, talvez o próprio cabo, caso ele partisse ao meio. Além disso, havia o pior dos riscos: uma colisão entre os dois navios, já que o Professor W. Besnard não teria como desviar.

O reboque foi tenso e durou o dia inteiro. Mas, no dia seguinte, o rebocador chileno Yelcho assumiu o lugar do Barão de Tefé e terminou de rebocar o Professor W. Besnard até o porto de Punta Arenas, no Chile, de onde todos os seus ocupantes voltaram, de avião, para o Brasil.

Só tempos depois, após a troca do eixo do motor em um estaleiro chileno, o Professor W. Besnard retornou ao Brasil e seguiu direto para uma reforma completa – um navio que navegava em águas tão perigosas não podia correr o risco de ficar à deriva novamente.

O Professor W. Besnard só voltou a navegar três anos depois, mas, em 2006, um princípio de incêndio quando estava ancorado na Baía de Guanabara decretou o fim do navio que era uma espécie de símbolo da presença brasileira na Antártica. Já tecnicamente ultrapassado e com um custo de reparo demasiadamente alto, foi decretada a aposentadoria do carismático navio de pesquisas.

Desde então, após uma tentativa frustrada de conseguir autorização para afundá-lo propositalmente em Ilhabela, a fim de virar atração submarina para mergulhadores, o Professor W. Besnard passou a ocupar uma esquecida vaga no porto de Santos, onde enferruja há anos, à espera de uma decisão sobre o que será feito do legendário navio. Possivelmente, nada, antes de virar pura sucata.

TRAVESSIAS OCEÂNICAS

A aventura de um barco roubado

Para tentar mudar de vida, eles furtaram um veleiro e fugiram do Brasil. Mas deu quase tudo errado

Era tarde de domingo, 26 de maio de 1991, quando o veleiro Kangaroo, um dos primeiros modelos Fast 395 fabricados no Brasil – na época, também um dos maiores e mais modernos barcos a vela feitos no país – atracou na Marina Bracuhy, em Angra dos Reis, após seu passeio inaugural. O barco, ainda cheirando a novo, fora entregue naquela semana ao seu dono, um empresário de São Paulo, que desembarcou entusiasmado com o primeiro fim de semana a bordo do seu novo barco. Mas mal sabia ele que seria o último.

Horas depois, a bordo daquele mesmo veleiro, começaria uma das mais ousadas peripécias náuticas que se tem notícia no Brasil, envolvendo o então jovem marinheiro e velejador carioca Douglas Leal e dois amigos de última hora.

A história começou dois dias antes, quando, sem emprego, sem dinheiro, sem perspectiva de dias melhores, e em vias de ser despejado do quarto alugado onde morava, por falta de pagamento, Douglas decidiu pôr em prática um plano tão maluco quanto fadado ao fracasso: furtar um veleiro e com ele fugir para a Austrália, onde tentaria ganhar a vida, mesmo entrando no país clandestinamente e, ainda por cima, com um barco roubado – o que, certamente, logo seria descoberto.

Mas Douglas não pensava assim. Na opinião dele, por ser um país com uma costa enorme, seria fácil esconder um veleiro roubado na Austrália por um tempo, até que ele juntasse dinheiro suficiente para indenizar o dono do barco – embora não soubesse exatamente como faria isso. Tampouco imaginou o pesadelo que acabaria vivendo durante os mais de 40 dias que passou no meio do Atlântico, a caminho da África do Sul, onde pretendia fazer uma escala, com um barco que não conhecia e sem nenhum preparo prévio para aquela longa travessia. O desespero e a impulsividade da juventude falaram mais alto. E Douglas decidiu, de supetão, colocar o plano em prática.

O início do planejamento para aquela tresloucada travessia que ele queria fazer foi em uma mesa de bar, em Angra dos Reis. Ali, Douglas listou, em um guardanapo, o que teria que levar na viagem: comida, combustível, cartas náuticas e roupas de frio. Mas com qual dinheiro compraria tudo aquilo se não tinha nada no bolso? Foi quando entrou no bar um antigo conhecido, Thor de Azevedo, então pescador na Ilha Grande.

Douglas começou a conversar com o amigo e logo contou o que pretendia fazer, pedindo algum dinheiro emprestado. Thor concordou em ajudá-lo, mas com uma condição: que fosse junto na viagem. Depois de pensar por alguns instantes, Douglas aceitou a proposta. Mas o problema é que, também Thor, não tinha dinheiro algum. Mas ele lembrou do irmão, Erik, dono de uma velha motocicleta – quem sabe ele não toparia vendê-la?

No dia seguinte, Erik foi consultado e, com certa facilidade, concordou em vender a moto para levantar algum dinheiro. Mas sob outra condição: que ele também fosse na travessia. Sem alternativa, Douglas aceitou também. E, em questão de horas, o seu plano de navegar sozinho do Brasil até a Austrália com um veleiro roubado ganhou dois novos cúmplices.

Na manhã seguinte, enquanto Erik saiu para comprar mantimentos com parte do dinheiro arrecadado com a venda da motocicleta, Douglas e Thor foram até a maior marina da região prospectar o barco que depois furtariam. O objetivo era achar um veleiro em bom estado – e de bom tamanho, já que, agora, seriam três pessoas –, capaz de cruzar oceanos da maneira mais rápida possível, já que eles estariam fugindo.

Caminhando pelos trapiches da Marina Bracuhy, naquela época quase aberta ao público, Douglas viu um veleiro que cabia bem nos seus planos. Era o novíssimo Kangaroo – "Canguru", em português, por ironia, nome do animal símbolo do país para onde eles pretendiam fugir com aquele barco. Combinaram, então, que furtariam o barco assim que o movimento habitual de fim de semana na marina terminasse.

Naquele mesmo dia, com outra parte do dinheiro, Douglas pegou um ônibus e foi para o Rio de Janeiro, a fim de comprar cartas náuticas para a travessia até à Austrália. Achou apenas a da costa da África do Sul, que seria a primeira escala da longa viagem. Comprou, então, um mapa convencional, desses usados em livros de escola, para compensar a falta de cartas náuticas entre a África e a Austrália. Não havia como aquilo dar certo.

O plano era cruzar o Atlântico até a Cidade do Cabo, depois contornar o litoral da África do Sul, cruzar o canal de Madagascar, subir até as Ilhas Seychelles e, de lá, num só bordo, alcançar o destino final. Pelas contas nada precisas de Douglas, seriam quase 10 000 milhas náuticas e mais de dois meses no mar. Arriscado? Sim. Mas ele não via outra forma de tentar mudar de vida rapidamente.

No domingo à noite, quando o movimento dos barcos de fim de semana já havia terminado, Douglas chegou à marina na companhia de Thor. Para chegar ao barco sem gerar suspeitas nos vigias, usou um velho truque: se fez passar pelo marinheiro da embarcação e chegou reclamando do patrão – "Onde já se viu, num domingo à noite, mandar levar o barco para o Rio de Janeiro?" A manobra foi um sucesso.

Não foi preciso sequer arrombar a portinhola da cabine, porque ela não estava trancada. Douglas entrou no barco, acionou a chave geral, fez ligação direta no motor, mandou Thor soltar os cabos e os dois partiram. "Agora, não tem mais volta", disse, entre nervoso e aliviado, para o comparsa.

Mas, naquele dia, os dois não foram longe. Logo pararam na vizinha Ilha Grande, onde Erik os aguardava com os suprimentos, já que entrar na marina com muitos volumes levantaria suspeitas. Ao chegarem lá, ficaram sabendo que o terceiro integrante do grupo não havia comprado combustível para o motor do barco, porque havia escassez de óleo diesel na ilha. Também deram de cara com o pai de Thor e Erik, que, intrigado com aquele bonito veleiro no humilde trapiche do casebre da família, perguntou para onde eles iriam. "Vamos para a Bahia, entregar esse barco", desconversou o filho mais velho. "Em 15 dias, voltamos".

Douglas ficou preocupado com a falta de combustível tanto quanto com aquele comentário. Sabia que a viagem que fariam não teria volta e que a família começaria a procurá-los – e acionaria a polícia – após aquele prazo tão curto, o que, de fato, aconteceria mais tarde.

Na marina, a ausência do barco não chamou a atenção de ninguém. Nem mesmo do dono do veleiro, que, depois daquele passeio de estreia, foi para casa pensando em voltar a navegar só bem mais adiante.

Naquela mesma noite, após Douglas apagar as três últimas letras do nome do barco no casco, que, com isso, passou a exibir apenas a palavra "Kanga", os três partiram rumo ao outro lado do Atlântico – uma longa, temerária e improvisada travessia, que qualquer navegador razoavelmente responsável julgaria, no mínimo, condenável. Ainda mais com um barco estranho e furtado. Mas Douglas não pensava assim.

Aos poucos, Angra dos Reis foi se tornando uma luzinha cada vez mais distante no horizonte e eles ganharam o mar aberto, sem, contudo, nenhum preparo, como ficaria claro mais tarde. Para tentar saber em qual ponto do oceano estavam, eles contavam, apenas, com a ajuda de um arcaico SatNav, equipamento que estimava a posição do barco apenas a cada par de horas. E, para complicar ainda mais a navegação, Douglas optara por fazer a travessia até a África pelo temido paralelo 40 Sul, uma faixa oceânica abaixo dos dois continentes, dominada por temperaturas gélidas, mar grosso e fortíssimos ventos.

As duas primeiras semanas no mar foram de pura batalha. Uma das mais intensas foi para tentar reparar as velas do barco com a mesma rapidez com que elas rasgavam, por conta da violência dos ventos. Thor passava a maior parte do tempo tentando costurá-las. Mas nem ferramentas para isso eles tinham. Usavam a agulha de uma seringa do kit de primeiros socorros do barco e linhas extraídas do bordado com o nome do veleiro na capa da retranca. Rapidamente, o que estava ruim foi ficando cada vez pior. E Douglas adoeceu.

Sozinhos no comando do barco, Thor e Erik entraram em pânico. Eles nada sabiam sobre navegação oceânica e não tinham ideia precisa sobre onde estavam. Deitado, em repouso na cabine do barco, Douglas tentava orientá-los. Mas só conseguiu retomar o comando do veleiro dias depois – justamente quando começou uma terrível calmaria. E o pouco combustível que restava no tanque quase vazio do veleiro não deu nem para o começo da jornada.

Sem vento nem motor para se locomover, o único jeito de seguir avançando foi remando – um de cada lado do casco, com remos improvisados, e Douglas atrás, tentando manter um rumo mais ou menos imaginário. Navegaram assim por cerca de 100 milhas náuticas, vendo os dias passarem numa velocidade inversamente proporcional ao estoque de água e comida a bordo. Logo, começaram a ter que pescar e a captar água da chuva, para comer e beber – isso quando havia peixes e chuvas...

Já estavam numa situação de quase náufragos, quando surgiu um navio no horizonte. Douglas correu para pegar e disparar um foguete sinalizador. Mas logo descobriu que não havia nenhum a bordo. Também não havia bote de apoio, de forma que qualquer abordagem teria que ser feita casco a casco – um perigo e tanto para um veleiro com casco de fibra de vidro contra um imenso navio de aço.

Douglas, então, recorreu ao rádio, e com um inglês para lá de precário, tentou contato com o navio. Queria um pouco de óleo diesel para o motor do barco, o que também garantiria carregar as baterias – fundamentais para fazer os equipamentos e o próprio motor funcionarem. Por sorte, seu pedido foi entendido e atendido. Ao passar perto do veleiro, o navio lançou ao mar dois galões de combustível. E eles foram em frente.

Mas, com o longo confinamento, as animosidades entre os três foram se tornando cada vez mais frequentes. Insultos, brigas, desconfianças e acusações passaram a fazer parte da rotina, tanto quanto a fome e a sede, já que água e comida logo se tornaram realmente escassas.

O ambiente a bordo ficou tão insuportável, que, em certa ocasião, Douglas perdeu a cabeça e tentou afundar o veleiro, cortando a mangueira de saída de água do casco, para que ele inundasse. Foi contido pelos irmãos, mas a briga foi feia. E ainda viria coisa pior pela frente.

Dias depois, os três tiveram um apavorante encontro com um dos mais impressionantes fenômenos da costa africana: as grandes ondas, que surgem sem nenhum aviso. Em uma sequência delas, o Kangaroo não afundou por muito pouco. E ainda havia o frio congelante das altas latitudes do roteiro que Douglas havia escolhido. Os três tremiam dia e noite, porque não tinham roupas apropriadas, apenas casacos convencionais, que viviam encharcados – bem como a própria cabine do barco. Quando o frio apertava, Douglas improvisava um casaco extra com a capa do timão do barco. E se perguntava quando aquele suplício iria terminar.

Dias depois, quando já não havia mais água nem comida a bordo, Douglas avistou, durante a madrugada, o que pareciam ser luzes ao longe. Com o passar das horas, elas foram ficando cada vez mais visíveis. Quando o dia clareou, a silhueta da Cidade do Cabo se materializou ao longe. Após mais de um mês no mar, o Kangaroo, finalmente, chegara ao outro lado do Atlântico. Mas chegou com as velas rasgadas, alguns brandais quebrados, o mastro ligeiramente torto, a cabine encharcada e, de novo, sem combustível. E com três homens torrados pelo sol e bem mais magros do que quando partiram.

Na maior marina da cidade, Douglas inventou que eles haviam perdido todos os mantimentos do barco em uma tempestade, e pediu ajuda. Um dos sócios da marina se sensibilizou com a história fictícia – contada em um inglês sofrível, mas que impediu perguntas incômodas –, e decidiu ajudar os brasileiros, comprando comida e combustível para eles, além de não cobrar pela ancoragem. E só assim eles puderam seguir viagem, margeando a costa sul-africana.

Quando, porém, estavam se aproximando da cidade de Durban, milhas adiante, foram interceptados por uma lancha da Guarda Costeira. Era uma inspeção de rotina e o trio foi instruído a atracar no iate clube local. Eles tremeram (será que já estavam sabendo do furto do veleiro?), mas obedeceram.

Em terra firme, uma vez mais, Douglas manteve a mentira sobre a tempestade e narrou alguns detalhes da melancólica travessia do Atlântico – estes reais. A história impressionou os guardas, que não implicaram nem com a falta de documentos do barco – que, de acordo com a farsa inventada por Douglas, haviam sido "perdidos quando a cabine do barco inundou", durante a tal tormenta. E quem haveria de duvidar que aquele barco, um tanto estropiado, não havia mesmo passado por maus bocados?

Sensibilizado, um dos sócios do clube até os convidou para uma noite de farra nos bares da cidade. De repente, tudo voltava a dar certo para Douglas e seus comparsas. Até que...

Na manhã seguinte, ainda sob a ressaca da noite anterior, os três decidiram partir rapidamente do clube, antes que alguém fizesse mais perguntas. Porém, como a despensa do Kangaroo já estava quase vazia de novo, um dos irmãos teve a infeliz ideia de invadir o barco ao lado para roubar comida. E foi flagrado pelos vigias, que acionaram a polícia. Era o fim da aventura. E do sonho de Douglas de criar uma nova vida longe do Brasil.

Em vez da Austrália, ele e os dois irmãos foram parar numa cadeia da África do Sul, depois de contarem a história verdadeira por inteiro. Ficaram presos por um ano, impedidos de receber ajuda até da embaixada brasileira – que, a essa altura, também já sabia do furto do veleiro.

Douglas, Thor e Erik só puderam retornar ao Brasil após cumprirem a pena pelo furto da comida no iate clube – o roubo do barco eles teriam que resolver com a polícia brasileira. Na volta, foram indiciados, mas absolvidos pela justiça, porque alegaram que já haviam sido presos na África do Sul. Depois disso, cada um tomou seu rumo, e trataram de esquecer o assunto.

Ao dono do barco, só restou recuperar e reformar o Kangaroo na África do Sul e contratar uma tripulação para trazê-lo de volta ao Brasil, onde só chegou dois anos – e uma longa peripécia – depois.

A última travessia do rebelde dos mares

Todos o aguardavam para a largada da mais difícil das regatas. Mas a impetuosidade falou mais alto

Era uma corrida contra o tempo – antes mesmo de a regata começar. Para conseguir participar da segunda edição da Vendée Globe, competição de volta ao mundo em solitário, sem escalas, o velejador americano Mike Plant, na época a grande sensação do iatismo nos Estados Unidos, após vencer duas competições de circum-navegação à vela, precisava chegar à cidade de Les Sables-d`Olonne, na França, antes do dia 22 de novembro de 1992, data da largada da prova.

Faltavam apenas uma dúzia de dias e Plant ainda estava com seu novo barco, o Coyote, um veleiro puro-sangue de 60 pés de comprimento, recém-construído, no meio do Atlântico, correndo contra o relógio, apesar dos problemas que o barco vinha apresentando. O pior deles havia sido a perda total de energia a bordo, causada por um problema que ele não sabia a origem, nem podia interromper a navegação para investigar.

O apagão deixara o barco completamente às escuras e sem nenhum equipamento de navegação. Mas isso não chegava a ser motivo de preocupação para Plant, que já havia feito aquela travessia diversas vezes, e sabia muito bem como cruzar dos Estados Unidos para a França, mesmo sem poder contar com a ajuda do piloto automático, por conta daquela pane elétrica. O único problema é que a falta do equipamento o obrigava a ficar horas seguidas no leme, sem poder descansar.

O mar também ficava cada vez mais grosso, fruto de uma tempestade em formação naquele final de outono, época de mudança de estação no Atlântico Norte. Mas Plant tampouco temia isso. O que mais incomodava o velejador, desde sempre habituado a navegar sozinho, era uma certa vibração que vinha sentindo no casco, sempre que o forçava a navegar mais rápido, como também era o seu hábito.

Ele chegou a comentar isso (sem, no entanto, dar muita importância, tal qual a pane elétrica no barco) ao cruzar com o petroleiro SKS Trader e fazer contato, através do rádio VHF portátil – o único equipamento que ainda tinha alguma bateria. Na ocasião, pediu apenas que o operador de rádio do navio mandasse uma mensagem para sua equipe em terra firme, avisando que, por conta do imprevisto com a falta de energia, talvez chegasse um pouco atrasado para a largada. Plant estava, então, a dois terços do caminho para a França.

Meia dúzia de dias depois, o aparelho Epirb do veleiro do americano emitiu um sinal incompleto de pedido de socorro, não mais que um bip, logo interrompido, que não pode sequer ser rastreado por completo. Foi quando, supõe-se, o pior aconteceu.

Oito anos antes, quando ainda era um jovem desregrado do interior do Estados Unidos, Mike Plant assistiu a um documentário sobre a regata de volta ao mundo em solitário BOC Challenge, de 1982/1983, e aquilo o deixou tão impressionado que decidiu, na mesma hora, aos 33 anos de idade, que participaria da próxima edição da famosa regata, mesmo não tendo nenhuma experiência em longas navegações oceânicas. Nem sequer um barco capaz de tal empreitada. Ou dinheiro para construí-lo.

Até então, toda a experiência náutica de Plant, um rebelde com sérios problemas sociais que chegou a traficar drogas na juventude, se resumia à paixão de infância que nutria pela navegação com pequenos veleiros nos lagos da região onde fora criado, e a uma temporada com um barco no Mar Mediterrâneo, ocasião em que aproveitou para vender maconha e cocaína, o que o levou a ter que fugir da Grécia com um passaporte falso, para não ser preso – o que, no entanto, aconteceria anos depois.

Mike Plant era um típico bad boy americano. Um bonito e charmoso encrenqueiro, que, quando botava algo na cabeça, nada nem ninguém detinha. Nem mesmo o pai, um sério e bem-sucedido advogado. Determinação e altíssimas doses de autossuficiência eram os seus pontos fortes – além de um inquestionável talento para conduzir um barco a vela o mais rápido possível, como, depois, ficaria inquestionavelmente comprovado.

Apenas três anos após assistir aquele documentário inspirador, Plant alinhou para a largada da BOC Challenge 1986/1987, competição que antecedeu a Vendée Globe, com um barco que ele mesmo construíra – sem nunca ter feito isso. Era o Airco, nome da única empresa que havia topado oferecer alguma ajuda financeira para a construção do veleiro, que tinha 50 pés de comprimento.

Como era de se esperar, o Airco, de construção 100% caseira, apresentou uma série de problemas durante a longa regata. A começar pela quebra, em sequência, logo depois de partir, de três pilotos automáticos, equipamento fundamental em regatas em solitário, pois permite aos velejadores descansarem enquanto o barco avança no rumo desejado. Plant, no entanto, se recusou a retornar para consertar o equipamento e tratou de fazer isso com o barco em movimento. Não desistir e seguir sempre em frente, a qualquer preço, sempre foi outra característica do impetuoso velejador.

Pouco mais de cinco meses depois, Plant cruzou a linha de chegada da BOC Challenge em primeiro lugar na sua classe, com a impressionante marca de 157 dias e 11 horas – 50 dias a menos que o antigo recorde da categoria. O assombro foi geral. Ele não só quebrara a tradicional hegemonia francesa em regatas oceânicas de longa duração, como trucidara o recorde da travessia para sua classe, chegando mais de um mês e meio antes do recordista anterior.

A acachapante vitória surpreendeu os próprios americanos e o transformou em um novo ídolo do iatismo nos Estados Unidos. Só que, antes disso, outro episódio voltaria a macular o currículo do futuro ídolo. Ao parar em Portugal, a caminho da largada da Boc Challenge, Plant foi detido e preso, por conta daquela fuga ilegal da Grécia, anos antes. Ele só não ficou na cadeia por um bom tempo porque seu pai advogado, mesmo a contragosto e envergonhado, intercedeu a favor do filho problemático.

Três anos depois daquela inquestionável vitória na BOC Challenge, Plant voltou a alinhar para a largada de mais uma regata de volta ao mundo. Dessa vez, a recém-criada Vendée Globe, uma variação da BOC, mas com uma diferença: a de não permitir nenhuma escala, muito menos ajuda externa aos participantes. Era puro desafio. Exatamente como Plant gostava.

Beneficiado pela fama que já gozava (entre outros apelidos, passou a ser chamado de "Top Gun da Vela", por sempre extrair a máxima performance de seus barcos), Plant arranjou patrocinadores que lhe permitiram construir um veleiro maior, o Duracell, de 60 pés, para competir na principal classe daquela regata. E, desde o início, apesar do eterno favoritismo dos franceses, era visto como um sério candidato à vitória.

Mas sua participação na primeira Vendée Globe acabou de maneira prematura e surpreendente – sobretudo para alguém com um questionável currículo de hombridade. Quando se aproximava da costa da Nova Zelândia, quase na metade do percurso, o estaiamento do mastro do veleiro rompeu, obrigando-o a uma parada para reparos (que, pelas regras da competição, só ele podia fazer, e apenas com os recursos que tivesse a bordo) na quase deserta Ilha Campbell, onde existia apenas uma estação meteorológica e meia dúzia de técnicos.

Não seria um grande problema para alguém habituado a resolver perrengues bem maiores, não fosse um detalhe: uma tempestade se aproximava. Tão logo Plant jogou âncora em uma das baías da ilha, bem diante da estação meteorológica, o barco começou a ser arrastado na direção das pedras. Vendo que o velejador estava numa situação crítica, os técnicos da estação decidiram ajudar e se aproximaram com um bote motorizado, a fim de afastar o veleiro (que não tinha motor, para economizar peso) das pedras.

Plant, a princípio, ficou em dúvida se aceitava ou não a ajuda. Isso significava ter que, moralmente, abandonar a prova, por quebrar a regra de não receber ajuda externa. Mas o risco iminente de perder o barco o fez jogar tudo para o alto e aceitar a oferta de reboque para longe das pedras. Mas, em seguida, ele entrou na cabine, pegou o rádio e fez o que ninguém esperava: comunicou aos organizadores o fato, apesar de os meteorologistas terem jurado de pés juntos que jamais contariam isso a ninguém – ao que Plant respondeu que ele sabia e isso bastava.

Foi um improvável gesto de honradez de alguém que, de tão polêmico, já tinha sido também apelidado de "James Dean dos Mares" – um rebelde, mas com uma causa bem clara: derrotar os franceses e se tornar o melhor velejador do mundo nas longas regatas em solitário. Três anos depois, ele tentaria novamente vencer a Vendée Globe. Mas foi quando tudo aconteceu.

Para atingir o objetivo de vencer a regata mais difícil do mundo em sua principal categoria, algo que se tornara uma obsessão desde que assistira aquele documentário na juventude, Plant, já então com 42 anos e famoso o suficiente para conseguir bons patrocinadores, mandou construir um veleiro legitimamente puro sangue. Uma máquina feita para voar na água, capaz de atingir velocidades incríveis, como 18 nós em ritmo de cruzeiro. Era o Coyote, também de 60 pés de comprimento, o veleiro mais ágil, veloz e nervoso que Plant já conduzira. O segredo estava no peso do barco, muito abaixo dos veleiros da época, apesar do bulbo enorme na ponta da quilha, justamente para dar sustentação ao restante do casco.

Plant coordenara pessoalmente a construção do barco, eliminando tudo o que pudesse representar quilos a mais a bordo, em busca, sempre, da melhor performance – mesmo que isso implicasse em deixar o veleiro nos seus limites extremos, como, aliás, ele fazia com a própria vida. O resultado, no entanto, foi fenomenal. O Coyote acelerava feito uma lancha e navegava com extrema audácia, embora rangendo inteiro. Era, para ele, o barco perfeito.

Isso ficou claro no último teste de mar que Plant fez com o novo veleiro, na Baía de Chesapeake, na costa leste americana, antes de zarpar para a travessia do Atlântico, rumo à largada da Vendée Globe. Na ocasião, o único empecilho foi um leve encalhe numa parte rasa da baía, que, no entanto, exigiu grande esforço da equipe de apoio para desencravar o bulbo da quilha do Coyote da lama. A operação foi complexa, com o barco de apoio tendo que puxar o veleiro com vigor, mas bem-sucedida.

Premido pelo pouco tempo que restava para partir, Plant decidiu não tirar o barco da água para examinar a integridade da quilha. Fez apenas um exame superficial do casco, dentro e fora d'água, e constatou que não havia fissuras na fibra de vidro. Satisfeito, rumou para Newport, a capital americana da vela, para uma cerimônia em sua homenagem de partida rumo a Vendée Globe.

Lá, após receber das mãos do compatriota Dennis Conner, skipper da equipe americana na America's Cup, um presente gaiato (um exemplar do livro "Como velejar", escrito pelo próprio Conner, com um comentário ainda mais brincalhão: "Talvez possa ajudar..."), Plant pulou para dentro do Coyote e partiu – sem olhar para trás – como, também, sempre fazia. Foi a última vez que ele foi visto.

Três dias depois, já infiltrado na poderosa Corrente do Golfo, que corre feito um rio caudaloso no Atlântico Norte, acelerando naturalmente os barcos rumo à Europa, Plant passou a enfrentar mau tempo, com ventos contrários de 35 nós. Era o furacão Francis que se aproximava. Mas ele não podia diminuir o ritmo, caso contrário não chegaria a tempo para a largada, na França. Como era seu estilo, seguiu velejando forte.

Plant não diminuiu o ritmo nem quando aquela pane elétrica deixou o Coyote às escuras e privado do piloto automático, o que passou a exigir que ele ficasse dia e noite no timão para manter o barco no rumo certo, em meio a um mar cada vez mais desencontrado. "Talvez eu chegue um pouco atrasado, por conta dos problemas no barco. Mas está tudo bem", pediu ao operador de rádio do petroleiro SKS Trader que informasse à sua equipe em terra firme. Mas, não. Não estava.

Meia dúzia de dias depois, um débil sinal de pedido de socorro, vindo de um aparelho móvel Epirb, que emite bips em casos de emergência, foi detectado pelos equipamentos da Agência Oceânica Americana e do Centro de Controle Canadense. Mas, estranhamente, não pode ser identificado, razão pela qual não foi repassado a Guarda Costeira Americana, como de praxe nesses casos. Era o Epirb do Coyote. Mas não havia como identificá-lo, porque, como ficaria comprovado mais tarde, na pressa de partir rumo à Europa, Plant não havia completado o registro formal do aparelho.

Mesmo quando, três dias depois, data limite para o americano chegar para a largada da Vendée Globe, não havia o menor sinal do Coyote no horizonte, ninguém ficou muito preocupado, porque, com o sabido mau tempo enfrentado e o problema de falta de energia no barco (que também impediam qualquer tentativa de comunicação com ele), era previsível que Plant chegaria atrasado – como, aliás, ele mesmo havia informado.

Mas, uma semana depois, quando todos os barcos, há muito, já haviam partido e o paradeiro de Plant seguia ignorado, soou tardiamente o alarme. Só então as Guardas Costeiras Americana e Francesa foram acionadas. Mas nada encontraram. Dias depois, as duas entidades suspenderam as buscas, alegando carência de informações sobre a região a ser vasculhada. Foi preciso que os parentes de Plant pressionassem a Guarda Costeira Americana com intensidade para que as buscas fossem reiniciadas. E, uma vez mais, não deram em nada. Na França e nos Estados Unidos, o desaparecimento do velejador sensação da época virou manchete nos jornais e implantou a angústia no mundo da vela.

Até que, na manhã de 12 de dezembro, um mês após o último contato de Plant, o navio petroleiro grego Protank Ortnocco encontrou o casco de um veleiro emborcado, flutuando a muitas milhas da costa francesa e avisou as autoridades. Três dias depois, o rebocador francês Malabar chegou ao local com uma equipe de mergulhadores e uma dupla missão: confirmar de que se tratava do veleiro do desaparecido, como tudo indicava, e checar se, por algum milagre, ele ainda estivesse vivo dentro do barco capotado – algo possível, mas pouco provável.

As duas dúvidas foram confirmadas rapidamente: era mesmo o Coyote que jazia de ponta cabeça no mar, e não havia nenhum sinal do velejador, ou de seu corpo, dentro do casco emborcado. Tampouco do aparelho que emitira aquele pedido de socorro, possivelmente porque Plant, temendo o pior, o retirara do suporte e deixara pronto para ser disparado.

O mais provável é que Plant tenha sido arremessado ao mar quando o Coyote capotou, ou golpeado por algo que também fez disparar o Epirb. Mas, por quê? O que teria causado a capotagem do barco?

A resposta estava ali mesmo e bem visível, no casco de cabeça para baixo: faltava o bulbo na ponta da quilha – aquela mesma parte que havia encalhado no último teste antes da partida dos Estados Unidos e que não fora devidamente checada pelo velejador, antes de ganhar o oceano.

A impetuosidade e negligência de Plant custaram-lhe, por fim, a vida.

O navio amaldiçoado

Durante meio século, o Achille Lauro gerou mais infortúnios do que prazer à seus passageiros

Se é verdade que barcos possuem alma, a do finado transatlântico italiano Achille Lauro, dono de uma longa e azarada história, deve estar penando até hoje. Em pouco mais de 50 anos de atividade, o famoso navio de passageiros, construído na década de 1940 e comprado perto do final de sua vida útil pelo armador, político e empresário italiano Achille Lauro, que o rebatizou com o próprio nome, passou por nada menos que dois abalroamentos (um contra um pesqueiro, em 1971, outro contra um cargueiro, quatro anos depois), um confisco que durou dois anos (quando ficou retido nas Ilhas Canárias como garantia de pagamento de dívidas de seu proprietário) e três incêndios (o último deles fatal), deixando um rastro de nove mortos ao longo de sua atribulada história.

Mas o que tornou aquele desafortunado navio ainda mais tragicamente famoso foi ter protagonizado um dramático sequestro, em 1985, que resultou na morte de mais uma pessoa, em circunstâncias totalmente bárbaras.

No final de setembro daquele ano, o Achille Lauro deixou o porto de Nápoles, na Itália, para um cruzeiro pelo Egito e Ilhas Gregas, com 511 passageiros – quatro deles, um tanto suspeitos. Pouco antes de chegar à Alexandria, no Egito, aqueles quatro homens, todos de origem árabe, invadiram a cabine de comando e, armados com metralhadoras, anunciaram o sequestro do navio e apresentaram suas exigências: a libertação de 50 palestinos que estavam presos em Israel, além da mudança de rota do Achille Lauro para a Síria, o que, no entanto, não foi autorizado pelo governo sírio.

A negativa e o impasse inesperado deixou os sequestradores confusos. Mas, para mostrar que não estavam blefando e coagir as autoridades a atenderem suas exigências, resolveram executar um dos passageiros. Escolheram o judeu-americano Leon Klinghoffer, um paraplégico de 69 anos, e dispararam a queima-roupa contra sua cabeça. Em seguida, atiraram o corpo dele ao mar, juntamente com sua cadeira de rodas.

A atrocidade chocou até o líder da Organização para a Libertação da Palestina, Yasser Arafat, que exigiu que o sequestro fosse interrompido. Mas, quando isso aconteceu, o governo do Egito já havia negociado com os quatro terroristas o desembarque dos passageiros e tripulantes do navio, bem como a fuga deles em um avião. Só que, ao mesmo tempo, o governo americano enviou dois caças para interceptar o aparelho no qual fugiam os sequestradores.

A perseguição, cinematográfica, migrou do mar para o ar, e terminou com o avião que levava os sequestradores sendo obrigado a pousar na Itália, onde eles foram presos. Mas não por muito tempo. Logo, o mentor do sequestro, o líder da Frente de Libertação da Palestina, Abu Abbas, foi solto pelo governo italiano, o que gerou uma crise política que resultou na renúncia (depois não aceita) do primeiro-ministro Bettino Craxi.

Parecia o fim dos azares do malfadado Achille Lauro, mas não foi. A sina que parecia perseguir o navio continuou e, nove anos depois, durante outro cruzeiro pela costa da África, ele sofreu um incêndio na casa de máquinas e ardeu por completo, durante dias, ao largo da Somália, ganhando novamente as manchetes dos jornais do mundo inteiro. Dessa vez, pelo esforço quase heroico em evacuar as mais de mil pessoas que estavam a bordo – duas, porém, morreram, aumentando ainda mais a macabra contabilidade do desventurado transatlântico.

Foi a última viagem do Achille Lauro, um navio que entrou para a história pela porta errada: a da total falta de sorte.

A confirmação de um fenômeno

Até aquele dia, ninguém havia medido o tamanho de uma onda gigante, no meio do oceano

No primeiro dia de 1995, um fato inédito aconteceu ao largo da costa da Noruega e mudou completamente o entendimento que os cientistas tinham sobre as ondas oceânicas. Naquela gelada e tempestuosa tarde de 1º de janeiro, uma onda gigantesca – e totalmente fora dos padrões – atingiu a plataforma de exploração de petróleo Draupner, fincada no Atlântico Norte, e deixou perplexos todos que os que estavam nela.

Não era um tsunami nem consequência de algum maremoto distante. Tampouco fazia parte de uma série de ondas do mesmo tamanho. Era uma onda solitária, mas absurdamente alta, em meio a outras menores – quase uma anomalia da natureza. A onda que atingiu a plataforma Draupner naquele dia, mais tarde batizada pelos cientistas de "Onda do Ano Novo", media assustadores 26 metros de altura, mais que o dobro da média das ondulações naquela ocasião, que não passavam dos 12. A medição foi feita pelos equipamentos da plataforma e não deu margem a dúvidas. Embora a existência das ondas oceânicas gigantescas há muito já fosse conhecida, elas jamais haviam sido medidas de forma científica.

Foi, também, a primeira vez que se teve uma prova irrefutável de que as ondas anormais oceânicas, comumente chamadas de "ondas loucas" – porque surgem do nada e são bem mais altas do que as outras –, não só existiam de verdade como eram realmente enormes. Até então, poucas pessoas tinham testemunhado ondas oceânicas daquela magnitude, quase sempre só presentes em relatos de assustados e nem sempre confiáveis marinheiros. Mas, naquele dia, tudo mudou. E o que era um quase mito virou fato.

Segundo a definição acadêmica, ondas são "distúrbios que movem energia de um ponto a outro" e são geradas pela incidência dos ventos na superfície, que "empurram" a água até um ponto onde a diferença de profundidade faz erguer as ondas. Mas, como a ciência logo descobriria, isso não se aplicava exatamente às ondas loucas. Elas eram fruto muito mais do choque de correntes marinhas contrárias, ou da superposição de uma onda sobre as outras (processo que os cientistas passaram a chamar de "interferência construtiva"), do que simples consequências de variações na profundidade. Tampouco era preciso haver uma grande tempestade para gerar uma onda daquelas no meio do oceano, razão pela qual elas eram – e continuam sendo – imprevisíveis.

Tempos depois, engenheiros do conceituado Instituto de Tecnologia de Massachusetts, nos Estados Unidos, desenvolveram um algoritmo para tentar prever o surgimento de ondas loucas no mar aberto, a fim de alertar os navegantes. Mas o estudo concluiu que a previsão máxima possível seria de apenas dois ou três minutos, insuficientes para permitir a um navio desviar a tempo. Restou apenas o consolo de ser um fenômeno raro. Bem raro.

Através de complexas equações matemáticas, chamadas de "modelo linear", a ciência também avaliou em 0,00001 as chances de alguém se deparar com uma onda de 30 metros ou mais de altura no mar aberto. No entanto, o mesmo estudo mostrou que ondas oceânicas menores do que isso são bem mais frequentes do que se imagina.

Em 2003, técnicos de um projeto chamado Maxwave ("Onda Máxima") analisaram 30 000 imagens de satélite e concluíram que, em um período de apenas três semanas, ocorreram dez eventos de superondas nos mares do planeta. E todas com altura acima dos 20 metros. Mas o levantamento também concluiu que elas duravam pouco, sendo logo reabsorvidas pelo oceano.

Já outro estudo matemático concluiu que, em alto mar, por conta da oscilação natural das marés, uma em cada cerca de 20 ondulações tende a ter o dobro da altura das outras, ainda que isso, na prática, quase sempre não passe de centímetros. O mesmo estudo também indicou que uma em cada 1 175 ondas costumava ser três vezes mais alta do que as anteriores, e apenas uma em cada 300 000 ondas quatro vezes maior do que as demais. São elas: as ondas gigantes.

Para os navegantes, um dos problemas das ondas gigantes oceânicas não é apenas a altura da onda em si, mas, também, a profunda depressão que se forma diante delas, o que se convencionou chamar de "vale". Ao avançar velozmente no mar aberto, sem nenhum obstáculo pela frente, as ondas gigantes ganham velocidade e vão "sugando" as menores. Com isso, aumentam barbaramente de tamanho e intensidade.

Também não são apenas altas, mas também íngremes – às vezes, verdadeiras muralhas d'água, que desabam parcialmente feito ondas de praia, massacrando o que houver abaixo. Navios inteiros já desapareceram, engolidos como se fossem simples canoas. E a explicação para isso está na física.

Navios, quase sempre, são projetados para suportar ondas de 15 ou 20 metros de altura. Não acima de 30, como já registrado algumas vezes. Nesse tipo de onda – raríssima, é verdade, mas não impossível –, a força da água chega a ser de 100 toneladas por metro quadrado, seis vezes mais do que o casco de um navio geralmente suporta. E se uma simples marola de meio metro de altura é capaz de derrubar um muro de alvenaria feito para suportar ventos de até 200 km/h, imagine o que uma massa d'água 60 vezes maior é capaz de fazer?

Felizmente, o fenômeno das ondas loucas gigantescas só ocorre no mar aberto e em locais com situações especiais. O Mar do Norte, entre a Irlanda e a Noruega, onde aconteceu o registro daquela "Onda do Ano Novo", é um deles. Os mares da Antártica, também. Mas em nenhum ponto do planeta o fenômeno das ondas loucas é mais intenso do que na costa da África do Sul, o que explica o sumiço de tantos navios na região.

Ao longo do litoral sul-africano, onde dois oceanos se encontram, flui a Corrente das Agulhas, uma forte correnteza submarina vinda do Atlântico que corre rente à costa, mas no sentido contrário às ondulações que chegam do Índico. Em certas situações, porém, esse veloz "rio submarino" ainda se choca com correntes vindas da Antártica, gerando grandes ondas. E algumas dessas ondulações, ao se sobrepor às outras, ganham proporções espantosas e viram ondas loucas – em uma das rotas marítimas mais movimentadas do mundo.

Só nos últimos 30 anos, mais de 20 navios afundaram ou ficaram seriamente danificados pelas ondas loucas sul-africanas. Foi ali, por exemplo, que em 4 de agosto de 1991, os 571 passageiros do transatlântico de cruzeiro Oceanos viveram momentos de terror, quando o navio foi colhido por uma sequência de ondas gigantes e afundou – felizmente, só depois do dramático resgate de todos que estavam a bordo.

O caso mais famoso na região, no entanto, foi o completo desaparecimento do cargueiro Waratah, em julho de 1909, sem deixar nenhum vestígio no mar, ao que tudo indica também por conta de uma onda louca, como contado no primeiro volume deste livro.

Como, naquela época, os cientistas ainda não haviam sido convencidos da existência do fenômeno das ondas gigantes e insistiam na tese de que as ondulações oceânicas seguiam padrões lineares de tamanho – portanto, não poderiam variar tanto de uma onda para outra –, o desaparecimento do Waratah foi classificado com um simples mistério. Até que casos semelhantes passaram a ser registrados em outros cantos do planeta. Felizmente, nem todos tão trágicos assim.

Em dezembro de 1942, durante a Segunda Guerra Mundial, o ex-transatlântico Queen Mary, na época requisitado para o transporte de tropas americanas, foi atingido por uma monumental montanha de água na travessia do Atlântico, e adernou apavorantes 52 graus – mais três e ele teria tombado de vez. A onda solitária que atingiu o famoso navio, então abarrotado com 16 000 soldados, foi estimada em 28 metros de altura.

Já bem menos sorte tiveram os 84 trabalhadores de outra plataforma de petróleo, a Ocean Ranger, fincada a 270 quilômetros da costa do Canadá. Em 15 de fevereiro de 1982, uma onda com tamanho e força totalmente fora dos padrões fez, ao que tudo indica, a plataforma inteira afundar. E ninguém sobreviveu para contar.

Perto deles, o que os assustados operários da plataforma Draupner passaram naquele primeiro dia do ano de 1995 foi apenas um susto.

CAPÍTULO 3

GUERRAS NOS MARES
1910 A 1945

A colisão que destruiu uma cidade
O choque de dois navios gerou milhares de vítimas que sequer estavam a bordo

Colisões entre navios não são raras. Mas o que aconteceu no canal de acesso ao porto de Halifax, na costa leste do Canadá, na manhã de 6 de dezembro de 1917, envolvendo dois cargueiros, o norueguês Imo, que partia levando ajuda humanitária para os soldados na Primeira Guerra Mundial, e o francês Mont-Blanc, que chegava abarrotado de materiais inflamáveis que seriam usados naquele conflito, ultrapassou em muito uma simples colisão entre embarcações. E jamais teve paralelo na história.

O acidente aconteceu porque o Imo navegava muito ao centro do canal e o comandante do Mont-Blanc, que alegava ter prioridade na passagem, recusou-se a desviar para a outra margem. A colisão, no entanto, não teria maiores consequências não fosse um duplo infortúnio.

O primeiro foi que, ao dar ré, após ficar espetado no costado do cargueiro francês, o Imo gerou fagulhas, causadas pelo atrito entre os cascos, que incendiaram a carga altamente inflamável do Mont-Blanc. O resultado foi a maior explosão marítima que se tem notícia – a bola de fogo passou dos 1 500 metros de altura.

Já o segundo infortúnio foi que isso aconteceu bem diante da cidade de Halifax, que praticamente também voou pelos ares, com a explosão apocalíptica do navio. Mais de 1 000 construções vieram instantaneamente abaixo, desencadeando um incontrolável incêndio também em terra firme, com os rompimentos das tubulações de gás das casas.

Como se não bastasse tudo isso, a explosão do Mont-Blanc causou um tsunami que inundou a cidade em chamas, e, no dia seguinte, os sobreviventes ainda tiveram que enfrentar uma das piores tempestades de inverno da região sem ter onde se abrigar – outros tantos morreram de frio.

No total, a tragédia gerou quase 2 000 moradores mortos e outros 9 000 feridos – vítimas que sequer estavam nos navios envolvidos. Foi a maior catástrofe da Primeira Guerra Mundial, embora tenha ocorrido bem longe dos campos de batalha. A explosão do Mont-Blanc foi tão violenta que, anos mais tarde, foi usada pelo pai da bomba atômica, Robert Oppenheimer, como referência para o que geraria o seu invento.

Antes disso, porém, o Supremo Tribunal do Canadá julgou o caso e concluiu que a culpa pela catástrofe não foi exclusivamente do comandante do Imo nem do Mont-Blanc, mas de ambos. Nenhum deles foi preso.

O encouraçado que deixou um legado
O HMS Dreadnought era um navio tão à frente do seu tempo que criou uma classe à parte. Mesmo assim, virou sucata

Em 1906, a Inglaterra finalizou a construção do até então mais formidável e poderoso encouraçado da História: o HMS Dreadnought. Enquanto os encouraçados habituais deslocavam cerca de 15 000 toneladas, navegavam a não mais que 18 nós de velocidade, e tinham, no máximo, quatro canhões a bordo, o portento inglês exibia quase 3 000 toneladas a mais de porte, atingia 21 nós no mar e – mais importante que tudo – possuía nada menos que 10 canhões de 12 polegadas, os maiores até então criados, além de outros 27 canhões menores e quatro lança torpedos. Era uma embarcação militar muito à frente do seu tempo.

Por isso mesmo, na Primeira Guerra Mundial, o HMS Dreadnought fez história. Sua superioridade sobre os demais navios de combate era tão absurda que seu nome de batismo acabaria servindo para designar um novo tipo de encouraçado: os da série "Dreadnought", responsáveis por uma verdadeira revolução naval militar.

Mesmo assim, tão logo a guerra terminou, o HMS Dreadnought teve que ser desativado, por conta do Tratado de Washington, de 1922, que limitou a quantidade e capacidade dos encouraçados que cada país poderia ter.

Em seguida, o espetacular navio foi desmanchado e vendido como sucata – um final inglório para um navio que virou um marco na história naval mundial.

Afogado por um livro

Fiel à promessa de proteger os códigos secretos nazistas a todo custo, um marinheiro alemão acabou virando herói dos inimigos

Na Primeira Guerra Mundial, um dos principais objetivos dos ingleses era decifrar os códigos secretos usados pelos alemães para se comunicarem com seus navios e submarinos. Em especial, o chamado código SKM, que tinha a forma de um volumoso livro que servia de guia para os operadores das máquinas criptografarem corretamente as mensagens, sempre levado a bordo das naves alemãs. Cada navio possuía um livro, o que, a princípio, tornava relativamente fácil a captura de um deles.

O problema era que, sempre que uma embarcação alemã era atacada, o seu livro de códigos também se perdia no subsequente naufrágio do barco – bem como a própria máquina que criptografava as mensagens. Até que surgiu uma oportunidade.

No final de 1914, um contratorpedeio alemão foi cercado pelos russos e encalhou. Após intensas trocas de disparos, muitos marinheiros alemães se atiraram ao mar, para não serem capturados. Um deles foi o rádio-telegrafista do navio, que, fiel à promessa de proteger o código SKM a todo custo, enfiou o pesado livro dentro da farda e se lançou na água. Mas morreu afogado, possivelmente por conta do próprio livro, que pesava uma barbaridade – e, pelo tamanho, impedia que ele nadasse direito.

Quando seu corpo foi resgatado, lá estava o cobiçado livro, ainda que encharcado, escondido dentro do uniforme. E foi graças a iniciativa daquele bem-intencionado marinheiro alemão que os ingleses, finalmente, conseguiram uma cópia do desejado código SKM.

O heroísmo dele acabou tendo efeito contrário.

Os enigmas de um naufrágio
Nunca se soube o que fez afundar o cargueiro alemão, nem por que seus porões estavam cheios de munição

Durante muito tempo, a região do Arquipélago de Abrolhos, no litoral sul da Bahia, foi um pesadelo para a navegação. O próprio nome do arquipélago (uma contração da expressão "abra os olhos", usada pelos antigos marinheiros portugueses para alertar os companheiros dos riscos que aqueles bancos de corais representavam para os barcos) vem disso. Em Abrolhos, muitas embarcações encontraram seu fim. Uma delas foi o cargueiro alemão Santa Catharina, durante a Primeira Guerra Mundial. Mas, pelo menos nesse caso, o naufrágio nada teve a ver com os perigos da região.

Em meados de 1914, por conta da guerra recém-iniciada na Europa, os ingleses passaram a atacar navios que supostamente transportassem suprimentos para a Alemanha. Os navios com bandeira alemã eram, obviamente, os mais visados. E foi justamente nessa época que o cargueiro Santa Catharina foi a pique nos arredores do Abrolhos, em circunstâncias jamais devidamente explicadas.

É certo que o Santa Catharina pegou fogo, como, mais tarde, comprovariam vestígios em seus escombros. Também é certo que, em algum momento (não se sabe se antes ou depois do incêndio), ele foi parcialmente atacado pelo cruzador inglês Glasgow, que patrulhava a costa brasileira e registrou o fato no seu diário de bordo. Mas o que jamais foi explicado foi por que o Santa Catharina transportava munições (e de maneira secreta, já que isso não constava no inventário de carga), se ele havia partido de Nova York com destino ao porto de Santos, sendo que, naquela época, tanto o Brasil quanto os Estados Unidos eram países neutros no conflito.

A hipótese mais cogitada foi que os Estados Unidos estariam fornecendo material bélico ao Brasil por baixo dos panos, já contando com a adesão do país à guerra, na condição de seu aliado. Mas isso tampouco jamais foi comprovado.

O naufrágio do Santa Catharina, hoje bastante visitado por mergulhadores nas águas de Abrolhos, foi um episódio que deixou uma série de perguntas e nenhuma resposta.

Atacou o próprio amigo
Mas ele só descobriu isso quando o pior já tinha acontecido

No passado, nem sempre era fácil identificar outro barco, especialmente submarinos. Que o diga o comandante alemão Bruno Hoppe. Em 21 de janeiro de 1917, durante a Primeira Guerra Mundial, o seu Uboat detectou outro submarino nas mesmas águas e tentou contato. Como não obteve resposta, Hoppe julgou ser uma nave inimiga e atacou.

Mais tarde, ao se aproximar dos destroços na superfície para tentar identificar a vítima, ele percebeu que não só afundara um submarino da própria Alemanha, como descobriu, arrasado, que era a nave comandada por um de seus melhores amigos – que, muito possivelmente, não ouviu o contato pré-disparo. Hoppe amargou um sentimento de culpa pelo resto da vida.

Um recordista valioso
Ainda restam toneladas de ouro do Laurentic no fundo do mar

Nem navios piratas, nem galeões do passado. Um dos naufrágios que mais fizeram brotar ouro do fundo do mar até hoje foi o do transatlântico inglês Laurentic.

Em 1917, durante a Primeira Guerra Mundial, quando transportava passageiros e 43 toneladas do precioso metal para a compra de armamentos no Canadá, o Laurentic tocou em duas minas submarinas, colocadas pelos alemães, e afundou na costa da Irlanda, matando 354 pessoas e levando toda aquela fortuna para o fundo do mar.

Durante anos, seu naufrágio foi explorado pelos ingleses e dele brotaram 35 toneladas de ouro, um recorde na história dos resgates submarinos. Mas, ainda assim, não tudo. Restaram oito toneladas, que não foram encontradas até hoje.

O reciclador de torpedos
Se não acertasse o alvo, ele recuperava o projétil e o usava de novo

Na Primeira Guerra Mundial, o capitão do submarino inglês E-11, Martin Nasmith, fez história. Mas não pelos navios que os torpedos de seu submarino mandaram para o fundo, e sim por reutilizá-los, sempre que errava o alvo.

Quando isso acontecia, Nasmith seguia o rastro do inútil torpedo que lançara e, tão logo cessava o movimento do projétil, mandava um mergulhador retirar o detonador e fazê-lo flutuar, injetando ar-comprimido. Em seguida, se aproximava com o submarino na superfície e reencaixava o torpedo desativado no mesmo tubo do qual fora lançado, a fim de reaproveitá-lo quando um novo detonador fosse colocado.

Mais do que um simples ato de sovinice, o estranho hábito de Nasmith garantiu que ele sempre tivesse torpedos disponíveis, para azar dos inimigos.

Não sabiam que eram inimigos
Eles só descobriram isso quando foram resgatados, após o naufrágio

No mesmo dia que França e Inglaterra declararam guerra à Alemanha, em 3 de setembro de 1939, aconteceu o primeiro ataque dos Aliados a um navio alemão, mas não na Europa, como seria de se imaginar, mas a milhares de quilômetros de distância dos campos de batalha. O ato coube ao cruzador inglês Ajax, que tão logo soube da declaração de guerra, detectou o cargueiro alemão Olinda navegando na costa do Uruguai e ordenou que ele parasse.

Como não sabiam da adesão inglesa ao conflito, pois haviam partido de Montevidéu na véspera, os alemães não entenderam a ordem, mas, ainda assim, pararam o navio, que foi afundado em seguida. Só ao serem resgatados é que ficaram sabendo o motivo do ataque.

A América do Sul custou a entrar na Segunda Guerra Mundial, mas foi uma das primeiras regiões do planeta a sentir seus efeitos no mar.

Guerra com regras

No primeiro ataque de um submarino alemão na Segunda Guerra Mundial as leis do mar ainda eram seguidas

No quarto dia da Segunda Guerra Mundial, os submarinos alemães fizeram sua primeira vítima entre os indefesos navios mercantes ingleses. Foi, também, a primeira presa daquele que se tornaria um dos mais prestigiados capitães de submarinos no conflito, o premiado comandante alemão Günther Prien.

Nas primeiras horas da manhã de 5 de setembro de 1939, quando patrulhava a costa de Portugal ao comando do submarino alemão U-47, Prien avistou, pelo periscópio, o cargueiro Bosnia vindo na sua direção, em rota para a Escócia. Mas não teve pressa em atacar. Submergiu e esperou que o navio passasse sobre o submarino, para então emergir, bem na popa do cargueiro, e disparar. E não um torpedo letal, como seria de se esperar.

Até então um fiel seguidor das convenções internacionais de guerra, Prien preferiu disparar apenas um tiro de alerta, a partir do canhão de proa do submarino, em vez de um torpedo. Mas o disparo foi ignorado pelo comandante do cargueiro, que não só ignoraria, também, um segundo disparo, como, depois de alertar pelo rádio as demais embarcações sobre a presença do submarino alemão naquelas águas, acelerou os motores e alterou a rota, para tentar escapar do inevitável.

E não teve jeito mesmo. Com um submarino bem mais veloz que o velho vapor, Prien ordenou que a artilharia abrisse fogo contra o navio, que, por fim, estancou em chamas, enquanto seus atônitos tripulantes pulavam para os botes salva-vidas. Na pressa, um dos botes virou e lançou ao mar o seu único ocupante: um adolescente escocês em início de carreira no mar.

Também de acordo com as convenções, Prien se aproximou do bote emborcado e recolheu o apavorado garoto, que tremia de frio e de medo (mais tarde, ele confessaria ao comandante alemão que a visão que teve do submarino perseguindo o navio foi como "a do monstro do lago Loch Ness"). Em seguida, com a ajuda de outro navio, o cargueiro norueguês Eidanger, que ouvira o alerta do comandante do Bosnia e viera prestar ajuda às vítimas, uma vez que a Noruega era neutra no conflito, o próprio Prien ajudou a recolher os demais náufragos, num raro caso de obediência às regras não escritas da vida no mar.

Terminado o resgate, Prien notou que o Bosnia, mesmo parcialmente afundado e em chamas, ainda flutuava – e isso não só representava um perigo à navegação como levantaria pistas para os outros navios da presença de um submarino inimigo na região. Foi quando ele, finalmente, decidiu usar o seu primeiro torpedo – que foi, também, o primeiro disparado naquele conflito –, para pôr o navio a pique. Mas não sem antes "comemorar o momento". Chamou toda a tripulação do U-47 ao convés para "apreciar o espetáculo", e fez o disparo.

O Bosnia explodiu feito uma granada e afundou em minutos. Mas, graças ao caráter do comandante alemão, com apenas uma baixa. Dos 33 tripulantes do navio inglês, 32 foram resgatados. Boa parte deles, pelo próprio Prien. No entanto, mais tarde, o endurecimento dos conflitos tornaria os oficiais, tanto alemães quanto aliados, bem menos éticos e solícitos com os inimigos.

Gentileza até com os inimigos
Mesmo sendo atacado, o comandante preferiu não revidar na mesma moeda

Apenas dois dias depois de atacar o Bosnia, mas seguindo as regras de guerra, o mesmo comandante alemão Günther Prien, do submarino U-47, voltou a dar outro exemplo de retidão. Em 7 de setembro de 1939, ele localizou o cargueiro inglês Gartavon navegando a cerca de 260 milhas da costa da Inglaterra e, tal qual fizera com o Bosnia, disparou apenas um tiro de aviso.

Dessa vez, porém, o cargueiro nem tentou fugir. Sua tripulação passou imediatamente para os botes salva-vidas e tratou de se afastar do navio, que, no entanto, seguiu navegando, propositalmente em círculos e a toda velocidade, porque, antes de abandoná-lo, o seu comandante havia travado o timão e o manete do motor. O objetivo era tentar atingir o submarino com o próprio navio.

Entretido em acompanhar a fuga segura dos náufragos, Prien só detectou a manobra suicida do navio quando o Gartavon já estava muito próximo de seu submarino, então parado na superfície. O navio passou tão perto da popa do U-47 que fez sombra no tombadilho.

Mas nem assim Prien mudou sua habitual cordialidade. Ele avançou até perto dos botes salva-vidas, pediu que o comandando do navio se identificasse e disse que, "em razão do ato hostil", não iria comunicar pelo rádio a presença dos náufragos no mar – mas faria isso quando encontrasse o primeiro navio de país neutro no caminho.

Horas depois, todos os tripulantes do Gartavon foram recolhidos pelo cargueiro sueco Castor, que, conforme prometido, havia sido avisado pelo íntegro comandante alemão.

O submarino mal-assombrado

Na Primeira Guerra Mundial, os alemães chegaram a promover um sessão de exorcismo a bordo de um amaldiçoado submarino

O submarino alemão U-65, lançado em junho de 1917 para ajudar nos combates da Primeira Guerra Mundial, durou pouco mais de um ano, até afundar, em julho do ano seguinte. Mas deixou uma herança que é lembrada até hoje: a de ter sido o submarino mais maldito e mal-assombrado que se tem notícia.

A má fama começou quando ele ainda estava em fase final de testes, no próprio estaleiro, antes mesmo de ir para a água. Durante uma checagem nas baterias da casa de máquinas, um vazamento de gás matou três operários. Dias depois, a corrente que estava sendo usada por um guindaste para mover uma viga de aço até o submarino arrebentou, e a peça desabou sobre outro trabalhador – que também morreu.

Quando ficou pronto e foi para o mar, a fim de fazer seus primeiros testes práticos, o U-65 encalhou durante uma tempestade, e um dos marinheiros, que saíra no convés para avaliar a situação, foi subitamente levado por uma onda. Seu corpo jamais foi encontrado. Depois, em outro teste, um dos tanques de lastro inundou e gerou novo vazamento de gás nas baterias, matando mais dois tripulantes. E não parou por aí.

Dias depois, durante um novo teste, outro tanque de lastro voltou a inundar, dessa vez levando o submarino para o fundo da baía onde estava sendo feita a sua avaliação. E ele ali ficou por 12 horas, até que sua desesperada tripulação, já quase sem ar para respirar, conseguiu fazer um reparo de emergência e retornar à superfície.

Quando isso aconteceu, já parecia claro para alguns tripulantes – bem como alguns oficiais da Kriegsmarine, como era chamada a Marinha Alemã – que havia algo de sobrenatural envolvendo o U-65. E eles tiveram certeza disso quando, dias após ser comissionado, um de seus torpedos explodiu ao ser colocado no submarino, matando o segundo oficial de bordo – cujo fantasma, dali em diante, passou a ser visto pela amedrontada tripulação nos mais diferentes pontos do U-65.

Temendo que o pavor da tripulação comprometesse as ações de combate do U-65, a Kriegsmarine designou um comodoro cético para interrogar os oficiais e marinheiros do submarino, a fim de pôr um ponto final naquela nefasta fama. Mas, após conversar com os tripulantes e ouvir seus relatos, até o próprio comodoro ficou convencido de que algo de anormal poderia estar acontecendo naquele submarino. E recomendou que o U-65 fosse retirado de serviço, para troca de tripulação "e outras ações" – que incluíram até um ritual de exorcismo a bordo do U-65, conduzido por um pastor luterano, a convite da corporação.

Feito isso, uma nova tripulação foi alocada no submarino, sob ameaça de punição caso as histórias sobre encontros sobrenaturais a bordo continuassem. E elas continuaram.

Um mês depois, um dos tripulantes garantiu ter visto um vulto desconhecido entrando no compartimento de torpedos, mas, ao checar o cômodo, ele estava vazio. Quase ao mesmo tempo, outro marinheiro passou a ter alucinações e se atirou ao mar durante uma das subidas do U-65 à superfície. Mas o pior de tudo ainda estava por vir.

Em 10 de julho de 1918, um submarino americano avistou o U-65 parado na superfície, aparentemente com algum problema, e se preparou para torpedeá-lo. Seria um alvo fácil, já que o submarino estava inerte. Por isso, o comandante americano não teve pressa. Mandou carregar os torpedos e mirar o alvo com precisão, para não desperdiçar munição. Mas nem precisou usá-la. Enquanto os torpedos ainda eram posicionados, o U-65 explodiu bem diante do periscópio do submarino americano, que não chegou a fazer disparo algum.

Como não havia nenhuma outra embarcação na região, a explosão do U-65, que decretou a morte de toda a sua tripulação, foi creditada à autodetonação dos seus próprios torpedos por mal funcionamento do sistema, o que explicaria por que o submarino estava totalmente inerte na superfície.

Durante 86 anos, essa foi a versão mais aceita para o fim do maldito submarino alemão. Até que, em 2004, uma equipe de mergulhadores encontrou os restos do U-65 no fundo do mar e – surpresa! – o compartimento de torpedos estava intacto. O que, então, teria causado aquela explosão?

Para muitos, a explicação, como nos demais casos envolvendo aquele amaldiçoado submarino, estaria além da razão.

O comandante que afundou o próprio navio

Após ter protagonizado uma histórica caçada, o mais poderoso encouraçado alemão acabou afundado pela própria tripulação

A história do Uruguai jamais esquecerá o dia 17 de dezembro de 1939. Naquela data, mesmo sendo o país oficialmente neutro na Segunda Guerra Mundial, ele acabaria se envolvendo em um dos mais dramáticos episódios navais do conflito: o naufrágio do mais famoso navio de combate da Alemanha nazista, o Graf Spee. E foi um naufrágio proposital, feito pelos próprios alemães, como último recurso para não entregar sua mais valiosa nave de combate aos inimigos ingleses, que o encurralaram bem diante da capital uruguaia, Montevidéu.

A ordem para explodir e por a pique o navio veio do próprio Adolf Hitler e foi executada com disciplina militar pelo comandante do Graf Spee, o alemão Hans Langdorff, um oficial tão competente (embora avesso ao nazismo) que acabaria sendo elogiado até pelo líder inglês Winston Churchill, o mesmo homem que comandara a distância a esquadra que encurralara o navio-orgulho da frota alemã nas águas uruguaias.

Tudo começou quando o Graf Spee foi para a água, às vésperas da Segunda Guerra, com uma clara missão: afundar o maior número possível de navios mercantes ingleses nas costas do Brasil, Uruguai, Argentina e África, assim que fosse deflagrado o conflito. O Graf Spee era um "encouraçado de bolso", um tipo de navio de combate assim chamado por ser bem menor que os encouraçados convencionais, já que, com a derrota na Primeira Guerra Mundial, a Alemanha fora obrigada a assinar o Tratado de Versalhes, que limitara o tamanho de suas naves de guerra. Mas, embora pequenos, os encouraçados de bolso tinham um incrível poder de fogo. E o Graf Spee era o mais poderoso de todos.

Assim que começaram os combates, ele partiu da Alemanha, sob o comando de Langsdorff, com 1.200 homens a bordo e portando uma arma secreta: um novo tipo de radar, muito mais preciso do que qualquer radar até então conhecido. Dias depois, em 30 de setembro de 1939, a cerca de 100 quilômetros do litoral de Pernambuco, na costa brasileira, o Graf Spee fez sua primeira vítima: o navio inglês de transporte de carga Liverpool, que partira do Rio de Janeiro com destino a Nova York.

Mas o navio levou quase três horas para afundar por completo e permitiu aos seus tripulantes avisar a marinha inglesa da presença do Graf Spee em águas brasileiras. Mesmo assim, na sequência, outros oito navios mercantes foram postos a pique ao longo do litoral do Brasil, Argentina e Uruguai, transformando o Graf Spee, que passou a ser chamado de "Tigre dos Mares", na nave de guerra mais caçada do Atlântico Sul. Para despistar os inimigos, o navio orgulho da marinha de Hitler ganhou falsas chaminés e outros disfarces, para parecer um navio como outro qualquer.

No início de dezembro de 1939, havia nada menos que nove

esquadras aliadas no encalço do Graf Spee, principalmente ao longo da costa brasileira. Mas ele só foi localizado no litoral do Uruguai, a cerca de 350 quilômetros da cidade de Punta del Este, pelos cruzadores ingleses Exeter, Ajax e Achilles – ao que consta, graça à delação de um espião duplo alemão que vivia no Brasil, chamado Johnny de Graaf, embora isso jamais tenha sido provado.

Em seguida, começou uma das mais famosas batalhas navais da Segunda Guerra Mundial. O combate durou um dia inteiro, com o Graf Spee driblando os três navios ao mesmo tempo. Mas os cruzadores ingleses passaram a navegar em ziguezagues e não deram trégua nos disparos contra o pequeno encouraçado alemão, que se defendeu – e também atacou – como pode.

Houve mortes e estragos dos dois lados. Mas, seriamente avariado, o Graf Spee resolveu buscar abrigo no porto de Montevidéu, para reparos. Foi também uma forma de escapar do implacável cerco dos três cruzadores ingleses, que ficaram do lado de fora das águas territoriais uruguaias, à sua espera.

Pelas regras de guerra, o Graf Spee só poderia ficar no porto de um país neutro por 72 horas. Depois disso, teria que voltar ao mar, mesmo correndo o risco de ser atacado tão logo saísse de lá. Mas o navio alemão não estava em condições de voltar a lutar.

Começou, então, outra batalha: a diplomática. O comandante Langsdorff tentou ganhar tempo, para que submarinos alemães chegassem ao Uruguai a fim de ajudá-lo a tentar escapar. Mas não conseguiu convencer os uruguaios de que precisava de 15 dias para reparar seu navio.

Por outro lado, os ingleses passaram a divulgar, pelo rádio, que uma poderosa esquadra aliada de reforço estava a caminho, para ajudar no cerco ao Graf Spee, o que não era verdade. Também pressionaram o governo uruguaio para que expulsasse o Graf Spee do porto, ameaçando, entre outras coisas, parar de comprar carne do Uruguai, então uma das principais fontes de renda do país.

Os uruguaios ficaram, então, no meio de um delicado conflito.

A tensão durou três dias, até que, de Berlim, veio uma ordem de Hitler para que o Graf Spee fosse destruído, porque não havia como escapar do cerco inglês e os alemães não queriam que seu navio-símbolo caísse nas mãos do inimigo – muito menos que seu revolucionário radar fosse descoberto.

Mesmo não simpatizando nem um pouco com o nazismo, Langsdorff tomou a mais difícil decisão de qualquer capitão: destruir o próprio navio.

No início da noite de 17 de dezembro de 1939, com poucos tripulantes a bordo, ele partiu com o Graf Spee do porto de Montevidéu, mas não foi longe. Bem diante da cidade, em plena foz do Rio da Prata, desligou os motores, ordenou que todos passassem para uma lancha de apoio e, para a perplexidade geral dos uruguaios – e do mundo inteiro –, acionou os explosivos que havia colocado no barco.

O Graf Spee voou pelos ares, numa sucessão de explosões tão violentas que arrebentaram os vidros dos prédios de Montevidéu. Era o fim do grande navio nazista e, de certa forma, também do seu comandante.

Até hoje, a capital uruguaia guarda destroços do navio alemão em alguns de seus monumentos e conta a história do Graf Spee como se ela tivesse acontecido ontem. Até porque alguns de seus tripulantes preferiram permanecer no país, já que, se saíssem dali, inevitavelmente seriam capturados e presos.

Mas o drama do Graf Spee não parou por aí. Depois de enterrar, em solo uruguaio, 36 marinheiros mortos no combate (ocasião em que deixou claro seu descontentamento com o nazismo ao trocar a tradicional saudação do braço direito estendido pela continência dos militares aliados), Langsdorff atravessou o Rio da Prata até Buenos Aires, onde optou por um desfecho ainda mais dramático.

Hospedou-se num hotel barato da capital argentina, enrolou-se numa bandeira alemã (mas não a nazista) e, três dias após o naufrágio proposital do Graf Spee, suicidou-se com um tiro na cabeça, alimentando ainda mais um episódio que entrou para a história – tanto da Segunda Guerra Mundial quanto do próprio Uruguai, que jamais esqueceu o mais famoso navio que já singrou suas águas e delas nunca mais saiu.

Tem alguém aí dentro?

Antes mesmo de entrarem em operação na guerra, os tripulantes do submarino Squalus viveram dias de pura aflição

Mesmo antes de aderir à Segunda Guerra Mundial, a atividade naval americana foi intensa. Um dos projetos colocados em prática rapidamente foi a construção de um novo tipo de submarino, cuja primeira unidade ficou pronta no início de 1939. Era o USS Squalus, que bem antes de entrar em combate, foi submetido a uma exaustiva bateria de testes nas águas próximas ao porto americano de Portsmouth. Mas o começo do novo submarino não foi nada promissor.

Durante um teste rotineiro, que simulava um mergulho de emergência, o Squalus afundou de verdade, levando para o fundo do mar 59 homens e criando um dos maiores dramas da Marinha Americana na época. O problema foi causado pelo mau funcionamento de uma válvula no compartimento dos motores, que inundou a popa do submarino e fez o Squalus afundar feito uma pedra até os 70 metros de profundidade.

No acidente, morreram todos os 26 tripulantes que ocupavam a parte posterior do submarino, porque, por ordem do comandante Oliver Naquin, ela fora fechada para não decretar a morte de toda a tripulação – uma dura decisão, mas que representou a diferença entre morrerem todos ou alguns. Naquin jamais foi criticado por tê-la tomado. Qualquer comandante no seu lugar teria feito o mesmo.

Tudo começou às 8h40 da manhã do dia 23 de maio de 1939 quando o Squalus afundou, descontrolado, bem próximo do porto do qual partira – e para o qual deveria voltar ao final do dia. Era o começo de uma angústia que duraria três dias de intensas tentativas de resgatar os 33 sobreviventes presos dentro do submarino.

A primeira providência do comandante Naquin, depois de mandar trancar a passagem para a popa do submarino inundado, decretando assim a morte de 26 de seus subordinados, foi disparar para a superfície um novo tipo de boia, que também estava sendo testada. Ela continha um aparelho telefônico que permitia comunicação direta com o submarino – cuja localização, embora próxima ao porto, não era exatamente conhecida.

Só quando o Squalus não retornou à base na hora estipulada, é que foi dado o alerta. Imediatamente, um grupo de especialistas em resgates submarinos entrou em ação, sob o comando do especialista Warren Wilkis, que vinha trabalhando em novos artefatos para salvamentos desse tipo. Entre eles, uma espécie de casulo feito de aço, que tinha por objetivo descer até a nave naufragada e, por meio de um sistema de acoplamento na escotilha principal, retirar os sobreviventes. Na teoria, funcionava. Mas, na prática, jamais tinha sido testado. Não havia, porém, tempo para isso. Era preciso retirar aqueles homens do fundo do mar antes que o ar dentro do submarino acabasse.

A equipe de Wilkis seguiu para a região onde o Squalus faria seus testes de navegação e começou a procurar sinais do submarino. A princípio, nada achou. Nem mesmo a boia despachada pelo comandante Naquin – que, no entanto, também tivera a feliz ideia de disparar foguetes sinalizadores do fundo do mar em direção ao céu, outra novidade para a época.

Naquin esgotou quase a caixa inteira de foguetes, até que o último sinalizador foi avistado por um membro da equipe de resgate, a certa distância de onde os barcos estavam. Ao chegar lá, Wilkis encontrou, também, a tal boia, que, por ser uma novidade, continha a curiosa frase pintada na carcaça: "Submarino afundado aqui. Telefone dentro". Wilkis ligou e Naquin atendeu, 70 metros abaixo dele.

Agora, pelo menos aqueles homens trancados no submarino tinham certeza de que as equipes de resgate sabiam onde eles estavam. Mas o alívio durou pouco. Logo, o movimento do mar fez o cabo telefônico que unia o submarino à superfície se partir. Wilkis ficou, então, sem nenhum contato com os colegas naufragados. Foi quando ele resolveu ignorar os protocolos de segurança da Marinha Americana e colocar no mar o tal casulo de resgate, que nunca havia sido testado. Era isso ou nada.

A engenhoca chegou ao local do naufrágio angustiantes dois dias depois e foi logo colocada na água, tendo o próprio Wilkis como tripulante-cobaia. Lá embaixo, os 33 sobreviventes do Squalus já lutavam contra o frio, a umidade excessiva e uma altíssima concentração de dióxido de carbono, fruto da incapacidade do submarino de reciclar o ar que eles respiravam. Também estavam na mais completa escuridão, porque havia acabado a energia do submarino. Um cenário aterrorizante, embora eles soubessem que um batalhão de homens estava fazendo o possível para tirá-los de lá. Sobretudo o incansável Wilkis.

Nas primeiras horas da manhã de 25 de maio, dois dias depois do naufrágio, o chefe da operação de resgate pôs o casulo experimental na água e desceu rumo ao submarino inerte. Wilkis não sabia se aquela operação daria certo ou o tornaria também vítima da tragédia, mas não havia opção. A descida foi lenta, tensa, mas bem-sucedida. Um par de horas depois, Wilkis tocou o casco do Squalus, abriu a escotilha e entrou no submarino, onde encontrou um grupo de homens semi-desesperados, mas maravilhados com aquela ajuda vinda de uma forma que eles não conheciam. Em seguida, começou o resgate dos tripulantes, em grupos de sete ou oito por vez.

Foram três viagens à superfície, sem nenhum imprevisto. Até que, na quarta e última, quando Wilkis não mais estava no comando do casulo, aconteceu um imprevisto: o cabo do artefato se enroscou no próprio submarino, durante a subida. Para evitar que o cabo rompesse, o que geraria a inundação do casulo, Wilkis mandou, por meio de um interfone, que eles voltassem para o fundo e ali ficassem, até que um mergulhador descesse para soltar o cabo. A operação quase custou a vida do mergulhador, por conta da profundidade, mas deu certo. E o casulo voltou a subir.

Contudo, na metade do caminho, o mesmo cabo de aço começou a desfiar, feito uma linha. E seguiu arrebentando, fibra por fibra, até chegar bem perto da superfície. Dentro do casulo, havia, então, além do seu operador, os últimos sete sobreviventes do Squalus, entre eles o comandante Naquin, último a deixar o submarino naufragado, como manda o protocolo. Se o cabo partisse, seria o fim para aqueles oito homens. Foi quando Wilkis, num gesto desesperado, mandou que um marinheiro pulasse na água com uma corda e a amarrasse na ponta do casulo. Os metros finais da subida foram dramáticos, com uma cápsula de várias toneladas sendo puxada por meio de uma simples corda. Mas, de novo, deu certo. E todos os 33 sobreviventes do afundamento do Squalus foram salvos.

Nos dias subsequentes, Wilkis voltou inúmeras vezes ao local do naufrágio, determinado a resgatar também o submarino, bem como os corpos dos 26 tripulantes mortos, o que fez ao cabo de 113 dias. Mais tarde, recuperado, o Squalus voltou a navegar e foi mandado para a guerra, onde atuou sob outro nome (U.S.S. Sailfish), até o fim do conflito. Já Warren Wilkis, pela sua determinação, bravura e boa dose de ousadia, recebeu a mais alta honraria da Marinha Americana: virou nome de navio.

O comandante fiel
Mesmo depois de morto, ele se uniu aos seus ex-comandados

O alemão Reinhard Suhren foi um dos mais eficientes comandantes de submarino da Alemanha. Em pouco mais de um ano, entre junho de 1941 e agosto de 1942, quando estava no comando do U-564, afundou nada menos que 19 navios aliados – mas sempre atribuiu esse mérito à qualidade dos seus subordinados, com os quais desenvolveu uma relação de quase amizade.

Tanto que, pouco antes de morrer, de câncer, em 1984, Suhren pediu que as cinzas de seu corpo fossem jogadas no mar do Cabo Ortega, na costa da Espanha, local onde o U-564 havia sido afundado, então sob o comando de outro capitão, mas matando 28 dos seus antigos tripulantes. Mais de 40 anos depois, o fiel comandante se uniu aos seus ex-comandados.

A primeira grande vítima da Segunda Grande Guerra

Os passageiros do grande transatlântico nem sabiam que a guerra havia começado quando veio aquele ataque-surpresa

Quando o transatlântico inglês SS Athenia deixou o porto de Glasgow, na Escócia, com destino aos Estados Unidos, no início da tarde de 2 de setembro de 1939, a Segunda Guerra Mundial mal havia começado, já que os alemães haviam invadido a Polônia apenas na véspera. Daí a surpresa e perplexidade dos seus passageiros, que somados aos tripulantes davam 1 418 pessoas a bordo, quando, no dia seguinte, dois torpedos foram disparados pelo submarino alemão U-30 contra o navio, a cerca de 200 milhas da costa da Irlanda – a maioria deles sequer sabia que a guerra havia começado.

O transatlântico, ironicamente o segundo com o nome SS Athenia a ser vítima dos alemães (o primeiro fora atacado em 1918, na Primeira Guerra Mundial), levou 14 horas para afundar por completo, o que, ao menos, deu tempo aos sobreviventes de passar para os botes salva-vidas e, mais tarde, serem resgatadas, após os pedidos de socorro enviados pelo também surpreso comandante do navio. Mesmo assim, 437 pessoas morreram no primeiro ataque ocorrido no mar do maior conflito da história, e que vitimou justamente um inocente navio de passageiros.

O fato gerou tamanha indignação, que, por ordem do próprio Hitler, que temia uma retaliação dos Estados Unidos, já que havia americanos entre as vítimas, a Alemanha só assumiu a autoria do ataque sete anos depois, em 1946, durante o julgamento de Nuremberg, quando a guerra já havia terminado.

Até para os nazistas, aquele famigerado ataque surpresa havia sido exagerado.

Um mistério carioca
O naufrágio do navio alemão Wakama, no litoral do Rio de Janeiro, nunca foi devidamente explicado

Apenas quatro dias após a Alemanha invadir a Polônia, em setembro de 1939, dando início à Segunda Guerra Mundial, um cargueiro com a bandeira nazista, como era hábito nos navios alemães da época, entrou no porto do Rio de Janeiro. Seu objetivo, contudo, nada tinha de bélico. O Wakama atracara para receber um carregamento regular de café, arroz, minério de ferro e banha, entre outras mercadorias – nem todas necessariamente especificadas nos manifestos de carga, como também acontecia com frequência no passado.

Havia, no entanto, um segundo intuito na chegada do Wakama ao Rio de Janeiro: obedecer ordens recém-recebidas de que todos os navios alemães deveriam se abrigar em portos de países neutros no conflito que acabara de eclodir, como era o caso do Brasil. Na segurança do porto carioca, o Wakama chegou e ficou. Por seis meses.

Até que, em 11 de fevereiro do ano seguinte, logo após o Carnaval, que, por sinal, os 46 tripulantes alemães do Wakama aproveitaram bastante na Cidade Maravilhosa, veio outra ordem da Alemanha: o navio deveria completar rapidamente seu carregamento e partir, sem muito alarde.

Naquela mesma noite, o comandante alemão Berhard Schacht mandou apagar todas as luzes de bordo e deixou a cidade, horas depois de outro navio alemão, o La Coruña, também ter partido do porto do Rio de Janeiro. Seu destino: a Alemanha. Mas o Wakama não foi além de 100 milhas dali.

Horas depois, quando navegava nas imediações de Cabo Frio, no litoral norte carioca, o Wakama emitiu um pedido de socorro – sem, contudo, maiores detalhes. Em seguida, afundou, levando com ele dois mistérios: ataque inimigo ou auto-destruição do navio? O que teria feito o Wakama naufragar? E o que ele secretamente transportava, a ponto de, em 1980, 41 anos depois, um navio alemão de resgate ter chegado ao Rio de Janeiro com a missão de vasculhar seus restos naufragados em águas brasileiras? Jamais houve respostas.

Construído quase duas décadas antes como um simples cargueiro, o Wakama estava longe de ser um prodígio da engenharia alemã. E com uma tripulação formada por pacatos marinheiros mercantes, nada tinha de navio de combate. Então, por que acabou protagonizando o primeiro ato belicoso de guerra no litoral brasileiro, levando até navios ingleses a invadirem as águas territoriais brasileiras para caçá-lo, logo após a partida do Rio de Janeiro?

As dúvidas começaram na própria saída do Wakama do porto carioca, que só aconteceu depois que ficou claro que o La Coruña conseguira furar o bloqueio que alguns navios ingleses faziam naquele trecho da costa brasileira. Segundo uma das teorias da época, os ingleses deixaram o La Coruña passar incólume de propósito, a fim de induzir o Wakama a deixar o porto e poder ser atacado. Mas, por que só ele? O que o Wakama estaria transportando que interessasse tanto aos ingleses, a ponto de fazer a própria tripulação do navio alemão dar cabo dele com uma carga de explosivos? – hipótese mais provável do que aconteceu naquela noite, tese corroborada por testemunhas e endossada pelos jornais da época. Por esta teoria, o comandante Schacht havia preferido afundar o próprio navio do que entregá-los aos ingleses que se aproximavam. Mas, de novo, por quê?

A resposta poderia estar em parte da carga que o Wakama, supostamente, transportava em sigilo: um enorme cristal de rocha de quase 150 quilos, extraído no Brasil, que estaria sendo levado para a Alemanha para ser usado na indústria ótica e eletrônica da época, ambas com capacidade de ajudar os nazistas nos combates. Entre entregar a valiosa carga ao inimigo ou fazê-la afundar junto com o navio, o comandante Schacht teria preferido a segunda opção. Até porque isso garantiria a sobrevivência da tripulação, já que pouparia o indefeso cargueiro de ser bombardeado pelos navios ingleses.

Ao que tudo indica, quando Schacht percebeu que o Wakama fora localizado por uma aeronave de patrulha inglesa, deu ordem para baixar os barcos salva-vidas, acionou bombas de retardo para explodir o casco e abandonou o navio com todos seus homens – que, em seguida, foram capturados no mar pelo cruzador inglês Dorsetshire, que estava nas imediações, ao que tudo indica, à espera do próprio Wakama.

Do navio alemão restaram apenas as baleeiras vazias no mar, o que, num primeiro momento, levou as estupefatas autoridades brasileiras a imaginar que seus ocupantes pudessem ter sido mortos. Mas como nos dias subsequentes não apareceu nenhum corpo nas praias da região, ficou claro que eles haviam sido resgatados. Dias depois, o Dorsetshire atracou na Cidade do Cabo, do outro lado do Atlântico, e ali desembarcou, como prisioneiros de guerra, os 46 tripulantes do Wakama – entre eles, um "quase" brasileiro.

O carpinteiro e atirador nas horas vagas Joseph Haas nasceu na Alemanha, mas vivia no interior de Santa Catarina, com mulher e filhos brasileiros, há mais de 30 anos. Mas, com a iminência da guerra, o sentimento de que deveria se unir aos conterrâneos falou mais alto, e Haas decidiu voltar à Alemanha. Ele, então, abandonou a família, pegou um navio em Itajaí e desembarcou no Rio de Janeiro, coincidentemente logo após a chegada do Wakama à cidade. Lá, procurou o capitao Schacht e propôs pagar pela viagem. Mas seus dotes de carpinteiro – e, muito provavelmente, também sua habilidade com armas – acabaram rendendo um convite para viajar de graça, como tripulante. E assim o alemão-brasileiro embarcou na última viagem do Wakama.

Só quando a guerra terminou e toda a tripulação que ficara confinada em campo de prisioneiros na África do Sul foi liberada para voltar para casa, é que Haas, finalmente, chegou à Alemanha. Mas apenas para constatar que sua cidade natal havia virado escombros, e que todos os seus parentes estavam mortos. Desiludido e sem ter como se manter na severa crise econômica que assolou a Alemanha no pós-guerra, ele resolveu voltar ao Brasil, onde foi recebido com indignação pela família, que o abandonou em seguida. Haas morreu 18 anos depois, em 1964, durante um exercício de tiro no clube de caça que ele frequentava, na cidade catarinense de Presidente Getúlio – ironicamente batizada em homenagem a Getúlio Vargas, o presidente brasileiro que ele tanto odiava, justamente porque colocara o Brasil em guerra contra a Alemanha.

Mais ou menos na mesma época, um grupo de pescadores recolhia suas redes ao largo do litoral de Rio das Ostras, no litoral carioca, quando uma delas enganchou em algo no fundo do mar. Eram os restos do Wakama, finalmente descobertos.

Mas, por conta das explosões que o levaram a pique (gerada por navios ingleses ou pela sua própria tripulação – nunca o motivo do naufrágio foi descoberto), e depois de tanto anos debaixo d´água, o navio já não passava de uma pilha de ferros desconexos. Mesmo assim, para surpresa geral, 14 anos depois, em 1978, uma empresa brasileira de resgastes marítimos, criada especificamente para explorar aquele naufrágio, contratou os serviços de um suspeito navio alemão, o Taurus, especializado nesse tipo de operação, para vasculhar os escombros do Wakama.

O que eles buscavam? Aparentemente o tal gigantesco cristal de rocha, além de outros eventuais itens valiosos que pudessem estar a bordo do Wakama, como doações de famílias e descendentes de alemães radicados no Brasil para custear a guerra, algo comum na época. Mas, oficialmente, nada foi encontrado. Dois meses depois de chegar sinistramente ao local do naufrágio e começar a remexer os escombros do velho cargueiro alemão, o Taurus retornou à Alemanha, no mais completo silêncio.

O Wakama terminou seus dias cercado pelos mesmos mistérios que o levaram ao fundo do mar carioca, apenas quatro dias após o início da Segunda Guerra Mundial.

Dois naufrágios em um só dia
O navio dele afundou, e o que o resgatou, também

Acima de tudo, o marinheiro inglês George Dexter foi um sujeito de sorte. Em abril de 1941, quando participava de um grande combate da Segunda Guerra Mundial, no mar da Grécia, ele sofreu dois naufrágios no mesmo dia – e sobreviveu aos dois desastres.

O primeiro foi o torpedeamento do navio Slamat, no qual ele servia. Dexter ficou boiando no mar, mas foi resgatado por outro navio, o Wryneck, que, no entanto, também logo foi atacado. E, uma vez mais, ele foi parar na água, onde ficou até ser resgatado pelos tripulantes do navio inglês Orion, que, por fim, escapou ileso do combate.

A bebida que veio do mar

Quando aquele navio encalhou na ilha, os ilhéus decidiram resgatar um tesouro que havia nele: garrafas de uísque escocês

Nas primeiras horas da manhã de 5 de fevereiro de 1941, uma forte ventania, aliada a uma densa neblina, fizeram o cargueiro inglês SS Politician sair da rota entre Liverpool, na Inglaterra, e Nova Orleans, nos Estados Unidos, e atropelar as pedras da ilha Eriskay, na costa noroeste da Escócia. E ali ele ficou entalado.

Apesar da gravidade do acidente, não houve vítimas entre os tripulantes e todos foram resgatados pelos poucos (não mais que 400) moradores da ilha, que os levaram para suas casas. Lá, durante a habitual receptividade que dedicavam aos eventuais náufragos, os habitantes de Eriskay tomaram conhecimento da carga que o navio transportava: banheiras, pianos, roupas de cama, componentes para motores, o equivalente a três milhões de libras esterlinas em cédulas de dinheiro da Jamaica, que haviam sido impressas na Inglaterra, e – mais precioso que tudo, pelo menos para eles – 22 000 caixas de uísque escocês, que somavam 264 000 garrafas do mais puro scotch, este sim um autêntico tesouro, sobretudo na carência geral de suprimentos causada pela Segunda Guerra Mundial. A descoberta gerou um frenesi generalizado na ilha.

Naquela mesma noite, enquanto os náufragos dormiam, teve início uma das mais peculiares ações comunitárias que se tem notícia na história do Reino Unido: o resgate, silencioso e sincronizado, das caixas de uísque que jaziam nos porões do SS Politician por todos os moradores da ilha – inclusive pacatas donas de casas, que não pensaram duas vezes na hora de aderir ao butim etílico coletivo.

Usando até velas para iluminar as pedras da costeira, e recolhendo o máximo possível de caixas a cada incursão aos restos do navio, os habitantes de Eriskay passaram a madrugada surrupiando garrafas e as escondendo na ilha, antes que o dia amanhecesse e os tripulantes despertassem. Quem não conseguiu chegar ao navio, passou a noite espreitando os vizinhos, para ver onde eles escondiam as garrafas – e depois foram lá capturá-las, num típico caso de saque aos saqueadores.

Mas os moradores da ilha não pensavam dessa forma. Tampouco consideravam o ataque aos porões do navio como sendo um saque. Para eles, não havia nada de ilegal em "resgatar" o que havia chegado pelo mar. Encaravam o uísque como uma dádiva, que, do contrário, estaria fadada a desaparecer no fundo do mar, com o navio. Ao se apoderarem das garrafas, julgavam estar fazendo apenas o "salvamento" de parte da carga, ainda que em favor apenas deles próprios.

No entanto, o chefe da agência alfandegária da região não pensava assim. Na manhã seguinte, ao saber do saque comunitário perpetrado pelos moradores da ilha, ele acionou a polícia. Mas não por roubo de carga, como seria de se imaginar, e sim por sonegação fiscal, já que aquele uísque estava sendo exportado e, portanto, isento de pagamento de imposto apenas se fosse consumido fora do Reino Unido – e não numa ilhota da própria Escócia.

Embora estapafúrdio, o argumento convenceu a polícia, que seguiu para ilha, embora alguns policiais estivessem tão interessados em uma daquelas garrafas quanto os próprios saqueadores. E os saques continuaram.

Nas noites subsequentes, enquanto toda a população da ilha brincava de gato e rato com a polícia, garrafas e mais garrafas de uísque eram subtraídas do navio e escondidas nos mais diferentes pontos da ilha – dentro de grutas, chaminés, colchões ou enterradas em qualquer canto, antes que o dia amanhecesse e a polícia chegasse. Mas o problema foi que os saqueadores começavam a beber durante o próprio saque e, bêbados, não se lembravam depois onde haviam escondido as garrafas, o que fez com que muitas se perdessem para sempre.

A farra durou semanas, durante as quais muitos moradores de Eriskay conviveram com porres homéricos. E não terminou nem quando o chefe alfandegário, farto de ser ludibriado pelas artimanhas dos ilhéus, mandou explodir uma parte do casco do navio, para que ele afundasse de vez – o que, de fato, aconteceu. Ainda assim, durante um bom tempo, garrafas cheias de uísque foram dar nas praias de Eriskay, e outras foram resgatadas por mergulhadores, o que persiste até hoje.

Vira e mexe, uma nova garrafa emerge dos restos do SS Politician e atinge valores espantosos em leilões na Inglaterra, apesar dos alertas de que, talvez, a bebida não possa mais ser consumida, porque uísques envelhecem em barris, não em garrafas, muito menos após oito décadas no fundo do mar.

Quando isso acontece, a garrafa recuperada ganha o nome de "Whisky Galore" (algo como "Uísque em Abundância"), mesmo título de um livro escrito por um morador da ilha sobre o caso, que, depois, foi transformado em filme e musical de sucesso no Reino Unido, e narra a bem-humorada história de como os espertos moradores de Eriskay passaram dias driblando a polícia em troca de uma boa dose de uísque.

O verdadeiro primeiro
Mais do que outro motivo, foi o afundamento de um simples cargueiro que pôs os Estados Unidos na guerra

Além do ataque à base de Pearl Harbor, outro fato foi decisivo para os Estados Unidos aderir à Segunda Guerra Mundial: o afundamento do cargueiro americano (mas que também levava alguns passageiros,) S.S. Robin Moor, em 21 de maio de 1941, quando navegava a cerca de 700 milhas da costa da África, a caminho de Moçambique.

O navio fora interceptado pelo submarino alemão U-69, comandado por Jost Metzler, que ordenou que todos os seus 46 ocupantes, entre eles três mulheres e uma criança, passassem para os botes salva-vidas. Em seguida, com um único torpedo, o comandante nazista pôs o navio a pique. Até então, nenhum navio de bandeira americana havia sido deliberadamente atacado no conflito.

Na sequência do inédito ataque (feito de acordo com as "regras", como alegaria mais tarde), Metzler se aproximou dos botes, distribuiu uma pequena porção de suprimentos (quase nada, dada a distância que se encontravam da costa) e partiu, depois de tranquilizar as vítimas dizendo que "avisaria os navios da região" sobre a localização dos náufragos. Mas não o fez – porque isso revelaria a presença do submarino na região.

Dos quatro botes do S.S. Robin Moor, três foram encontrados, vagando à deriva no Atlântico só 13 dias depois, e o quarto, que era ocupado também pelo comandante no navio torpedeado, cinco dias após os três primeiros.

Todos os ocupantes do navio, por fim, sobreviveram. Mas as imagens dos náufragos abandonados em alto-mar geraram indignação entre os americanos, e levaram o presidente Franklin Roosevelt a considerar aquele ataque como um legítimo ato de violação da, até então, neutralidade dos Estados Unidos no conflito. Dias depois, através de uma cadeia de rádios, Roosevelt oficialmente pôs o Estados Unidos na guerra, que, por fim, ele ajudaria decisivamente a vencer, anos depois.

Sorte ou traição?
O navio que desgarrou do comboio foi o único que não foi atacado

Uma suspeita jamais comprovada recaiu sobre o comandante do navio norueguês Vanja, durante um comboio aliado que atravessava o Atlântico Norte, em julho de 1941. Como ele foi o único navio que escapou ileso dos ataques feitos por submarinos alemães, porque estranhamente se afastara do comboio, e como operadores de rádio dos outros navios detectaram sinais que sugeriam comunicações entre o Vanja e outras embarcações, surgiu a hipótese de que o comandante norueguês poderia ter "negociado" sua passagem incólume, fornecendo, em contrapartida, a localização do comboio.

O comandante do Vanja, no entanto, se defendeu dizendo que os sinais de rádio detectados tinham a ver com as tentativas que ele vinha fazendo de avisar o comboio de que estava se afastando, por problemas nos motores. Jamais foi provado se era verdade.

O gato dos três naufrágios
Ele ganhou fama de levar azar aos navios, mas teve a sorte de sobreviver a todos eles

Na Segunda Guerra Mundial, um certo gato preto, que vivia a bordo de navios de combate, fez história – pela sorte que teve e por ter atuado nos dois lados do conflito. A saga do bichano começou em maio de 1941, quando foi levado, por um marinheiro alemão, para o encouraçado alemão Bismarck, que, no entanto, afundou em seguida. Dos 2 221 homens que havia bordo, só 115 sobreviveram – além do gato, que, mais tarde, foi encontrado aboletado sobre destroços do navio, por outro marinheiro. Só que este, inglês.

Batizado de Oscar, o gato, então, foi levado pelo marinheiro que o resgatara para o destróier inglês HMS Cossack, onde viveu por quatro meses, até que o seu novo lar foi torpedeado pelos alemães, na região de Gilbraltar, em outubro daquele ano. E ele, novamente, sobreviveu.

Resgatado uma vez mais no mar – e rebatizado Sam –, o animal passou um tempo vivendo em uma fortaleza inglesa da região, até que voltou a morar a bordo de outro navio: o porta-aviões inglês Ark Royal (ironicamente um dos que havia feito o Bismarck afundar), que – adivinhe só – também foi torpedeado, um mês depois. E o gato, de novo, escapou com vida de mais um naufrágio, e novamente foi resgatado.

Na mesma guerra, ele ainda esteve em dois outros navios ingleses, o Legion e o Lightning, ambos também afundados em combate. Mas, quando isso aconteceu, o animal já havia sido despachado para a Inglaterra, por conta da fama de mau agouro – mas não para ele. Lá, foi adotado por um marinheiro irlandês, que o levou para casa, onde aquele sortudo gato preto viveu por mais incríveis 14 anos.

Salvação a qualquer custo
A desesperada manobra deu certo.
Mas não para todos os ocupantes do submarino

Na desesperada tentativa de escapar das bombas de profundidade que eram lançadas sem parar por duas corvetas inglesas, durante um cerco montado em águas próximas à Islândia, em 7 de março de 1941, o comandante do submarino alemão U-70, Joachim Matz, ordenou submergir além do máximo permitido para aquele tipo de embarcação.

Com isso, a partir dos 200 metros de profundidade, o submarino perdeu o controle e a estabilidade e seguiu descendo. Sabendo que aquilo seria o fim de todos, Matz ordenou que os tanques de lastro fossem enchidos instantaneamente com alta pressão, a fim de estancar a descida e acelerar a subida. A manobra deu certo e o submarino tomou o rumo oposto, com incrível velocidade.

Mas, ao chegar à superfície, a pressão dentro do submarino era tão alta, que, ao abrir a escotilha, parte da tripulação, incluindo o comandante Matz, foi "sugada" para fora e lançada ao mar, sendo capturada em seguida pelas duas corvetas e feita prisioneira.

Sorte bem pior tiveram os que sobreviveram ao involuntário ejetamento e permaneceram dentro do submarino. Logo após o vazamento da pressão excedente, aconteceu o fenômeno inverso, e o U-70 encheu de água com brutal violência, sugando o mar pela mesma escotilha aberta, e afundou, levando com ele 20 marinheiros para as mesmas profundezas de onde Matz pretendia escapar, quando deu a desesperada ordem de emergir a qualquer custo.

O bom inimigo

Ele afundou o navio, mas deu até um presente aos náufragos

Durante a guerra, aos olhos dos Aliados, todos os alemães eram do mal. Mas, às vezes, até eles reconheciam que nem todos eram tão maus assim. Como o comandante do submarino alemão U-99, Otto Kretschmer.

Em 5 de julho de 1940, ele torpedeou e afundou o cargueiro canadense Magog, no Atlântico Norte. Mas, em seguida, se aproximou dos botes das vítimas, e, após perguntar qual navio era aquele que mandara pelo ares, deu informações sobre a rota que os náufragos deveriam seguir, para atingir a costa da Irlanda, e até um presente: uma garrafa de conhaque, para ajudar a aquecê-los durante a longa jornada.

Metralhados no mar

Para os tripulantes do cargueiro brasileiro não bastou o afundamento

O Antonico era um pequeno e insignificante navio mercante brasileiro, mas isso não impediu que fosse violentamente atacado pelo submarino alemão U-516, seguido pelo bárbaro fuzilamento dos seus sobreviventes – todos brasileiros.

Em 28 de setembro de 1942, quando navegava nas proximidades da Ilha do Diabo, entre a Guiana Francesa e o Suriname, para onde seguia, o navio, que pertencia a uma pequena empresa do Pará, foi torpedeado e afundou, após toda a sua tripulação, de 40 homens, passar para as baleeiras salva-vidas, onde imaginavam-se salvos. Mas não estavam.

Após emergir, o submarino abriu fogo contra as baleeiras, metralhando 17 tripulantes, inclusive o comandante, Américo de Moura. A barbaridade levou o governo brasileiro a pedir a extradição do comandante alemão Gerhard Wiebe para julgamento no país, ao final da guerra, o que não aconteceu.

Uma escolha polêmica

Para proteger seus tripulantes, o comandante abandonou no mar todos os do outro navio

Mesmo em tempos de guerra, nem todas as ações tomadas por um capitão para proteger sua tripulação costumam ser aplaudidas. Em outubro de 1942, durante o transporte de 15 000 soldados aliados para as frentes de combate na Europa, o ex-transatlântico Queen Mary, então transformado em navio de tropas e sob o comando do capitão Gordon Illingworth, recebeu a escolta de dois destróieres e do cruzador inglês Curacao, ao atingir a costa da Irlanda. O objetivo era proteger o grande navio contra eventuais ataques de submarinos alemães. Por isso, a escolta navegava em ziguezague, à frente e atrás do transatlântico. Mas uma dupla falha acabou gerando uma tragédia.

Menos de uma hora após ter começado a escolta, o comandante do Curacao, que seguia à frente do comboio, calculou mal a distância ao cruzar a proa do Queen Mary, e este, por sua vez, não diminuiu a marcha, resultando no choque entre os dois navios. A colisão foi tão violenta que o Curacao foi partido ao meio, deixando no mar todos os seus tripulantes – além de ter provocado a morte instantânea de alguns deles. Já o Queen Mary quase nada sofreu e, por isso, seguiu em frente, delegando aos dois destróieres que vinham atrás a missão de resgatar as vítimas do naufrágio do Curacao. Dos 500 homens que estavam a bordo do cruzador, só 102 sobreviveram – entre eles o seu comandante.

Mais tarde, o inquérito que analisou o caso considerou que houve culpa dos dois lados na colisão – do Curacao, por se aproximar demais, e do Queen Mary, que, por sua vez, nada fez para evitar o choque. Mas nenhuma penalidade foi imposta aos dois comandantes. Nem mesmo a Illingworth, por ter partido sem prestar socorro às vítimas. Mas ele se defendeu dizendo que era mais relevante proteger a vida dos 15 000 homens em seu navio do que expô-los ao risco para salvar apenas 500.

Uma decisão, no mínimo, polêmica.

O naufrágio que gerou outros náufragos
A cada tentativa de resgate, só aumentava a quantidade de gente a ser resgatada

Existe um trecho do litoral africano cujo nome já diz bem o quão inóspito é: a Costa do Esqueleto, que banha a Namíbia, repleta de restos de naufrágios – daí o nome macabro. É um pedaço insólito da costa leste da África, formado por uma sucessão de praias sem vivalma por perto, entre as areias ardentes do deserto e a arrebentação furiosa do Atlântico – uma das costeiras mais ermas e traiçoeiras do planeta.

Pois foi ali, em 29 novembro de 1942, que o cargueiro inglês Dunedim Star, carregado com equipamentos para as tropas que lutavam no norte da África, e com 64 tripulantes e 21 passageiros (na maioria mulheres e crianças que fugiam da guerra na Europa), tocou uma parte rasa do fundo, quando navegava bem perto da costa, a fim de escapar dos submarinos alemães que patrulhavam a região, e imediatamente começou a fazer água.

Para evitar o completo naufrágio do navio, o comandante fez a única coisa que poderia ser feita: pediu socorro pelo rádio, enquanto aproava o Dunedim Star na direção da praia e provocava o seu encalhe, a cerca de 500 metros da areia, a fim de facilitar a evacuação das pessoas. Logo, o barco salva-vidas do navio passou a desembarcar passageiros e tripulantes naquela longa faixa de areia deserta. Mas só fez isso por duas viagens, porque o motor parou de funcionar – e a remo era impossível vencer a arrebentação violenta.

Ficaram, então, dois grupos separados de desafortunados: um, com 43 homens, ainda a bordo do navio, que já começava a ser desmantelado pelas ondas, e outro, com 42 náufragos, entre eles todos os passageiros, naquela imensa praia sem ninguém por perto. Os primeiros tiveram mais sorte.

Antes que o Dunedim Star se transformasse em um monte de escombros massacrados pelas ondas, eles foram resgatados pelo rebocador Charles Elliott, que respondeu ao pedido de socorro enviado pelo capitão do navio encalhado. Já o grupo que estava na praia, sem nenhum abrigo contra o sol inclemente do deserto, por lá ficou, porque a arrebentação impedia qualquer tentativa de resgate pelo mar. E foram as tentativas subsequentes de resgate daqueles náufragos ilhados na praia que tornaram a situação ainda mais dramática.

As primeiras foram feitas pelo próprio Charles Elliott, após resgatar os tripulantes que estavam no navio. Mas o rebocador acabou tendo o mesmo fim do Dunedim Star: encalhou no fundo raso, ao tentar se aproximar da areia em outro trecho mais distante da praia, onde as ondas não eram tão altas. Mesmo assim, dois marinheiros morreram afogados, após conseguirem esticar um cabo até a praia, através do qual todos os ocupantes do rebocador, incluindo os que haviam sido resgatados do navio, puderam escapar do iminente naufrágio. Com isso, restaram dois grupos de náufragos separados por dezenas de quilômetros na mesma praia.

Antes de o rebocador ser evacuado e sucumbir na arrebentação da praia, o comandante do Charles Elliott conseguiu pedir ajuda pelo rádio, mas avisou que qualquer resgate pelo mar seria impossível. Restou, então, tentar fazer isso pela terra ou pelo ar. Ou das duas maneiras, já que não era nada garantido que uma delas daria certo.

Assim sendo, ao mesmo tempo em que um comboio de jipes e caminhões do Exército inglês partiu da vizinha África do Sul para atravessar cerca de 800 quilômetros no deserto da Namíbia e chegar até os náufragos, dois pesados aviões bombardeiros sul-africanos, os únicos disponíveis naquele momento, foram despachados para a região.

Após algumas tentativas frustradas de lançar água e comida pelo ar para os dois grupos isolados na praia (porque ou os sacos caiam no mar ou se espatifavam na areia, fazendo evaporar toda a água), os pilotos decidiram pousar numa faixa plana do deserto rente à praia, num ponto equidistante entre os dois grupos de náufragos. Mas, ao fazerem isso, um dos aviões atolou na areia e o outro quebrou o trem de pouso. Durante quatro dias, os pilotos cavaram o solo fofo do deserto, a fim de tirar o avião atolado de lá – o outro, não havia como consertar.

Quando por fim conseguiram, decolaram de volta a base, a fim de relatar o fracasso da tentativa de resgate. Mas não foram longe. Numa impressionante sucessão de azares, o avião não conseguiu ganhar altura na decolagem, por conta da falta de uma pista adequada, e também caiu no mar. Os pilotos escaparam da mesma forma que os náufragos que tinham ido resgatar: vencendo a arrebentação a duras penas, até chegar à praia. E ficaram na mesma situação que eles.

Agora, eram três grupos de náufragos em pontos distintos da imensa faixa de areia da Costa do Esqueleto, à espera de socorro. E ele só veio quando o tal comboio terrestre finalmente chegou, após dias e noites cruzando as dunas traiçoeiras do deserto. Graças a isso, os três grupos foram recolhidos e levados para a capital da Namíbia, onde chegaram, sob aplausos, no dia de Natal – quase um mês após o naufrágio do Dunedin Star.

Somavam mais de 90 pessoas e o esforço dos resgates representava uma vitória. Só os dois heroicos tripulantes do Charles Elliott haviam morrido, numa das mais angustiantes operações de resgate da Segunda Guerra Mundial em solo africano.

Vítimas das próprias bombas

Eles sobreviveram ao naufrágio, mas não às explosões das bombas submarinas que o navio transportava

Durante a batalha de Midway, no Pacífico, em junho de 1942, o destróier americano Hammann foi atingido por uma série de torpedos, lançados por um submarino japonês, e afundou em menos de cinco minutos, deixando na água boa parte dos tripulantes que escaparam do naufrágio e dos petardos. Mas eles também não tiveram sorte.

Ao afundar, o Hammann involuntariamente gerou a detonação das cargas de profundidade, bombas submarinas usadas para atacar submarinos, que ele próprio transportava, matando os sobreviventes na superfície. Foi como um autobombardeamento.

Teimosia fatal
O capitão se recusou a responder ao inimigo e o final foi terrível

Nas primeiras horas da madrugada de 14 de março de 1942, o submarino alemão U-404, comandado por Otto von Bülow, avistou o cargueiro americano SS Lemuel Burrows navegando indefeso junto a costa leste dos Estados Unidos, na altura da cidade de Atlantic City, e abriu fogo. Após o segundo disparo, os marinheiros abandonaram o navio e passaram para os botes salva-vidas. Mas foram interceptados, na superfície, pelo próprio submarino.

Como geralmente acontecia, o comandante alemão abriu a escotilha e perguntou ao capitão do cargueiro, Grover Clark, o nome do navio que ele havia abatido. Indignado, o americano se recusou a responder. Irritado com a audácia, von Bülow mandou, dali mesmo, disparar um terceiro torpedo, que pôs fim de vez ao SS Lemuel Burrows. E a turbulência na água gerada pelo disparo, e pelo naufrágio, virou e danificou os botes salva-vidas.

Apenas 14 dos 34 tripulantes do SS Lemuel Burrows sobreviveram a hipotermia, até serem resgatados. Entre eles, o turrão capitão Clark, cuja teimosia acabou custando 20 vidas.

O tesouro que todos sabem onde está
Para ajudar os filipinos, os americanos esconderam uma fortuna no fundo da Baía de Manila. Mas um tufão atrapalhou os planos

Em dezembro de 1941, o Japão invadiu as Filipinas, durante a Segunda Guerra Mundial. Pouco antes disso, já antevendo o ataque japonês, o governo dos Estados Unidos, aliado dos filipinos, decidiu, em comum acordo com o governo das Filipinas, escoar parte das reservas de metais preciosos daquele país da capital, Manila, para uma ilhota próxima, onde os americanos mantinham uma base, chamada Corregidor.

No total, foram transferidas cerca de 350 toneladas de metais preciosos (sobretudo, prata), avaliados, na época, em cerca de 50 milhões de dólares. O problema é que, com isso, a tal ilhota ficou entupida de preciosidades, o que também representava um risco para o frágil governo filipino.

Os americanos, então, decidiram enviar secretamente um submarino para a ilha, o Trout, a fim de retirar parte dos metais e levá-lo para um local mais seguro. O Trout embarcou duas toneladas em barras de ouro e 18 toneladas em moedas de prata. Mesmo assim, apenas uma pequena parte do tesouro, já que restaram mais de 300 toneladas na ilha. O que fazer com todo aquele ouro e prata? Como esconder tamanho volume de preciosidades dos inimigos japoneses, já tão próximos dali? A solução encontrada foi como a de um folhetim de histórias de piratas: afundar tudo no mar, para, depois, quando a guerra terminasse, resgatar. E assim foi feito.

O esconderijo submarino escolhido foi uma parte de fundo arenoso da baía de Manila, com cerca de 40 metros de profundidade, bem próxima à ilha. Os metais foram colocados em caixas e nada menos que 2 632 delas foram depositadas no fundo do mar, ao cabo de nove viagens secretas. A operação foi feita na hora certa. Dias depois, a base de Corregidor foi tomada pelos japoneses e todos os soldados americanos ficaram presos na própria ilha. Entre eles, meia dúzia de mergulhadores da Marinha dos Estados Unidos, que, mais tarde, desempenhariam papel crucial nessa história.

Logo após a invasão da ilha, os japoneses ficaram sabendo, por meio de espiões, do tal tesouro afundado. Mas, como eram do Exército (e não da Marinha, corporação pela qual nutriam certo desprezo – e, também, porque pretendiam doar o tesouro filipino ao imperador japonês em nome do Exército, e não da Marinha), não havia nenhum mergulhador entre os invasores nipônicos. Decidiram, então, recrutar mergulhadores filipinos para a missão de recolher as caixas do fundo da baía. Quem não aceitasse a missão seria preso por desobediência.

Dos oito mergulhadores filipinos recrutados para vasculhar o fundo da baía em busca do esconderijo, todos acostumados ao mergulho livre, sem o uso de cilindros de ar-comprimido, três morreram logo no início da operação, vítimas de descompressões malfeitas após os mergulhos. E os outros cinco, assustados, preferiram ser presos a morrer como os companheiros.

Frente ao inesperado, o coronel japonês Akido, responsável pela missão de resgate, decidiu que, como haviam sido os americanos que esconderam o ouro e a prata no mar, caberia a eles resgatá-los. E recrutou seis mergulhadores americanos que havia aprisionado na ilha – todos envolvidos na operação que escondera o tesouro, semanas antes.

A convocação, porém, foi em tom bem mais ameno do que a dos mergulhadores filipinos. Sorridente e num inglês perfeito, o coronel japonês chamou os seis mergulhadores (Morris Solomon, Paul Mann, Virgil Sauers, Wally Barton, Alan Stanley e Edgar Morse) e anunciou que tinha boas notícias: eles ficariam livres da prisão e com direito a muitas regalias, desde que ajudassem a "limpar alguns destroços do fundo da baía", que estavam atrapalhando a navegação da frota japonesa.

Tratava-se, obviamente, de uma mentira. E os mergulhadores, subitamente transformados em "VIPs" ("Very Important Prisioners", como brincavam com os amigos), sabiam disso. Mas aceitaram a oferta, porque já haviam traçado seus próprios planos. Eles se beneficiariam dos confortos oferecidos pelos japoneses (uma balsa com cabines no lugar de celas, comidas e bebidas à vontade, etc), mas sabotariam, pelo menos parcialmente, a missão, trabalhando lentamente e desviando parte do resgate para os colegas presos em Corregidor, de forma que eles pudessem usar a prata e o ouro para subornar os carcereiros e, num plano mais amplo, financiar a guerrilha filipina contra os próprios invasores japoneses. Uma engenhosa vingança silenciosa.

A dúvida era como fariam para fazer chegar a parte do tesouro desviado até os colegas presos na ilha. A resposta estava nos carregadores filipinos, que estavam dispostos a ajudar a desviar parte dos carregamentos, desde que ficassem com uma parcela deles. Mas, ainda assim, como os mergulhadores fariam para esconder uma parte do tesouro roubado dos japoneses bem diante do nariz deles? A solução foi enfiar moedas e barras de ouro dentro das roupas de mergulho e, depois, transferi-las para sacolas submersas, que ficavam presas no fundo da balsa, feito cabides submarinos.

Como a balsa, que ficava ancorada no meio da baía, era periodicamente visitada por "pescadores" filipinos (na verdade, guerrilheiros da resistência filipina disfarçados de pescadores), bastaria esconder as cestas no meio dos peixes e ir transferindo a prata e o ouro, aos poucos, para os prisioneiros na ilha. A vigilância japonesa era intensa, mas incapaz de detectar a fraude. Embora suspeitasse que ela existia.

O problema é que os japoneses não faziam idéia de quanta prata e ouro havia no fundo da baía, nem o grau de dificuldade em resgatá-la. Com isso, eram obrigados a engolir o que os americanos diziam.

Virgil Sauers, o primeiro americano a mergulhar, voltou à superfície falando em "péssima visibilidade", "correntes fortíssimas" e "dificuldades em encontrar as caixas", quando, na verdade, elas estavam ordeiramente empilhadas uma sobre as outras, na forma de duas enormes pirâmides submarinas. Já o segundo mergulhador, Moe Solomon, voltou com uma caixa semidestruída (que ele mesmo arrebentara, para colher as primeiras moedas do desvio) e a usou para justificar as tais "dificuldades do resgate", alegando que os engradados haviam apodrecido e espalhado as moedas no fundo. Era, também, uma maneira de justificar a lentidão nos mergulhos.

A partir daí, o objetivo dos mergulhadores passou a ser o de resgatar para os japoneses apenas o mínimo necessário para fazê-los manter a missão – que, obviamente, era vista com ótimos olhos pelo governo americano. Em plena guerra, eles estavam roubando os japoneses bem diante deles, e ainda patrocinando a guerrilha filipina.

Insatisfeitos, porém, com a baixa produtividade do grupo, os japoneses recrutaram mais três prisioneiros americanos que sabiam mergulhar: Harry Anderson, Bob Sheats e George Chopchick. A roubalheira, contudo, só aumentou. Irritado, o coronel Akido, que sabia que estava sendo enganado, mas dependia dos mergulhadores inimigos, ordenou que a balsa mudasse para um ponto próximo à base japonesa, de forma que o movimento dos americanos pudesse ser controlado.

A decisão trazia um problema real, porque decretaria o fim da total privacidade dos mergulhadores para esconder as cestas sob o casco da balsa. Mas, num golpe de sorte, no dia da mudança, um tufão atingiu a Baía de Manila e quase arremessou a balsa de encontro ao píer da base japonesa. Temerosos, os oficiais japoneses voltaram atrás e devolveram a balsa ao ancoradouro original.

Entretanto, ironicamente, a mesma tempestade que salvou os mergulhadores de um desmascaramento quase certo, arrebentou as cestas penduradas debaixo da balsa e levou muitas moedas de prata para a costa, onde foram flagradas pelos japoneses, nos dias subsequentes. Pior ainda: demoliu as pilhas de caixas submersas e espalhou boa parte do ouro e prata no fundo da baía, tornando – agora, sim – bem difícil o resgate. Era o começo do fim dessa história, mas o início de uma lenda que perdura até hoje: a do tesouro perdido da Baía de Manila.

Convencidos de que estavam realmente sendo passados para trás, os japoneses resolveram mandar todos os mergulhadores de volta à prisão (onde, por sinal, foram recebidos como heróis pelos colegas) e contrataram outros, de outras regiões das Filipinas, para continuar o resgate. Mas os danos do tufão nas caixas haviam sido enormes e a recuperação dos metais tornou-se, de fato, lenta e difícil. Até o final da guerra, os japoneses haviam conseguido recuperar perto de 200 toneladas de moedas de prata. Uma fortuna para os padrões da época, mas, ainda assim, menos da metade do total do tesouro original.

Quando a guerra terminou, como combinado, os americanos devolveram o ouro e prata que o submarino Trout havia levado para longe, e voltaram a mergulhar, para tentar recuperar o que sobrara no fundo do mar. Mas, por conta do rebuliço causado pelo tufão no leito marinho, conseguiram resgatar apenas uma mínima parte mais. No total, apenas três quartos da fortuna filipina foi retirada da Baía de Manila – seja pelos americanos ou pelos japoneses. O restante continuou – e continua – afundado e escondido em algum ponto da lama do fundo.

Anos depois, o governo filipino realizou novas buscas, mas desistiu após concluir que gastaria mais nas operações de resgate do que o próprio valor do ouro e da prata desaparecidos. Com isso, permitiu o início de uma atividade turística curiosa: a "caça ao tesouro" nas águas próximas a Corregidor, um programa que é oferecido até hoje aos mergulhadores visitantes.

De lá para cá, de vez em quando, um mergulhador volta sorridente à superfície, com uma moedinha nas mãos – e supõem-se que ainda hajam cerca de três milhões delas espalhadas no fundo da baía. Mas é certo que a maior parte delas jamais será encontrada.

Eles recusaram o resgate
Quando viram por qual navio seriam salvos, preferiram remar por dias a fio

Uma das maneiras mais comuns usadas pelos aliados para tentar minimizar as ações dos implacáveis submarinos alemães na Segunda Guerra Mundial foram os comboios de navios mercantes, quase sempre escoltados por embarcações militares.

Alguns comboios eram enormes, às vezes, com mais de 50 navios navegando juntos – o que, no entanto, não chegou a impedir os ataques dos U-boats. No máximo, passou a exigir ações mais estratégicas – e sangue frio – dos comandantes alemães, para se infiltrarem no meio de tantos navios inimigos.

Em um destes gigantescos comboios, em julho de 1942, nas águas do Atlântico Norte, já próximas ao Ártico, aconteceu um fato curioso. Três navios do final do comboio foram torpedeados e seus tripulantes passaram para os barcos salva-vidas, ficando à espera de um resgate. Mas se recusaram a embarcar no último cargueiro da fila, o precário vapor americano Olopana. Em vez disso, preferiram remar mais de 200 milhas náuticas, por dias a fio, até a terra firme mais próxima, a inóspita Groelândia.

O motivo? O Olopana estava entupido de bombas que seriam usadas nos conflitos na Europa, e navegava tão lentamente que fatalmente seria a próxima presa dos U-boats. E não deu outra. Apenas um dia depois, o U-255 mandou pelos ares o velho vapor.

Entre morrerem queimados na explosão dos porões do Olopana ou tentarem escapar rumo ao frio glacial do Ártico, aqueles homens escolheram, sabiamente, a segunda opção.

Escapou do torpedo, mas não do tubarão

Ele já estava com as mãos no bote salva-vidas quando surgiu um inimigo ainda mais perigoso

Em 1º de maio de 1942, mais um navio brasileiro foi torpedeado por um submarino alemão. A vítima, dessa vez, foi o cargueiro Parnaíba, que navegava rumo aos EUA quando virou alvo do U-162, nas águas do Caribe. Dos 72 tripulantes que havia a bordo, todos brasileiros, sete morreram. O último deles, de maneira ainda mais dramática.

Depois de escapar do impacto gerado pelo torpedo, da explosão provocada por ele, do início do naufrágio do navio, de se atirar ao mar e de sair perigosamente a nado do casco que afundava e engolia tudo em volta, um dos rádio-telegrafistas do Parnaíba, último tripulante a abandonar a embarcação (porque ficou enviando alertas sobre o ataque até o último instante), alcançou, por fim, os companheiros, em um dos botes salva-vidas. Mas não teve tempo de subir nele.

Quando se preparava para dar o impulso na água e entrar no bote, um tubarão surgiu por baixo do barco e abocanhou o marinheiro, arrastando-o para o fundo do mar. Seus companheiros nada puderam fazer, porque também foram pegos de surpresa com o ataque do animal, quando ele já havia colocado a mão no barco que seria a sua salvação.

No total, 34 navios de bandeira brasileira (apenas um deles militar) tiveram o mesmo destino do Parnaíba, e foram torpedeados e afundados durante a Segunda Guerra Mundial. No total, somaram 1 081 mortes no mar – mais que o dobro dos combatentes brasileiros mortos nos campos de batalha na Europa.

O infeliz e azarado rádio-telegrafista do Parnaíba foi um deles.

GUERRAS NOS MARES

Gêmeos até o fim
Colisões do mesmo tipo geraram os naufrágios de dois navios idênticos

Os cruzadores japoneses Mogami e Mikuma foram apelidados de "Irmãos Gêmeos", porque eram idênticos e sempre atuavam juntos. Tão juntos que, no início de junho de 1942, na Batalha de Midway, os dois se chocaram, após informações desencontradas sobre uma manobra que deveriam efetuar. O Mogami nada sofreu na colisão. Mas o Mikuma, severamente avariado, perdeu velocidade e ficou vulnerável aos ataques inimigos. Na manhã seguinte, foi bombardeado e afundado, causando a morte de 650 dos seus 890 tripulantes. Já o Mogami resistiu.

Até que, na Batalha do Golfo de Leyte, em outubro de 1944, O Mogami foi vítima do mesmo tipo de incidente que provocou o fim do Mikuma: bateu em outro navio japonês, ao tentar escapar de um bombardeio. Mas, dessa vez, quem se deu mal foi ele. Com o casco rasgado e em chamas por causa da explosão das bombas que transportava, o Mogami foi abandonado pela tripulação e posto a pique por um destróier japonês, para não ser capturado pelos Aliados.

Até no desfecho, os irmãos gêmeos acabaram do mesmo jeito.

O feitiço que virou contra o feiticeiro
Para se protegerem dos inimigos, os americanos minaram o canal. Mas esqueceram de avisar o comandante do grande navio

Um dos artifícios mais comuns na Segunda Guerra Mundial era proibir as comunicações via rádio, para evitar interceptações das mensagens pelo inimigo. Mas, ironicamente, foi essa precaução que, em 26 de outubro de 1942, vitimou um dos maiores navios da época: o gigantesco President Coolidge, um luxuoso transatlântico convertido em navio de transporte de tropas americanas, no Pacífico Sul.

Instruído a não falar ao rádio para não permitir a localização de uma base americana que havia na ilha de Espirito Santo, atual Vanuatu, para onde ele se dirigia, com 5 092 soldados, o comandante do President Coolidge acabou vítima das minas que os próprios americanos plantaram no canal de acesso à base, e que ele desconhecia.

Contribuiu também para o desastre o fato de o barco de apoio enviado para a entrada do canal, a fim de alertar, com sinais luminosos, o President Coolidge sobre a perigosa novidade, ter se posicionado atrás de uma ilhota, o que impediu que suas luzes fossem corretamente vistas e decifradas pela tripulação do navio. Com isso, sem saber das minas e sem comunicação com a base pelo rádio, o President Coolidge entrou no canal sem maiores preocupações, a vigorosos 17 nós de velocidade, ignorando a presença das armadilhas do caminho.

Quando, ao longe, a base viu o navio avançando daquele jeito, lançou um desesperado alerta de "pare" em código Morse. Mas era tarde demais. Duas minas explodiram sob o casco do ex-transatlântico, deixando o grande navio ferido de morte.

No mesmo instante, o comandante alterou o rumo para a margem do canal, onde a menor profundidade facilitaria o resgate, tanto dos soldados quanto do próprio navio. O President Coolidge encalhou a poucos metros da praia (tão perto que alguns soldados saíram do navio caminhando), mas à beira de um precipício que dava forma ao próprio canal. E começou a deslizar rapidamente. Em pouco mais de uma hora, já estava totalmente submerso, e seguiu descendo, até o fundo, onde se encontra até hoje, na condição de um dos mais preservados naufrágios da Segunda Grande Guerra. Mas, quando isso aconteceu, todos os soldados já haviam sido evacuados do navio.

Apenas dois tripulantes morreram (um deles, porque decidiu voltar ao navio ao dar falta de um amigo – que acabou sendo a segunda vítima) na mais desastrada grande perda naval dos Estados Unidos naquele conflito.

Melhor morrer do que ser salvo
Foi o que julgaram aqueles quatro náufragos japoneses

Durante a Segunda Guerra Mundial, os tripulantes do destróier americano USS Spence testemunharam uma cena tragicamente insólita. Certa ocasião, quando navegavam nas proximidades da ilha Bounganville, entre Papua Nova Guiné e as Ilhas Salomão, no Pacífico Sul, avistaram quatro soldados japoneses a bordo de uma balsa, que parecia ter sido baixada à água após um naufrágio. E decidiram resgatá-los.

Mas, ao se aproximar, o navio foi recebido com disparos vindos dos náufragos japoneses. Quando a munição acabou, um dos soldados sacou sua pistola e fez mais quatro disparos – três nos companheiros e o quarto na sua própria cabeça. O motivo? O honorável código Buxido, que regia a conduta dos antigos samurais, e que, entre outras atitudes, qualificava como uma desonra ser capturado pelo inimigo.

O submarino que agia como um navio
Para enganar os inimigos, o genial capitão alemão atacava da superfície

Na Segunda Guerra Mundial, o submarino alemão U-99, do genial capitão Otto Kretschmer, ganhou fama por contrariar a lógica nos ataques que fazia. Em vez de se beneficiar das profundezas para atacar, fazia exatamente o oposto disso: subia à superfície para disparar.

Ao fazer o que ninguém esperava de um submarino, Kretschmer, sempre protegido pela escuridão da noite, ludibriava os comandantes dos navios inimigos, que ficavam despejando bombas de profundidade na tentativa de acertar um submarino que estava ao lado, e não abaixo deles.

Usando a simples tática do improvável, Kretschmer e o seu U-99 fizeram história. E, também, muitas vítimas.

Os pescadores que viraram vítimas da guerra

Por mais de meio século, o desaparecimento do pesqueiro Changri-Lá foi considerado obra da natureza. Até que a verdade veio à tona

Quando o barco pesqueiro brasileiro Changri-Lá partiu do porto do Rio de Janeiro para mais uma habitual temporada de pesca na região de Cabo Frio, em 28 junho de 1943, o Brasil já estava em guerra contra a Alemanha nazista havia quase um ano. Mas, exceto pelos costumeiros pedidos da Marinha para que os pescadores ficassem atentos a eventuais aparições de submarinos nazista na costa brasileira – e comunicassem o fato às capitanias –, não havia motivos para preocupações.

Afinal, o Changri-Lá era um simples barco de pesca, com casco de madeira de menos de 10 metros de comprimento, que não oferecia o menor risco – ou interesse – aos inimigos. Pelo menos era o que todo mundo pensava. A começar pela tripulação do barco, todos humildes pescadores.

Por conta do mar agitado, a travessia até a Região dos Lagos, no litoral norte do Rio de Janeiro, foi lenta e cansativa, o que levou o mestre do pesqueiro, José da Costa Marques, a fazer uma parada não prevista em Arraial do Cabo, a fim de esperar que o tempo melhorasse. Uma semana depois, em 4 de julho, o Changri-Lá partiu novamente, acrescido de mais quatro pescadores locais, que substituíram um dos tripulantes, Gabriel Soares Cardoso, que desembarcou por ter torcido o tornozelo – mais tarde, ele daria graças a Deus por isso.

Com nove homens a bordo, mais o filho do mestre, de 17 anos de idade, o Changri-Lá foi para o mar, tomou o rumo de um famoso pesqueiro da região, a algumas milhas da costa, e por lá ficou, até o dia 22, quando tudo aconteceu.

Naquele dia, os infelizes pescadores viram um grande submarino emergir bem ao lado deles e, sem nenhum aviso, abrir fogo. Primeiro, com uma metralhadora. Depois, com um canhão de 105 milímetros, que foi disparado sete vezes contra o indefeso pesqueiro. Era o U-199, um submarino alemão comandado pelo tenente Hans Werner Kraus, à época com apenas 28 anos de idade. Os dez pescadores foram sumariamente fuzilados e afundaram com o barco. Seus corpos jamais foram encontrados.

Como, naquela época, as comunicações no mar eram bem precárias, especialmente em um simples barco de pesca, ninguém em terra firme ficou sabendo do ocorrido. Só quando pedaços do barco começaram a chegar às praias da região (entre eles, restos de madeira estranhamente chamuscados) é que ficou claro que o Changri-Lá havia afundado. Mas isso foi creditado a alguma tempestade, ou ao mar revolto, como registrado pela própria Capitania dos Portos da região no precário inquérito aberto, que sequer se atentou aos detalhes dos escombros que continuavam chegando às praias da região. Como aquele pedaço de madeira chamuscada, sinal claro de que não havia sido um simples naufrágio.

O inquérito, que também ignorou que um submarino alemão fora visto na entrada da Baía de Guanabara dias antes do desaparecimento do pesqueiro, concluiu que o sumiço do Changri-Lá e seus dez ocupantes fora uma tragédia natural gerada pelo mar, e a decisão foi aceita, com resignação, pelos familiares das vítimas – entre elas, a esposa do mestre do barco, que perdeu marido e filho. Um ano depois, o processo foi arquivado pelo Tribunal Marítimo do Rio de Janeiro e esquecido.

Quando isso aconteceu, o próprio submarino que causara o desaparecimento do Changri-Lá também já havia deixado de existir, bem como a maioria de seus tripulantes. Em 31 de julho de 1943, menos de dez dias após mandar pelos ares o barco de pesca brasileiro e todos os seus ocupantes, o U-199 foi detectado, bombardeado e afundado por um avião da Força Aérea Brasileira, logo após ter feito outra vítima em águas brasileiras, o cargueiro inglês Henzada.

O submarino afundou em menos de três minutos, mas 12 de seus 61 tripulantes sobreviveram, entre eles o comandante Kraus, graças aos botes infláveis que o próprio avião que os atacou lançou ao mar – um gesto humanitário que os pobres pescadores brasileiros do Changri-Lá não tiveram direito. Em seguida, os tripulantes sobreviventes do U-199 foram resgatados e enviados aos Estados Unidos, como presos de guerra.

E foi lá que o capitão Hans Werner Kraus confessou o ataque ao pesqueiro brasileiro, durante um interrogatório, justificando o ato com dois argumentos: o de que precisava aferir e calibrar os armamentos do submarino (que, recém-lançado ao mar, ainda não havia feito nenhuma vítima) e, ao mesmo tempo, impedir que os pescadores comunicassem a presença do submarino alemão em águas cariocas, como sabiam que as autoridades brasileiras haviam pedido que todos os navegantes da região fizessem.

Mas a confissão dos alemães ficou confinada nos arquivos dos Estados Unidos e jamais foi comunicada oficialmente ao governo brasileiro, que continuou aceitando a tese de que o Changri-Lá afundara por obra da natureza. Contribuiu para a confusão o fato de o comandante do submarino ter classificado o barco brasileiro como um "veleiro", e não um barco de pesca, já que vira uma vela pelo periscópio, antes de atacá-lo. Mas o que nem ele nem os americanos sabiam é que, para ganhar desempenho no mar, os pescadores do litoral norte do Rio de Janeiro tinham o hábito de adaptar uma vela na proa de seus barcos, o que causou o mal-entendido.

Este fato e todos os desdobramentos dele só vieram à tona mais de 50 anos depois, quando, no final da década de 1990, o governo americano liberou a consulta aos arquivos militares da Segunda Guerra Mundial, e um historiador particular, o carioca Elísio Gomes Filho, que já suspeitava que o naufrágio do Changri-Lá poderia ter relação com o submarino alemão afundado dias depois, resolveu investigar os documentos da época.

Após ler o depoimento/confissão do comandante alemão, Elísio pressionou – e conseguiu – que o Tribunal Marítimo Brasileiro reabrisse o caso. Em 2001, veio a correção e o desaparecimento do pesqueiro foi alterado, para "ato de guerra". Suas dez vítimas ganharam o direito de fazer parte do Panteão dos Heróis, no Monumento aos Mortos da Segunda Guerra, no Rio de Janeiro, e o nome Changri-Lá passou a batizar informalmente umas das orlas de Arraial do Cabo.

Com base na confissão do comandante alemão e na revisão do

veredito do Tribunal Marítimo, parentes de algumas das vítimas decidiram processar o governo da Alemanha por crime de guerra, uma ação inédita, que se arrasta até hoje nos corredores da justiça brasileira. Porque, para eles, de injustiça, bastaram os mais de 50 anos que o afundamento do Changri-Lá por um submarino passaram esquecidos.

O que aconteceu com o Cisne Branco?
Até hoje, não se sabe o que o aquele barco transportava de secreto, nem o que fez ele ser partido ao meio

Cisne Branco é um nome que faz parte da tradição na Marinha do Brasil e já foi usado para batizar alguns barcos da corporação – a começar pelo mais bonito de todos, o seu atual veleiro-escola. Foi, também, o nome de uma embarcação mercante que estava a serviço da Marinha Brasileira quando foi a pique, no litoral do Ceará, na madrugada de 27 de setembro de 1943, sem que, até hoje, não se saiba por quê.

O que se sabe é que o Cisne Branco partiu do Rio de Janeiro com uma carga classificada como "sigilosa" (como era hábito em tempos de guerra, o que pode, inclusive, ter sido o motivo de tudo) e partiu-se em dois, após um violento impacto – que, no entanto, jamais foi esclarecido se teria sido uma colisão, disparo de torpedo de submarino inimigo ou explosão causada pela tal "carga misteriosa" que o Cisne Branco transportava.

Nem mesmo o número exato de tripulantes do barco ficou registrado. Seriam 10 ou 13, dependendo dos relatos dos sobreviventes. Mas é sabido que, após o naufrágio, eles se dividiram em dois grupos de náufragos: um se agarrou aos escombros do casco e foi resgatado por jangadeiros cearenses na manhã seguinte, e outro, a bordo de uma balsa salva-vidas, foi levado pela correnteza e só encontrado três dias depois, graças a uma banhista, que viu uma luzinha no mar e alertou os pescadores.

Na época, os sobreviventes foram recebidos até pela primeira-dama do país, Darcy Vargas. Mas, como não ficou comprovado que o naufrágio tenha sido causado por um ataque inimigo, não foram considerados vítimas de guerra. Mas houve uma exceção.

Em 2005, mais de seis décadas após o ocorrido, o cozinheiro do barco, já então com mais de 80 anos de idade, conseguiu na justiça uma pensão vitalícia como ex-combatente, alegando que o Cisne Branco estava envolvido em operações militares quando foi a pique, e que isso possivelmente foi o motivo do seu naufrágio.

Verdade ou não, jamais se saberá, assim como o que causou a destruição do barco, até porque o processo que investigou o caso perdeu-se em um incêndio no Tribunal Marítimo Brasileiro, em 1980. Restaram só os testemunhos dos poucos sobreviventes ainda vivos, que tampouco sabem responder à pergunta chave deste caso: o que, afinal, fez o Cisne Branco ser partido ao meio?

Saída mais que original
Para driblar os inimigos, ele camuflou o navio

Em um comboio de navios Aliados, em julho de 1942, aconteceu um fato curioso. Por conta do mau tempo, o cargueiro americano Troubadour desgarrou do grupo, derivou demais para o norte e penetrou no Círculo Polar do Ártico, onde se viu cercado de gelo, ao mesmo tempo que foi avistado por um avião-patrulha alemão.

Antevendo que logo viriam atacá-lo, o comandante do Troubadour, John Salveson, decidiu usar um recurso bem original: ordenou que a tripulação pegasse parte da carga, que era formada por galões de tinta branca, e pintasse o casco do navio, o que foi feito em menos de quatro horas. Também mandou que fosse derrubada a chaminé e que todos os lençóis de cama dos tripulantes fossem usados para cobrir o convés.

Embora improvisada, a camuflagem deu certo. Horas depois, bombardeiros alemães passaram a poucas milhas do Troubadour e não o distinguiram no gelo.

O transatlântico que afundou duas vezes
E, mesmo assim, voltou a navegar depois dos conflitos

Os transatlânticos da empresa italiana Lloyd Sabaudo, Conte Rosso e Conte Verde, foram dois dos navios mais luxuosos de seu tempo e atuaram, sempre com extremas mordomias a bordo, nas linhas regulares entre a Itália, América do Sul, Estados Unidos e Oriente. Mas, quando estourou a Segunda Guerra Mundial, ambos foram requisitados para o transporte de tropas italianas. E nenhum dos dois sobreviveu aos combates.

Ou melhor, o Conte Verde sim. Mas de uma maneira bem peculiar: ele afundou duas vezes durante a guerra, e, mesmo assim, voltou a navegar após o conflito.

O primeiro naufrágio do grande navio aconteceu em 8 de setembro de 1943, no porto de Xangai, na China, então bloqueado pelo cerco japonês. Para não ter que entregar o Conte Verde aos japoneses, sua tripulação abriu as válvulas do casco e deixou o navio encher de água, no próprio porto. Meses depois, os japoneses fizeram o navio voltar a flutuar e, rebatizado de Kotobuki Maru, voltou a servir ao transporte de tropas, mas, agora, nipônicas. Só que ele também não durou muito na nova função.

Naquele mesmo ano, 1944, o ex-transatlântico italiano voltou a afundar, dessa vez na baía de Maizuru, no Japão, durante um bombardeio americano. E permaneceu no fundo da baía por meia dúzia de anos.

Até que, com o fim da guerra, foi novamente resgatado, dessa vez por empresários italianos da Lloyd Triestino, que sonhavam reviver o grande transatlântico. Mas, como o seu casco já estava comprometido, decidiram vendê-lo à empresa japonesa Mitsui, que, por fim, o demoliu, transformando o outrora requintado Conte Verde em pura sucata.

Antes disso, porém, por um breve período, o grande navio que afundou duas vezes voltou – quem diria? – a navegar.

O náufrago que virou mito

O gesto heroico de um jovem tenente na guerra acabou ajudando a levá-lo ao posto de homem mais poderoso do mundo

Nos duros tempos da Segunda Guerra Mundial, o atropelamento de uma pequena lancha americana de patrulha, a PT-109, por um destróier japonês, nas águas do Pacífico, em agosto de 1943, nem chegou a ser notícia, apesar da morte imediata de dois dos 12 ocupantes do barco.

Mas, quase duas décadas depois, com a posse daquele que se tornaria o mais carismático presidente da história dos Estados Unidos, John Fitzgerald Kennedy, o episódio veio à tona. Por um bom motivo: um dos sobreviventes daquele acidente havia sido o próprio Kennedy, então um tenente da Marinha Americana e responsável por aquela patrulha.

Kennedy não só escapou com vida do atropelamento do barco que comandava, como, depois, liderou com firmeza e heroísmo seus subordinados na luta pela sobrevivência que se seguiu ao naufrágio da lancha atropelada.

No começo, o grupo ficou unido, boiando no mar, até o amanhecer do dia seguinte, quando uma pequena ilha surgiu no horizonte. Kennedy, então, estimulou seus comandados a nadarem até ela, o que exigiu mais de cinco horas de braçadas no mar aberto. Ele próprio rebocou um dos feridos no acidente, arrastando-o pelo cinto, que, por sua vez, levava preso entre os dentes.

A ilha, porém, era deserta e não tinha nada além de coqueiros. Após dois dias naquele ermo pedaço de terra, sem nenhum sinal de que algum barco pudesse resgatá-los, Kennedy decidiu que, para não morrerem de fome e sede, era preciso voltar ao mar e nadar até outras ilhas próximas, em busca de ajuda. E ele mesmo faria isso, tendo como companheiro apenas um de seus subordinados.

Depois de muito nadarem, os dois chegaram a uma ilhota, onde havia dois nativos com uma canoa – que não entendiam o que Kennedy dizia. Ele, então, pegou um coco, esculpiu na casca um pedido de socorro na forma de três letras (S.O.S.) e persuadiu um dos nativos a navegar até a maior ilha da região, a fim de entregar aquela peculiar mensagem a alguma autoridade – o que ele fez, mesmo intrigado com o pedido.

Mas foi graças a isso – e à presença de espírito daquele jovem tenente, então com 26 anos – que todo o grupo foi resgatado, seis dias após o naufrágio.

Na volta aos Estados Unidos, Kennedy foi agraciado com a medalha do mérito da Marinha Americana, e isso, mais tarde, seria decisivo na sua campanha à presidência dos Estados Unidos, já que ele havia se tornado um herói condecorado. Pelo mesmo motivo, a ilha deserta na qual aquele grupo de marinheiros passara dias como náufragos, hoje pertencente às ilhas Salomão, foi batizada Ilha Kennedy. E, desde então, virou atração turística de primeira grandeza na região.

Um recorde em plena guerra
Do primeiro parafuso até ser lançado ao mar, o cargueiro Robert E. Peary foi construído em apenas quatro dias

Um dos fatores que ajudaram os Estados Unidos a virarem a seu favor a chamada Guerra no Atlântico, como foram batizadas as ações travadas no mar que separa as Américas da Europa durante o conflito, foram os chamados "Liberty Ships", espartanos navios de médio porte que os americanos começaram a construir a partir de 1941, a fim de manter o transporte regular de mercadorias e abastecer os combatentes com suprimentos.

Extremamente básicos, sem sequer eletricidade nem tubulação de água para os seus poucos tripulantes, os Liberty Ships eram, por isso mesmo, construídos em pouquíssimo tempo, seguindo os princípios da "produção em série", método criado por Henri Ford para a primeira linha de montagem de automóveis do mundo.

Mas o empresário responsável por aquela mudança radical na forma de se construir navios – e que acabaria pegando de surpresa os inimigos – foi outro: o americano (ironicamente filho de imigrantes alemães), Henry Kaiser.

Ao produzir separadamente as diferentes partes dos navios para depois uni-las com soldas em vez de rebites, único método usado até então, Kaiser encurtou sobremaneira o processo e o tempo de construção nos estaleiros. E os projetos minimalistas dos Liberty Ships contribuíram ainda mais para isso.

Em pouco tempo, os estaleiros americanos já estavam produzindo mais de 140 desses navios por mês. E a quantidade seguiu aumentando, à medida que os fabricantes foram adquirindo prática e agilidade nos processos. No total, em pouco menos de quatro anos, foram fabricados nada menos que 2 710 desses navios, feitos para transportar de tudo – de laranjas a tanques de guerra.

O primeiro Liberty Ship foi o SS Patrick Henry, lançado ao mar em 27 de setembro de 1941. Ele ficou pronto em cinco meses, um tempo espantosamente curto para se construir um navio. Mas, dali em diante, pressionada por Kaiser, a indústria americana passou a produzir os Liberty Ships em cada vez menos tempo. Na média, apenas 45 dias.

Mas nada se comparou ao que aconteceu quando Kaiser resolveu provar que era possível construir um navio inteiro em bem menos tempo do que isso. Em novembro de 1942, ele coordenou pessoalmente a construção do Robert E. Peary, um Liberty Ship que foi montado em inacreditáveis 4 dias, 15 horas e 29 minutos – pouco mais de 10% do tempo médio gasto até então para se construir um cargueiro daquele tipo. Um recorde que jamais foi batido.

E o mais incrível é que, embora os Liberty Ships fossem feitos para durar pouco, dada sua vulnerabilidade, já que não tinham equipamento algum de autodefesa, o Robert E. Peary não só sobreviveu à batalhas no Atlântico e no Pacífico, como terminou a guerra ainda em bom estado e navegando.

Só em 1963, quase 20 anos depois de ser construído, o bravo cargueiro foi descomissionado e desmontado. Pouquíssimos Liberty Ships duraram tanto quanto ele. Mesmo tendo sido construído em menos de uma semana.

Afundado pela neve
Naquele inverno, o ex-ferryboat ganhou um inimigo extra

Durante os combates no mar, às vezes, pior do que os inimigos, eram as intempéries da natureza. Em 22 de janeiro de 1943, o ex-ferryboat escocês St. Sunniva, que havia sido transformado em embarcação de resgate para atuar junto aos comboios de navios aliados no Atlântico, capotou e afundou nas proximidades da Ilha Sable, na costa leste do Canadá, por um motivo insólito: o acúmulo exagerado de gelo e neve, causado pelo inclemente inverno canadense no Mar do Norte.

O ferry ficou tão pesado com o volume de água sólida que se formou no seu convés e casaria que perdeu a estabilidade e virou. Nenhum dos 64 tripulantes sobreviveu.

Um drama logo esquecido
Eles ficaram 82 dias à deriva no mar, mas ninguém ligou para isso

Em tempos de guerra, uma tragédia se sobrepunha às outras. Por isso, pouca gente ficou sabendo que, em 24 de janeiro de 1943, uma patrulha da Marinha do Brasil resgatou, na costa brasileira, uma balsa com três soldados americanos. Eram os únicos sobreviventes do Zaandam, um ex-transatlântico transformado em navio de transporte de tropas, que fora afundado no meio do Atlântico, com 138 pessoas a bordo – mas só aqueles três sobreviveram.

Por muito pouco, porém, quase nem eles escapam com vida, porque o trio já estava no mar há 82 dias, sem água nem comida. O resgate foi dramático. Mas, como era comum em tempos de guerra, logo aconteceram coisas bem piores e a tragédia do Zaandam foi esquecida.

O colosso que virou entulho
Para proteger o porto dos inimigos, os alemães decidiram afundar o grande navio

No final de década de 1920, a Itália investiu fortemente na construção de grandes transatlânticos, a fim de disputar um naco do poderoso mercado de transporte de imigrantes e endinheirados em geral entre a Europa e as Américas. Foi nessa época que surgiu o Augustus, um poderoso navio de passageiros equipado com quatro motores e, por isso mesmo, tido como o mais rápido do mundo.

Mas o Augustus não era apenas veloz. Era, também, um prodígio de luxo e ousadia. Tinha salões decorados em estilo renascentista, biblioteca com poltronas de couro e até uma loja interna que vendia objetos de arte aos passageiros. No convés, para agradar também aos amantes dos esportes ao ar-livre, oferecia uma quadra de tênis, área para exercícios físicos e uma piscina (com trampolim, para saltos ornamentais) circundada por guarda-sóis, para dar a sensação de uma praia. O Augustus era um espetáculo. E deixava os passageiros encantados.

Mas, com o início da Segunda Guerra Mundial, o fabuloso transatlântico, tal qual outras tantas embarcações, foi requisitado para o transporte de tropas italianas e acabou indo parar nas mãos dos alemães, que não tiveram a menor dúvida sobre o que fazer com aquele portentoso navio.

Perto do final do conflito, quando a derrota parecia iminente, o Augustus foi afundado bem diante do porto da cidade italiana de Gênova, apenas para dificultar o acesso dos navios inimigos.

O ex-fenomenal transatlântico terminou os seus dias como simples entulho submarino.

Salvos na hora certa

Mais um dia no mar e aqueles três aviadores náufragos não teriam escapatória

Na Segunda Guerra Mundial, um avião torpedeiro da Marinha Americana, com três tripulantes a bordo, os aviadores Harold Dixon, Gene Aldrich e Anthony Pastula, teve que fazer um pouso forçado no mar, no Oceano Pacífico, depois de se perder no ar, por uma falha na bússola e de ficar sem combustível para retornar ao porta aviões USS Enterprise, do qual eles haviam partido na manhã daquele dia, 14 de janeiro de 1942, para um voo de reconhecimento da região – sabidamente ocupada por inimigos japoneses.

Antes que o avião afundasse, os três aviadores pegaram a balsa salva-vidas e tentaram inflá-la com o cilindro de ar-comprimido que acompanhava o equipamento. Mas não conseguiram fazê-lo funcionar. A saída foi inflar a balsa com o ar dos próprios pulmões, o que deixou o trio à beira da exaustão. Mas, por fim conseguiram que a balsa ficasse parcialmente inflada, embora as últimas assopradas tenham sido dadas com ela já na água, e o avião, submerso.

A primeira noite à deriva foi de agonia. Mas, na manhã seguinte, eles se encheram de esperança quando viram, ao longe, um avião de buscas, supostamente procurando os três aviadores desaparecidos – que, no entanto, não os viu. A frustração foi enorme, porque os três sabiam que dificilmente outro avião viria procurá-los, por conta do risco que isso representava diante dos inimigos. Portanto, se quisessem sobreviver, teriam de contar apenas com eles mesmos.

A primeira providência foi tirar as botas, arrancar as solas e com elas improvisar remos, para tentar avançar para qualquer canto, na imensidão do oceano. Escolheram o rumo sul, porque sabiam que nas outras direções havia barcos japoneses. No início, usaram aqueles remos improvisados, pouca coisa maiores do que a palma de suas mãos, praticamente dia e noite, revezando-se em turnos. Mas, com o passar dos dias, foram perdendo as forças, o ânimo e as esperanças.

HISTÓRIAS DO MAR

Por mais de um mês, os três náufragos sobreviveram apenas com o que conseguiam capturar no mar – um peixe ou ave, com a ajuda das facas e pistolas que tinham. E só de vez em quando, matavam a sede com água da chuva. O único banquete foi quando dispararam contra um tubarão, que sinistramente vinha rodeando a pequena balsa. Além de se fartarem com a carne do animal, encontraram, no seu estômago, diversos peixes recém ingeridos, que foram igualmente devorados pelo grupo. Até que, no 34º dia, avistaram terra firme.

Era uma pequena ilha do atol de Puka Puka, a mais de 450 milhas náuticas do local onde haviam pousado no mar, habitada por alguns poucos nativos, que, mesmo sem entender o que aqueles três homens diziam, compreenderam a situação e os levaram para um abrigo. Lá, eles desmaiaram de cansaço. Acordaram, porém, assustados, naquela mesma madrugada, com o vento uivando furiosamente do lado de fora da cabana. Era um tufão que se aproximava da ilha.

Foi quando aqueles três americanos tiveram certeza de que, se tivessem ficado no mar mais um mísero dia, não teriam escapado com vida. Para eles, a salvação veio na hora mais do que certa.

O fim infernal do barco do inferno

Para os soldados, pior do que os combates era ter que navegar no infame Junyo Maru

"Hell's Ships" ou "Navios do Inferno" foi uma expressão cunhada pelos soldados americanos para designar os precários navios que transportavam presos e demais desafortunados, na Segunda Guerra Mundial. Diversos decrépitos navios cumpriram este papel. Mas nenhum foi tão emblemático nessa miserável função quanto o infame ex-cargueiro japonês Junyo Maru.

Nele, as condições beiravam o próprio inferno do apelido que esse tipo de embarcação recebera. Nos porões, a maioria dos presos era transportada de pé, porque não havia sequer espaço para todos sentarem no chão imundo. Os banheiros eram as próprias amuradas do navio. E, para aumentar a capacidade de "carga", foi erguido um piso extra no convés, feito de bambus.

Mas os oficiais japoneses responsáveis pelo barco, obviamente não se preocupavam com isso, até porque, para eles, a situação era bem diferente. A começar pelo fato de que os oficiais tinham direito aos únicos coletes e botes salva do navio, algo extremamente útil em tempos de guerra, e com navios inimigos por todos os lados.

E foi um deles, o submarino inglês Tradewing, que acabou por aumentar ainda mais os horrores do Junyo Maru, transformando-o em uma espécie de sepultura no mar para a maioria dos prisioneiros aliados que transportava.

Pouco depois das cinco da tarde de 18 de setembro de 1944, quando o infame navio japonês navegava na direção da ilha de Sumatra, onde os soldados presos iriam trabalhar na construção de uma ferrovia para os japoneses, dois torpedos do Tradewing atingiram o Junyo Maru, causando, de imediato, a morte de boa parte dos estimados mais de 6 000 homens que havia a bordo.

Na manhã seguinte, os poucos que sobreviveram a uma noite inteira boiando no mar, viram se aproximar uma lancha torpedeira japonesa, que, no entanto, nem parou para embarcá-los. Apenas lançou um cabo ao mar, e só quem conseguiu agarrá-lo – e teve forças o bastante para ser puxado – foi levado a bordo. Mesmo assim, os que embarcaram em estado crítico foram devolvidos ao mar, para dar lugar aos sadios, porque prisioneiros com problemas de saúde eram sinônimos de aborrecimentos para os japoneses.

Pode parecer estranho que um submarino inglês tenha disparado contra um navio lotado de soldados aliados, mas o fato é que o Junyo Maru estava em tão mal estado que sequer ostentava qualquer sinal que o identificasse como um navio de transporte de prisioneiros – mais parecia um velho cargueiro.

No total, apenas 880 soldados sobreviveram ao mais infernal dos "barcos do inferno".

Os suicidas do mar

Desesperados com a iminente derrota na guerra, os japoneses resolveram criar, também, os kamizakes submarinos

Na fase final da Segunda Guerra Mundial, o Japão entrou em desespero frente à iminente derrota, e decidiu pôr em prática o projeto de criar submarinos suicidas – uma espécie de torpedo motorizado, conduzido por um marinheiro, que voluntariamente se candidatava a explodir junto com o equipamento, lançando-o de encontro a navios inimigos. Eram os "kaitens", a versão submarina dos aviadores "kamikazes" japoneses.

O engenho era tão precário e letal que dois de seus inventores morreram ainda na fase de ensaios, vítimas de explosões nos protótipos. E outros doze marinheiros morreriam depois, durante a fase de testes práticos dos torpedos dirigíveis. Mesmo assim, o primeiro ataque do tipo foi um sucesso.

Em outubro de 1944, na tranquila enseada do atol Ulithi, no oeste do Pacífico, o jovem (como eram todos os kaitens) Seijo Nishina, que levou consigo na missão as cinzas de um dos companheiros morto nos testes, montou no seu torpedo-humano, acelerou e se espatifou contra o navio-tanque da Marinha Americana Mississinewa, que estava abarrotado de combustível e gás altamente inflamável.

A explosão fez com que o Mississinewa afundasse em menos de 15 minutos, provocando a morte instantânea dos 60 membros da sua tripulação – além, obviamente, do voluntário japonês que perpetrou aquele pioneiro ataque.

Mesmo assim, dali em diante, a eficácia do infame petardo, que, embora tivesse um piloto para guiá-lo, nem sempre conseguia acertar o alvo, foi considerada um fracasso, e os kaitens logo foram abandonados, tornando as mortes dos seus pilotos suicidas praticamente inúteis.

O cemitério submarino da guerra

Entre os naufrágios do atol de Chuuk, um navio em particular se destaca. Especialmente para os brasileiros

O atol de Chuuk, na Micronésia, usado como base naval do Japão na Segunda Guerra Mundial, é um dos maiores cemitérios de navios militares do mundo. Ali, entre os dias 17 e 18 de fevereiro de 1944, os americanos fizeram uma espécie de retaliação tardia ao ataque japonês a Pearl Harbour, e puseram a pique quase 60 navios japoneses e mais de 250 aviões de combate, no que ficou conhecido como operação Hailstone, ou "Chuva de Granizo", tal a quantidade de bombas lançadas.

Entre os navios afundados, todos encurralados dentro do atol, havia grandes naves de guerra da Marinha Imperial Japonesa, submarinos e cargueiros repletos de suprimentos e armamentos. Com o fim da guerra, as águas de Chuuk (também conhecido como "Truk", por conta da dificuldade dos estrangeiros em pronunciar o nome correto), viraram um dos destinos prediletos dos mergulhadores apreciadores de naufrágios, que até hoje se impressionam com o que encontram debaixo d'água – tanques, caminhões, munições e até ossadas de marinheiros japoneses mortos naqueles dois dias de intensos bombardeios.

Mas um naufrágio em particular chama a atenção, não tanto pelo navio em si, um ex-transatlântico convertido em barco de apoio, mas sim por parte da carga que ele transportava: muitos engradados de garrafas de cerveja, que, apesar de décadas debaixo d'água, ainda estão intactas – embora seja proibido retirar qualquer coisa do fundo do mar de Chuuk. Para os brasileiros, trata-se de um naufrágio ainda mais especial, porque o navio em questão chamava-se Rio de Janeiro Maru, assim batizado porque ajudou a trazer muitos imigrantes japoneses para o Brasil, na década de 1930.

Drama dentro e fora d'água
Na pressa de escapar do ataque maciço, a tripulação não fechou todas as válvulas do infeliz submarino

O mesmo ataque americano à base japonesa no atol de Chuuk produziu uma agonizante tragédia. Ao ver os aviões inimigos se aproximando, a tripulação do submarino japonês I-169 submergiu tão rapidamente que não deu tempo de seu comandante, Shigeo Shinohara, que estava em terra firme, voltar a bordo.

Mas, bem pior que isso, foi que, na pressa de escapar do ataque, e sem o comandante para orientar as manobras, a tripulação do I-169 não fechou corretamente todas as válvulas ao submergir. E o submarino encheu de água e afundou feito uma pedra. A maior parte da tripulação morreu na hora, afogada, mas um grupo conseguiu se trancar em um compartimento seco da popa, e, de lá, ficaram mandando mensagens desesperadas.

Quando cessaram os ataques, os japoneses iniciaram as tentativas de resgate. Após ouvirem batidas no casco, mergulhadores envolveram o submarino com cabos de aço e um guindaste passou a puxá-lo para a superfície. A subida, embora lenta, vinha sendo um sucesso, até que, quando o I-169 já estava quase fora d'água, os cabos não suportaram o esforço, se romperam e o submarino afundou novamente.

Como a maior parte da nave estava inundada, a simples injeção de ar não seria o bastante para que ele subisse sozinho. E os cabos de aço já tinham dado provas de que não suportariam o peso do submarino. Era o início do drama dos japoneses, tanto dentro quanto fora do I-169, já que tudo o que eles podiam fazer era sentar e esperar que a morte chegasse o mais rápido possível, a fim de abreviar o sofrimento. Durante algum tempo, ainda houve sinais dos sobreviventes. Até que, por fim, eles emudeceram. Estavam todos mortos.

Vinte e cinco anos depois, em 1969, o I-169 foi localizado no fundo da baía de Chuuk pelo explorador Jacques Cousteau, em sua primeira expedição ao maior cemitério de navios japoneses da Segunda Guerra Mundial. Cousteau penetrou no submarino, a 40 metros de profundidade, e filmou os esqueletos dos marinheiros mortos naquele episódio. A tripulação inteira do I-169 sucumbiu nas águas de Chuuk. Menos o seu comandante, que jamais se perdoou por isso.

O navio-bomba que apavora até hoje
Na Inglaterra, os restos de um velho cargueiro encalhado na Segunda Guerra tira o sono dos moradores de uma cidade inteira

Em 20 de agosto de 1944, o navio cargueiro americano SS Richard Montgomery, um Liberty Ship, como foram chamados os navios feitos às pressas pelos Estados Unidos para o transporte de suprimentos durante a Segunda Guerra Mundial, ancorou na entrada do Rio Tâmisa, na Inglaterra, com uma carga, literalmente, bombástica: milhares de explosivos, que seriam usadas pelos Aliados nos combates que então aconteciam na França.

Ele havia partido da Filadélfia com mais de 6 000 toneladas de bombas e munições, e sua missão era aguardar no estuário do principal rio da Inglaterra a chegada do comboio ao qual se juntaria, rumo a costa francesa. Ao chegar lá, o comandante do SS Richard Montgomery recebeu ordens de se aproximar da margem, ancorar e aguardar os demais navios, que estavam por chegar. Feito isso, foi para a sua cabine, descansar.

Horas depois, outros navios começaram a chegar e alguns deles notaram que a âncora do SS Richard Montgomery havia garrado e ele estava derivando em direção a um famoso banco de areia da região. E avisaram isso pelo rádio ao oficial de plantão no navio – que, no entanto, inexplicavelmente não acionou o comandante, que seguiu dormindo.

O resultado foi o encalhe do cargueiro no tal banco de areia, a cerca de 250 metros do canal e bem diante da então pequena cidade inglesa de Sheerness. Não seria um grande problema removê-lo de lá, não fosse o fato de o navio estar abarrotado de carga, portanto pesado, e de a maré, justamente naquele instante, ter começado a baixar.

Nas horas seguintes, o navio foi atolando cada vez mais na areia fofa, até que, mesmo com a subida da maré, não conseguiu mais se desvencilhar da armadilha na qual havia se metido. Em seguida, seu casco, que não era propriamente resistente, como em todos os Liberty Ships, começou a trincar. E seguiu rachando. Era o fim do SS Richard Montgomery.

Dois dias depois, começaram os trabalhos de resgate e transbordo de sua delicada carga. Mas logo o serviço teve que ser interrompido, porque as rachaduras no casco haviam causado a inundação da proa e o navio passou a gemer assustadoramente – sinal claro que não aguentaria por muito tempo o esforço de combater o sobe e desce das marés. Caso rompesse de vez, as consequências seriam imprevisíveis, dada a letalidade da carga. Temendo uma explosão, as equipes de resgate abandonaram o local. E nunca mais se cogitou retirar as bombas que restaram no SS Richard Montgomery. E que estão lá até hoje.

Uma das razões para os explosivos jamais terem sido removidos do navio foi o temor da repetição de um episódio que traumatizou os moradores de outra pequena cidade inglesa, Folkestone, às margens do Canal da Mancha, em julho de 1967. Naquela ocasião, uma desastrada ação de remoção de bombas do cargueiro polonês SS Kielce, afundado em 1946, resultou numa explosão equivalente a um terremoto com 4,5 de força na Escala Richter, além de abrir uma cratera de seis metros de profundidade no leito marinho e destruir parcialmente muitas casas na cidade. Se algo semelhante acontecesse com o SS Richard Montgomery, as consequências para os habitantes de Sheerness seriam bem piores, tanto pelo maior tamanho da cidade quanto pela menor proximidade dela com o naufrágio.

Mesmo a explosão controlada das bombas no interior dos restos do SS Richard Montgomery sempre esteve fora de questão, porque um estudo mostrou que a explosão da carga do navio geraria uma coluna de água com cerca de 300 metros de altura e geraria uma espécie de tsunami, com ondas de até cinco metros de altura – o bastante para inundar Sheerness, que também sofreria danos em praticamente todas as suas casas. A única saída, portanto, seria evacuar toda a cidade antes da operação, algo inviável na prática. Assim sendo, adotou-se a política de empurrar o problema com a barriga, não fazer nada e deixar o navio como ele sempre esteve, até que – quem sabe? – a própria natureza resolva a questão.

Atualmente, em Sheerness (onde um gaiato outdoor na entrada na cidade dá as boas-vindas aos visitantes desejando que eles tenham "uma visita bombástica"), vivem cerca de 12 000 pessoas e ninguém dorme absolutamente tranquilo sabendo que há um navio cheio de bombas bem em frente à cidade.

Das 6 100 toneladas de explosivos que havia nos porões do SS Richard Montgomery naquela viagem, cerca de 1 400 toneladas permanecem dentro do que restou do navio, sob permanente risco de explosão, embora já tenham se passado décadas desde o naufrágio. E o maior problema é onde elas estão.

O SS Richard Montgomery afundou em um local tão raso e perto da margem que não ficou totalmente submerso. Seus mastros continuam visíveis fora d'água, o que torna a situação ainda mais perigosa, pelo risco de colisão de outros barcos. Além disso, o velho cargueiro jaz bem na entrada do Rio Tâmisa, a mais movimentada rota marítima do Reino Unido, por onde passam cerca de 5 000 navios por ano. Tempos atrás, dois deles só não atropelaram os escombros do SS Richard Montgomery – com consequências possivelmente trágicas, caso isso acontecesse – porque conseguiram desviar a tempo.

Para contornar o problema, desde o final da Segunda Guerra Mundial, as autoridades marítimas inglesas criaram uma "área de exclusão" em torno do local do naufrágio, sinalizada com boias e ameaçadores cartazes, alertando que ali a navegação é proibida, bem como a aproximação de pessoas. E a área passou a ser monitorada 24 horas por dia.

Outro risco são as condições em que se encontram os restos do navio. Após mais de três quartos de século parcialmente debaixo d'água, o estado do SS Richard Montgomery é precário e sua estrutura está seriamente comprometida. Qualquer ação mais efetiva nos destroços poderia gerar o colapso do que resta do casco e o movimento acionar involuntariamente uma das bombas, já que parte delas foi transportada com seus disparadores instalados. Se uma única bomba for acionada, as demais também poderiam explodir.

O risco é tão real que, em 2012, durante as Olimpíadas de Londres, uma equipe de agentes especiais da polícia inglesa ficou de plantão no entorno do naufrágio do SS Richard Montgomery, porque havia o temor que ele pudesse ser usado como matéria-prima para um ataque terrorista.

HISTÓRIAS DO MAR

Mais recentemente, o plano de construção de um aeroporto nas imediações de Sheerness não avançou especialmente por conta da existência dos restos do cargueiro bem na direção da pista e a necessidade de removê-los, o que ninguém quer fazer. Para os eternamente assustados moradores da região, é melhor conviver com um navio-bomba adormecido do que correr o risco de despertá-lo.

Abandonado, esquecido e impune

Quase 70 anos depois, o único navio da Marinha do Brasil vítima da guerra foi achado no fundo do mar e trouxe à tona à sua triste história

Em 2011, ao socorrer um amigo pescador cuja rede havia enganchado em algo no fundo do mar, a 25 milhas do Cabo São Tomé, próximo à divisa entre a costa do Rio de Janeiro e a do Espírito Santo, o também pescador Everaldo Meriguete teve uma surpresa. Havia um "barco afundado lá embaixo", como ele contou ao amigo, ao retornar à superfície.

E não era um "barco" como outro qualquer. Era um navio. Um navio da Segunda Guerra Mundial: o Vital de Oliveira, o único da Marinha do Brasil afundado durante o conflito, desaparecido há quase 70 anos, após ter sido torpedeado pelo submarino alemão U-816, na noite de 19 de julho de 1944, gerando a morte de 150 marinheiros brasileiros.

Naquele dia, o triste fim do Vital de Oliveira (batizado com o mesmo nome do primeiro barco da Marinha do Brasil a completar uma volta ao mundo navegando, e que também virou notícia ruim, porque nove marinheiros morreram durante aquela longa viagem – leia na primeira edição de Histórias do Mar) parecia ter saído, finalmente, do esquecimento. Mas não foi bem assim.

A tragédia do Vital de Oliveira, um navio auxiliar da Marinha do Brasil, começou a ser escrita ainda na manhã do dia em que ele desapareceu, quando, depois de uma escala na distante ilha de Trindade, quase no meio do Atlântico, partiu do porto de Vitória, no Espírito Santo, com destino ao Rio de Janeiro, levando a bordo, além de 250 tripulantes, um carregamento de madeira.

Como se tratava de um navio auxiliar, era comum o Vital de Oliveira transportar alguma carga, daí aquelas pranchas de madeira alocadas em boa parte do convés – e que, horas depois, seriam a salvação de muitos sobreviventes. Como também era praxe em tempos de guerra, ele partiu escoltado pela embarcação caça-submarinos Javari, também da Marinha Brasileira, o que, no entanto, se mostraria completamente inútil poucas horas depois.

Ao anoitecer daquele 19 de julho, os dois navios se aproximaram da divisa com o Rio de Janeiro e, horas depois, atingiram o través do temido Cabo São Tomé, local de navegação nem sempre muito fácil, por conta do mar quase sempre agitado. E foi ali que tudo aconteceu.

Faltavam cinco minutos para a meia-noite, quando um dos dois torpedos disparados pelo submarino alemão U-861 explodiu no costado de boreste do Vital de Oliveira, bem perto da popa, contorcendo o navio inteiro – que começou a afundar rapidamente. Tão rápido que não houve tempo para quem estava na casa de máquinas (se é que alguém conseguiu sobreviver à explosão causada pelo torpedo) subir para tentar escapar da enxurrada de água que entrava. Instantaneamente, todas as luzes de bordo se apagaram, ao mesmo tempo que o navio, já agonizante, começou a inclinar violentamente para trás, por conta do peso da água. Em cinco minutos, o Vital de Oliveira desapareceu da superfície.

Quem não sucumbiu na explosão ou não foi arrastado para o fundo pelo próprio navio, só escapou vivo das águas revoltas do cabo naquela noite graças às pranchas de madeira que o Vital de Oliveira transportava. Quando o navio afundou, elas flutuaram e serviram de apoio para os náufragos. Foi, no entanto, a única ajuda imediata que eles tiveram, porque o barco de escolta, que deveria zelar pela integridade dos ocupantes do navio auxiliar, nada fez.

O Javari, que navegava um pouco à frente do Vital, seguiu avançando, como se nada tivesse acontecido com o navio que ele deveria proteger. Só quando chegou ao Rio de Janeiro, na manhã seguinte, o barco de escolta foi mandado de volta ao cabo, em busca de algum sinal do navio desaparecido. Mas tudo o que seus oficiais encontraram foram alguns náufragos ainda na água, à espera do resgate, que até então vinha sendo feito de maneira precária por um barco pesqueiro – o mesmo que, ironicamente, levara uma bronca do comandante do Vital de Oliveira no porto de Vitória por ter atracado na sua vaga.

Quando todos os sobreviventes foram recolhidos e contados, a macabra contabilidade do ataque do U-861 ao navio brasileiro somava exatos 150 mortos, mais da metade da quantidade de homens que havia a bordo. Apenas 100 tripulantes sobreviveram. Mesmo assim, o inexplicável comportamento do barco de apoio jamais teve uma explicação convincente.

Logo após o episódio, comandantes e oficiais do Javari foram transferidos para outras áreas da Marinha do Brasil, e o caso caiu num incômodo esquecimento, situação que persistiu mesmo após o Vital de Oliveira ser achado no fundo do mar, trazendo o caso novamente à tona. Mas, mesmo assim, ninguém nunca foi punido.

O homem-torpedo

Para escapar do submarino afundado ele contou com um milagre

Submarinos, por razões óbvias, são naves hermeticamente fechadas. Portanto, escapar de dentro deles não é tarefa fácil, razão pela qual naufrágios de submarinos costumam ser fatais para toda a tripulação. Mas, em 18 de junho de 1944, um marinheiro alemão, de nome Walter Schietenkpop, mostrou que toda regra tem sua exceção.

Único sobrevivente do naufrágio do submarino nazista U-767, afundado por bombas lançadas por três navios ingleses na Segunda Guerra Mundial, ele escapou daquela cápsula de aço de maneira engenhosa e milagrosa, através de um dos tubos lança-torpedos – apesar de ter feito isso a 75 metros de profundidade, onde só a pressão já mataria qualquer pessoa.

Mas, ao chegar à superfície, foi capturado e preso. Pelo seu feito, merecia uma medalha, não a penitenciária.

Um equívoco fatal

Um dia antes do final da Segunda Guerra Mundial, os ingleses bombardearam, sem saber, os seus próprios aliados

Hitler havia se suicidado quatro dias antes. A Alemanha nazista estava irremediavelmente derrotada. E a rendição oficial aconteceria no dia seguinte. Mesmo assim, em 3 de maio de 1945, o ex-transatlântico alemão Cap Arcona, que fora transformado em navio de transporte de tropas, foi implacavelmente bombardeado e afundado pelos ingleses, na baía alemã de Lübeck, com cerca de 6 000 pessoas a bordo.

Apesar da quantidade brutal de vítimas, os ingleses encararam o naufrágio como uma vitória, não como uma tragédia. Até que ficaram sabendo que, dentro daquele navio, havia quase 5 000 soldados dos seus próprios aliados, já que o Cap Arcona estava abarrotado de prisioneiros que estavam sendo evacuados do campo de concentração de Neuengamme, que os nazistas não admitiam existir e temiam que fosse encontrado com o fim do conflito.

Foi um equívoco fatal e não deu escapatória aos prisioneiros. Mesmo os que se atiraram ao mar, a fim de tentar escapar do navio bombardeado, foram metralhados na água pelos soldados alemães remanescentes a bordo, e os que conseguiram nadar até terra firme (apesar da temperatura congelante da água), encontraram o mesmo fim, na praia.

Mais tarde, ao perceberem que haviam massacrado seus próprios companheiros de batalha, os ingleses se defenderam dizendo que suspeitavam que o Cap Arcona estava sendo usado por membros da SS, a polícia secreta nazista, para fugir para a Noruega – daí o bombardeio naquelas derradeiras horas da guerra.

Como consolo, ficou a declaração de um dos chefes da Gestapo, durante o julgamento de Nuremberg, de que os prisioneiros morreriam de qualquer jeito, pois a SS já havia decidido que, para não deixar provas da existência do tal campo de concentração alemão, o Cap Arcona seria afundado assim que deixasse a baía de Lubeck, com todos os soldados inimigos a bordo.

Os ingleses, nesse caso, apenas anteciparam a tragédia.

O capitão alemão que virou americano
Mesmo tendo afundado meia dúzia de navios Aliados, o ex-comandante de submarinos alemães virou cidadão dos Estados Unidos

Com o fim da Segunda Guerra Mundial, muitos ex-oficiais da Marinha Alemã foram viver em outros países, e refizeram suas vidas. Foi o que também fez o ex-comandante de quatro U-boats, Herbert Werner, mas só depois de viver um purgatório nas mãos de seus inimigos.

Primeiro, ele foi capturado pelos ingleses e ficou um bom tempo passando por interrogatórios diários severos, na Inglaterra. Depois, foi entregue pelos ingleses aos franceses, que, entre outras punições, o obrigavam a dormir ao relento e a cantar a Marselhesa todas as manhãs. Até que ele conseguiu fugir da cadeia; e, para escapar dos franceses, quase chegou a se alistar da Legião Estrangeira.

De volta à Alemanha, Werner não ficou muito tempo. Em 1957, pediu – e conseguiu – cidadania americana (apesar de ter afundado seis navios Aliados durante os combates), e foi viver na Flórida, onde escreveu o livro Caixões de Ferro, considerado um dos melhores relatos já feitos da insana vida nos U--boats, e onde morreu, em abril de 2013. Como cidadão americano.

A privada que afundou um submarino
Estava tudo bem, até que o comandante precisou ir ao banheiro

Até a Segunda Guerra Mundial, um dos maiores problemas dos submarinos eram os banheiros. Mais especificamente a descarga dos vasos sanitários, porque nem passava pela cabeça dos projetistas da época fazer buracos em um casco feito para ser hermeticamente fechado. Todos os dejetos eram mantidos a bordo, em pesados tanques que ocupavam um espaço considerável.

Até que os alemães inventaram um sistema de válvulas que permitia a entrada e saída de água do mar para os vasos sanitários, desde que o submarino estivesse próximo à superfície, onde a pressão externa era pequena. Mas, quase ao final da guerra, eles aperfeiçoaram o sistema, para uso, também, em grandes profundidades.

Foi uma revolução no setor e o primeiro submarino a ser equipado com o novo sistema, que consistia em uma complicada combinação de válvulas internas e externas, foi o U-1206, lançado ao mar em 1944. Meses depois, em 6 de abril de 1945, dias antes do fim da guerra, ele partiu para a sua primeira missão no Atlântico Norte, sob o comando do capitão Karl Adolf Schlitt, que também comandava um submarino pela primeira vez.

A tripulação do U-1206 consistia em meia centena de homens, mas só poucos sabiam como manusear corretamente as válvulas do novo sistema – e o capitão Schlitt não era um deles.

Tudo corria bem, até que, quando navegavam submersos ao largo da costa da Escócia, a mais de 60 metros de profundidade, o comandante do submarino alemão precisou ir ao banheiro. Mas só depois de ter feito suas necessidades, ele descobriu que era incapaz de operar as válvulas da descarga.

Apesar da situação um tanto constrangedora para um oficial de sua patente, Schlitt pediu ajuda a um marinheiro, conhecedor do sistema. Mas, na pressa em atender ao capitão, ele também se atrapalhou com as válvulas e abriu as externas antes de fechar as internas, causando a inundação parcial daquela parte submarino, logo, porém, estancada.

Teria sido apenas um contratempo, não fosse outra característica do projeto daquela nova classe de submarinos: as baterias dos motores elétricos ficavam bem ao lado do banheiro. E, em contato com a água salgada que entrou pela falha do marinheiro, elas passaram a liberar um gás altamente letal, ainda mais em um ambiente sem ventilação, como os submarinos. Schlitt, então, deu ordem para emergir rapidamente. Mas o pior ainda estava por vir.

Ao chegar à superfície, o U-1206 foi logo avistado por aviões ingleses que patrulhavam o litoral escocês e passou a ser duramente bombardeado. Como não podia voltar à segurança do fundo do mar, por conta do gás que seguia emanando das baterias, Schlitt ordenou que a tripulação passasse para os botes salva-vidas e tomou a mais desesperada decisão que um comandante poderia tomar: afundou o próprio submarino, para que ele não caísse nas mãos dos inimigos, o que revelaria alguns segredos – como o próprio sistema revolucionário de ejeção pressurizada de dejetos dos banheiros.

Desta vez, Schlitt abriu as válvulas certas e o submarino deslizou mansamente para o fundo do mar, de onde nunca mais saiu.

Quatro dos 50 tripulantes do U-1206 morreram nos ataques aéreos ingleses, dez conseguiram chegar ao litoral e foram capturados e 36 recolhidos e feitos prisioneiros por barcos que passavam. Entre eles, o próprio capitão Schlitt, que entrou para a história como o primeiro comandante a provocar um naufrágio só porque foi ao banheiro. Uma autêntica cag...

O gigante japonês que quase resistiu
Faltou pouco para o maior navio de guerra construído pelo Japão sobreviver à Segunda Guerra Mundial

Faltou bem pouco para o maior navio de guerra que o Japão já construiu, o encouraçado Yamato, com 263 metros de comprimento e 71 000 toneladas, orgulho da Marinha Imperial Japonesa e apelidado de "Gigante do Oriente", terminar a Segunda Guerra Mundial ainda navegando.

Mas, em 7 de abril de 1945, no último combate naval registrado no Pacífico – e há poucos meses do fim do conflito –, ele não resistiu aos bombardeios americanos e foi a pique, gerando uma catástrofe com números tão impressionantes quanto seu tamanho. Perto de 2 500, dos 2 778 tripulantes, morreram naquele dia, junto com o lendário navio. Para os admiradores navais, foi uma perda e tanto – mais alguns dias e o gigante japonês teria sobrevivido à guerra.

Em 1985, após sete anos vasculhando o fundo da ilha de Okinawa, onde aconteceu o naufrágio, o Yamato foi finalmente encontrado, dividido em duas partes. Mas, ainda assim, imponente no tamanho.

A guerra acabou, mas ele não sabia
O último submarino alemão a atacar navios Aliados fez isso quando ninguém mais esperava

Com a tomada de Berlim pelos russos, em 22 de abril de 1945, e o suicídio de Hitler, oito dias depois, a Segunda Guerra Mundial terminou para os alemães na primeira semana de maio daquele ano. Mas nem todo mundo ficou sabendo disso imediatamente.

No mar (ou, melhor dizendo, abaixo da superfície, onde as comunicações eram sempre mais precárias), alguns submarinos alemães continuaram atacando, alheios à rendição. Foi o caso do U-853, o último submarino alemão a atacar – e ser atacado –, quando a guerra contra a Alemanha já havia oficialmente terminado.

Em 5 de maio de 1945, ele chegou às águas da costa leste americana e mandou para o fundo do mar o navio cargueiro Black Point, que navegava tranquilo, pois já sabia da rendição alemã. Mas o U-853 não. Alertado pelo operador de rádio do navio atingido – que afundou em seguida, gerando a morte de 12 tripulantes –, um verdadeiro esquadrão americano partiu no encalço do submarino mal informado.

Durante 26 horas, centenas de bombas foram lançadas nas rasas águas da costa da Nova Inglaterra, até que começaram a surgir manchas de óleo na superfície, ao largo de Rhode Island. Em seguida, apareceram outras evidências do fim do caçador que virou caça, como alguns salva-vidas, pedaços de equipamentos e até o emblemático quepe do comandante do submarino boiando na água. Era o dia 6 de maio de 1945. Poucas horas depois, em 7 de maio, a Alemanha assinou oficialmente a rendição incondicional, formalizando o fim da guerra.

Tivesse isso acontecido horas antes, ou caso o comandante do U-853 estivesse melhor informado, vidas dos dois lados do conflito teriam sido poupadas.

O menino que salvou muitos homens
Não fosse a curiosidade daquele garoto inglês, muitos brasileiros teriam morrido no mar

Um mês após o final da Segunda Guerra Mundial, o navio mercante inglês Balfe partiu do porto de Cardiff com destino a Salvador, na Bahia. A bordo, ia um garoto de 17 anos, chamado Ray Highams, contratado como segundo ajudante de cozinheiro.

Quando o Balfe já navegava em águas brasileiras, o garoto decidiu aproveitar a bonita manhã de sol e saiu para descascar batatas no convés. Foi quando ouviu o que pareciam ser gritos, vindos de fora do navio, e decidiu investigar. Largou as batatas, caminhou até a amurada e viu uma balsa, com três homens pedindo socorro – e em português, já que eram sobreviventes da explosão do cruzador Bahia, quatro dias antes.

O garoto correu e avisou o comandante, que voltou e recolheu os três homens do mar – após a tripulação do navio inglês efetuar até disparos na água, para afugentar os tubarões que cercavam a balsa. Por meio de gestos, os náufragos informaram que havia outras vítimas do Bahia para serem resgatadas, o que foi feito em seguida. No final, graças ao garoto inglês, quase 30 brasileiros foram salvos.

Meio século depois, já aposentado, Ray Highams recebeu a Medalha do Mérito Tamandaré, como reconhecimento da Marinha do Brasil pelo que ele fizera naquela ensolarada manhã, enquanto descascava batatas no convés.

Ataque ou fatalidade?
O que teria provocado a maior tragédia da história naval do Brasil

Na manhã de 4 de julho de 1945, o velho cruzador Bahia, um veterano com quase 40 anos de serviços prestados à Marinha do Brasil, estava placidamente parado sobre a Linha do

Equador, a cerca de 500 milhas náuticas da costa do Rio Grande do Norte, nas proximidades dos rochedos São Pedro e São Paulo. Era o seu posto designado de trabalho, conhecido como Estação 13. Dali, ele prestava auxílio, via rádio, aos aviões americanos, que, com o fim da Segunda Guerra Mundial, retornavam dos combates na Europa, através do "corredor Dakar-Natal", o trecho mais estreito da travessia do Atlântico.

A bordo do cruzador brasileiro, havia 372 marinheiros e oficiais, sob o comando do Capitão de Mar e Guerra Garcia D'Ávila Pires de Carvalho e Albuquerque, além de quatro rádio-telegrafistas americanos, que haviam embarcado justamente para cuidar dos contatos com os aviões, na medida em que eles fossem se aproximando daquele ponto ermo no Atlântico.

Mas, como isso só acontecia ocasionalmente, o comandante Garcia D'Ávila, como era praxe na Marinha, decidiu promover algumas sessões de exercícios de tiro, para treinar os artilheiros e entreter os marinheiros – que lotaram o convés para assistir ao espetáculo.

O exercício consistia em lançar objetos ao ar e ao mar para que os operadores das metralhadoras aferissem suas pontarias – nada mais natural, em se tratando de uma nave de guerra. Mas o que aconteceria naquela manhã jamais tivera precedentes. E ficaria marcado para sempre na história da Marinha Brasileira.

No exato instante em que o operador de uma das metralhadoras de 20 mm do navio apertou o gatilho, uma violenta explosão na popa fez o Bahia chacoalhar inteiro, ao mesmo tempo que uma colossal quantidade de água começou a jorrar casco adentro. Naquele instante, como mais tarde seria estimado, teriam morrido mais de cem marinheiros, já que havia uma grande concentração da tripulação no convés, acompanhando os exercícios de tiro.

Instantaneamente, o grande navio, carinhosamente chamado pelos seus tripulantes de "velhinho", e tecnicamente obsoleto, começou a erguer a proa e afundar a popa, seriamente danificada pela estranha explosão, enquanto os sobreviventes corriam de um lado para outro, tentando baixar o maior número possível de botes salva-vidas ao mar.

Dezessete deles foram arriados, mas escassamente ocupados,

porque não houve tempo para o embarque de mais marinheiros. O Bahia, de 122 metros de comprimento e 3 100 toneladas de deslocamento, desapareceu em pouco mais de quatro minutos, após erguer sua proa na vertical, como se tentasse respirar, e afundar feito uma vareta de ferro, levando com ele sua tripulação quase inteira, além dos quatro operadores de rádio, que se tornariam os últimos americanos mortos no Atlântico por conta da Segunda Guerra Mundial – e, ironicamente, na data nacional dos Estados Unidos. Em número de mortos, foi a maior tragédia da história naval brasileira.

Os sobreviventes, contudo, estavam otimistas. O navio havia afundado num ponto sabido pela corporação, e exatamente sobre o corredor aéreo utilizado pelos aviões que chegavam da Europa. Logo, imaginavam, um deles se aproximaria, estranharia a ausência do cruzador na Estação 13, veria as balsas dos náufragos no mar e comunicaria o fato às autoridades. Mas não foi o que aconteceu.

Durante dias, eles vagaram à deriva, levados pelas correntes marítimas e separados uns dos outros, lutando contra a fome, a sede e os tubarões, que não davam sossego em torno dos botes. Mas só no terceiro dia, quando o também cruzador Rio Grande do Sul chegou à Estação 13, para render o Bahia, que estava estranhamente incomunicável há dias, e não encontrou o navio, é que foi dado o alerta de naufrágio e começaram as buscas.

Naquele mesmo dia, foram encontrados os primeiros náufragos, em oito botes – nove deles mortos, pelos ferimentos que haviam sofrido na explosão e naufrágio do navio. E, no dia seguinte, graças a perspicácia de um jovem tripulante do cargueiro inglês Balfe (veja história anterior), quase outros 30.

O último sobrevivente, no entanto, só foi resgatado nove dias depois, já quase morto. E outros marinheiros que já haviam sido resgatados, morreram depois, a caminho do hospital. No total, dos 372 tripulantes que havia no Bahia naquela manhã, apenas 36 sobreviveram. E nenhum deles tinha dúvidas sobre o que havia provocado aquela tragédia: um absurdo erro de pontaria.

Segundo os sobreviventes, a explosão e o consequente naufrágio do cruzador brasileiro fora fruto da combinação da imperícia de um dos operadores das metralhadoras, durante aquele exercício de tiro (ou de algum defeito na mira do equipamento), com a indevida localização do estoque de cargas de profundidade que o Bahia transportava, já que, embora a guerra contra a Alemanha houvesse oficialmente terminado, ainda havia o risco de topar com algum submarino nazista nas águas por onde ele navegaria.

Em vez de serem colocadas em paióis fechados, aquelas sensíveis bombas submarinas foram alocadas a céu aberto, no convés de popa do velho cruzador, que, de tão antigo e precário, não tinha um compartimento apropriado para o transporte de uma carga tão letal. Assim sendo, quando o operador da metralhadora apontou para o mar, na direção da popa do navio, e o tiro saiu pela culatra, atingindo as bombas de profundidade, o Bahia simplesmente voou pelos ares, numa inédita – e patética – autoexplosão.

Mas, para alguns, esse, talvez, não tenha sido o real motivo da tragédia.

Segundo alguns pesquisadores, como o espanhol Juan Salinas e o argentino Carlos De Nápoli, que escreveram um livro sobre a suposta fuga de altos oficiais do Terceiro Reich para a Argentina, ao final da guerra (e, talvez, até do próprio Hitler, cujo suicídio, em 30 de abril de 1945, em Berlim, eles também questionam, já que seu corpo nunca foi encontrado), naquela mesma manhã de 4 de julho, havia um submarino alemão navegando na mesma região onde o Bahia explodiu. Era o U-530, comandado por Otto Wermuth, que fazia parte do suposto plano de fuga nazista, batizado de Operação Ultramar, juntamente com outro submarino alemão, o U-977 – que também passaria pela região, tempos depois.

Segundo os dois pesquisadores, foi um torpedo disparado pelo U-530 (que, dias depois, se renderia diante da Base Naval de Mar del Plata, na Argentina, sem todos os projéteis nos disparadores, sem livro de bordo com os registros da viagem, e sem o bote de desembarque, após supostamente também ter feito uma misteriosa parada na costa sul argentina, onde desembarcara coisas e pessoas), que teria afundado o cruzador brasileiro, no último ato da chamada Batalha do Atlântico – embora quase ninguém tenha levado essa teoria a sério, já que não havia motivo para isso, pois a guerra já havia terminado. Dias depois, também o U-977 se entregou às autoridades da Argentina, país onde seu comandante, Heinz Schäffer, passaria a viver anos depois, como outros tantos ex-oficiais nazistas.

Apesar disso, deduzir que o cruzador Bahia tenha explodido pela ação de um dos submarinos da chamada Frota Fantasma de Hitler, que, a caminho da Argentina, teria parado para atacar o navio brasileiro, em vez daquele desastrado disparo em um exercício de tiro, como atestaram os sobreviventes, sempre pareceu fantasioso demais para ser verdade. A menos que, por uma absurda coincidência, as duas coisas tivessem acontecido ao mesmo tempo (o impacto de torpedo simultaneamente ao disparo do artilheiro), o que seria ainda mais improvável.

Mas não impossível.

O mais original dos disfarces
Para despistar os aviões japoneses, a tripulação transformou um caça-minas em uma ilha

A camuflagem sempre foi um dos artifícios mais usados nas guerras. De rostos pintados a vestimentas que imitam o solo dos campos de batalha, praticamente todos os beligerantes já utilizaram o truque do mimetismo para enganar o inimigo. Mas poucos de maneira tão original quanto os tripulantes do pequeno caça-minas holandês Abraham Crijnssen, na Segunda Guerra Mundial.

Em 27 de fevereiro de 1942, quando a frota japonesa atacou e esmagou os Aliados na Batalha do Mar de Java, atual Indonésia, apenas um navio conseguiu fugir a tempo do massacre: o acanhado Abraham Crijnssen. Mas, com pouco mais de 50 metros de comprimento, baixa velocidade e apenas três canhões para defendê-lo, parecia certo que as suas chances de escapar das buscas aéreas que os aviões japoneses faziam na região eram mínimas.

Foi quando seus 45 tripulantes tiveram a ideia de revestir o navio inteiro com arbustos e vegetações, para que, do alto, parecesse uma ilha.

A princípio, o plano parecia maluco demais para dar certo. Mas, como eles não tinham outra alternativa a não ser esperar passivamente pelo bombardeio, por que não tentar?

A primeira providência foi parar ao lado de uma ilha deserta, entre as milhares que existem no mar da Indonésia, na época chamada de Índias Orientais Holandesas, e transpor para o navio tudo o que pudesse camuflá-lo – sobretudo folhas e galhos, que também foram usados para transformar o mastro do caça-minas em um simulacro de árvore. O convés inteiro foi forrado com vegetação, e o pouco que restou à mostra foi pintado de cinza escuro, para parecer com pedras. Grandes galhadas também foram colocadas amuradas afora, até quase tocar a água, encobrindo, assim, as laterais do casco. O Abraham Crijnssen ficou totalmente revestido de verde e mais parecia uma moita flutuante.

Já a segunda providência foi passar a navegar apenas à noite, para diminuir as chances de ser avistado pelos aviões japoneses. Durante a luz do dia, do amanhecer ao entardecer, o navio ficava ancorado o mais perto possível de alguma ilha, para que parecesse uma extensão natural dela. E deu certo.

A camuflagem ficou tão convincente que o Abraham Crijnssen não foi detectado por nenhum avião de patrulha, durante as quase duas semanas que levou para sair da área dominada pelos japoneses – embora alguns o tenham sobrevoado mais de uma vez. E foi assim, de disfarce em disfarce, que o curioso navio-ilha conseguiu sair incólume da zona dominada pelos japoneses e ganhou o mar aberto, rumo à segurança da Austrália.

Em 20 de março daquele ano, ainda camuflado e quase um mês após a batalha da qual escapara graças ao engenhoso artifício, o pequeno caça-minas holandês chegou à Austrália, onde foi incorporado à Marinha Australiana e transformado em barco de escolta para comboios, função que desempenhou até o final da guerra.

Mas nem com o fim do conflito acabou a história do ardiloso Abraham Crijnssen. Devolvido à Marinha Holandesa, o ex-caça-minas foi mandado de volta à Indonésia, onde atuou por mais 15 anos como barco de patrulha, tendo visitado, por diversas vezes, o mesmo local na qual passara pela mais radical – e original – mutação que um navio já teve. Aquela que o transformou em uma peculiar ilha que se movimentava.

CAPÍTULO 4

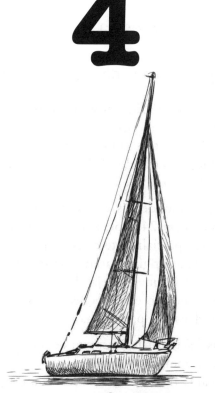

HISTÓRIAS RECENTES

2000 ATÉ HOJE

A incrível travessia dos carros oceânicos
Como dois italianos atravessaram o Atlântico navegando com dois automóveis flutuantes

Na década de 1950, o australiano Ben Carlin deixou o mundo perplexo ao cruzar oceanos – e por fim circum-navegar todo o planeta – com um simples automóvel anfíbio: um Jeep, da Segunda Guerra Mundial (história contada no primeiro volume de Histórias do Mar).

Cinquenta anos depois, em 2000, dois jovens italianos, Marco Amoretti, então com 24 anos, e seu amigo, Marcolino de Candia, de 21, repetiram parcialmente o feito do australiano, mas de uma maneira ainda mais original: atravessaram o Oceano Atlântico, das Ilhas Canárias ao Caribe, "velejando" com dois velhos automóveis convencionais, que não eram sequer veículos anfíbios, mas apenas caseiramente adaptados para flutuar.

Os dois veículos não passavam de meros objetos flutuantes, já que não tinham motor (porque não haveria como transportar tanto combustível para a travessia de um oceano inteiro) e só se movimentavam impulsionados pelo vento, graças a pequenas velas adaptadas. Ou seja, eram carros que "velejavam". E tanto no mar quanto no asfalto.

Em terra firme, os dois exóticos automóveis, um Ford Taurus 1981 e uma perua Volkswagen Passat 1987, ambos comprados como sucata em um ferro-velho, eram puxados por paragliders, uma espécie de meio termo entre asas e paraquedas, que, içados às alturas, movimentavam os veículos para onde o vento apontasse – uma mera brincadeira, claro, já que ninguém poderia se locomover dessa forma por longos trechos.

Quer dizer, quase ninguém. Exceto o pai de Marco Amoretti, Giorgio, que foi quem inspirou aquela abusada e improvável travessia oceânica, que os dois jovens efetivamente efetivamente fizeram, contrariando a lógica e o bom senso, ao longo de quase quatro meses no mar.

Os ventos, contudo, não foram o principal meio de locomoção daqueles dois bizarros automóveis flutuantes e seus intrépidos ocupantes, mas sim as correntes marítimas predominantes naquela parte do Atlântico. Foram elas que empurraram os dois veículos durante todo o percurso de 3 100 milhas náuticas, que eles cumpriram praticamente à deriva, já que os dois veículos também não tinham lemes, nem nenhum tipo de controle do rumo.

A esperança era que apenas as correntes marítimas os conduzissem até o outro lado do oceano, como já havia acontecido com outros aventureiros. Mas Giorgio Amoretti não queria fazer aquela travessia com um barco, porque seria óbvio demais para alguém com o seu currículo de ousadias.

Entre outras estripulias, ele já havia atravessado o deserto do Saara voando com um paraglider puxado por um automóvel (exatamente o oposto do que ele faria, anos depois, com seus automóveis anfíbios sem motor), viajado metade do mundo com uma simples Lambreta e forçado o governo da província onde morava, na Itália, a criar uma lei que obrigava o Estado a plantar uma árvore para cada criança que nascesse, após se recusar a registrar o nascimento de um de seus filhos, até que as autoridades atendessem o seu pedido. E conseguiu.

Os resultados positivos nas experiências anteriores deram a Giorgio Amoretti a confiança para seguir em frente com seu projeto de cruzar o Atlântico com dois automóveis adaptados. Primeiro, ele tratou de preencher o interior dos carros com blocos de poliuretano, para que não afundassem. Depois, adaptou um bote de borracha na capota de cada automóvel, cobriu-o com uma barraca de camping e transformou aquele insólito espaço numa espécie de cabine, onde os navegadores ficariam durante toda a travessia, como se estivessem em jangadas – sim, o interior dos carros não seria usado.

Apenas a "cozinha" (não mais que um simples fogareiro, no qual esquentariam a comida desidratada que levariam na viagem, reforçada por um ou outro peixe que eventualmente pescassem) ficava dentro de um dos automóveis, e era acessada através de um buraco na capota e no fundo do bote inflável – que, por isso mesmo, não poderia ser usado como balsa salva-vidas, no caso de um naufrágio.

Mas Giorgio tinha certeza que isso não aconteceria. Tanto que seu plano era fazer aquela travessia com seus três filhos: Fábio, Mauro e o caçula, Marco, razão pela qual preparara dois automóveis, já que um só seria pequeno demais para tanta gente. Mas, na última hora, ele teve que desistir da viagem: a descoberta de um câncer em estágio já avançado o obrigou a mudar de ideia.

Giorgio, no entanto, não permitiu que a travessia fosse cancelada. E tratou de convencer os três filhos a seguirem adiante com o projeto, o que não foi nada difícil. Os três tinham o DNA aventureiro do pai, e logo convidaram um amigo comum, Marcolino de Candia, a assumir o posto de Giorgio na travessia. No dia 4 de maio de 2000, eles colocaram os dois veículos, gaiatamente batizados de "Automares", na água e partiram das Ilhas Canárias. Mas não foram longe.

Dias depois, Fábio e Mauro não aguentaram o total desconforto e os seguidos enjoos, já que os veículos, sem lastro algum, balançavam o tempo todo, e começaram a passar mal. Marco, então, pegou o telefone via satélite que seu pai havia lhe dado antes da partida (e que, logo depois, pifaria), e pediu ajuda a Guarda Costeira. Um helicóptero veio resgatar os dois adoentados, mas não todos os envolvidos na travessia. Marco e Marcolino seguiram em frente, agora cada um em um automóvel, mas unidos por um cabo, para não se desgarrarem na imensidão do oceano, feito um comboio náutico mambembe.

Na água, os dois veículos flutuavam parcialmente submersos. Mais pareciam vítimas de uma enchente, com os seus ocupantes aboletados sobre a capota e permanentemente molhados, já que praticamente não tinham proteção alguma contra as intempéries. Pequenas velas caseiras, presas a uma espécie de andaime, davam aos dois veículos a aparência de balsas de náufragos, mas ajudavam a impulsionar os dois "Automares", sempre que os ventos aumentavam.

No caminho, quando cruzavam com algum navio, os dois italianos mandavam mensagens através de um rádio VHF, cuja bateria era recarregada por um pequeno gerador, pedindo informação sobre a sua localização – como quem para o carro na beira da estrada para perguntar sobre a direção a seguir. Quando isso acontecia, explicavam que estavam a bordo de "dois automóveis", como se isso fosse a coisa mais natural do mundo, o que sempre gerava um longo silêncio do outro lado da linha. Como era possível que alguém estivesse com um "automóvel" no meio do oceano?

Em um desses encontros, com o navio cargueiro Chevron Atlantic, eles também pediram, além de informações sobre o rumo a seguir, alguns víveres, pois o estoque de comida desidratada estava acabando rapidamente. A tripulação do navio se aproximou o bastante para lançar ao mar alguns suprimentos, e aproveitou para dar uma boa olhada naqueles dois malucos, que navegavam só de cueca e se protegiam do calor debaixo de um prosaico guarda-sol colorido de praia.

Até que, contrariando todas as expectativas, 119 dias, ou quase quatro meses depois de terem partido das Ilhas Canárias, Marco e Marcolino foram dar na Ilha de Martinica, no Caribe, do outro lado do Atlântico, a mais de 5 000 quilômetros de distância – um feito tão impressionante quanto ignorado, já que ninguém ficou sabendo daquela façanha.

Na ilha, eles foram recebidos por meia dúzia de pessoas, com um misto de curiosidade e perplexidade. Após narrar de onde estavam vindo, com aqueles dois estranhos veículos, para uma pequena plateia estupefata, Marco desembarcou e correu para um telefone, a fim de contar a boa nova ao pai. Foi quando ele ficou sabendo que Giorgio havia morrido dias antes, sem ver a odisseia que ele havia planejado se tornar realidade, através do seu filho.

"Eu mostrei para o mundo que o sonho do meu pai não era impossível, nem uma simples maluquice. Pena que ele não ficou sabendo disso", disse, mais tarde, Marco Amoretti, que hoje vive em Gênova e segue navegando com seus curiosos automóveis flutuantes. Na última expedição do gênero, ele contornou toda a Itália com um Maserati, também comprado em um ferro-velho, mas adaptado para receber um motor de popa, feito uma lancha. Sem dúvida, uma evolução, perto dos simples automóveis-balsas no qual ele e Marcelino fizeram aquela radical e improvável travessia do Atlântico.

O vergonhoso crime contra um mito da vela
Um dos maiores nomes do iatismo mundial morreu no Brasil, assassinado por bandidos

Na madrugada de 7 de dezembro de 2001, um fato chocou o mundo, especialmente o da vela, e aumentou ainda mais a fama de periculosidade do Brasil. Durante uma ancoragem no Rio Amazonas, bem diante da cidade de Macapá, capital do Amapá, o lendário velejador neozelandês Peter Blake, então com 53 anos e um dos maiores nomes do iatismo de todos os tempos, foi assassinado ao reagir a um assalto em seu barco, o também lendário veleiro Seamaster, que ele havia comprado de Jacques Cousteau.

Na época, Blake era idolatrado por velejadores do mundo inteiro. Entre outras façanhas, havia vencido a regata de volta ao mundo Whitbread 1989/1990, era o recordista do Troféu Júlio Verne, para quem contornasse o planeta navegando em menos tempo, vencera por duas vezes as famosas regatas Fastnet (em 1979 e 1989) e Sydney Hobart (em 1980 e 1984), e conduzira, em duas ocasiões, a equipe da Nova Zelândia à vitória na mais tradicional competição a vela do planeta, a America's Cup – na primeira delas, em 1995, quebrando uma hegemonia de 144 anos dos americanos, que jamais haviam sido derrotados naquela competição. Por essas e outras, Blake fora agraciado pela Rainha Elizabeth com o título de Sir, uma distinção conferida a poucos. Em seguida, ele parou de competir.

Após vencer sua segunda America's Cup, em 2000, Blake decidiu abandonar as regatas, embora estivesse no auge da sua capacidade esportiva, e criou uma empresa dedicada a estudar problemas ambientais dos rios e oceanos do planeta. Para tanto, transformou seu barco, o Seamaster, em um veleiro-laboratório para ser usado em expedições científicas, razão pela qual seguiu para a Amazônia naquele final de 2001 com mais oito pessoas a bordo.

O objetivo era analisar as condições dos rios amazônicos e seguir navegando, pela selva, até a Venezuela. "Por que estamos aqui?", escreveu Blake naquele que se tornaria o seu último registro no diário de bordo do Seamaster: "Porque precisamos estudar – e também apreciar – a natureza, antes que seja tarde demais. Queremos motivar as pessoas a cuidarem do meio-ambiente. Queremos fazer a diferença". Mas não deu tempo.

Naquela noite, a chegada de um barco tão vistoso quanto o Seamaster ao pequeno balneário de Fazendinha, nos arredores de Macapá, chamou a atenção de um grupo de criminosos da região, conhecidos como "ratos d'água". E eles decidiram assaltá-lo.

Vestindo capuzes e capacetes de motociclistas, os bandidos, num total de seis, obrigaram um barqueiro a levá-los até o veleiro e, uma vez lá, protegidos pela escuridão da noite, dois deles subiram no barco, de armas em punho. O grupo de Blake foi surpreendido no convés e rendido. Uma das vítimas tentou reagir e levou uma coronhada na cabeça. No tumulto, Blake correu para a cabine e pegou um rifle, intimando o bandido que o seguiu a sair do barco. Mas outro ladrão viu a cena e disparou. Blake foi alvejado duas vezes e morreu na hora.

Na sequência, os criminosos pegaram algumas coisas do barco (um estojo de CDs, uma máquina fotográfica, um relógio, o motor de popa do bote e o rifle de Blake) e fugiram, dando a arma do neozelandês como pagamento ao barqueiro que os levara até o veleiro. Na partida, ainda dispararam contra outro tripulante, um amigo de Blake, de 58 anos, que tentava socorrer o neozelandês, que, no entanto, já estava morto. Era o fim de um mito da vela mundial e o início de outra tragédia: a da realidade brasileira.

A morte brutal do velejador neozelândes em águas brasileiras foi manchete no mundo inteiro. Três semanas antes da tragédia, a primeira-ministra da Nova Zelândia, em visita oficial ao Rio de Janeiro, havia estado com Blake, que ela chamava carinhosamente de "Hillary dos Mares", numa referência a outro ídolo neozelandês, o alpinista Edmund Hillary, primeiro homem a subir ao topo do Monte Everest. A deferência era mais que justificada: Blake era uma espécie de Ayrton Senna da Nova Zelândia, ídolo maior de um país que sempre teve o iatismo como esporte número 1. E o que aconteceria em seguida geraria enormes constrangimentos ao governo brasileiro.

Pressionada pelo assassinato de um estrangeiro tão famoso em suas águas, a polícia do Amapá agiu rápido e, graças a uma denúncia anônima, conseguiu, dias depois, prender os seis bandidos. Eles foram julgados, condenados e enviados ao presídio de Macapá. Mas o autor dos disparos que mataram Blake, José Iradir Cardoso, que fora condenado a 35 anos de reclusão, ficou preso pouquíssimo tempo, porque logo fugiu da cadeia. E passou incríveis 16 anos livre, foragido da justiça.

Até que, em fevereiro de 2018, durante uma blitz rotineira de trânsito na principal rua do município de Breves, no arquipélago do Marajó, no vizinho estado do Pará, José Irandir foi detido por falhas na documentação do veículo que dirigia, e, por puro acaso, identificado como sendo um presidiário fugitivo. O bandido foi novamente preso e enviado a um presídio no Acre, onde se encontra até hoje – muito provavelmente, apenas aguardando outra oportunidade de fugir da cadeia.

Já Blake, que cometera o erro fatal de reagir ao assalto, passou a ser ainda mais venerado e, atualmente, entre outras homenagens, batiza um fundo criado pelo governo neozelandês para a educação ambiental, enquanto seu barco, vendido e rebatizado Tara, ainda participa de expedições ambientais ao redor do planeta.

De certa forma, a herança ambientalista de Blake continua – embora ele tenha pagado com a própria vida por isso. Sua morte foi uma tragédia para a Nova Zelândia e uma vergonha para o Brasil inteiro.

Ação despreparada, reação exagerada

Para tentar fugir de Cuba, eles tiveram uma ideia que não tinha como dar certo: sequestrar um ferryboat. Mas o desfecho foi dramático

Em Havana, os ferriesboats que fazem a travessia para as localidades de Casablanca e Regla, do outro lado da baía que banha a capital de Cuba, são tão precários quanto os velhos automóveis da década de 1950 que ainda circulam pela cidade – e, alguns deles, tão antigos quanto. Ainda assim, na manhã de 2 de abril de 2003, um grupo de onze cubanos, sete homens e quatro mulheres, decidiu sequestrar uma daquelas toscas embarcações e obrigar o comandante a desviar para a Flórida, nos Estados Unidos, distante 90 milhas em mar aberto.

Munidos apenas de uma velha e enferrujada pistola e algumas facas de cozinha, os sequestradores, todos inexperientes, mas ansiosos por fugir do regime de Fidel Castro em busca do sonho americano de uma vida mais próspera, embarcaram no pequeno ferryboat Baragua, de pouco mais de 13 metros de comprimento, e, tão logo ele partiu do trapiche, avisaram a tripulação e os demais passageiros sobre o sequestro – algo que eles jamais haviam feito, nem sabiam como fazê-lo.

Mesmo perplexo com aquele ato inusitado, o comandante da balsa, Jose Rodrigues Sardinas, conseguiu avisar a polícia pelo rádio sobre o sequestro, e a lenta balsa foi rapidamente alcançada por duas lanchas da Guarda Costeira Cubana, que passaram a escoltá-la, mar adentro. Assustados com a chegada da polícia, os sequestradores, que tinham como líder o cubano Lorenzo Copello Castillo, o único a portar a única arma de fogo, mas que já havia avisado aos companheiros que não a usaria, passaram a blefar, ameaçando atacar alguns passageiros – o que, no entanto, eles também já haviam combinado que não fariam.

A perseguição em câmera lenta, já que, por conta do mar grosso, a balsa não conseguia avançar a mais de meia dúzia de nós de velocidade, durou o dia inteiro. Até que, quando aquele comboio atingiu um terço do caminho, a cerca de 30 milhas da costa de Cuba e a 60 milhas da ponta da Florida, mas já fora dos limites do mar territorial cubano, aconteceu o óbvio: acabou o combustível do ferryboat.

Com a parada dos motores, a balsa, de fundo chato, que não fora feita para navegar em mar aberto, ficou balançando ainda mais, o que fez com que alguns passageiros, e até alguns sequestradores, começassem a sofrer de enjoo. Em seguida, o desconforto, a falta de perspectiva de sair daquela situação e a impossibilidade de seguir adiante fizeram com que os sequestradores passassem a negociar com os policiais, àquelas alturas já observados, também a distância, por uma embarcação e um helicóptero da Guarda Costeira Americana, com agentes do FBI a bordo – que, no entanto, embora estivessem em águas internacionais, não podiam agir, já que a balsa era cubana e os policiais que a vigiavam, também.

As negociações começaram com os sequestradores exigindo outro barco para seguir viagem. Os policiais negaram, mas acenaram com uma contraoferta: o reabastecimento da balsa com combustível, o que, no entanto, só poderia ser feito em terra firme. Era uma armadilha, mas os ingênuos sequestradores não perceberam isso. Depois de muito discutirem entre si, aceitaram a proposta de serem rebocados de volta à Cuba, sob a promessa de a balsa ser reabastecida de combustível – o que, também obviamente, não aconteceu.

Ao chegarem ao porto de Mariel, em Havana, os sequestradores, que em momento algum haviam confinado ou imobilizado os passageiros, foram surpreendidos pela reação de alguns deles. Duas mulheres pularam no mar, enquanto um dos passageiros, seguindo instruções gestuais que recebeu dos policiais que estavam no porto, se atracou com um dos sequestradores. Aquelas duas atitudes inesperadas pegaram de surpresa os sequestradores, que ficaram sem saber o que fazer. Como o líder do grupo já havia avisado que não usaria a arma de fogo, nem que fosse para defender o companheiro que estava sendo atacado por um dos passageiros, só restou ao restante dos sequestradores se atirarem também no mar, onde viraram presas fáceis para a polícia. Todos foram presos, e os passageiros e tripulante liberados, sem nenhum dano físico.

O bizarro sequestro de um ferryboat urbano rumo à Miami terminou sem disparo algum, nem nenhuma consequência mais grave. Mesmo assim, a reação do governo cubano, que dias antes havia sofrido dois sequestros de aviões também rumo aos Estados Unidos (em um deles, metade das vítimas se recusou a voltar para Cuba), foi implacável, cruel e desmesurada, até na opinião das vítimas. Acusados de "gravíssimo ato de terrorismo", os onze sequestradores foram fulminantemente encarcerados em prisões de segurança máxima, e, em menos de uma semana, julgados (sem direito a advogados) e condenados por um conselho presidido pelo próprio Fidel Castro, que decretou a pena de morte para três dos integrantes do grupo, incluindo o líder Copello Castillo. Eles foram executados no mesmo dia da sentença, sem direito a recursos.

Outros quatro comparsas foram condenados à prisão perpétua, e as quatro mulheres, que queriam apenas fugir de Cuba (entre elas, uma menina de apenas 17 anos de idade, namorada de um dos sequestradores), sentenciadas a penas que variaram entre dois e 30 anos de prisão, embora não tenham desempenhado papel algum no sequestro. Familiares dos condenados à morte sequer puderam se despedir deles. Quando foram avisados da execução, feita por um pelotão de fuzilamento, os três já haviam sido até enterrados.

A intenção do governo cubano de decretar punições tão severas para uma ação que chegou a ser patética foi deixar claro que não mais toleraria tentativas de fuga da ilha, muito menos através de sequestros, que desmoralizavam mundialmente as forças policiais do país. Sobretudo quando o veículo usado pelos fugitivos fosse um simples ferryboat urbano.

O problema virou a solução

Após serem atropelados por um navio, os tripulantes do veleiro foram salvos pelo próprio tráfego intenso de grandes embarcações

O experiente velejador inglês Michael Dresden já somava 67 anos de idade e mais de 100 travessias do Canal da Mancha, entre a França e a Inglaterra, quando viveu a pior experiência de sua vida.

Em maio de 2003, ao cruzar a mais intensa rota de navios do canal mais movimentado do mundo, ele viu o seu veleiro Wahkuna, de 47 pés de comprimento, ser atropelado pelo cargueiro Vespucci, durante um denso nevoeiro, e afundar em seguida – apesar de ter tomado todas as precauções possíveis, inclusive detido o avanço do veleiro quando o seu radar detectou dois navios vindo em rota de colisão, e também ter erguido a vela principal para aumentar a visibilidade do seu barco, além de acionar um tipo de alerta específico para situações de baixa visibilidade. Não adiantou.

O cargueiro, que navegava veloz, a 25 nós de velocidade, apesar das péssimas condições de visibilidade, colidiu com o veleiro e não parou para prestar ajuda. Mais tarde, o comandante do navio justificaria a colisão alegando que a parada abrupta do Wahkuna alterou a rota que ele havia traçado para desviar do veleiro, o que o impossibilitou de mudar de curso a tempo, e que não parou para socorrer as vítimas porque, mesmo se detivesse os motores, ainda assim levaria quase 2,5 milhas para estancar totalmente o navio.

Apesar do choque pra lá de violento, milagrosamente nada aconteceu aos cinco ocupantes do veleiro, que conseguiram até inflar a balsa salva-vidas antes que o barco afundasse completamente. Mas, uma vez na balsa, ficaram ainda mais a mercê do intenso tráfego de navios no canal – e, agora, em uma embarcação muito mais difícil de ser visualizada, ainda mais sob aquelas condições climáticas.

A agonia durou quase seis horas, até que, ainda sob intenso nevoeiro, Dresden ouviu o barulho de motor, sinal de que outro navio se aproximava. Ao mesmo tempo em que rezava para que não fossem novamente atropelados, disparou todos os foguetes sinalizadores que haviam na balsa – tanto para pedir socorro quanto para avisar sobre a presença da frágil embarcação na água.

A medida foi mais que acertada. Ao ver aqueles clarões na neblina, o capitão do ferryboat Condor mandou desligar os motores, rastreou o mar ao redor e logo viu os náufragos aboletados na balsa, quando já estavam prestes a sair da rota usada pelas grandes embarcações para atravessar o canal.

O resgate veio na hora certa. Se continuassem à deriva, o risco de Dresden e seus companheiros serem vítimas de um novo atropelamento diminuiria bastante. Mas, por outro lado, não haveria nenhum navio para resgatá-los.

Ironicamente, o mesmo tráfego de navios que causara o acidente acabou salvando os náufragos do Wahkuna.

Exercício desastrado
O dia em que a Marinha do Brasil pôs fogo em um paraíso ecológico

Nos últimos dias de novembro de 2004, uma esquadra da Marinha do Brasil partiu do Rio de Janeiro, para mais um habitual treinamento e exercício de tiro com seus navios. A manobra, feita periodicamente, era necessária para treinar os marinheiros para ações de combate e também para calibrar os armamentos. E o destino, como de hábito, foi o desabitado Arquipélago de Alcatrazes, um conglomerado de ilhotas entre São Paulo e Rio de Janeiro, a cerca de 25 milhas do litoral norte paulista, dominado por muitas aves e uma grande ilha, com um pico de mais de 300 metros de altura.

O arquipélago, mais especificamente uma reentrância na ilha principal, chamada Saco do Funil e já devidamente ornamentada com alvos pintados nas pedras da encosta, vinha sendo usado pela corporação para aquele tipo de atividade há quase 30 anos, desde que os altos custos das longas viagens inviabilizaram a manutenção dos exercícios de tiro em locais distantes, porém bem mais apropriados para isso. Como certas áreas militares na ilha de Porto Rico, no Caribe.

Em busca de uma alternativa mais econômica na própria costa brasileira, a Marinha, após descartar a ilha de Fernando de Noronha e o arquipélago de Abrolhos, optou por Alcatrazes, que, além de não ser habitado, ficava relativamente perto da principal base da esquadra, no Rio de Janeiro. Desde o começo, contudo, os disparos, além de assustar e afugentar as aves marinhas que viviam em enorme quantidade nas ilhas, incomodaram os ambientalistas, que, no entanto, nada podiam fazer, a não ser protestar.

A cada treinamento, eram disparados centenas de projéteis, que deixavam marcas daninhas tanto na vegetação da ilha quando no comportamento das aves. Os estampidos podiam ser ouvidos a distância, embora, durante as manobras, a navegação em toda a região ficasse proibida.

Preocupados, alguns precursores do ambientalismo no Brasil começaram a visitar o arquipélago nos intervalos das atividades para avaliar a extensão dos danos causados pelos disparos. Mas eles próprios reconheciam que a presença da Marinha na região, de certa forma, ajudava na preservação do arquipélago, pois impedia a aproximação de outros barcos.

Mesmo assim, em 1998, os ambientalistas organizaram um protesto, com apoio do Greenpeace, em um dos alvos pintados na encosta da ilha principal, pouco antes de começar um novo exercício de tiro. Mas o máximo que conseguiram foi interromper a atividade por algum tempo. Logo, os disparos voltaram.

Até que veio aquele que se tornaria o derradeiro exercício de tiro em Alcatrazes, nos primeiros dias de dezembro de 2004.

As manobras duraram cinco dias, com centenas de disparos contra os alvos na topografia da ilha. Como era um simples exercício, os projéteis eram recheados com areia, em vez de explosivos, já que o objetivo era apenas avaliar e calibrar a pontaria. Mesmo assim, o choque dos projéteis contra as rochas produzia estragos e, não raro, fagulhas. E foi após uma dessas chuvas de fagulhas que começou a brotar uma fumacinha na vegetação da ilha. Que logo virou um incêndio de proporções inéditas.

Durante dias a fio, alimentado pelo vento constante, o fogo ardeu sem controle em toda a parte norte da principal ilha de Alcatrazes. Uma densa coluna negra de fumaça que subia às alturas e podia ser vista até das praias do litoral norte de São Paulo, a quase 50 quilômetros de distância.

Quando o fogo, finalmente, foi debelado, cerca de 20 hectares de mata nativa haviam sido queimados – e muitos dos seus habitantes, alguns deles espécies que só existiam ali, como a cobra jararaca-de-alcatrazes, mortos. O episódio, que a Marinha classificou como um mero "incidente", foi a gota d´água para que os ambientalistas decidissem agir de vez em favor da preservação do arquipélago.

Logo após o incêndio, um antigo projeto de transformação do arquipélago em Parque Nacional Marinho saiu da gaveta, ao mesmo tempo em que os responsáveis pela Estação Ecológica Tupinambás, a quem cabe, até hoje, gerenciar o meio ambiente na parte do litoral brasileiro, iniciaram negociações com a Marinha, para interromper a artilharia em Alcatrazes.

Depois de muito ouvir e de sofrer pressões políticas e até da própria justiça, a corporação decidiu suspender os exercícios de tiro em Alcatrazes. Mas só oficializou isso quase dez anos depois, em 2013, quando, finalmente, concordou em ceder a parte que lhe cabia para a Estação Ecológica, tornando assim a ilha principal inteiramente protegida.

Mas o fez mediante uma condição: a de que os seus exercícios de tiro fossem transferidos para a vizinha Ilha da Sapata, também dentro do arquipélago, mas bem menor e muito mais pobre em vida animal e vegetal do que a ilha principal – o que, pelo menos no papel, a Marinha do Brasil tem o direito de fazer até hoje, por mais absurdo que pareça ser realizar disparos de canhões no trecho mais movimentado da costa brasileira.

O padre voador que terminou no mar

Atado a um simples punhado de balões de festa, o objetivo dele era voar para o interior. Mas o vento o empurrou no sentido oposto

Tentar, bem que todo mundo tentou. Mas não houve Cristo que convencesse o padre gaúcho Adelir Antônio de Carli, de 41 anos, a mudar de ideia. Ou, pelo menos, adiar aquela infame aventura, até que o tempo melhorasse.

Chovia como no dilúvio bíblico quando ele, mambembemente atado a um punhado de 1 000 balões de festas, inflados com gás hélio, desgrudou os pés do chão e, tal qual uma santidade, começou a subir aos céus, com os braços estendidos, abençoando os fiéis, que iam ficando cada vez mais distantes, lá embaixo.

Sentado em uma cadeirinha de parapente presa aos balões por meio de cabos, o ousado padre subia puxado apenas por aquele amontoado de bexigas coloridas, na direção das pesadas nuvens que pairavam sobre a cidade de Paranaguá, no litoral do Paraná, no início da tarde daquele feio domingo, 20 de abril de 2008. Mas isso não o preocupava. Nem isso, nem nada. "As nuvens estão baixas, logo vou ultrapassá-las, e, acima delas, não chove", disse, com a típica tranquilidade dos padres, à repórter do canal de televisão que veio entrevistá-lo, minutos antes da decolagem.

Uma pequena multidão de fiéis da paróquia de São Cristóvão, de Paranaguá, onde Adelir era querido e atuava com vigor, acompanhava tudo com explícita animação, mas certa preocupação. Um par de horas antes, eles haviam acompanhado uma missa celebrada pelo próprio padre, pedindo, entre outras coisas, a proteção Divina para a jornada que ele estava prestes a executar: voar de Paranaguá, no litoral, para o interior do Paraná, sustentado apenas por simples balões de festa.

O objetivo do padre Adelir com aquela ousadia (para muitos, pura maluquice) era bater o recorde mundial de voos com balões daquele tipo (sim, isso existe!), que pertencia a um americano que ficara 19 horas no ar. Se batesse o recorde, ele pretendia chamar a atenção da mídia para o projeto social que queria criar, a fim de ajudar os caminhoneiros que chegavam ao porto de Paranaguá e não tinham onde descansar.

Para tanto, o "Padre Voador", como mais tarde Adelir se tornaria jocosamente conhecido, teria que voar, no mínimo, 20 horas consecutivas, o que implicaria em enfrentar a escuridão da noite avançando em um rumo desconhecido, porque seu tosco engenho não tinha nenhum meio de controle de direção. Os balões iriam para onde os ventos soprassem, levando junto o padre. E, para a sua segurança, ele contava apenas com um paraquedas, um medidor de altitude, uma bússola, um celular, um telefone portátil via satélite e um gps – que ele não sabia usar, como ficaria tragicamente claro horas depois.

Os telefones serviriam para o padre tentar se comunicar com uma equipe de apoio em terra, avisando por onde estaria passando (o que, na escuridão da noite, dependeria basicamente do gps), e, por fim, alertar onde pousaria, quando atingisse o recorde – o que ele faria da maneira mais primitiva possível, estourando gradualmente os balões para descer.

Para todo mundo com um mínimo de sensatez, parecia algo absurdo e arriscado demais. Menos para o ousado padre Adelir, que – sim – já havia feito aquilo antes.

Em janeiro daquele mesmo ano, ele havia decolado da cidade onde viviam seus parentes, em Ampére, no extremo oeste do Paraná, e, pouco mais de quatro horas depois, foi parar do outro lado da fronteira brasileira, no povoado argentino de San Antonio, o que, mesmo contrariando os seus planos de descer em algum ponto da mesma região de onde partira, Adelir considerou um sucesso.

Animado, resolveu partir para voos maiores, o que dependia, basicamente, da quantidade de balões aos quais estivesse atado. Decidiu, então, aumentar de 500 para 1 000 balões no próximo voo – aquele, no qual tentaria o recorde.

A própria escolha da cidade litorânea de Paranaguá como ponto de partida para tentar o feito já representava um erro, porque a proximidade com o mar poderia ser – como, de fato, foi – um dificultador para a equipe de apoio e resgate. Mas Adelir garantia que seguiria no sentido oposto, rumo ao interior do Estado. Mas não foi o que aconteceu.

Tão logo o bizarro meio de locomoção do padre ganhou os ares e desapareceu entre as nuvens carregadas de maneira bem mais rápida que o esperado – culpa da quantidade exagerada de balões – ficou claro que algo podia dar errado. E deu.

Acima das pesadas nuvens de chuva, a frente fria que se abatia sobre a cidade (a mesma que havia feito um piloto de helicópteros, amigo do padre, alertá-lo em vão para o risco da empreitada sob aquelas condições meteorológicas) apresentava ventos contrários aos previstos por Adelir, que, na verdade, como de hábito, não planejara nada. Logo, aquele insólito cacho de balões coloridos com o impotente padre pendurado, começou a tomar outro rumo: o do mar aberto.

Com apenas 20 minutos de voo, ao fazer sua primeira comunicação através do celular com a equipe de apoio, o padre disse já estar a 5 800 metros de altitude, quase o dobro do que previra. E seguia subindo e avançando no sentido oposto ao desejado. Horas depois, quando já havia anoitecido e Adelir não tinha a menor ideia de onde estava, fez outro contato, com o pouco de bateria que restava no seu aparelho via satélite – que ele havia esquecido de carregar, antes de decolar.

Na ocasião, Adelir disse estar sentindo muito frio, por conta da altitude, e pediu que alguém o ensinasse a usar o gps, pois não sabia direito como operá-lo. Em seguida, o sinal acabou, possivelmente também por falta de bateria. Foi a última vez que se ouviu a voz do padre Adelir, que, como ficaria provado mais tarde, naquele instante voava sobre algum ponto do mar do litoral norte de Santa Catarina. Seu destino estava selado.

As buscas começaram rapidamente. Bombeiros, Marinha e Aeronáutica foram acionados e passaram a rastrear a região – sem, contudo, nenhum sinal do padre alado. Com o passar das horas, a aflição foi aumentando e teve início uma vigília de fiéis em oração na paróquia onde ele atuava. Repórteres começaram a chegar à Paranaguá, em busca de notícias do padre voador, então já tema de uma série de piadas nas redes sociais.

De certa forma, o padre Adelir foi um dos precursores dos memes na internet brasileira. Montagens com o seu balão feito de bexigas voando nas mais bizarras situações (sobrevoando a Torre Eiffel, contornando o King Kong no topo do Empire State, cruzando as pirâmides do Egito, varando a proa do Titanic, ultrapassando a bicicleta voadora do E.T. e por aí afora) imediatamente pipocaram nas redes sociais. E o padre voador, ou "São Balão", outro apelido que ganhou, acabaria jocosamente imortalizado nas piadas da internet.

Três dias após o seu sumiço no ar, a Aeronáutica deu por encerrada as buscas. A Marinha vasculhou o mar um pouco mais, até que também desistiu. Pouco antes disso, porém, alguns balões coloridos, decorados com o símbolo da paróquia do padre desaparecido, surgiram em algumas praias do litoral de Santa Catarina, o que levou muitos voluntários a seguir vasculhando a região, por quase um mês. Mas nada mais apareceu.

Até que, três meses e meio depois, na manhã de 3 de julho, o rebocador Anna Gabriela, que trabalhava para a Petrobras e operava no litoral norte do Rio de Janeiro, encontrou, boiando no mar, o torso e as pernas de um corpo humano, a cerca de 100 quilômetros da costa – e a mais de 1 000 do local onde Adelir havia decolado para aquela imprudente e trágica empreitada. Era tudo o que havia restado do "Padre Alado".

Não houve nem missa de Sétimo Dia – até porque já havia passado meses desde a sua morte. Tampouco foi possível determinar a causa mortis, embora o mais provável é que Adelir tenha subido tanto que acabou vítima da falta de oxigênio. E, quando os balões começaram a estourar por conta da pressão, seu corpo teria despencado no mar feito um meteoro. O pouco que restou do "Padre dos Balões" foi enterrado pela família, com total discrição, na mesma cidade onde ele havia feito sua primeira investida naquele tipo suicida de voo.

Meses depois, veio a consagração – às avessas. Adelir recebeu, como homenagem póstuma, o Prêmio Darwin (assim chamado "porque ajuda na seleção humana, eliminando os piores da espécie", segundo a irônica definição da entidade), concedido por um grupo de gaiatos ingleses ao autor da maior estupidez do ano – como um certo terrorista que havia despachado uma carta-bomba pelo correio, mas a recebeu de volta por erro no endereço e, inadvertidamente, abriu o envelope.

Com o prêmio, o autor de uma das mais estapafúrdias aventuras da história recente brasileira, acabou ficando famoso no mundo inteiro. Mas não exatamente do jeito que pretendia.

A navegadora adolescente
Ela tinha apenas 14 anos de idade quando decidiu que daria a volta ao mundo velejando. E sozinha

Laura Dekker foi concebida no mar, durante uma lenta travessia de volta ao mundo a vela feita pelos seus pais, que durou sete anos. E nasceu durante uma escala da viagem, na Nova Zelândia. Começou a engatinhar no convés do veleiro e aprendeu a nadar antes mesmo de caminhar. Nos seus dez primeiros anos de vida, viveu apenas um em terra firme. Com tamanho retrospecto, era de se esperar que ela rapidamente se adaptasse a vida no mar. Mas o que Laura Dekker fez superou todas as expectativas.

Com apenas 6 anos de idade, Laura construiu seu primeiro barquinho, não mais que uma espécie de balsa com uma vela adaptada, e começou a velejar, sozinha, na baía holandesa onde o barco da família ficava ancorado. Com 11, já a bordo de um pequeno veleiro, passou sete semanas contornando toda a costa holandesa, igualmente sem mais ninguém a bordo. Aos 13, repetiu a dose, mas desta vez foi bem mais longe, velejando em solitário da Holanda à Inglaterra. E aos 14, partiu para realizar o seu maior sonho: contornar todo o planeta navegando com um veleiro de dois mastros e 38 pés de comprimento, o Guppy, infantilmente decorado com o desenho de um peixinho saltitante na proa. E sozinha, como sempre fizera. Desde criança.

Era início de agosto de 2010, quando Laura Dekker se despediu do pai e partiu do Estreito de Gilbratar, para rodear o mundo sem mais ninguém a bordo do Guppy, além dela própria. Quase dois anos depois, em janeiro de 2012, retornou, com o título de mais jovem velejadora da história a dar a volta ao mundo navegando em solitário no currículo. Tinha, então, pouco mais de 16 anos de idade e havia velejado, sozinha, mais de 28 000 milhas náuticas, ao longo de 366 dias no mar – descontadas as muitas paradas pelo caminho. O mundo da vela ficou abismado: como aquela menina conseguira dar a volta ao mundo velejando sozinha um complexo barco de dois mastros, sem nenhum contratempo durante toda a viagem?

Laura, no entanto, não ficou tão impressionada assim com o seu feito. Velejar, para ela, era algo tão natural quanto caminhar. Além disso, a maior batalha daquela inédita travessia ela vencera antes mesmo de partir: o difícil convencimento das autoridades holandesas de que possuía reais capacidades para fazer aquela longa e desgastante viagem, sem correr riscos. E, isso sim, não foi nada fácil.

Amparados na lei holandesa que determina que toda criança é obrigada a frequentar a escola até os 16 anos de idade – dois a menos do que Laura tinha ao decidir dar a volta ao mundo velejando –, a justiça do seu país decidiu impedir que a menina partisse. De nada adiantou o extraordinário histórico náutico de Laura, nem o pleno consentimento de seus pais para aquela viagem, que repetia a que eles mesmo haviam feito quando ela nasceu. Para os órgãos do serviço social holandês, Laura, mesmo tendo dupla nacionalidade (holandesa e neozelandesa), era jovem demais para cuidar de si mesma no mar.

A pendenga, potencializada pela então recente frustrada tentativa da jovem americana Abby Sunderland, de 16 anos de idade, de também dar a volta ao mundo velejando em solitário, o que resultou numa dramática operação de resgate no meio do Índico após ela perder o mastro do barco, rendeu meses de acaloradas discussões nos tribunais holandeses, até que chegou-se a um acordo: Laura poderia fazer a travessia, desde que se comprometesse a seguir um currículo escolar, com tarefas via internet – algo nem sempre fácil quando se está sozinho no meio do oceano e tendo que dividir o tempo entre lições de casa e o comando do barco, o que, obviamente, era a sua prioridade. Entre aprender ou sobreviver, Laura, acertadamente, sempre optou pela segunda opção, ainda que seus pais recebessem constantes advertências das autoridades de que a menina não estava entregando os deveres escolares no tempo adequado.

Ela, no entanto, não ligava para as reclamações dos fiscais do governo holandês. "Meu pai e o mar foram os melhores professores que eu tive", disse, ao retornar, vitoriosa, em 21 de janeiro de 2012, para a mesma ilha caribenha de Saint Maarten de onde partira, a fim de evitar novos conflitos com o governo holandês – embora sua jornada tenha começado bem antes, do outro lado do Atlântico, ainda na costa europeia. Também da mesma forma, após completar sua circum-navegação, Laura seguiu em frente, velejando mais meio mundo, até a Nova Zelândia, onde decidiu passar a viver, completando assim uma volta e meia ao redor do planeta. E tudo isso com apenas 16 anos de idade.

Na Nova Zelândia, onde vive até hoje, administrando uma fundação que leva o seu nome e dedicada a formar novos velejadores, Laura Dekker escreveu um livro sobre a sua extraordinária viagem, e se tornou a mais jovem navegadora a receber o certificado de Yacht Master Oceânico. Também foi eleita, em 2012, Velejadora do Ano na Nova Zelândia, título que representa muito em um país onde a vela é o segundo esporte mais popular.

Só o que Laura não conseguiu foi ter o seu feito reconhecido pelo Livros dos Recordes e pela Federação Mundial de Vela, porque, tal qual o governo holandês, as duas entidades preferiram não oficializar o recorde, "a fim de não estimular outros jovens a fazerem o mesmo".

A burocracia, por fim, venceu a ousadia.

Mortos, mas nem tanto
A incrível história de sete jovens que morreram no mar e voltaram à vida

Ventava e fazia muito frio na manhã de 11 de fevereiro de 2011, quando um grupo de 13 alunos de uma escola da Dinamarca, com idades em torno dos 15 anos, saiu para remar nas águas do fiorde Praesto com um barco fino e comprido, usado para treinamento coletivo, na companhia de dois professores. O objetivo era quebrar o recorde de outra escola, naquela mesma travessia. Mas o que eles acabariam batendo seria outra marca bem mais impressionante: o da mais extraordinária ressuscitação de vítimas de hipotermia que se tem notícia.

Por volta das 11h30 daquela manhã, quando o vento aumentou ainda mais de intensidade, o barco no qual estavam os 15 alunos e os dois professores – nem todos vestindo coletes salva-vidas – perdeu estabilidade e virou, lançando na água congelante todos os seus ocupantes. Um dos professores berrou para que todos os alunos nadassem na direção da margem, que ficava a algumas centenas de metros de distância.

Nadar era, também, a melhor maneira de tentar manter o corpo levemente aquecido, pois, como era inverno, a temperatura da água não passava dos dois graus centígrados e havia, inclusive, blocos de gelo boiando na superfície. Mas nem todos conseguiram fazer isso. Sete alunos e um dos professores ficaram presos debaixo do casco emborcado. E inertes, na água anestesiante.

O primeiro aluno a atingir a margem do fiorde, uma menina chamada Katrina, levou mais de uma hora para conseguir isso. E chegou em estado de choque, pálida feito um cadáver. Mas viva. E ainda teve que caminhar por uma floresta, até dar em uma estrada, onde, finalmente, pediu ajuda.

O socorro às vítimas do barco virado chegou rápido, de helicóptero, a tempo de recolher seis sobreviventes, incluindo o professor que dera a ordem de nadar a qualquer custo. Outros sete jovens foram encontrados em seguida, debaixo do casco emborcado, mas já sem sinais vitais, embora boiassem na superfície, graças aos coletes salva-vidas.

Já o segundo professor, o único do grupo que estava sem proteção alguma no instante do acidente, não. Seu corpo só seria encontrado um mês e meio depois, congelado e em um estado não muito diferente dos outros sete estudantes resgatados debaixo do barco – todos, também, aparentemente mortos.

Quando foram retirados da água, duas horas após o acidente, os corações daqueles sete jovens não mais batiam, eles não respiravam e a temperatura dos seus corpos estava abaixo dos 17 graus. Estavam, portanto, clinicamente mortos. Mas não era bem assim.

Como eles não tinham se afogado, graças aos coletes salva-vidas, havia uma chance remota de que aquela hipotermia severa pudesse ter "desativado" o organismo, diminuindo ao mínimo o metabolismo, a fim de preservar os órgãos vitais, o que já havia acontecido antes com um ou outro náufrago em águas congelantes – embora fosse pouco provável que todos tivessem tido aquela rara sorte.

Transportadas às pressas para um hospital em Copenhagen, os médicos começaram um delicado processo para tentar trazer aquelas pessoas de volta à vida, através do aquecimento gradual do sangue dos seus corpos. A cada dez minutos, era aumentado um grau na temperatura corporal, num lento, gradual e angustiante processo.

A tentativa foi acompanhada, com aflição e sofrimento, pelo país inteiro, e com certa incredulidade pelos leigos. Mas os médicos acreditavam que a ressuscitação poderia ser bem-sucedida, pelo menos em algumas das vítimas. Até porque era a única coisa que eles podiam tentar.

Quatro horas depois – e seis após o acidente –, o coração de um daqueles sete jovens voltou a bater. Em seguida, o de outro. E de um terceiro, seguido por outro, outro, outro e mais outro. Um a um, quase ao mesmo tempo, todos aqueles adolescentes, que já haviam sido dados como mortos, foram abrindo os olhos. E sem sequer sequelas neurológicas, embora, sem oxigenação, morram cerca de dois milhões de neurônios por minuto no corpo humano.

Dias depois, todos já estavam de volta às suas casas, com uma extraordinária história para contar: a de como voltaram à vida, no maior e mais emocionante processo de ressuscitação coletiva que já se viu nos mares.

Vovô pra lá de radical

Após uma série de ousadias, Anthony Smith decidiu atravessar o Atlântico com uma jangada. Aos 85 anos de idade

O mínimo que se pode dizer do inglês Anthony Smith é que ele foi um sujeito irrequieto. Entre outras coisas, foi piloto da Força Aérea Inglesa, correspondente científico do jornal Daily Telegraph, redator de programas de televisão, escritor de pelo menos um livro de sucesso (o bestseller The Body, que virou minissérie na BBC), organizador de uma expedição pelos canais subterrâneos da antiga Pérsia (na qual descobriu uma nova espécie de peixe, que foi batizada com o seu nome) e um intrépido balonista, que chegou a atravessar boa parte da África pelos ares. Mas o seu mais famoso feito foi, também, o último deles: a travessia do Atlântico, das Ilhas Canárias às Bahamas, em 2011, com uma simples jangada – quando já somava 85 anos de idade.

Fascinado pela travessia que o norueguês Thor Heyerdahl havia feito com uma balsa feita de junco, da América do Sul à Polinésia (feito que entrou para a História como a Expedição Kon-Tiki), Anthony decidiu que faria algo semelhante.

Construiu, então, uma jangada com tubos plásticos que não tinha muito mais do que um mastro, uma cabine improvisada, um fogareiro, alguns painéis solares e um rádio, batizou-a de An-Tiki, numa clara referência à Kon Tiki, de Heyerdahl, e recrutou uma tripulação de homens maduros (o mais novo deles com 56 anos de idade), através de um anúncio de jornal, que prometia "uma aventura de verdade". E foi mesmo.

Durante dois meses, aqueles quatro senhores encararam o que muitos jovens navegadores, fisicamente bem mais preparados, não teriam suportado. Navegaram sem parar dia e noite, até vencer o Atlântico.

O único inconveniente foi que a chegada acabou sendo na ilha de Saint Maarten, no Caribe, a contragosto de Anthony, que queria ter terminado sua jornada nas Bahamas. Mas ele não se deu por vencido.

Após desembarcar os três companheiros, já bastante enfraquecidos pela dureza da jornada, Anthony arranjou outros três tripulantes, com idades igualmente avançadas, e voltou para o mar, a fim de completar o percurso, o que fez durante mais 24 dias.

Quando, finalmente, Anthony desembarcou nas Bahamas, em meio a uma furiosa tempestade que por muito pouco não fez sua jangada naufragar nos recifes em volta da Ilha Eleuthera, mais parecia um garoto, não um octogenário, rindo de felicidade.

Três anos depois, no entanto, em julho de 2014, Anthony morreria de uma prosaica crise respiratória – algo banal demais para quem sempre prezou a ousadia e sentia explícito prazer em superar os seus próprios limites.

A ilha que nunca existiu
Mas até imagens de satélite mostravam uma ilha que não havia no Pacífico Sul

Em novembro de 2012, o barco australiano de pesquisas oceânicas R/V Southern Surveyor fazia um estudo sobre placas tectônicas entre a costa leste da Austrália e a Nova Caledônia, quando um detalhe chamou a atenção da tripulação e dos cientistas que estavam a bordo. Embora os mapas do centenário Serviço Geral de Batimetria dos Oceanos indicassem a existência de uma ilha com 60 km^2 naquela região, as cartas náuticas usadas pelo capitão do barco mostravam apenas mar e mais nada.

Intrigados, eles resolveram consultar as imagens de satélite do Google Earth na internet e ficaram ainda mais confusos. No mesmo local onde o Serviço de Batimetria exibia claramente uma ilha, identificada como Ilha Sandy ("Arenosa", em português), e as cartas náuticas do barco exibiam apenas água, as imagens do Google Earth mostravam uma intrigante mancha escura, com o mesmo formato da suposta ilha, como se ela tivesse sido apagada da imagem original.

Ainda mais intrigados, eles decidiram rumar para aquelas coordenadas indicadas nos dois mapas, a fim de constatar se havia ou não uma ilha naquele ponto onde o Serviço de Batimetria afirmava que "sim", as cartas náuticas diziam que "não", e aquela enigmática mancha na imagem do Google Earth sugeria um desconcertante "talvez tenha havido". E nada encontraram, a não ser o vazio do alto mar.

Como uma ilha daquele tamanho poderia ter desaparecido das cartas náuticas mais modernas? E como uma ilha inexistente poderia aparecer em uma imagem de satélite? As duas perguntas convergiam para a mesma resposta: a Ilha Sandy era uma mentira – como os tripulantes do R/V Southern Surveyor constataram ao chegar ao local indicado e não encontrar ilha alguma.

Foi a partir daquela inequívoca constatação feita pela tripulação do barco australiano que começou o escândalo da "ilha que nunca existiu", e que colocou o Google Earth em uma saia justa danada para tentar explicar o inexplicável. Como explicar aquele constrangedor borrão no exato ponto onde alguns antigos mapas indicavam haver uma ilha e os tripulantes do R/V Southern Surveyor provaram não haver nada? A única explicação possível é que se tratava um erro absurdo: a existência, em mapas e até nas imagens do Google Earth, de uma ilha inexistente. E isso em pleno Século 21!

O Google se esquivou como pode. "Imagens do Google Earth provêm de uma série de provedores e plataformas", desconversou o site da empresa – como se a polêmica tivesse sido causada por um mapa desenhado por mãos humanas, sabidamente falíveis, e não por imagens de satélites, supostamente fidedignas ao que existe de fato no planeta.

Apesar da perplexidade geral dos cientistas, o constrangedor episódio ganhou defensores. "Os oceanos são gigantescos e, certamente, nós ainda não sabemos tudo sobre eles. É por isso, aliás, que ainda existem navios de pesquisa", tentou argumentar o oceanógrafo e cartógrafo americano David Titley. Houve também quem recorresse a uma primitiva prática dos velhos cartógrafos, a de incluir algo fictício ou deliberadamente errado nos mapas a fim de desmascarar quem os copiasse, para justificar a presença de uma ilha onde não havia nada. A armadilha, nesse caso, teria se perpetuado nos mais diferentes mapas, e se transformado em uma "verdade" – que fora abraçada tanto pelo Serviço de Batimetria dos Oceanos quanto pelo Google.

O engodo teria começado em 1876, quando a Ilha Sandy (que, mais tarde, seria erroneamente confundida com outra ilha do mesmo nome e na mesma região – só que esta real e batizada pelo capitão James Cook, em 1774, o que gerou boa parte da confusão) fora "descoberta" pela tripulação de um barco baleeiro chamado Velocity, e, a partir do depoimento deles, passou a constar nos mapas, dando início à lambança cartográfica.

No início do século 20, a "Ilha Invisível", "Ilha Fantasma" ou "Ilha Que Nunca Houve", como a Ilha Sandy passou a ser jocosamente apelidada após ser desmascarada a farsa geográfica, aparecia em todos os mapas da região, a começar pelas respeitadas cartas marítimas dos almirantados da Alemanha e da Inglaterra, que, na época, balizavam a navegação mundial. Também constava nas plantas oceânicas do conceituado Instituto Britânico de Oceanografia, que serviam de base para outras cartas náuticas, bem como nos mapas da prestigiada National Geographic Society, uma espécie de Bíblia geográfica do planeta antes da era dos satélites. E continuou assim por mais de um século.

Em 1982, a fictícia Ilha Sandy ainda aparecia nos mapas do Departamento de Defesa dos Estados Unidos, embora o setor de hidrocartografia da Marinha da França já a tivesse removido de seus mapas – sem nenhum alarde – desde 1974. Naquela ocasião, um voo de reconhecimento mostrou que no local indicado como sendo o da duvidosa ilha só existia água, e com profundidades que passavam dos 1 300 metros – impossível, portanto, haver ou ter havido uma ilha ali.

Imediatamente, o Instituto Britânico de Oceanografia emitiu uma discreta errata (nenhum órgão queria alardear publicamente o erro grosseiro) e outros mapas passaram a classificar a suposta ilha com a sigla "ED", de "existence doubtful" ("existência duvidosa"). Mas foi só quando os tripulantes do R/V Southern Surveyor constataram, in loco, que não havia nada no local onde a Ilha Sandy deveria estar, que a National Geographic Society e o Google a apagaram dos seus mapas.

De acordo com a crença, a Ilha Sandy, que teria cerca de 25 quilômetros de extensão por cinco de largura, portanto, não tão pequena assim, ficava no nordeste do Mar de Coral, entre as ilhas (estas, reais) de Chesterfield e Nereus, a meio caminho entre a Austrália e o território francês da Nova Caledônia, numa área particularmente remota do Pacífico Sul, compreendida pelas coordenadas 19.22°S e 159°93E – onde, porém, não existe nada.

No entanto, no passado, os tripulantes do baleeiro Velocity poderiam, sim, ter avistado algo parecido com terra firme naquele local. Mas não uma ilha e sim uma fenomenal aglomeração de pedras-pomes no mar, um tipo de rocha vulcânica que flutua, geradas por alguma erupção vulcânica, que, quando vista de longe, poderiam dar a impressão de ser solo firme.

Para reforçar esta tese, a única aceita pela ciência para explicar a "existência" de uma ilha que nunca existiu, descobriu-se mais tarde que havia um vulcão submerso adormecido no local, e ele poderia ter gerado os tais minerais flutuantes no mar, que teriam ludibriado os marinheiros do baleeiro Velocity.

De qualquer forma, a inclusão nos mapas – e até em imagens – de uma ilha inexistente foi um vexame generalizado, que entrou para a história da cartografia graças à principal descoberta dos pesquisadores do R/V Southern Surveyor naquela viagem: a "não descoberta" de uma ilha.

A segunda tragédia do Bounty

A réplica usada nas filmagens do motim mais famoso da história teve um final ainda mais trágico que o barco original

Na década de 1980, para usar nas filmagens do clássico The Bounty, sobre o motim mais famoso da história, Hollywood encomendou uma réplica daquele famoso barco inglês. Depois das filmagens, ela foi vendida e passou a fazer cruzeiros recreativos entre os Estados Unidos e o Caribe, sob o comando do experiente capitão americano Robin Wallbridge, que conhecia cada parafuso daquela cópia moderna do lendário barco do comandante William Bligh.

Por isso, todos acreditaram que estariam em boas mãos, quando, em 21 de outubro de 2012, Wallbridge anunciou que zarparia com a réplica do HMS Bounty de Connecticut para a Florida, apesar do furacão Sandy, que se aproximava da costa Leste americana. "Se ele decidiu partir é porque está tudo sob controle", pensaram os demais 15 tripulantes do barco, que, mesmo tendo a opção de não embarcar, se uniram a Wallbridge naquela viagem.

O plano de Wallbridge era avançar velozmente para o alto-mar e contornar o furacão, daí a pressa em partir. Mas, quatro dias depois, a supertormenta mudou repentinamente de rumo e colheu o grupo ao largo da Carolina do Norte, num trecho morbidamente apelidado de "Cemitério do Atlântico".

Logo, as bombas passaram a não dar conta do volume de água que entrava casco adentro, e o resultado foi que, inundado e sem estabilidade, o Bounty do cinema afundou rapidamente, deixando todos os seus ocupantes na água, a mercê de grandes ondas e desencadeando uma das maiores operações de busca e salvamento no mar da história recente da Guarda Costeira americana.

Ao final da operação, acompanhada com aflição pelo público através dos noticiários da televisão, dos 16 ocupantes do cinematográfico barco, 14 foram resgatados com vida e dois morreram – um deles, o próprio capitão Wallbridge, cujo corpo jamais foi encontrado. A imprudência de Wallbridge, que sempre pregara que "um barco estaria mais seguro no mar do que no porto" custou-lhe a vida.

Naquele 25 de outubro de 2012, a garbosa réplica do HMS Bounty tratou de contradizê-lo, da pior maneira possível.

O apelido não era por acaso

Zé Peixe, o prático mais incrível que o Brasil já teve, levava e trazia navios para o porto a nado

Ele era, sem dúvida, um tipo excêntrico – embora nem soubesse o que isso significava. Só andava descalço. Sapato ou sandália de borracha, apenas quando ia à igreja. Tampouco ligava para dinheiro, embora não tivesse nada e morasse em um casebre. O salário que recebia, distribuía entre mendigos, catadores de caranguejo e velhos pescadores que não podiam mais trabalhar. Também quase não comia, o que explicava o seu corpo franzino e a pele enrugada feito um pergaminho. E nunca tomava banho de chuveiro – só de mar, o que, no entanto, fazia religiosamente todos os dias, por horas a fio, passando mais tempo na água do que em terra firme. Daí o seu apelido: Zé Peixe.

Mas tudo isso era pouco perto da principal característica – ou esquisitice – do sergipano José Martins Ribeiro Nunes, o Zé Peixe, o prático mais original que o Brasil já teve: a maneira peculiar como ele guiava os navios que entravam ou saíam da barra do porto de Aracaju, durante mais de 65 anos.

Quando a embarcação estava de partida, Zé Peixe ia a bordo, como todo prático faz, indicando o caminho na traiçoeira barra do Rio Sergipe. Mas, quando o navio atingia a boca do canal, a seis quilômetros da costa, ele se despedia do comandante, subia na amurada do convés e, só de calção, como também sempre andava, se jogava ao mar e voltava nadando até a praia. Zé Peixe jamais usou uma lancha de apoio, como fazem todos os práticos.

A empreitada costumava consumir cerca de uma hora e meia de braçadas ritmadas – ou o dobro disso, se o mar não estivesse nos seus melhores dias –, mas jamais fez Zé Peixe mudar o seu jeito curioso de trabalhar. Quando chegava à praia, não raro já à noite, ele sacava o dinheiro molhado que levava no bolso do calção, atravessava a rua e pegava um ônibus, de volta para casa. Quem estava na orla e não conhecia a fama daquele velhinho, que quase todos os dias chegava do mar aberto a nado, não entendia nada.

A rotina só mudava quando Zé Peixe engatava um navio no outro, um partindo e outro chegando. Quando isso acontecia, ele saltava do navio que ia embora e ficava boiando no mar, ou aboletado sobre uma boia de sinalização do canal, esperando o outro chegar. Às vezes, por mais de dez horas. Mas nunca reclamava. Nem disso, nem de nada.

Zé Peixe era um homem de poucas palavras, que não achava nada excepcional o que fazia. "O negócio é não brigar com as ondas, não ir contra a correnteza e nadar sem bater as pernas, para não atrair os tubarões", ensinava o velho prático, que nunca parecia cansado após tantas braçadas e jamais sentiu câimbras – um fenômeno de resistência física, que trabalhou até os 83 anos de idade, deixando ainda mais atônitos os tripulantes dos navios que ele guiava porto afora.

Certa vez, o capitão de um cargueiro russo, que não conhecia a fama de Zé Peixe, chegou a ordenar que os marinheiros o detivesse, quando ele estava prestes a saltar da amurada do navio, por achar que se tratava de um suicídio. Em outra ocasião, os bombeiros foram chamados por banhistas da praia do Atalaia para "resgatar um homem que se debatia em alto-mar". Mas era apenas Zé Peixe voltando, à nado, do seu trabalho.

Em duas oportunidades, no entanto, Zé Peixe fez bem mais do que apenas chamar a atenção pelo seu jeito curioso de trabalhar. Numa delas, em 1959, quando ainda era jovem, resgatou dois marinheiros do rebocador Guarani que haviam caído no mar durante uma tormenta, na barra do porto da cidade. Só ele teve coragem de mergulhar para salvar os marinheiros em meio a tempestade.

Em outra ocasião, abordou, por uma escadinha de cordas lançada do convés, o navio em chamas Mercury, que trazia funcionários das plataformas de petróleo, e a despeito do risco gerado pelo fogo, guiou a embarcação até um ponto da costa onde todos pudessem desembarca, já próximo à praia. Ele, no entanto, continuou a bordo e levou o navio até o porto, onde, por fim, o incêndio foi extinto.

Por essas e outras, Zé Peixe tornou-se uma das figuras mais populares da capital sergipana e, ainda em vida, foi homenageado com um posto salva-vidas e um barco do município batizados com o seu apelido – ocasiões em que, na inauguração, abriu uma exceção e calçou sapatos. Mas os tirou em seguida e foi nadar no mar, onde sempre gostou de estar.

Zé Peixe morreu em 26 de abril de 2012, aos 85 anos de idade, de insuficiência respiratória – uma ironia para quem sempre viveu na água.

Pirata roubando pirata

Em vez de um assalto ao barco, houve dois. E ao mesmo tempo

Era para ser um alegre cruzeiro de férias, de Ubatuba, no litoral de São Paulo, até o Caribe. Mas, quando o grande catamarã Atlantis resolveu fazer uma escala não prevista em Fortaleza para solucionar um problema mecânico, veio o susto – e em seguida a perplexidade, com o fato inusitado que aconteceria em seguida.

Durante a madrugada do dia 25 de fevereiro de 2013, um grupo de oito bandidos navegou com um pequeno barco até o Atlantis, ancorado perto da praia, invadiu o iate, anunciou o assalto e começou a recolher tudo o que havia de valioso a bordo. Seria apenas mais um caso de pirataria, como são equivocadamente chamados todos os roubos a barcos, quando aconteceu o improvável: outro grupo de bandidos chegou ao catamarã, só que a nado, também com a intenção de assaltá-lo.

Frente ao inesperado, os piratas passaram a discutir – e até a brigar entre si – para ver quem teria o direito de assaltar o Atlantis, diante da perplexa tripulação, que não entendia bem o que estava acontecendo: seriam os ladrões do segundo grupo comparsas dos primeiros ou apenas assaltantes azarados?

No final, após uma pancadaria generalizada entre os dois grupos à bordo, os que chegaram por último levaram a melhor e tomaram para si o butim que já havia sido preparado e separado pelos primeiros a invadir o iate. E estes, tal qual as vítimas, também ficaram a ver navios em seus pertences, já que também foram assaltados pelos outros bandidos, que ainda fugiram no barco usado pelo primeiro grupo.

Apesar do ineditismo do duplo assalto simultâneo, ninguém foi preso.

O perfume que veio do fundo do mar

Dentro do barco naufragado, dois pequenos frascos permitiram recriar uma flagrância histórica

Durante a Guerra de Secessão Americana, os dois lados do conflito usaram embarcações tanto para atacar os inimigos quanto para abastecer seus apoiadores. Um deles foi o Mary Celestia, um vapor usado pelos Confederados.

Em 26 de setembro de 1864, ele partiu para a Carolina do Norte com um carregamento de mercadorias diversas, mas não passou das Ilhas Bermudas, onde afundou, após atropelar uma bancada de corais.

Quase um século e meio depois, em 2011, uma tempestade revirou o fundo de areia do local do naufrágio e revelou a alguns mergulhadores a proa do Mary Celestia – e, dentro dela, foram achados dois vidros de perfume, ainda em perfeito estado.

Os frascos foram levados a uma famosa perfumista da ilha, que identificou a fragrância como sendo a mesma usada pela antiga monarquia da Inglaterra. E, com base nisso, resolveu recriá-la, usando técnicas de cromoterapia reversa, que identifica ingredientes e a fórmula original do perfume.

Deu certo. Em 2014, quando o naufrágio daquele barco dos Confederados completou um século e meio, a perfumaria Lili Bermuda, da tal perfumista, relançou a fragrância que renasceu do fundo do mar, e faz sucesso até hoje na ilha.

Seu nome? O mesmo do navio: Mary Celestia.

O mais antigo dos correios marítimos

Em 2018, uma australiana encontrou uma garrafa com uma mensagem que havia sido lançada ao mar um século e meio antes

Mesmo em tempos de Facebook, WhatsApp e todo tipo de comunicação instantânea eletrônica, o singelo ato de escrever uma mensagem num pedaço de papel, enfiá-la numa garrafa e lançá-la ao mar, na esperança de, um dia, ela dar em alguma praia e ser lida por alguém, ainda é largamente praticado. Mas por motivos bem diferentes do passado.

E o mais forte deles é a curiosidade. Nada é mais intrigante do que um objeto trazido pelo mar. É impossível não ficar imaginando de onde veio e a história que há por trás dele. No caso de uma garrafa com uma mensagem dentro isso é ainda mais intenso. Como não vibrar ao ler o que está escrito em um pedaço de papel que vagou durante meses (ou anos, como geralmente acontece) pelos oceanos? Como não imaginar quem o escreveu e em quais circunstâncias isso aconteceu? Como, enfim, resistir a mais tentadora das características humanas, a curiosidade? Pois as mensagens em garrafas reúnem todos estes atributos numa só embalagem.

Uma garrafa bem lacrada é um dos objetos mais marinheiros já inventados pelo homem, além de ser a forma de navegar mais resistente que existe. Ondas e tempestades são capazes de afundar grandes navios, mas não conseguem tirar da superfície uma simples garrafinha com um pouco de ar dentro. Só mesmo um eventual choque com pedras ou barcos consegue interromper a inexorável marcha errante de uma garrafa ao sabor das correntezas. Por isso, elas sempre foram usadas como um meio de comunicação, um dos mais antigos da história da humanidade, ainda que de resultado incerto.

Consta que o hábito remonta aos gregos, 300 anos antes do início da nossa era, quando objetos flutuantes eram usados para tentar avaliar a extensão dos oceanos. Em sua viagem de retorno à Europa, após ter descoberto a América (que ele julgava ser a Índia), Cristóvão Colombo redigiu um bilhete e o enfiou dentro de uma garrafa, durante uma tempestade, na esperança de que ela atingisse a Europa, no caso de ninguém sobreviver para contar sobre a descoberta.

A garrafa de Colombo jamais foi encontrada. Mas o mesmo não se pode dizer de outras tantas mensagens do gênero enviadas por oficiais da Marinha Inglesa, no século 16, a fim de relatar posições de navios inimigos à Rainha Elizabeth – que, por isso mesmo, punia com pena de morte quem abrisse uma dessas garrafas antes de entregá-las à Corte.

Desde aquela época, despachar mensagens (de amor, filosóficas, poéticas ou simples pedidos de ajuda) dentro de garrafas tornou-se algo bem mais comum e frequente do que os filmes de náufragos sugerem. Mesmo nos dias de hoje, o gesto de lançar uma mensagem ao mar tem algo de romântico, além de ser deliciosamente ingênuo – embora alguns ambientalistas já vejam nisso uma forma de agressão ao meio-ambiente.

Também não deixa de ser uma espécie de antídoto para as formas de comunicação cada vez mais instantâneas, além de uma curiosa maneira de unir pessoas, que, de outra forma, talvez, jamais se conhecessem.

É certo que a imensa maioria das garrafas lançadas ao mar se perde na imensidão dos oceanos ou fica dando voltas sem parar, levadas pelas correntezas, sem que ninguém as encontre. Mas quem lança uma mensagem dentro de uma garrafa sempre nutre a esperança de que ela seja lida. Mesmo que, quase sempre, tardiamente.

O caso mais famoso de longevidade de uma mensagem atirada ao mar aconteceu em janeiro de 2018, quando a australiana Tonya Illman encontrou, em uma praia do oeste da Austrália, uma garrafa que fora lançada de um barco no dia 12 de junho de 1886. Portanto, 132 anos antes – a mensagem em garrafa que levou mais tempo para ser lida, entre as que se tem registro. Tanto que entrou para o Livro dos Recordes.

A garrafa, do tipo usado para envasar gim no passado, fora lançada ao mar pelo barco alemão de pesquisas Paula, como constava na mensagem que havia dentro dela, quando ele navegava no Oceano Índico, a cerca de 500 milhas da costa da Austrália, durante um longo experimento que o Observatório Naval Alemão conduziu em mares de todo o mundo, no século 19.

Naquela época, garrafas à deriva eram o único meio que os cientistas tinham para estudar as correntes marítimas, razão pela qual o Paula lançara milhares delas ao mar, sempre com um formulário dentro, pedindo a quem as encontrasse que entrasse em contato com o consulado alemão, para relatar onde isso havia ocorrido.

Mas Tonya não fez isso de imediato. Até porque custou a acreditar que aquele pedaço de papel, datado de quase um século e meio atrás, fosse autêntico.

Como sempre acontece nesses casos, ela encontrou a garrafa por puro acaso. Quando o carro do seu marido atolou na areia fofa daquela enorme praia deserta, nos arredores da cidade de Perth, Tonya saiu para caminhar na companhia da amiga Grace Ricciardo, mãe do piloto de Fórmula 1 Daniel Ricciardo, enquanto o marido resolvia o problema.

Não demorou muito e ela viu uma pequena garrafa de formato retangular semienterrada na areia e, atraída pela incomum aparência do objeto, resolveu levá-la para casa. Tonya nem reparou que, dentro da garrafa, já sem tampa, depois de tantos anos exposta aos elementos, havia um pequeno rolinho de papel, amarrado com uma fina corda. Só quando voltou ao carro e mostrou o achado à namorada do filho, é que a centenária mensagem, atada a um punhado de areia dentro da garrafa, foi descoberta. Mas, a princípio, com total ceticismo. Como poderia um pedaço de papel ter resistido tantas décadas intacto? E, ainda por cima, dentro de uma garrafa aberta?

Atraídos por um misto de curiosidade e incredulidade, Tonya e o marido decidiram mostrar a garrafa e a mensagem a um perito do Museu de Western Australia, especializado em naufrágios, que, por sua vez, acionou colegas na Alemanha, em busca de informações sobre um tal barco alemão do século 19, chamado Paula – a começar, se ele havia existido de fato. A resposta veio rápida e de forma incontestável.

Nos arquivos do Observatório Naval Alemão, não só constava o registro do barco naquela época, como, também o seu diário de bordo. E, nele, o comandante do Paula registrara, meticulosamente, já que se tratava de um experimento científico, o lançamento de uma garrafa ao mar quando navegava no Oceano Índico, rumo à Macáçar, na atual Indonésia, na mesma data que constava na mensagem encontrada por Tonya. Foi um momento histórico. Antes disso, o último achado de uma das milhares de garrafas enviadas pelo Paula havia sido na distante Dinamarca, em 1934.

Muito provavelmente, porém, apesar das duas datas tão distantes entre o lançamento e a descoberta, aquela garrafa certamente não passara quase um século e meio vagando à deriva nos mares, mas sim apenas alguns meses, até dar na costa da Austrália. Ali, ela teria sido soterrada pela ação dos ventos na areia da praia, perdido a tampa com o passar do tempo, e só reapareceu após a ação de alguma tempestade, pouco antes de Tonya a encontrar.

Hoje, a mensagem em garrafa mais longeva já encontrada, bem como a própria garrafa, está em exibição no próprio museu que ajudou a descobrir o seu surpreendente passado.

Outra mensagem bem mais bizarra
Em vez de um simples bilhete, aquela garrafa que foi dar numa praia da Florida trazia algo bem mais insólito

Mesmo nos dias de hoje, garrafas lançadas ao mar com mensagens dentro delas não são nada raras. Quase sempre, elas contêm simples saudações e um inevitável pedido de contato para quem a encontrar, feito uma forma primitiva de Facebook.

Mas nada se compara ao que havia na garrafa que a policial americana Paula Pendleton encontrou numa praia da Flórida, nos Estados Unidos, em setembro de 2019. Dentro dela, havia um punhado de cinzas de um corpo humano, acompanhada de um bilhete, que explicava o macabro conteúdo da garrafa.

"Esta garrafa contém as cinzas do meu filho Brian, que morreu inesperadamente no dia 9 de março de 2019. Ele sonhava viajar pelo mundo. Então, eu o envio para a sua última aventura", dizia a mensagem, assinada pela americana Darlene Mullins, mãe do jovem finado.

A história daquela garrafa havia começado dias antes, quando Darlene, junto com a neta Peyton, de 14 anos, filha de Brian, decidiu dar um destino incomum a uma parte das cinzas do corpo do filho, morto de ataque cardíaco quando tinha apenas 39 anos.

Ela separou alguns grãos das cinzas para pôr num pingente no colar que sempre usava, e colocou outro punhado na garrafa, juntamente com o bilhete e quatro cédulas de um dólar, "para pagar a despesa telefônica de quem a encontrasse", pedindo que, além do contato, a garrafa fosse novamente lançada ao mar, "para seguir sua viagem".

Pois foi o que a policial Paula Pendleton fez. Depois de ligar para Darlene e relatar o achado, ela convenceu o capitão de um barco a levar a garrafa até quase o meio do Golfo do México e lá, novamente, depositá-la no mar.

"Meu filho Brian sempre quis conhecer o mundo, mas jamais saiu de nossa pequena cidade, no Texas. Ele, agora, fará isso por um prazo indeterminado", explicou Darlene, que até pensou em usar uma garrafa plástica como invólucro, a fim de evitar que ela quebrasse em eventuais choques com rochas ou barcos, mas mudou de ideia, para "não poluir o mar".

Com isso, é bem possível que os restos mortais de Brian Mullins estejam navegando até hoje, em algum ponto do Atlântico.

Perseguição implacável

Durante mais de três meses, um barco pesqueiro infrator foi seguido por dois outros barcos, em três oceanos

Dezembro de 2014. Havia três dias que o barco Bob Barker, da ONG ambientalista Sea Shepherd ("Pastor do Mar", em tradução literal), capitaneado pelo sueco Peter Hammarsfedt, vasculhava uma gigantesca área remota do mar da Antártica, na altura da Austrália, em busca da sua presa.

Até que surgiram três pontinhos no radar da embarcação. Dois eram claramente icebergs. Mas o terceiro se movimentava. Só podia ser ele, naqueles confins do mar antártico. E era: o Thunder, um navio pesqueiro com bandeira da Nigéria, que estava entre os mais procurados do mundo por praticar impunemente a pesca ilegal – aquela que desrespeita os limites das espécies e cuja quantidade nunca é declarada às autoridades.

Ele era comandado pelo chileno Luis Cataldo e tinha outros 40 tripulantes de diferentes nacionalidades a bordo – mas nenhum nigeriano, já que usava a chamada "bandeira de conveniência", que confere "nacionalidade" a qualquer embarcação, mediante pagamento. Tanto que, sistematicamente, o Thunder mudava de bandeira, e seu nome sequer era pintado no casco, resumindo-se a placas, que podiam ser facilmente substituídas por outras, com outro nome. Tampouco ninguém sabia quem era o dono do barco. Apenas que o que ele fazia era ilegal.

Há meses, o Thunder vinha sendo monitorado pela Sea Shepherd, já que as autoridades pouco faziam para detê-lo. Mas sempre escapava. Desta vez, porém, poderia ser diferente. Eufórico com a descoberta do pesqueiro, o capitão Hammarsfedt convocou o outro barco da entidade, o Sam Simon, que estava na região pelo mesmo motivo, para juntar-se ao cerco do arredio fugitivo. E ele chegou rápido.

Ao avistarem o Thunder, a primeira providência foi fotografá-lo. Mas não para comprovar que estivesse pescando – algo que, em tese, não feria lei alguma, já que o barco estava em águas internacionais, que não pertencem nenhum país –, mas sim para tentar descobrir, pela altura da linha d'água no seu casco, quanto de combustível ele ainda poderia ter nos tanques. A informação era fundamental para estimar a autonomia do pesqueiro e, portanto, sua capacidade de fugir, como das vezes anteriores. E foi novamente o que ele fez.

Ao ser contatado, via rádio, pelo capitão Hammarsfedt e dele receber ordem de parar as máquinas para ser abordado, já que havia uma ordem de arrestamento do Thunder expedida pela Interpol, o comandante do Thunder respondeu apenas que a Sea Shepherd não tinha autoridade legal para detê-lo. E era verdade. A entidade não era polícia e não podia sair confiscando barcos infratores.

Feito isso, Cataldo desligou o AIS do seu barco, um equipamento de identificação automática de embarcações, acelerou e penetrou no labirinto de blocos de gelo da Antártica, sendo, no entanto, seguido bem de perto pelos dois barcos da Sea Shepherd. Uma perseguição que mais parecia uma escolta – o perseguido sendo seguido, a pouca distância, pelos seus perseguidores, que, no entanto, legalmente nada podiam fazer para detê-lo.

A estratégia de Hammarsfedt passou a ser apenas a de seguir o barco infrator, até que a Interpol pudesse entrar em ação ou acabasse o combustível do Thunder – os dois barcos da Sea Shepherd não padeciam tanto desse problema, porque seus tanques eram enormes, justamente para ter grande autonomia no mar, durante as ações que faziam. Já que Hammarsfedt não podia impedir Cataldo de seguir adiante, iria escoltá-lo, fosse para onde fosse, pelo tempo que durasse o combustível do pesqueiro. Era o início de uma das mais longas perseguições marítimas da história recente.

Durante intermináveis 110 dias, os dois barcos da Sea Shepherd acompanharam o Thunder a pouca distância, monitorando todos os seus movimentos. Que não foram poucos. Das águas antárticas, o pesqueiro adentrou o Pacífico, cruzou o Atlântico e penetrou no Índico, antes de dar meia-volta e retornar ao oceano anterior, numa jornada de mais de 11 000 milhas náuticas – uma patética perseguição entre gato e rato, onde ambos sabiam muito bem onde o outro estava.

Sempre que Cataldo parava para pescar, os dois barcos da Sea Shepherd paravam também. Mas ficavam apenas observando, em busca de novas provas que incriminassem ainda mais o pesqueiro. Em uma dessas ocasiões, rolos de fumaça passaram a ser emanados do convés do Thunder. Como fazia com frequência, Hammarsfedt pegou o rádio, chamou o capitão chileno e perguntou sobre a origem do fogo. Cataldo respondeu que estava apenas incinerando lixo. Mas a verdade era outra: o Thunder estava queimando suas gigantescas redes de pesca, algumas com mais de dezenas de quilômetros de extensão. Ou seja, destruindo provas, já que parecia claro que aquela perseguição não iria terminar sem que eles fossem detidos pela polícia.

Quando o Thunder reentrou no Atlântico e passou a subir a costa africana, Hammarsfedt ficou se perguntando para onde Cataldo seguia. A resposta veio dias depois, quando o pesqueiro se abrigou no mar territorial da Nigéria, país da bandeira que ostentava, onde os barcos da Sea Shepherd não poderiam entrar sem autorização. A suspeita era a de que o Thunder contava com a proteção das autoridades nigerianas, já que nunca ficou claro quem era o dono do barco.

Aquela longa perseguição teria acabado ali, não fosse a resiliência de Hammarsfedt, que ficou parado fora dos limites do mar nigeriano, e uma providencial manobra diplomática: a decisão do governo americano de ameaçar a Nigéria com sanções econômicas, caso a pesca ilegal com barcos sob bandeira daquele país não fosse interrompida.

Os nigerianos seguiram concedendo secretamente bandeiras de conveniência para barcos pesqueiros. Mas, dadas as dimensões que aquele caso tomara, confiscaram o direito de o Thunder continuar a usá-la – uma maneira de tentar agradar aos americanos e impedir o boicote. Com isso, o barco de Cataldo se tornou apátrida – uma pária dos mares, sem nenhuma bandeira para protegê-lo. E foi nesta situação que ele teve que deixar as águas nigerianas, para ser, novamente, perseguido pelo implacável comandante sueco. Mas não por muito tempo.

No dia 5 de abril de 2015, três meses e meio após o início daquela perseguição implacável, o capitão Cataldo tomou o rumo de um ponto da costa das Ilhas São Tomé e Príncipe, ainda dentro do Golfo da Guiné, e, sob o olhar atento de Hammarsfedt, parou o seu barco. Em seguida, pegou o rádio e emitiu um pedido de socorro, alegando que Thunder havia sido abalroado por outra embarcação e que estava afundando – embora não houvesse nenhum outro barco na área, a não ser os dois da Sea Shepherd.

O passo seguinte na encenação criada pelo capitão chileno foi baixar botes salva-vidas ao mar e embarcar com toda a sua tripulação, enquanto o Thunder começava a inclinar, vítima da abertura proposital das válvulas do seu casco pelos próprios tripulantes.

Seguindo o protocolo, coube aos próprios membros da Sea Shepherd resgatar os náufragos, mesmo sabendo que eles deliberadamente haviam promovido o naufrágio do pesqueiro, como forma de ocultar provas sobre a sua atividade criminosa. O capitão Cataldo foi recolhido pelo próprio comandante sueco e acompanhou, do convés do barco que tanto o perseguira, os últimos suspiros do Thunder, com a proa apontada para o céu, antes de mergulhar para sempre no mar. Quando isso aconteceu, Cataldo sorriu. Nada mais poderia seriamente incriminá-lo.

A mais longa perseguição de um barco pesqueiro que se tem notícia terminou com uma simples multa por poluição marinha, por conta do afundamento proposital do Thunder, e penas brandas aos infratores.

Sem nome, mas com documento

Ele era apenas mais uma vítima do naufrágio e nunca foi identificado. Mas um detalhe sensibilizou o mundo

Um dos mais trágicos naufrágios de barcos abarrotados de imigrantes africanos clandestinos tentando chegar à Europa aconteceu a cerca de 100 quilômetros da costa da Líbia, na noite de 18 de abril de 2015.

Naquela ocasião, estima-se que perto de 1 000 imigrantes ilegais do Mali, que fugiam da miséria a fim de tentarem a sorte na Europa, morreram nas águas do Mediterrâneo, depois que o precário e superlotado barco em que viajavam afundou.

Uma das vítimas foi um jovem com cerca de 15 anos de idade, jamais identificado. Mas com uma particularidade que o tornaria notícia no mundo inteiro: dentro do casaco, ele costurara o seu boletim escolar, na esperança que o bom desempenho na escola gerasse oportunidades de trabalho em algum país europeu.

Embora envolto em um saco plástico, o documento não resistiu a imersão na água salgada e se deteriorou, escondendo para sempre o nome do seu infeliz dono. Mas não as boas notas escolares, com as quais ele sonhava poder criar uma nova vida no continente onde jamais chegou.

Acabou em naufrágio

Daquela vez, os infratores levaram a pior na eterna caçada entre gato e rato no mar da Argentina

Há anos, um tenso conflito acontece ao longo da grande faixa limite do mar territorial da Argentina. De um lado, estão centenas de barcos pesqueiros – chineses, na sua maioria. Do outro, alguns poucos navios de patrulha da Prefectura (uma espécie de Guarda Costeira) Argentina. E a razão do embate é a pesca ilegal de uma espécie de lula, que só existe ali.

Tal qual lobos à espreita da presa, os pesqueiros estrangeiros ficam brincando de gato e rato com a fiscalização argentina, parados rentes à linha imaginária que separa o mar territorial daquele país das chamadas águas internacionais, onde os argentinos nada podem fazer, a não ser intimidar os invasores com infrutíferas ameaças.

Mas, sempre que a fiscalização se afasta, os pesqueiros voltam a invadir o mar argentino e a capturar o precioso molusco. É uma caçada interminável – quase como tentar enxugar gelo. Uma guerra que os argentinos tentam combater 24 horas por dia, quase sempre sem nenhum sucesso. Mas, de vez em quando, conseguem uma vitória.

Foi o que aconteceu na madrugada de 15 de março de 2016, a cerca de 600 quilômetros da costa argentina, mas ainda dentro dos limites do mar territorial do país. Naquele dia, a habitual perseguição dos navios de patrulha aos barcos infratores terminou da maneira mais radical possível: com o metralhamento e naufrágio de um deles: o pesqueiro chinês Lu Yan Yu Yuan 010, que tinha 32 homens a bordo.

Nenhum deles nada sofreu no episódio e todos foram resgatados no mar. Quatro deles, incluindo o comandante do pesqueiro invasor, pela própria tripulação do navio argentino que os atacou, o Prefecto Derbes. E os restantes, por outros barcos chineses que estavam nas imediações, fazendo a mesma coisa que o Lu Yan Yu Yuan 010. Ou seja, a pesca ilegal. Mas a ação teve lances dignos de filmes de ação.

Começou com um avião argentino de patrulha localizando o pesqueiro invasor e avisando o comandante do Prefecto Derbes, que estava ali por perto. Cumprindo o protocolo, o navio alertou o barco pelo rádio, em inglês e espanhol, de que ele estava atuando em águas da chamada zona de exclusão, onde não é permitida a atividade pesqueira de barcos estrangeiros – como se isso fosse algo que os infratores não soubessem.

Como não houve nenhuma resposta, os argentinos passaram a emitir sinais sonoros e luminosos, que significavam a mesma coisa – também ignorados pelos chineses. A única reação do barco infrator veio em seguida, quando todas as suas luzes foram apagadas, bem como o sinalizador automático da embarcação, e o pesqueiro iniciou a fuga, rumo ao abrigo seguro do outro lado da linha divisória. Mas não conseguiu chegar lá.

Irritados, os oficiais argentinos, que também já haviam dado ordens para os chineses deterem o movimento a fim de serem abordados, partiram no encalço do barco fugitivo. A perseguição durou um par de horas, com o navio argentino cada vez mais próximo do Lu Yan Yu Yuan 010, já quase camuflado pela escuridão da noite.

Quando a distância foi reduzida a uma centena de metros, os argentinos passaram a executar disparos intimidatórios com fuzis, visando, no entanto, apenas as partes "neutras" do barco chinês, como a proa, onde não havia pessoas, e antenas, a fim de cortar as comunicações com outros barcos invasores, já que a atuação em grupo é uma maneira que invasores usam para dificultar as ações de repressão.

Como nem assim os chineses diminuíram a marcha, a ordem seguinte foi para substituir os disparos de fuzis por rajadas de metralhadoras, que fizeram um grande estrago no barco – que, por fim, parou. Mas não por muito tempo.

Logo, o Lu Yan Yu Yuan 010 começou a avançar, de popa, na direção da proa do navio argentino, numa clara intenção de provocar uma colisão. A batida só não ocorreu porque o Prefecto Derbes foi manobrado rapidamente e escapou a tempo. Mas, àquela altura, já estava claro que aquele embate, desta vez, não terminaria bem. Como, de fato, não terminou.

Após a tentativa frustrada de provocar uma colisão entre os dois barcos – e através da popa do Lu Yan Yu Yuan 010, o que, depois, permitiria aos chineses alegar que o choque havia sido provocado pelo navio argentino, e não o contrário –, o pesqueiro começou a adernar, num claro sinal de que estava prestes a afundar.

Quando a água atingiu a altura do convés, o comandante do pesqueiro e seus 31 subordinados embarcaram em pequenos botes e foram para o mar, de onde foram resgatados em seguida. O capitão chinês seguiu direto para a prisão, onde ficou até o caso se tornar uma questão também diplomática, porque a China passou a alegar que o Lu Yan Yu Yuan 010 afundara em consequência de ter sido intencionalmente metralhado pelos argentinos. Já o comandante do Prefecto Derbes negou isso com veemência, porque os disparos que autorizara não seriam suficientes para afundar um barco com casco de aço de 66 metros de comprimento, sobretudo porque foram feitos sempre acima da linha d'água.

A suspeita, jamais comprovada, mas amplamente aceita até hoje, é que, para incriminar mundialmente os argentinos por ação belicosa e forçar a diminuição do patrulhamento na região através da pressão mundial, os tripulantes do Lu Yan Yu Yuan 010 tenham aberto propositalmente as válvulas do casco do seu próprio barco e o deixado encher de água, antes de abandoná-lo – razão pela qual todos se salvaram, já que tiveram tempo suficiente para preparar a própria evacuação.

Se foi realmente isso o que aconteceu, só mesmo os 32 tripulantes do Lu Yan Yu Yuan 010 saberiam responder. Mas, como bons infratores, eles jamais se manifestaram.

E a guerra pela captura da cobiçada lula argentina segue até hoje.

A desmiolada saga do Capitão Bolha

Determinado a vencer o mar dentro de uma bola de plástico, um iraniano dá trabalho a Guarda Costeira Americana há anos

Desde que botou na cabeça que iria "correr no mar", entre a Flórida, onde vivia, e as ilhas Bermudas, a quase 1 000 milhas náuticas de distância, dentro de uma espécie de bola plástica, dessas usadas para divertir crianças em piscinas e laguinhos, o iraniano, radicado americano, Reza Baluchi não sossegou mais. E começou arrecadando dinheiro para construir a engenhoca, que ele mesmo projetara, e levou mais de um ano para terminá-la.

Uma vez pronta, a bola/bolha de Reza, feita a partir de uma estrutura de metal revestida com plástico inflável, ficou parecendo uma grande roda, semelhante às usadas em gaiolas para hamsters – só que em tamanho gigante e com uma série de recursos inéditos em qualquer equipamento do gênero. Tinha, por exemplo, dessalinizador, para transformar água do mar em potável, e painéis solares que alimentavam uma bateria usada para recarregar eletrônicos, como telefone celular, GPS e um computador portátil. Embora um tanto insólita, a bolha giratória do iraniano era um primor de engenharia criativa.

Para movimentá-la era preciso apenas girá-la, pois pequenas pás de metal no seu revestimento externo se incumbiam de "empurrar" a água e assim impulsionar a roda – como nos velhos vapores de rodas do Rio Mississipi. Só que, ao contrário destes, sua propulsão era cem por cento humana, com Reza correndo sem parar dentro da roda, como se ela fosse uma espécie de esteira giratória. Para não cair durante o movimento, o iraniano tinha que controlar a velocidade de rotação da roda, o que fazia dosando o ritmo das passadas. E também usar as mãos para se apoiar, de forma que o movimento se tornava extremamente cansativo após certo tempo.

Mas correr sob situações extremas não era propriamente um problema para ele. Reza havia nascido em uma localidade remota do Irã e, desde pequeno, se habituara a correr muitos quilômetros apenas para ir à escola. Quando emigrou para os Estados Unidos, tornou-se atleta profissional e passou a usar sua enorme resistência física para participar de ultramaratonas, além de promover ações espetaculares do gênero, a fim de angariar recursos e promover o seu nome. Por duas vezes, cruzou os Estados Unidos de ponta a ponta correndo, e, em outra ocasião, decidiu bordear as fronteiras com o México e Canadá, vencendo, a pé, todo o perímetro do país.

A obsessão em correr longas distâncias por dias a fio rendeu ao iraniano, além de certa popularidade pelos seus feitos folclóricos, o apelido de "Forrest Gump", o icônico personagem vivido por Tom Hanks no cinema, que corria sem parar e era adorado por todos. Mas nem todo esse preparo físico foi o bastante para Reza vencer o desafio de "correr sobre o mar" da Flórida até as Bermudas, o que ele tentou por três vezes. E, em todas, além do cansaço, foi vencido pela rigidez da Guarda Costeira Americana.

A primeira tentativa foi em 2014, quando Reza, então com 42 anos, partiu de uma praia da Flórida com sua curiosa roda giratória, mas, dias depois, precisou ser resgatado pela Guarda Costeira com visíveis sinais de esgotamento físico, além de certo despreparo para tamanho desafio – o que ficou claro quando ele pediu orientação a um barco que passava sobre em qual direção ficavam as ilhas para onde pretendia seguir.

Alertada pelo atônito comandante do barco, a Guarda Costeira enviou até um helicóptero para resgatar o intrépido iraniano em alto-mar, o que gerou um custo estimado de 140 mil dólares na operação. Lá chegando, os oficiais encontraram Reza à beira do colapso físico, já que o calor dentro da bolha de plástico habitualmente passava dos 45 graus centígrados e a ventilação era praticamente nula. Mesmo assim, a princípio, ele recusou a ajuda.

Reza só foi persuadido a desistir da empreitada ao ser alertado de que, caso seguisse adiante, seria multado em 40 mil dólares, "por navegar em embarcação considerada inadequada e colocar a própria vida em risco". E o mesmo valeria se ele voltasse a tentar aquela insana travessia. E foi justamente o que ele fez, dois anos depois.

Em abril de 2016, Reza Baluchi, já então reapelidado de "Capitão Bolha", tentou novamente atravessar da Florida para as Bermudas com sua infame roda giratória. E, de novo, foi detido pela Guarda Costeira e trazido de volta à terra firme, sob a ameaça de ser preso caso tentasse novamente. E adivinhe o que ele fez?

Apenas quatro meses depois, Reza voltou ao mar com sua bolha navegadora, mas, desta vez, tomou a precaução de não fazê-lo a partir da Flórida, para não infligir as leis americanas. Em vez disso, convenceu um amigo, dono de um barco, a levá-lo até além dos limites do mar territorial americano, e de lá tomou o rumo das Bermudas. Mas, uma vez mais, não foi longe.

Avançando apenas cerca de seis milhas por dia, embora corresse o dia inteiro para isso, Reza logo percebeu que levaria mais de cinco meses para atingir as ilhas. Isso, porém, não o preocupava. Para comer, ele contava com um grande estoque de barrinhas de cereais, que estocara dentro de câmeras de pneus de bicicletas, presas ao redor da roda giratória – uma maneira de também aumentar a flutuabilidade do seu aparato. Para se distrair, assistia filmes no computador, que era alimentado por placas solares – seu filme predileto era "O Náufrago", com o mesmo Tom Hanks de Forrest Gump. E, para dormir, montava uma rede dentro da bolha e passava as noites à deriva, sendo suavemente rolado pelas ondas, feito uma rolha. Dessa maneira, Reza acreditava que poderia permanecer no mar o tempo que fosse preciso.

Mas não era o que pensava a Guarda Costeira Americana. Avisados, uma vez mais, sobre a estripulia do iraniano, os oficiais partiram no seu encalço e o localizaram a cerca de 80 milhas da costa. Reza, como de hábito, resistiu a abordagem, alegando que estava em perfeitas condições físicas para seguir adiante. Mas acabou sendo retirado a força, algemado e levado para exames em um hospital psiquiátrico – de onde saiu dias depois, após convencer os médicos de que não era louco, mas apenas um sujeito com uma ideia maluca na cabeça.

Já a sua bolha, foi furada e afundada pela Guarda Costeira, sob a alegação de que, pela impossibilidade de ser rebocada de tão longe, se tornaria um obstáculo à navegação – quando, na verdade, o motivo era outro: apenas impedir que Reza Baluchi fizesse uma nova tentativa, o que, no entanto, ele garante que ainda fará, tão logo consiga dinheiro para construir outra cápsula.

O determinado – e desmiolado – Capitão Bolha garante que não desistirá.

Só faltou o mais importante
O maior fiasco da história naval da Índia aconteceu porque a tripulação do submarino esqueceu o básico

Por muito pouco, a Índia não perdeu para sempre a mais poderosa embarcação da sua história. E pelo motivo mais tolo possível.

Em fevereiro de 2017, quando ainda estava na fase final de testes e sequer havia entrado em operação, o moderníssimo submarino nuclear INS Arihant, o primeiro do gênero daquele país e que custara a espantosa fortuna de três bilhões de dólares, inundou e foi a pique logo após partir do porto para um simples teste prático de navegação no mar.

O ridículo acidente não deixou vítimas, já que o submarino emergiu tão logo soaram os alarmes de inundação, mas a água danificou seriamente a sua câmara de propulsão. Com isso, ele precisou ficar mais dois anos sendo reparado em um estaleiro – ao custo de outros mais milhões de dólares.

E tudo porque a tripulação do INS Arihant esqueceu o mais elementar dos princípios de todo submarino: fechar a escotilha.

O brinquedo que venceu o oceano
Para ensinar aos filhos sobre correntes marítimas, aquela mãe bolou uma brincadeira mais que original

No início de novembro de 2017, atendendo a um pedido da mãe de dois garotos escoceses, os irmãos Harry e Ollie Ferguson, de 6 e 8 anos de idade, o capitão de um navio cargueiro depositou no mar da costa da África um barquinho de brinquedo, do tamanho de uma caixa de sapatos, mas equipado com um aparelho rastreador, além de um bilhete, escrito pelos próprios garotos, pedindo a quem o encontrasse que fizesse contato e o devolvesse ao mar, para "seguir viagem".

O objetivo, tanto dos meninos quanto do próprio comandante, que também embarcou na brincadeira, era descobrir se aquele barquinho, montado com pecinhas plásticas de Playmobil encaixadas, conseguiria atravessar sozinho o Oceano Atlântico, movido apenas pelas correntes marítimas.

Pouco mais de três meses depois, veio a resposta: o barquinho chegara, intacto, à costa da Guiana Francesa, do outro lado do oceano, a quase 4 000 quilômetros de distância. E de lá seguiu "navegando", até as imediações da ilha de Barbados, no Caribe, onde, por fim, os garotos perderam contato com o seu destemido barquinho – muito possivelmente pelo simples fim da bateria do equipamento rastreador.

"Eu queria que os meus filhos aprendessem sobre as correntes marítimas de uma maneira bem mais divertida do que apenas lançando uma garrafa ao mar", explicou a mãe dos garotos, mentora daquela original travessia, que misturou brincadeira com experiência científica.

O sonho que virou pesadelo
O drama de três jovens brasileiros que entraram de gaiatos em um veleiro abarrotado de drogas

Desde antes das caravelas que o mar tem servido a outros propósitos bem menos nobres do que um simples meio de transporte de cargas e pessoas. Como, por exemplo, o contrabando, largamente praticado desde os primórdios da história. E, em tempos mais modernos, também o tráfico internacional de drogas.

Barcos, afinal, atravessam de um país a outro sem o mesmo controle aplicados aos aviões, têm capacidade de transportar muito mais do que simples malas, estão imunes às severas fiscalizações em aeroportos e bem menos sujeitos aos rígidos procedimentos alfandegários no desembarque – que, inclusive, pode ser feito antes mesmo de comunicar o fato às autoridades. É, enfim, um meio de transporte com controle bem mais vulnerável do que o aéreo e o terrestre. Perfeito, portanto, para os traficantes, que há algum tempo passaram a se aproveitar cada vez mais dessas vantagens.

Foi o caso do veleiro de bandeira inglesa Rich Harvest, que, na época, tornou-se detentor de um triste recorde: o de maior quantidade de cocaína transportada dentro de um barco particular a partir do mar brasileiro que se tem notícia. Exatos 1 157 quilos da droga (portanto, mais de uma tonelada), acondicionados em 1 063 pacotes e avaliados em mais de R$ 800 milhões, foram encontrados dentro de um grande compartimento secreto no fundo do casco, que fora mandado construir pelo dono do barco, o inglês George Saul, em um estaleiro da Bahia – mesma região de dois dos três jovens e inexperientes velejadores brasileiros recrutados para o que se tornaria um longo pesadelo para todos eles.

No início de 2017, o gaúcho Daniel Guerra, então com 36 anos, e os baianos Rodrigo Dantas e Daniel Dantas, de 25 e 43 anos, respectivamente (que, apesar da mesma origem e sobrenome, não eram parentes), responderam a um anúncio na internet da empresa holandesa de transporte de barcos The Yacht Delivery Company, buscando tripulantes brasileiros para ajudar na travessia de um grande, mas velho veleiro, de 72 pés de comprimento e mais de 30 anos de uso, do Brasil para Europa.

Não haveria pagamento pelo trabalho, mas todas as despesas seriam pagas pelo dono do barco, inclusive a passagem de volta, de avião, para o Brasil. Como os três estavam em busca de ganhar experiência em navegação e acalentavam o sonho de atravessar o Atlântico, o anúncio foi imediatamente respondido. E os três, contratados na mesma hora.

Desde o começo ficou claro que, junto com eles na viagem, iria um comandante igualmente contratado e o próprio dono do barco, George Saul, mais conhecido pelo apelido "Fox", "Raposa", em inglês. Fox havia trazido o veleiro Rich Harvest ("Colheita Rica", em inglês, nome, por sinal, ironicamente adequado ao que ele viria fazer aqui) para o Brasil um ano antes e o levado para o estaleiro Ocema, em Salvador, para uma grande reforma. A obra, que custou cerca de R$ 200 mil, incluiu a construção de um grande reservatório no fundo do casco, debaixo até dos tanques de água, para, segundo o proprietário do barco, "armazenar bastante combustível", já que ele pretendia viajar mundo afora com aquele veleiro.

Quando a reforma ficou pronta, Fox voltou ao Brasil e, juntamente com dois outros ingleses, partiu com o veleiro de Salvador para o Rio de Janeiro. O objetivo, segundo ele contou ao dono do estaleiro, era "testar o barco" enquanto "curtia a costa brasileira". Mas o trio não foi longe. Em Ilhéus, ainda na costa baiana, o Rich Harvest apresentou problemas no reversor, encalhou e teve que ser rebocado pela Marinha do Brasil. De volta à Salvador, o barco passou por novos reparos. Dias depois, partiu de novo. Desta vez, não foi além da costa do Espírito Santo. Mas, ao que tudo indica, por outro motivo, que era a verdadeira razão daquela viagem.

Em algum ponto do litoral capixaba, o Rich Harvest recebeu a sua volumosa carga de drogas, secretamente estocada, pelo próprio Fox e seus comparsas no compartimento recém-construído em Salvador, cujo acesso, mais tarde, seria tapado com cimento, mesmo material do casco do barco, de forma que ficasse imperceptível e impenetrável. O veleiro voltou à capital baiana um mês depois, com a linha d'água do seu casco estranhamente alguns centímetros mais baixa, sinal inequívoco de aumento no peso do barco. Mas, aparentemente, ninguém notou isso. Ou, se percebeu, talvez tenha reputado o fato às reformas feitas no barco, sobretudo a inclusão do novo "tanque", revestido de cimento, no fundo do casco.

Naquela mesma época, a pedido de Fox, foi publicado o anúncio da empresa holandesa, convocando velejadores dispostos a ajudar na travessia do Rich Harvest de Salvador para as ilhas portuguesas dos Açores, e, de lá, para a Europa, na companhia de Fox e de um comandante estrangeiro, que também estava sendo contratado. E os três jovens brasileiros foram convocados e confirmados na viagem. Mas, na última hora, alegando compromissos particulares, o dono do barco desistiu de ir junto na travessia.

Em Natal, durante uma escala do veleiro após partir de Salvador, já com os brasileiros a bordo, Fox embarcou em um avião e retornou à Europa, deixando a responsabilidade da viagem aos cuidados do comandante francês Oliver Thomas, contratado em cima da hora, depois que dois outros capitães, ambos ingleses, recusaram o trabalho – supostamente depois de terem visto o precário estado do barco. Apesar das reformas feitas em Salvador, os mais de 30 anos de uso pesavam sobre o velho veleiro, cujo motor chegou a pegar fogo na primeira tentativa de partida de Natal para os Açores – que, por isso mesmo, teve que ser adiada. Quando isso aconteceu, Fox já havia partido do Brasil.

Dias depois, quando ainda estava em Natal, fazendo os últimos preparativos para cruzar o Atlântico, a ingênua tripulação do Rich Harvest, então reduzida ao comandante francês e os três brasileiros, recebeu a visita de duas autoridades que foram vistoriar o barco. A primeira era a Marinha, que exigiu uma série de equipamentos de segurança no veleiro antes de autorizar a partida. A outra, bem mais intrigante, a Polícia Federal, que fora averiguar uma denúncia de que havia drogas escondidas a bordo.

Durante uma manhã inteira, os policiais, com a ajuda de um cão farejador, vasculharam o interior do veleiro inglês. Mas nada encontraram. Os brasileiros, que haviam ficado ligeiramente assustados com aquela vistoria inesperada, respiraram aliviados: se nem a polícia encontrara nada de errado no barco, não havia por que ficarem preocupados. E seguiram viagem, rumo ao outro lado do oceano, com uma verdadeira fortuna em cocaína bem debaixo dos seus pés – sem que nem eles nem o comandante francês soubessem.

A partida de Natal para os Açores foi no dia 3 de agosto de 2017. Mas a travessia do Atlântico logo se mostrou uma pavorosa sucessão de imprevistos climáticos e mecânicos no barco. O Rich Harvest enfrentou duas fortíssimas tempestades no começo da viagem, o que tornou as relações entre aqueles tripulantes que pouco se conheciam um tanto tensas. Além disso, um deles, o baiano Daniel Dantas, passou mal a travessia inteira, por conta do estado do mar e do problemático motor do barco, que, quando era ligado, para recarregar as baterias, esfumaçava a cabine onde ele dormia, e pouco pode ajudar na dura missão de manter o precário veleiro navegando (mais tarde, ele seria demitido pelo comandante francês, juntamente com o seu conterrâneo, Rodrigo Dantas, que também vinha reclamando constantemente das péssimas condições do barco).

Ao longo do Atlântico, o Rich Harvest foi se desmantelando. Primeiro, perdeu o gerador. Depois, o piloto automático. Em seguida, o motor pifou. E até o telefone via satélite parou de funcionar, depois de cair numa poça de óleo em uma das muitas tentativas de fazer o débil motor funcionar. Quando, 18 dias após deixar Natal, o comandante Oliver descobriu que estavam a ponto de perder também o leme, naquelas alturas preso ao casco apenas por um fiapo, decidiu ignorar as instruções de Fox para que não fizessem parada alguma no caminho e fazer uma escala, não prevista, na Ilha de São Vicente, no arquipélago de Cabo Verde, a fim de tentar recolocar o barco em condições de navegar. Foi ali que a viagem terminou. E o drama dos tripulantes começou.

Como o veleiro não podia contar com o motor para as manobras de atracação na ilha, a tripulação ancorou o Rich Harvest ao largo da marina de Mindelo, capital de São Vicente, e ficou aguardando a chegada de ajuda. Dois dias depois, como ninguém apareceu, o comandante francês baixou o bote ao mar e, com o gaúcho Daniel Guerra, foi remando até a marina, de onde voltou com um barco para fazer o reboque. Ao chegar à terra firme com o veleiro, o Oliver avisou Fox sobre os imprevistos, dispensou os dois tripulantes que ele demitira (os baianos Rodrigo e Daniel Dantas, que foram para uma pensão na cidade, com a promessa de receberem bilhetes de volta de avião para o Brasil) e voltou para o barco, onde estava o gaúcho Daniel Guerra, pronto para começar a providenciar os reparos e seguir viagem.

Foi quando os dois foram surpreendidos por uma nova visita da polícia. Desta vez, a de Cabo Verde, que também havia recebido denúncia sobre drogas a bordo do veleiro, que, certamente, vinha sendo monitorado – única explicação possível para o fato de ter sido alvo da polícia de um país que sequer estava na rota original.

O objetivo da ação policial parecia ser não só apreender a droga, mas também o responsável por ela: o inglês Fox. Só que ele, espertamente, não estava mais a bordo, porque suspeitara do monitoramento ainda no Brasil e decidira não embarcar, entregando o barco aos quatro tripulantes, assim transformados em "mulas náuticas".

Apesar da frustração de não conseguir pôr as mãos no chefe da operação, os policiais cabo-verdianos acharam o que procuravam: mais de uma tonelada de cocaína, armazenada dentro do tal compartimento secreto no fundo do casco, um local de dificílimo acesso – até então, o maior volume de droga encontrado a bordo de um veleiro na rota entre o Brasil e a Europa.

O comandante francês e o tripulante Daniel Guerra foram presos na hora, por tráfico internacional de drogas. E os outros dois brasileiros, em seguida, pelo mesmo motivo. Mas, como no caso dos dois baianos não houve flagrante, eles puderam começar a responder ao inquérito em liberdade, depois de terem os passaportes confiscados. Três meses depois, no entanto, a justiça de Cabo Verde mandou prendê-los novamente, alegando que havia risco de eles fugirem do país, embora Rodrigo Dantas já estivesse até trabalhando, fazendo bicos na própria marina onde o barco ficara retido.

Perante as autoridades da ilha, os quatro tripulantes do veleiro abarrotado de cocaína foram unânimes em afirmar que não sabiam da droga escondida no casco, e que haviam sido enganados pelo dono do barco – que, no entanto, não foi indiciado. Mas, entre eles, reconheceram que haviam sido ingênuos em continuar a bordo de um barco sabidamente investigado por tráfico de drogas, que faltara sagacidade para intuir que algo não cheirava bem naquela história, que haviam sido imprudentes ao embarcar em um veleiro em estado claramente precário, e que, caso não tivessem parado em Cabo Verde, talvez nem sobrevivessem àquela desastrosa viagem até a Europa. Ou seja, incorreram em muitos erros. Mas sempre juraram total inocência no caso da cocaína escondida no barco. Não adiantou. Os quatro foram mandados para a prisão e, meses depois, levados a julgamento.

No julgamento, repleto de falhas processuais, o juiz encarregado preferiu desconsiderar as evidências e acreditar apenas na própria versão que concebera para o caso: a de que a droga teria sido embarcada no veleiro após a vistoria da polícia brasileira, o que explicaria por que não tinha sido detectada. Mas desconsiderou que seria praticamente impossível fazer isso em alto-mar, ainda mais diante de tamanho volume de carga. Pelo mesmo motivo, também negou a anexação ao processo de um relatório feito pela Polícia Federal brasileira, que isentava os tripulantes de responsabilidade, porque considerou o documento "encomendado" pela defesa dos velejadores.

Por fim, o juiz cabo-verdiano se recusou a ouvir todas as testemunhas dos brasileiros e os condenou a dez anos de detenção, sem sequer direito a aguardarem o julgamento dos recursos em liberdade, por julgar que havia risco de fuga do país – embora as famílias dos três brasileiros já estivessem até morando em Cabo Verde, a fim de acompanhar de perto o caso.

Para completar o festival de irregularidades, zombou dos condenados, ao publicar sua sentença em um papel decorado com a figura do lendário justiceiro Zorro, nome dado pela polícia da ilha à ação que resultou na apreensão da droga no veleiro, em vez do timbre oficial da justiça daquele país, como de praxe. O ato foi visto como um desrespeito aos condenados e logo alterado, pelo próprio magistrado. Já a ofensa feita à isenção do relatório da Polícia Federal brasileira, gerou, além de nota de repúdio da instituição, certo constrangimento na relação entre os dois países.

O julgamento deixou os familiares dos brasileiros revoltados, além do fato de que os recursos apresentados passaram a adormecer nas gavetas da burocracia da ilha. Enquanto isso, a pedido da polícia brasileira, Fox, o dono do veleiro, era finalmente preso, na Itália, mas o seu pedido de extradição para o Brasil demorou demais para ser expedido e perdeu a validade. Com isso, o inglês foi solto e, novamente, fugiu.

Aos tripulantes presos, só restou a resignação da condenação, que durou 18 meses na cadeia.

Até que, no início de 2019, constrangido por todas as evidências e ausência de provas, o mesmo juiz que condenara os quatro tripulantes do Rich Harvest mandou soltá-los, alegando que haveria um novo julgamento, mais tarde – o que não aconteceu. Foi uma maneira não explícita de absolvê-los.

Só então, os três jovens velejadores brasileiros puderam dar por encerrado aquele pesadelo e retornar ao Brasil, finalmente livres de um crime que não cometeram.

A tartaruga dos traficantes

Atada a 800 quilos de cocaína, ela seguia nadando, até ser detida pela Guarda Costeira Americana

No final de novembro de 2017, durante uma ação de combate ao tráfico internacional de drogas pelo mar, na costa da América Central, a tripulação do Thetis, barco patrulha da Guarda Costeira Americana, foi avisada por um avião da corporação que vasculhava a região de que havia um amontoado de fardos suspeitos boiando no mar. E seguiu para o local.

Lá chegando, encontrou não apenas 26 grandes pacotes, amarrados uns aos outros e contendo 800 quilos de cocaína, como também um ser vivo atado a eles: uma infeliz tartaruga, que ficara presa nas cordas que os amarravam os pacotes – que, muito possivelmente, estavam sendo puxados por algum barco dos traficantes, mas foram descartados no mar, após o cabo que os atava à embarcação ser cortado, a fim de escapar da fiscalização que a própria Guarda Costeira Americana fazia na região.

Pelo grau de cansaço do animal, os policiais deduziram que aquela tartaruga estava atada ao carregamento de drogas havia dias, mas, ainda assim, nadando e arrastando os fardos na superfície – portanto, involuntariamente, ajudando no transporte da droga, ainda que para um destino totalmente incerto.

Após ser desatado dos cabos, o animal foi liberado, sem maiores implicações legais. Até porque, aquela pobre tartaruga já havia sofrido o bastante.

O sonho não acabou

Eles naufragaram logo no dia seguinte a partida.
Mas nem assim desistiram da travessia

Durante boa parte da vida, o jovem casal americano Nikki Walsh e Tanner Broadwell juntou dinheiro para comprar um barco. O sonho deles era navegar pelo mundo. Até que chegou o dia em que tomaram a decisão de colocar o sonho em prática. Juntaram as economias, venderem tudo o que tinham e conseguiram comprar o Lagniappe, um veleirinho usado, de menos de 10 metros de comprimento.

E foi com ele que, finalmente, partiram da Flórida, em 5 de fevereiro de 2018, levando o pouco que lhes havia restado – além do cachorro de estimação. Mas a viagem durou pouco. Bem pouco.

No dia seguinte, quando ainda navegava rente à costa da Flórida, em um ponto onde o mar não passava dos dois metros de profundidade, o Lagniappe bateu em algo submerso, inundou por completo e afundou na hora. Só deu tempo de salvar o cachorro e sair nadando até um barco que testemunhara o naufrágio e veio socorrê-los.

Embora imprevisível, o inexperiente casal foi considerado culpado pelo acidente, por ter ignorado um dos primeiros mandamentos de qualquer navegador: aquele que prega que, no mar, quanto mais longe e profundo, mais seguro será.

Mas nem o triste episódio fez com que os dois desistissem do plano de viver no mar. Com os donativos que receberam após a propagação da notícia do naufrágio – e do sonho de meia vida perdido em questão de minutos –, Nikki e Tanner resgataram o Lagniappe das rasas águas da Flórida e mantiveram o plano da viagem.

O sonho deles não afundou junto com o barco.

HISTÓRIAS RECENTES

Voltou um século depois

Após 85 anos submerso, o barco do mais famoso explorador norueguês finalmente retornou ao porto de onde partiu

Os primeiros dias de agosto de 2018 foram de festas em toda a Noruega. E o motivo foi a volta para casa de um barco que havia partido dali exatos 100 anos antes: o Maud, com o qual o lendário explorador norueguês Roald Amundsen, primeiro homem a atingir o Polo Sul, em 1911, tentou – e não conseguiu – chegar também ao Polo Norte, sete anos depois.

O plano era que o Maud ficasse propositalmente preso ao gelo do Estreito de Behring, que separa o Ártico do Pacífico, e assim, derivando com os icebergs, chegasse o mais perto possível do ponto máximo do topo do mundo. Mas a expedição fracassou e, após dois anos de tentativas, foi dada por encerrada.

Amundsen e seus homens retornaram à Noruega, mas o Maud não. Ele foi vendido a uma empresa canadense e passou a ser usado como estação flutuante de rádio na baía de Cambridge, no norte do Canadá. Mas, com o tempo, acabou sendo abandonado, começou a fazer água e afundou.

Durante 85 anos, o barco norueguês ficou submerso, a sete metros de profundidade. Até que, em 2011, uma campanha promovida pelos noruegueses decidiu resgatar o barco do mais famoso explorador que a Noruega já teve e levá-lo de volta para casa.

A delicada operação de regaste do barco, construído em carvalho e com 36 metros de comprimento, levou cinco anos sendo executada. Mas, em 2016, ele voltou à superfície e em surpreendente bom estado, graças à combinação da baixa temperatura da água com a solidez da madeira do seu casco.

Em seguida, começaram os preparativos para transportar o barco inteiro e flutuando, graças a duas discretas balsas colocadas em cada lado do casco, pelo Atlântico, até Noruega, onde ele chegou um par de meses depois e foi colocado em um museu, especialmente construído para recebê-lo, na cidade de Vollen, debaixo de muita festa.

Foi um acontecimento histórico. Como se a caravela de Pedro Álvares Cabral voltasse ao Brasil. Afinal, não é todo dia que um barco que partiu um século atrás consegue retornar ao porto de onde partiu.

Trágica sonolência

O sono fez ele cair na água.
Mas o pior aconteceu quando o filho veio socorrê-lo

Num domingo de maio de 2019, o americano Jeremiah Israel, de 64 anos, saiu de barco para pescar com o filho, também chamado Jeremiah Israel, em um lago da Geórgia, e resolveram dormir por lá mesmo, junto a um píer, onde havia outros barcos.

Durante a noite, no entanto, o pai acordou para ir ao banheiro, mas, confuso e sonolento, julgou que estava em sua casa, deu alguns passos no escuro, tropeçou em algo no barco e caiu na água.

O barulho despertou o filho, de 34 anos, que imediatamente pulou da cama e se atirou na água para salvar o pai, que não sabia nadar. Mas a vítima acabou sendo ele mesmo.

Embora soubesse nadar, o filho de Jeremiah Israel morreu afogado no lago, enquanto ele era resgatado pelos ocupantes dos demais barcos. Nada amenizou o sofrimento daquele inconsolável pai, que jamais se perdoou por ter causado a morte do próprio filho, na beira de um simples lago.

Afogado no noivado

Ele havia bolado um jeito diferente de pedir a noiva em casamento. Mas o mar transformou a cerimônia em tragédia

O capixaba Aghton John Mota Souza havia planejado uma maneira diferente de pedir a noiva, Franciele Botelho, em casamento. Ele a levaria até a praia de Itaúnas, um distrito do município de Conceição da Barra, na costa norte do Espírito Santo, e ali faria uma pequena cerimônia, só para os dois. E assim foi.

No início da tarde de 12 de março de 2019, Aghton fez o pedido, na areia da praia, e na sequência os dois entraram no mar, para comemorar o futuro casamento.

Mas, após apenas alguns passos, veio uma onda e levou o noivo embora. A noiva, desesperada, só não foi também engolida pelo mar porque outros banhistas que vinham acompanhando a cerimônia à distância foram ajudar.

Ela sobreviveu. Mas ficou viúva antes mesmo de casar.

Nome abençoado

O nome do barco que os salvara não poderia ser mais adequado

Quando o americano Eric Wagner decidiu comprar um barco, que fora originalmente batizado de Amen, ele não podia imaginar que, um dia, aquela embarcação faria jus ao seu curioso nome e responderia, literalmente, às preces de alguém.

Mas, em abril de 2019, quando navegava a algumas milhas da costa da Flórida, Wagner julgou ter ouvido gritos no mar e resolveu fazer uma curva e voltar. Ao fazer isso, deu de cara com dois adolescentes boiando no mar, mas no limite de suas forças, tentando se manter na superfície.

Tyler Smith e Heather Brown, dois jovens de 17 anos, haviam saído de casa para nadar numa praia da região, mas foram levados pela correnteza para o alto-mar. Desesperados, começaram a rezar. Foi quando surgiu o Amen bem diante deles.

"Deus existe mesmo", disse um dos garotos, ao ser resgatado.

Abocanhado por uma baleia
Um mergulhador fotografava no mar quando virou uma espécie de Jonas de carne e osso

O mergulhador e ambientalista sul-africano Rainer Schimpf sempre admirou os seres marinhos. Tanto que há anos dedica-se a fotografá-los. Mas ele jamais esperou – nem desejou – ter um contato tão intenso com o maior dos habitantes dos mares.

Foi em fevereiro de 2019, a cerca de 25 milhas da costa da cidade sul-africana de Port Elizabeth, onde ele mora. Naquele dia, enquanto fotografava, boiando na superfície, um cardume de sardinhas sendo atacado por tubarões e aves marinhas, Rainer foi subitamente abocanhado por uma baleia de Bryde, com cerca de 15 metros de comprimento, e ficou com metade do seu corpo dentro da boca do animal, até que ele percebesse o erro e cuspisse o mergulhador – um mais assustado que o outro.

A baleia, que também estava interessada no tal cardume de sardinhas, veio do fundo, a grande velocidade, já com a boca aberta, e não percebeu o fotógrafo na superfície – que tampouco notou a aproximação do animal. Quando percebeu o que tinha acontecido, Rainer já estava dentro da boca da baleia, só com as pernas para fora, mas sem risco de ser engolido, porque, além de seres humanos não fazerem parte do cardápio de cetáceos, as gargantas das baleias são estreitas demais para o corpo de um homem.

"De repente, ficou tudo escuro, e eu senti uma pressão muito forte nas costelas. Mas, na mesma hora, deduzi o que havia acontecido e esperei que ela voltasse a abrir a boca", disse o fotógrafo, que, após se certificar que não estava machucado, continuou registrando o ataque às sardinhas, mas, agora, bem mais atento aos movimentos dos demais seres marinhos ao seu redor.

O episódio, testemunhado pela equipe de apoio do mergulhador, que estava em um barco bem ao lado dele, não durou mais do que alguns segundos, mas tornou Rainer Schimpf subitamente famoso no mundo inteiro, já que não é todo dia que alguém revive a experiência bíblica do profeta Jonas, que foi engolido por uma baleia e nela ficou por três dias.

A diferença é que, no caso dele, nem os ateus puderam duvidar.

A rolha navegadora

Como um francês de 72 anos cruzou o Atlântico totalmente à deriva, dentro de uma espécie de barril

O francês Jean-Jacques Savin tinha apenas 10 anos de idade quando leu o livro que Alain Bombard escreveu, contando como atravessara o Atlântico com um simples bote de borracha, praticamente à deriva (história contada na página 124 deste livro). E ficou tão impressionado com a façanha do conterrâneo que decidiu que, um dia, faria algo igual ou parecido. Mas fez pior.

Em 22 de dezembro de 2018, já aos 71 anos de idade, Savin entrou em uma espécie de barril, feito de material resistente, mas sem velas, nem motor nem nenhum tipo de propulsão, em uma praia das Ilhas Canárias e se deixou levar pelo mar, em busca do seu sonho: atravessar o oceano da maneira mais natural possível, totalmente à deriva, empurrado apenas pelos ventos e correntezas. Como uma rolha. Algo que nem Bombard havia feito igual.

O barril-navegador de Savin, uma cápsula de 3 metros de comprimento por 2,10 metros de diâmetro, continha uma cama, uma pia (alimentada por água dessalinizada extraída do mar, através de um processo manual que lhe custava 300 bombeadas para obter um litro de líquido potável), um fogareiro, um assento, um compartimento onde ele guardava o seu estoque de comida desidratada, uma portinhola de acesso e três janelinhas – uma delas no fundo, para ele que ele pudesse observar os peixes que passavam.

O próprio Savin, um pacato avô aposentado, mas com extenso currículo de atividades (entre outras coisas, fora paraquedista, piloto de aviões e guarda de parques de animais selvagens na África), projetara a engenhoca e marotamente o batizara de OFNI – iniciais de "Objeto Flutuante Não Identificado", uma brincadeira com os OVNIs do espaço. Mas não deixava de ser uma verdade. Flutuando no mar, a esquisita cápsula de Savin parecia tudo – boia sinalizadora, tanque de combustível, objeto caído de algum navio –, menos um barco. Até porque, o francês passava a maior parte do tempo dentro dele, feito um viajante encapsulado, sendo levado pelo oceano para ele onde ele bem entendesse.

O começo da travessia foi bem difícil. Embora Savin, que já havia atravessado o Atlântico em solitário quatro vezes, mas todas com barcos convencionais, tivesse escolhido um ponto de partida brindado por correntes favoráveis, os ventos em nada ajudaram. Durante os primeiros 15 dias, o barril-navegador do ousado aventureiro francês foi empurrado muito mais do que deveria para o Norte, o que, logo de cara, o levou a concluir que sua empreitada, caso fosse bem-sucedida, levaria bem mais tempo do que os três meses que previra – e três meses era, também, o prazo máximo que seu estoque de comida suportaria.

Além disso, ainda não adaptado ao permanente chacoalhar da cápsula, já que ela não permitia nenhum tipo de controle, Savin passava dias e noites enjoado. Mas ele não reclamava. E mesmo que quisesse, não poderia mais dar meia-volta e retornar à praia. "Não serei o comandante do meu barco e sim um mero passageiro do oceano", havia definido o francês, antes de partir.

O desconforto durou duas semanas, até que o vento rondou e apontou na direção certa: a do Caribe, onde Savin pretendia chegar, de preferência na Martinica, uma ilha de colonização francesa. As correntes mostravam que isso era possível. Mas dependeria da boa vontade da natureza.

"No meio do oceano, sendo levado apenas por ele, não há regras nem ninguém dizendo o que você tem que fazer. Nem mesmo a sua mente", escreveu Savin no seu diário de bordo – uma das poucas coisas que ele levava no seu barril flutuante, além de alguns livros de aventura (nenhuma tão ousada quanto a que ele próprio estava executando) e uma versão compacta da Bíblia – "porque", como explicara antes, com bom humor, "para ler a versão original seria preciso atravessar um oceano maior que o Atlântico".

De supérfluo a bordo da acanhada cápsula, havia apenas duas garrafas de vinho e uma latinha de foie gras, que Savin levara para comemorar duas datas especiais que passaria no mar: a chegada do Ano Novo e o seu 72º aniversário, que aconteceu menos de um mês após a partida – embora, para ele, idade fosse apenas um número, não um limitador do estado de espírito.

Flutuando a uma velocidade média entre apenas 2 e 3 km/h – bem menos do que uma simples pessoa caminhando –, quando a natureza ajudava, o francês conseguia avançar pouco mais de 50 quilômetros por dia, embora nem sempre na direção desejada. Mas ele não tinha pressa. Nem poderia ter, dado o meio que escolhera para cruzar o oceano. Mas uma coisa preocupava Savin, desde aqueles primeiros dias da travessia: o seu estoque de comida.

Quando ficou claro que, mesmo se alimentando espartanamente, sua comida não daria para toda a travessia, ele decidiu passar a pescar com mais assiduidade, embora os peixes fossem os seus únicos companheiros de viagem – e Savin adorasse tê-los por perto. "A gente se apega a qualquer coisa quando está sozinho no mar", escreveu também no seu diário, mas como uma simples constatação, não um lamento, já que, embora casado, ele sempre apreciara a solidão. Tanto que decidira embarcar sozinho naquela aventura, sem nenhuma companhia no barril. "Nem caberia", explicou, com o mesmo bom humor, antes de partir.

A permanente preocupação com o estoque de alimentos fez com que um dos momentos mais felizes para Savin durante a travessia tenha sido o encontro acidental que ele teve com o navio americano de pesquisas Ronald H Brown, no meio do Atlântico, após 68 dias vagando à deriva. Um tanto surpresos com aquela improvável embarcação, e sobretudo com a idade do seu único ocupante, os tripulantes do navio forneceram frutas e comida ao francês, que, no entanto, nem de longe demonstrou vontade de ser resgatado. Ao contrário, com aquele suprimento extra, Savin ficara ainda mais confiante em seguir adiante, sendo levado apenas pelo próprio oceano.

A ajuda do navio foi providencial para o francês. Mas foram também os navios as suas maiores fontes de dores de cabeça. Por duas vezes, ele quase foi atropelado por eles. Na primeira, Savin conseguiu fazer contato pelo rádio quando já estava prestes a ser esmagado por um petroleiro. Na outra, teve até que disparar um foguete sinalizador para chamar a atenção do piloto – que desviou o máximo que pode, mas ainda assim passou a míseros 20 metros da cápsula inerte do destemido septuagenário.

O último contato de Savin com outra embarcação aconteceu no 121º dia da travessia, quando ele, novamente preocupado com o seu estoque de comida, pediu uma vez mais ajuda. Desta vez, a um veleiro que passava, o Melchior. Do comandante do barco, além de alimentos, ele recebeu também uma boa notícia: seus cálculos estavam certos e havia, sim, terra firme ali por perto.

No dia seguinte, uma ilha se materializou diante do barril errante do francês. Era St. Eustatios, uma das ilhas das antigas Antilhas Holandesas. Ele havia conseguido. Atravessara o Atlântico totalmente à deriva, dentro de uma cápsula flutuante, em um percurso de mais de 3 000 milhas náuticas. Mas, por muito pouco, Savin não morreu na praia. Literalmente.

Em torno da ilha de St. Eustatios, havia um perigosíssimo recife de corais, e o francês nada podia fazer para evitar o choque. A única saída foi pegar o rádio e pedir socorro a Guarda Costeira, que, por sua vez, acionou o petroleiro americano Kelly Anne, que estava ali por perto.

O navio se aproximou, içou o barril do francês (que, uma vez a bordo, tomou o seu primeiro banho de água doce em mais de quatro meses) e, depois, desembarcou ambos no porto da ilha. Antes de ser resgatado, porém, Savin pediu para dar o seu último mergulho no mar. Queria se despedir dos peixes que o seguiam há dias e dar por terminada uma das mais improváveis travessias da história.

No dia seguinte, outro navio o levou até a vizinha Ilha de Martinica, onde sua esposa e alguns amigos o aguardavam. Savin estava quatro quilos mais magro, mas nada mal para quem passara 122 dias dentro de uma espécie de rolha, boiando no oceano, ao sabor das ondas.

Nem Bombard havia feito nada igual.

Três anos depois, durante uma quase banal travessia do Atlântico a remo, Savin foi encontrado morto em seu barco, após uma tempestade.

Entre penas e ventos
A incrível galinha que deu a volta ao mundo velejando

Estima-se que mais da metade da população mundial possua algum tipo de animal de estimação. O navegador e aventureiro francês Guirec Soudée era um deles. Só que, ao contrário da esmagadora maioria dos habitantes do planeta, o bichinho que ele tinha não era um gato nem um cachorro: era uma galinha – que Guirec batizou de Monique.

Não seria nada excepcional, não fosse o local onde Guirec (sempre com Monique ao seu lado) passava a maior parte do tempo: dentro de um veleiro, navegando mundo afora. Só ele e a galinha.

Os dois se conheceram em 2014, quando Guirec fez uma escala nas Ilhas Canárias, a caminho do Caribe. Segundo ele, foi amor à primeira vista. "Monique era jovem, saudável, bonita e conclui que seria ótima companhia na travessia, porque galinhas não enjoam, não reclamam e ainda por cima põem ovos, para ajudar no almoço", explicou gaiatamente, ao chegar ao seu destino e jurar que, em momento algum pensou em transformar a companheira de viagem em item do cardápio.

Mesmo assim, no começo, todos falaram que aquilo não daria certo, que a galinha ficaria estressada com o balanço do barco e que pararia de pôr ovos. Que nada. Logo na primeira noite de viagem, ela botou um ovo. E, no dia seguinte, outro. E mais outro. E não parou mais. Foram 25 ovos em 28 dias de travessia do Atlântico.

"Nunca comi tão bem a bordo", comemorou Guirec, que, desde então, não parou mais de navegar com Monique em seu veleirinho de pouco mais de nove metros de comprimento, que ele comprou quando tinha apenas 20 anos de idade, mas planos já maduros de sair navegando pelo mundo. Só que, a princípio, sozinho. A galinha mudou isso.

Do calor do Caribe, Guirec e Monique rumaram direto para o frio extremo do Ártico, onde, entre outras estripulias, passaram quatro meses trancados no mar congelado da Groenlândia, vivendo basicamente só de arroz e milho, respectivamente.

Lá, entre outras estripulias, Monique andou de trenó, deslizou no gelo, tentou ciscar na neve e botou nada menos que 106 ovos, o que salvou a dieta de Guirec.

Depois, não satisfeitos com as temperaturas eternamente negativas do Polo Norte, resolveram dar a volta ao mundo de cima para baixo, descendo até o ponto oposto do planeta, a Antártica, onde passaram uma nova temporada entre blocos de gelo e montanhas de neve. O retorno à Europa só aconteceu cinco anos depois daquele primeiro encontro entre o velejador francês e sua peculiar galinha – possivelmente, a ave que mais navegou no mundo. Ou, pelo menos, a única que passou tanto tempo dentro de um barco sem acabar na panela.

Durante anos, Monique, que virou celebridade na França, viveu com suas penas ao vento, usando os cabos e amuradas do veleiro como poleiros, e visitou lugares que pouquíssimas pessoas jamais terão a oportunidade de conhecer. Com isso, contrariou a lógica de que navegar não era coisa pro seu bico.

Até que, um dia, no início de 2023, Monique morreu, ao atingir a idade limite de todas as galinhas, algo entre 9 e 10 anos. Guirec não revelou a causa da morte. Mas um eventual ensopado foi totalmente descartado.

HISTÓRIAS RECENTES

De vítimas à criminosos
Quando perceberam que o navio que os resgatara os levaria de volta à África, os imigrantes decidiram sequestrá-lo

No início de março de 2019, a migração em massa pelo mar de africanos para a Europa, em busca de abrigo e melhores condições de vida, produziu mais uma entre tantas situações insólitas. Mas desta vez ao contrário, porque foram os próprios migrantes, habituais vítimas dos traficantes de pessoas naquelas precárias travessias, que agiram como criminosos. E o episódio quase terminou em uma tragédia ao avesso.

Fartos de serem ignorados pelos navios italianos que patrulhavam o Mar Mediterrâneo, a fim de impedir a entrada de imigrantes no país, um grupo de 108 africanos, vindos da Líbia, em um superlotado bote inflável respirou aliviado quando o pequeno navio tanque turco Elhiblu1 parou para recolhê-los.

Só que, ao perceberem que o navio os estava levando de volta à Líbia, os migrantes mudaram de postura e decidiram sequestrar o Elhiblu1, exigindo que o seu comandante tomasse o rumo da ilha de Malta, já parte integrante da Europa.

Diante de severas ameaças de espancamento, a pequena tripulação do navio turco não teve outra alternativa a não ser obedecer aos líderes dos imigrantes, agora transformados em sequestradores. Mas, ao se aproximar da ilha, o comandante conseguiu enviar uma mensagem e alertar as autoridades de Malta sobre o inédito sequestro.

A polícia, então, cercou o navio e, depois de muita negociação, prendeu os mais de 100 imigrantes africanos, que, por fim, conseguiram o objetivo de permanecer em território europeu. Só que presos.

Salvos pela droga
Os fardos de cocaína serviram de boias aos náufragos. Mas o azar veio na hora do resgate

Aconteceu em 28 de setembro de 2019, no mar da Colômbia, a 30 milhas da costa. Quando o barco no qual quatro colombianos navegavam começou a afundar rapidamente, após ser inundado por uma onda, a única alternativa do grupo foi se atirar na água e tentar agarrar algo que flutuasse – algo fácil, já que a carga que o barco transportava logo subiu à superfície e serviu de boia aos náufragos.

O problema foi quando o socorro chegou e constatou ao que aqueles homens estavam agarrados: nada menos que 1 265 quilos de cocaína, acondicionados em caixas estanques, que, se por um lado, foram a salvação dos colombianos, por outro não deixaram dúvidas de que se tratavam de narcotraficantes.

Pior ainda para eles: quem os socorreu foi uma lancha da Marinha Colombiana, que, imediatamente, deu voz de prisão aos azarados náufragos.

O homem que comprou um naufrágio
Para tentar desvendar um mistério, um milionário comprou os restos de um famoso naufrágio. Mas morreu antes de decifrá-lo

No início da década de 1980, o milionário americano Gregg Bemis fez o negócio mais barato e, também, mais bizarro da sua vida. Por um mísero um dólar, comprou um navio naufragado.

Mas não um navio qualquer, e sim o Lusitânia, um dos mais famosos dos transatlânticos do mundo no início do século passado, que afundou ao ser atacado pelo submarino alemão U-20, na costa da Irlanda, no começo da Primeira Guerra Mundial. Depois, Bemis gastou milhões para ter os direitos legais sobre o naufrágio reconhecidos pelo governo irlandês. Mas isso jamais o incomodou. Até porque dinheiro não era exatamente um problema para ele.

O que Gregg Bemis queria de fato era preservar os restos do naufrágio, considerado o segundo mais relevante do mundo, depois apenas do Titanic, e, com isso, tentar desvendar um mistério histórico: o que teria provocado a segunda explosão no Lusitania, logo após o impacto do torpedo, que, esta sim, pôs o transatlântico a pique, em apenas 18 minutos? – rápido demais para um navio tão grande, o que resultou na morte de 1 195 das 1 959 pessoas que havia a bordo.

Historicamente, a hipótese mais plausível – e defendida também pelo milionário – era que a segunda explosão fora causada pelo carregamento de munições que os Estados Unidos, então ainda neutros no conflito, havia doado à Inglaterra para ajudar nos combates contra a Alemanha, e que o Lusitania secretamente transportava – embora sempre tenham pairado dúvidas se não teria havido apenas a explosão das caldeiras do navio.

Para comprovar uma coisa ou outra, era preciso examinar o naufrágio, que repousa a mais de 90 metros de profundidade, a cerca de 10 milhas da costa da Irlanda, e também evitar que saqueadores dilapidassem os restos do histórico transatlântico. Por esses dois motivos, Bemis, que chegou a mergulhar para ver o navio com seus próprios olhos, em 2004, quando já somava 76 anos de idade (um feito notável, dada a grande profundidade), decidiu comprar o navio afundado – algo, até então, inédito e só feito por empresas interessadas em sucatear barcos naufragados. Bemis, no entanto, só queria preservar o que restava do Lusitania e alimentar ainda mais a sua nebulosa história.

O Lusitania, então o maior transatlântico da empresa inglesa Cunard, partiu de Nova York com destino a Liverpool no primeiro dia de maio de 1915. A travessia do Atlântico foi tranquila. Mas, seis dias depois, ao chegar à zona mais crítica da viagem, junto à costa da Irlanda, onde sabidamente abundavam os submarinos alemães, o comandante do Lusitânia teve duas decepções.

A primeira foi que o navio militar que deveria escoltá-lo não apareceu no local combinado. E a segunda, as estranhas ordens que ele recebeu do Almirantado Britânico, então chefiado por Winston Churchill. As instruções mandavam o Lusitania se aproximar bastante da costa, o que limitava sua capacidade de manobra, e interromper a navegação em ziguezagues, como recomendavam as precauções em tempos de guerra. Para muitos, as duas medidas faziam parte de um sórdido plano arquitetado por Churchill, que teria deliberadamente "entregue" o transatlântico aos alemães, a fim de forçar os Estados Unidos, até então neutros no conflito, mas com muitos cidadãos a bordo do navio, a aderirem a guerra, o que, de fato, aconteceria tempos depois.

Com isso, para se proteger de um possível ataque alemão, o comandante do Lusitania passou a contar apenas com o espesso nevoeiro daquela manhã, o que, no entanto, também impedia o navio de navegar mais rápido. Assim sendo, navegando a baixa velocidade, em linha reta e sem as habituais manobras de defesa, que confundiam os sonares inimigos, o Lusitania virou alvo fácil para o submarino alemão U 20, que navegava submerso, em busca de uma alguma presa. E o que ele encontrou foi um verdadeiro prêmio: um grande transatlântico, navegando sem nenhuma escolta.

A ordem de disparo veio em seguida e o torpedo atingiu o casco do Lusitania com precisão germânica. Contudo, logo após o impacto, aconteceu uma segunda explosão, ainda mais forte, que não fora causada diretamente pelo torpedo – mas sim, possivelmente, pela suposta munição que o navio transportava, embora isso jamais tenha sido comprovado. Era justamente o que Bemis queria investigar ao comprar os direitos sobre o naufrágio e investir um bom dinheiro para explorá-lo. Mas não houve tempo para isso.

Em 21 de maio de 2020, aos 91 anos, Bemis morreu de câncer, sem conseguir desvendar o mistério que o motivava há quase quatro décadas: o que levou o Lusitania a afundar tão rapidamente? A questão, no entanto, permaneceu viva, porque, um ano antes, o milionário havia doado os direitos sobre o naufrágio a um museu dedicado ao navio, montado em uma antiga torre no promontório de Old Head, em Kinsale, na costa da Irlanda, ponto de terra firme mais próximo do local onde o Lusitania afundou, naquela trágica manhã de 7 de maio de 1915.

Na ocasião, o milionário explicou que estava doando o seu bem mais precioso, na esperança de que, um dia, a verdadeira história do naufrágio do Lusitania pudesse vir à tona, o que, no entanto, não aconteceu até hoje.

HISTÓRIAS RECENTES

Quando a idade não é obstáculo

Para o australiano Bill Hatfield não bastava dar a volta ao mundo velejando. Era preciso fazer isso sozinho, sem escalas, pela pior rota possível e aos 80 anos de idade!

O australiano Bill Hatfield já estava velejando sozinho há dezenas de dias, quando aconteceu a pior coisa que pode acontecer a qualquer velejador em solitário: ele caiu no mar. Durante uma rotineira troca de velas, uma das pontas do cabo enganchou em um dos seus pés, o desequilibrou e ele desabou na água, sem colete salva-vidas, quando navegava no meio do Oceano Atlântico, a mais de 200 milhas da terra firme mais próxima. E o barco seguiu em frente, avançando, sem ninguém no comando.

Não poderia haver situação mais aflitiva, mas Bill não se desesperou. Tratou de agarrar a primeira coisa que pode, no caso a própria ponta da vela, que também caíra na água, e foi avançando sobre ela, lentamente, até tocar o casco do barco em movimento. Por sorte, o costado do seu barco, o veleiro L'Eau Commotions, de 38 pés, não era muito alto, e, num impulso mais forte, ele conseguiu tocar, com a ponta dos dedos, o convés. E o agarrou com todas as forças que tinha.

Ficou, então, pendurado no casco, sendo arrastado pelo barco, e tentando suportar, apenas com os dedos (só nove, porque o médio da mão direita ele perdera anos antes), a força da água que passava rente ao casco. Era uma questão de vida ou morte. Se soltasse as mãos ou cansasse, sua vida terminaria ali mesmo, no meio do Atlântico. Mas nem assim Bill Hatfield se desesperou.

Da mesma forma como fizera ao avançar seu corpo, centímetro após centímetro, sobre a vela semissubmersa, Bill passou a deslizar a ponta dos dedos, travados em forma de ganchos, na direção da popa do barco. Lentamente, uma mão de cada vez, foi se arrastando na lateral do casco que rasgava o mar ao sabor dos ventos. Ele não podia ceder ao cansaço, embora estivesse com corpo inteiro praticamente suspenso no ar. Se soltasse os dedos do casco, jamais conseguiria voltar a alcançá-lo a nado.

O drama durou um par de minutos, o que, para qualquer ser humano naquela situação, pareceriam ser uma eternidade. Menos para Bill, dono de uma espantosa tranquilidade. Até que, rastejando ao longo do casco, ele chegou ao espelho de popa e puxou o cabo que prendia a escadinha. Só assim conseguiu voltar a bordo, apenas contrariado consigo mesmo. Como alguém com a sua experiência poderia ter cometido um erro tão estúpido?

Cair de um barco em movimento no meio do oceano e conseguir voltar a bordo pelos seus próprios meios já seria uma façanha e tanto, não fosse um detalhe ainda mais extraordinário. Bill Hatfield já somava 80 anos de idade quando isso aconteceu, em agosto de 2019, durante uma travessia ainda mais ousada, sobretudo para alguém com aquela idade: a volta ao mundo em solitário, sem escalas, no sentido leste-oeste, contrário aos ventos predominantes, a pior rota possível para contornar o planeta pelo mar.

Aquela não havia sido a primeira vez que Bill experimentara a dramática sensação de cair de um barco em movimento em pleno mar aberto, e, ainda assim, sobreviver para contar o fato aos amigos, como se isso fosse a coisa mais natural possível.

Quatro anos antes, em 2015, ele vivera a mesma situação, durante a primeira tentativa que fez de circum-navegar o globo terrestre sozinho, pela mesma rota oposta à do bom senso. Mas, também naquela ocasião, não foi a queda no mar (para ele, um mero contratempo) que o fez abortar a travessia, e sim os danos sofridos nos cabos que sustentavam o mastro do seu barco, logo após superar o último obstáculo do roteiro, o temido Cabo Horn – que, ainda assim, ele cruzou sem maiores queixas, apesar do massacre sofrido pelo veleiro.

No ano seguinte, Bill tentou novamente a mesma travessia, mas, desta vez, não foi longe. Logo após partir da costa australiana, sua terra natal, ele deu de cara com uma brutal tempestade, e, de novo, com o barco danificado, não pode prosseguir. O mesmo aconteceria na terceira tentativa, um ano depois, quando, já com 79 anos, seu barco também não conseguiu passar incólume pelo Cabo Horn.

Até que, em 8 de junho de 2019, Bill, já então considerado um dos mais determinados octogenários do planeta, partiu uma vez mais, disposto a finalmente rodear o planeta no sentido contrário aos dos ventos, para angústia de suas duas filhas e um neto já adulto – que, a cada partida, sempre julgavam ser a última despedida. Mas não foi.

Oito meses e meio depois, após navegar exatas 30 555 milhas náuticas, dia e noite, sem parar, além de driblar três ciclones no mar, dois deles bem violentos, e sobreviver galhardamente a mais aquela queda no oceano, o ex-pescador Bill Hatfield, já com 81 anos de idade, realizou o sonho que alimentava desde que tinha apenas 7: contornar o planeta pela água, sem, em momento algum, tocar pedaço algum de terra. E não apenas isso.

Para que sua circum-navegação fosse tecnicamente completa e inquestionável, ele fez questão de, além de cruzar todos os meridianos, aquelas imaginárias linhas verticais que dividem o planeta feito uma laranja, também navegar nos dois hemisférios, o que o obrigou a fazer até um desvio no meio do caminho.

No 92º dia da travessia, ao atingir o Atlântico, em vez de cruzar direto da ponta da África ao Cabo Horn, no extremo sul da América do Sul, caminho mais óbvio e curto, Bill dobrou a estibordo e subiu toda a costa africana, até além da Linha do Equador, que separa os hemisférios Norte e Sul. Em seguida, fez meia volta e retornou, costeando todo o litoral do Brasil e da Argentina, até atingir o Cabo Horn, que – desta vez, sim – contornou sem nenhum imprevisto. Salvo aquela queda no mar, que aconteceu justamente durante a navegação no Atlântico.

No dia em que completou 81 anos de idade, o homem que jamais se incomodou com a solidão no mar – ao contrário, sempre a apreciou – navegava tranquilamente a 620 milhas de distância da terra firme mais próxima, a longínqua ilha de Pitcairn, no meio do Pacífico, o ponto equidistante mais isolado do planeta, onde qualquer eventual resgate seria impossível. E comemorou isso no diário de bordo eletrônico que manteve na internet durante toda a travessia – o mesmo no qual, meses antes, comentara, com extrema naturalidade e nenhum estardalhaço, aquela sua queda no mar.

Dias depois, ao cruzar a Linha Internacional de Mudança de

Data, que divide o calendário do mundo entre hoje e ontem, Bill atrapalhou-se momentaneamente nas contas sobre a projeção de sua chegada de volta à Austrália, e, de novo, fez piada no diário de bordo sobre a sua estupidez – algo, no entanto, nem de longe verdadeiro.

Ao contrário, para passar o tempo durante a longa jornada, Bill se ocupou de estudos e raciocínios complexos sobre as leis da natureza e as dos homens, traçando comparativos entre ambas e, listando, através de observações mais do que práticas nos oceanos, o impacto que as ações humanas vêm causando ao planeta.

Para se alimentar durante tanto tempo sem nenhuma reposição de mantimentos, pescava. Mas, caso não pegasse nada, racionava a própria comida. E, para beber, usava apenas água do mar dessalinizada. Nada foi capaz de perturbar Bill durante a sua volta ao mundo em solitário. Muito menos o risco de fazer isso aos 81 anos de idade.

Até que, 259 dias depois, na manhã de um sábado, 22 de fevereiro de 2020, Bill retornou ao mesmo ponto de onde partira, na costa leste da Austrália. Na chegada, teve o cuidado de só ligar o motor do barco (que fizera questão de lacrar na partida, para não deixar dúvidas de que contornaria o planeta apenas velejando) após cruzar a entrada do mesmo iate clube do qual iniciara a viagem, oito meses e meio antes.

Com isso, tornou-se, também, o mais novo idoso a dar a volta ao mundo navegando sem escalas. Mas o único a fazer isso pela pior rota possível.

"Para um jovem velejador, dar uma volta ao mundo em solitário no sentido leste-oeste já seria um feito notável", resumiu o comodoro do clube, ao recepcionar Bill, na chegada. "Mas, para alguém que já passou dos 80 anos de idade, foi algo realmente extraordinário".

Todo mundo concordou e aplaudiu. Menos Bill, que não viu nada de tão incrível assim no que fez. "Houve uma boa dose de sorte envolvida nessa travessia", limitou-se a dizer. "A começar por aquela queda no mar."

Em seguida, voltou para o seu barco, já planejando a próxima viagem.

HISTÓRIAS RECENTES

Agora ou nunca
As inconstantes águas do Lago Michigan fizeram aquele naufrágio aflorar por apenas três dias. E a oportunidade não podia ser perdida

A tempestade que revirou as águas do Lago Michigan, no extremo norte do Estados Unidos, no dia 19 de abril de 2020, trouxe à tona a resposta a um mistério que já durava 117 anos: o paradeiro final da escuna R. Kanters, que desapareceu durante outra tempestade na região, 117 anos antes. A tormenta remexeu o fundo de areia na beira do lago, na altura da pequena cidade de Holland, e fez aflorar parte do grande casco de madeira do barco que afundara em 7 de setembro de 1903.

No dia seguinte, ao caminhar pela margem do lago, um morador viu escombros brotando da areia e teve a feliz ideia de entrar em contato com a associação de pesquisadores de naufrágios da região – que imediatamente entrou em ação, porque aparições desse tipo, embora não raras no sempre agitado Lago Michigan, costumam ficar visíveis por pouquíssimo tempo, antes de serem novamente cobertas pela areia.

Mas havia um problema: era o auge do confinamento gerado pela pandemia do coronavírus, e os técnicos da entidade estavam impedidos de ir ao local para investigar e atestar a identidade do barco. Alguma coisa, porém, tinha que ser feita, para não perder a chance de averiguar os restos do velho naufrágio sem sequer colocar os pés na água, já que eles estavam visíveis na própria areia da margem.

Como nenhum especialista podia ir até lá, a única saída foi transformar aquele simples morador em um quase arqueólogo, instruindo-o, através de mensagens no celular, sobre como registrar, medir e coletar informações que pudessem levar a identificação do naufrágio. E rapidamente, antes que as areias cobrissem tudo novamente.

O homem, então, muniu-se de pás, câmeras e fitas métricas, e começou a vasculhar, sozinho, os escombros do barco, sob a orientação remota dos especialistas, que iam lhe passando instruções e pedindo coleta de imagens e medidas específicas, a fim de compará-las com antigos registros de naufrágios na região. E tudo isso correndo contra o tempo, antes que lago engolisse de novo o barco. Tinha tudo para dar errado, mas não deu.

Em pouco mais de um dia de trabalho, os técnicos, mesmo à distância, concluíram que se tratava do que restou da escuna R. Kanters, assim batizada em homenagem ao seu proprietário, Rokus Kanters, ex-prefeito da própria cidade de Holland. E história do barco pode, finalmente, ser completada. Mas nada dele foi coletado.

No dia seguinte, apenas três após ter emergido do fundo do lago, os restos da escuna voltaram a desaparecer sob as águas, e retornaram ao mesmo esconderijo onde ficaram por mais de um século.

Mas, agora, já identificados, como sendo o que restou da R. Kanters.

Uma falha fatal

O sonho do remador de atravessar o Pacífico em solitário acabou quando o seu barco capotou e o resgate falhou

No final de abril de 2020, um corpo já decomposto, sem os pés nem a cabeça, mas ainda revestido por uma roupa impermeável, foi dar nas pedras da ilha de Kinapusan, nas Filipinas. Perto dele, jazia também um estranho barco de fibra de vidro, com 24 pés de comprimento, proa ovalada, como a de um míssil, cockpit aberto a meia nau e popa ocupada por um grande paiol – um típico barco usado por remadores em longas travessias. Além disso, seu casco tinha faixas vermelhas, azuis e brancas, que lembravam as da bandeira americana, um grande círculo com o número 88 e claros sinais de que estava no mar há muito tempo.

Com todas as evidências ficou fácil para as autoridades filipinas descobrirem a identidade da vítima – mesmo estando o seu corpo já mutilado, pelo longo tempo que passou na água. Tratava-se do remador chinês Ruihan Yu, um aventureiro de 35 anos, que havia partido de São Francisco, na Califórnia, na metade do segundo semestre de 2019, com o objetivo de cruzar o Pacífico em solitário e a remo, até atingir à Austrália. De lá, ele tencionava seguir adiante, remando até o seu país natal, a China. Mas Ruihan Yu não chegou a lugar algum.

Em 27 de novembro de 2019, quando ainda estava em águas havaianas, mas já a cerca de 400 milhas do Atol de Majuro, nas Ilhas Marshall, Ruihan sacou o telefone satelital que levava consigo e ligou para uma amiga, nos Estados Unidos, pedindo ajuda. Contou que seu barco havia capotado no dia anterior e, por alguma estranha razão, não mais voltara a posição original – embora, como todo barco daquele tipo, tivesse sido construído para desvirar sozinho, feito um joão-bobo.

O chinês contou que estava sentado sobre o casco emborcado, mas que havia passado a noite dentro dele, respirando o pouco ar que ficara retido na proa saliente, e que também fizera alguns furinhos nela, para aumentar a quantidade de oxigênio a bordo. Também disse que havia perdido o colete salva-vidas e todos os suprimentos na capotagem, porque o paiol de popa abrira com o movimento abrupto do barco, e que logo ficaria também sem bateria.

Desesperada, a amiga ligou para o serviço de emergências 911, dos Estados Unidos, que acionou a Guarda Costeira Americana no Havaí, que, por sua vez, enviou um avião para tentar socorrer o remador. Sete horas depois, os ocupantes do C-130 da Guarda Costeira avistaram o chinês, aboletado sobre o casco emborcado do barco. Mas, como já estavam no limite da sua autonomia de combustível, não puderam resgatá-lo. E retornaram à base.

Antes, porém, lançaram ao mar, próximo onde ele estava, um bote inflável, na esperança que o remador o alcançasse. Mas isso, aparentemente, não aconteceu.

Após reabastecer o aparelho, a equipe do resgate aéreo retornou ao mesmo ponto e avistou o inflável e o barco capotado do remador. Mas ele não estava mais sobre o casco. Só que, em vez de despachar um mergulhador para checar o interior do barco virado, onde Ruihan Yu poderia estar abrigado, como ele próprio havia dito a amiga que tinha feito na noite anterior, os membros da aeronave preferiram apenas ficar sobrevoando a área, até dar o chinês como perdido no mar. E esta absurda falha pode ter custado a vida do remador.

A ausência de uma checagem in loco no barco capotado gerou indignação na comunidade internacional de remadores oceânicos e motivou protestos contra a Guarda Costeira Americana. Em um deles, a remadora americana Lia Ditton, que conhecera Ruihan Yu apenas vagamente, quando ele lhe pedira conselhos sobre a travessia do Pacífico que pretendia fazer, tentou convencer o chefe da operação a retornar ao barco acidentado, a fim de verificar se o chinês não estava debaixo do casco.

Ela explicou que esse recurso já tinha sido usado por outros navegantes, no passado. Como o famoso velejador inglês Tony Bullimore, que, em 1996, durante a regata de volta ao mundo em solitário Vendée Globe, capotou seu barco e passou quatro dias debaixo dele, com água no pescoço, até ser salvo, em uma das mais dramáticas e surpreendentes operações de resgate da história das competições à vela. Mas o encarregado sequer sabia quem era Tony Bullimore.

Mas, como isso não aconteceu, o mais provável é que o remador tenha morrido (por afogamento, hipotermia, inanição, desidratação ou qualquer outro motivo) dentro do casco emborcado, e que seu corpo tenha sido levado pelas correntes marítimas, junto com o barco, até dar nas Filipinas, cinco meses depois. Do contrário, o que explicaria o seu cadáver ter aparecido junto ao barco, após tamanha distância?

Aquela havia sido a segunda tentativa de Ruihan Yu de atravessar o Pacífico em solitário a remo. Na primeira, em 2017, ele também precisou ser resgatado pela mesma Guarda Costeira Americana, após o seu barco, que, tal qual ele próprio, nem sempre primava pela manutenção cuidadosa (entre outros maus zelos, o chinês costumava navegar com o paiol entupido de latinhas de Coca-Cola), perder o leme e o deixar praticamente à deriva no oceano. E, na segunda, deu o que deu.

Nas duas ocasiões, Ruihan Yu não conseguiu ir além das águas do Havaí, embora, de certa forma, tenha, por fim, conseguido cruzar todo o Pacífico com o seu barco. Só que morto, dentro dele.

HISTÓRIAS RECENTES

Tudo errado na homenagem
Para comemorar os 500 anos da primeira circum-navegação da história, os portugueses planejaram reconstituir a viagem. Mas nada deu certo

Em 20 de setembro de 1519, o navegador português Fernão de Magalhães partiu para realizar aquela que se tornaria a primeira circum-navegação da história.

Exatos cinco séculos depois, os portugueses resolveram homenagear o nobre conterrâneo (que, no entanto, navegara em nome do rei da Espanha), reconstituindo aquela viagem com o barco-escola Sagres, da Marinha Portuguesa. Mas deu tudo errado.

A começar pela própria data equivocada da partida do Sagres: janeiro de 2020, quando os 500 anos da pioneira circum-navegação haviam sido mundialmente comemorados quatro meses antes, em setembro de 2019.

Depois, porque o Sagres partiu com o objetivo de cruzar o planeta no sentido leste-oeste, oposto ao usado pelo famoso navegador, que navegou sempre a oeste – e isso alterava completamente a histórica rota.

Por fim, a pandemia do coronavírus pegou os portugueses no meio do caminho e eles tiveram que dar meia volta, dando por encerrada a atrapalhada jornada – que, na verdade, tinha outro objetivo: apenas levar o Sagres até o Japão, onde ele ficaria exposto durante as Olimpíadas de Tóquio, de 2020, que também foram adiadas para 2021.

Nem a viagem de Magalhães no século 16 foi tão atribulada.

O triste fim de uma alegria

A infeliz combinação de mau tempo com negligência e imprudência foi letal para aqueles cinco entusiasmados navegantes

Havia meses que o empresário gaúcho, radicado em Fortaleza, Ricardo Kirst vinha pagando as parcelas da compra da lancha O Maestro, um velho modelo da década de 1990 (e assim batizada porque o seu primeiro dono fora o famoso regente de orquestras sinfônicas, Isaac Karabtchevsky), que jazia parada em um galpão do Iate Clube Jardim da Guanabara, no Rio de Janeiro, há quase dois anos.

Em janeiro de 2021, o valor foi quitado. E ele, rapidamente, viajou para lá, a fim de tomar posse do barco e preparar o seu transporte para a capital cearense. Mas o valor do frete terrestre o deixou desanimado. Era muito caro – sobretudo para uma lancha que não valia muito. Foi quando lhe ocorreu uma ideia. Por que não aproveitar a situação e realizar o velho sonho de ir navegando até o Nordeste?

Sim, era longe. Sim, ele não conseguiria levar o barco sozinho. E, sim, custaria um bom dinheiro em combustível. Mas o que era tudo isso perto do prazer de realizar a viagem dos seus sonhos, e, ainda por cima, na companhia de amigos que ele convidaria para ajudar na travessia? Estava decidido: ele próprio levaria a lancha do Rio de Janeiro para Fortaleza. E o mais rápido possível, porque a ideia o deixara eufórico.

Ao saber da decisão de Kirst, o diretor do iate clube onde o barco estava parado desde que o último proprietário decidira colocá-lo à venda, muitos meses antes, aconselhou-o a promover uma completa revisão mecânica, antes de iniciar aquela longa e temerária viagem. Especialmente nos dois motores e no sistema de alimentação de combustível, já que, por ser uma lancha, e não um veleiro, a embarcação dependeria 100% dos motores para chegar à Fortaleza. Ele também ofereceu isenção do pagamento das diárias de permanência do barco no clube, até que tudo ficasse pronto. Ricardo Kirst agradeceu, mas recusou. Estava entusiasmado demais com a viagem e queria partir logo.

Enquanto aguardava a chegada de quatro amigos cearenses que iriam acompanhá-lo na travessia (o também empresário Domingos Ribeiro, o pescador Wilson Martins, o mecânico José Cláudio Vieira, apelidado "MacGyver", pela destreza em encontrar quebra galhos para problemas em barcos, e o capitão Guilherme Ambrósio Nascimento, que assumiria o posto de comandante naquela viagem), Kirst promoveu uma revisão apenas superficial na lancha, mesmo sendo um barco com mais de três décadas de uso e parado há bastante tempo. Entre outras providências, mandou fazer uma rápida revisão nos motores e esvaziar e limpar o tanque de combustível – mas não todo o sistema de alimentação, como filtros e mangueiras, como recomendaria o bom senso.

Kirst também ignorou o conselho para que levasse um bote inflável a bordo, ainda que o ideal fosse ter uma balsa salva-vidas completa, embora esse tipo de equipamento não fosse obrigatório em embarcações que navegam perto da costa, como era o caso do roteiro que os cinco amigos pretendiam fazer, do Rio à Fortaleza. Ele concordou quanto a relevância do bote inflável e disse que iria providenciá-lo. Mas não o fez.

Assim que os amigos chegaram de Fortaleza, Kirst mandou colocar a lancha na água, fez os últimos procedimentos e partiu. Ao zarpar do clube, o suporte de sustentação para o bote de apoio, na popa do barco, continuava vazio. E eles se arrependeriam amargamente disso mais tarde.

Além da negligência na revisão do barco e da imprudência de partir sem os devidos equipamentos de segurança (além do bote, também não havia boias nem coletes salva-vidas a bordo da lancha), o grupo tampouco tinha um roteiro previamente analisado e definido. Kirst confiava apenas na experiência do amigo capitão Guilherme, que já havia feito aquela travessia, mas não com um barco tão pequeno, o que fazia muita diferença. E o capitão, por sua vez, planejava apenas seguir margeando a costa, sem estudar previamente o roteiro, nem analisar as cartas náuticas das regiões por onde passariam.

A rigor, o único plano de navegação que o grupo tinha era o de ir do Rio de Janeiro a Fortaleza sem nenhuma escala no caminho – uma meta ambiciosa demais, principalmente para um barco movido a motor, já que seriam mais de 3 000 quilômetros de distância. E havia também a questão da autonomia de combustível, já que seria impossível fazer aquela viagem apenas com o que cabia no tanque da lancha.

Para resolver isso, o grupo encheu 12 galões de combustível, cada um deles com capacidade para 50 litros, e os amarrou na proa e popa do barco – que, com isso, virou uma espécie de tanque mambembe flutuante. A ideia era ir esvaziando os galões no tanque da lancha, na medida em que o combustível fosse acabando. Com isso, eles julgavam que não precisariam parar para reabastecer no caminho, nem tampouco pretendiam fazer isso para descansar, embora a travessia fosse longa demais para ser feita em uma só tacada, e todos já haviam passado dos 50 anos de idade, portanto, mais sujeitos ao cansaço.

Também ignoraram a probabilidade de, ao longo da viagem, estimada para durar cerca de duas semanas, enfrentarem um ou outro dia de tempo ruim, o que também recomendaria parar e esperar o mar melhorar. Para eles, estava tudo certo e tudo daria certo. Mas aconteceu justamente o oposto disso.

O primeiro sinal de que havia algo de errado com o sistema de alimentação de combustível para os motores veio logo após a partida do grupo do Iate Clube Jardim da Guanabara. Minutos depois de a lancha zarpar, um dos motores parou de funcionar, por entupimento nas mangueiras de óleo diesel. Com apenas um motor funcionando, o barco foi levado para outro ponto da Baía de Guanabara, a fim de desentupir o sistema. Foi como um alerta de que eles deveriam revisar todo o sistema de alimentação de combustível. Mas não o fizeram, porque estavam ansiosos demais em partir.

Dois dias depois, após limpar apenas o que estava entupido, o grupo zarpou novamente, mas avançou sem novos problemas só até Cabo Frio, distante apenas 150 quilômetros do Rio de Janeiro. Ali, o mesmo motor parou de novo. A solução, desta vez, foi bombear combustível para o motor diretamente dos galões de óleo diesel que havia na lancha, mas esse não era o tipo de operação fácil de ser executada com o barco balançando no mar. Mesmo assim, eles conseguiram. Mas a solução não durou muito.

Mais adiante, o mesmo motor parou, uma vez mais, de funcionar. Agora, de vez. Ao mesmo tempo, as condições do mar pioraram radicalmente, com a chegada de muitas ondas e ventos violentos. Como, aliás, a meteorologia já havia previsto. Só que eles também haviam partido sem checar a previsão do tempo.

Quando o grupo partiu do iate clube, na primeira tentativa, a previsão do tempo não era ruim. Mas, dois dias depois, quando finalmente conseguiram deixar a Baía de Guanabara, após aquela parada para reparar o sistema de alimentação dos motores, a história já era outra. Uma frente fria se aproximava e a meteorologia previa fortes ventos e grandes ondas. E não deu outra.

Mas, para azar do grupo, isso aconteceu justamente quando eles estavam em um dos trechos mais perigosos da travessia: o temido Cabo São Tomé, quase na divisa entre o Rio de Janeiro e o Espírito Santo, um ponto de baixa profundidade e confluência de correntes marítimas, o que potencializa ainda mais as tormentas. E eles navegavam precariamente, com apenas um dos motores funcionando.

Era uma escura noite de sexta-feira, 29 de janeiro de 2021, quando o vento na região do Cabo São Tomé atingiu os 40 nós de intensidade e as ondulações passaram a beirar os três metros de altura, com uma implacável sequência de uma nova onda a cada seis segundos martelando o casco da lancha – que, com isso, começou a encher de água. Logo, o porão inundou, e o único motor operante também parou de funcionar. Era o início do pesadelo para aqueles cinco imprudentes amigos.

Com a lancha à deriva e sem os motores para manobrar a fim de enfrentar melhor as ondas e o vento, o capitão Guilherme decidiu pedir ajudar pelo rádio. Foi quando ficou claro o total despreparo do grupo para aquela viagem: eles simplesmente não sabiam dizer onde estavam.

"Estamos 'empopados' com o farol de São Tomé", era a única informação que vinha da lancha, para agonia do operador de rádio de uma das plataformas de petróleo de Campos dos Goytacazes, que recebeu o pedido de socorro nas primeiras horas da madrugada de sábado, 30 de janeiro – e que, depois disso, não conseguiu mais dormir.

Na prática, aquela informação não ajudava em nada a localizar a lancha, porque a área era enorme e não fora dada nenhuma coordenada que pudesse nortear o resgate. Em seguida, o operador do rádio da lancha, que nunca ficou claro se era o capitão Guilherme ou outro tripulante, avisou que "iriam procurar alguma ilha para se abrigar", embora bastasse consultar qualquer carta náutica (que eles tampouco tinham a bordo) para saber que não havia ilha alguma por perto.

Minutos depois, chamaram a plataforma pelo rádio novamente,

mas sequer conseguiram terminar o pedido de socorro. As últimas palavras foram: "Estamos indo para o mar" – sem bote, sem balsa, sem boias nem coletes salva-vidas.

Dez dias depois, o último dos cinco corpos foi resgatado.

Todos morreram afogados.

Acidente ou golpe?
O que teria feito sumir no mar o namorado da famosa atriz de Hollywood?

Era uma vez um cameraman bonitão de Hollywood que virou celebridade ao se tornar namorado de uma das principais atrizes da época, que, um dia, saiu para pescar e supostamente desapareceu no mar, embora o seu corpo jamais tenha sido encontrado, e, desde então, testemunhas garantam que ele está vivo, vivendo com outro nome, em outro país...

O que teria tudo para ser um bom enredo de filme da mesma Hollywood onde ele trabalhava, não passa de um resumo da vida real do cinegrafista americano, nascido na Coréia do Sul, Patrick McDermott, que ficou muito mais conhecido como ex-namorado da atriz Olivia Newton-John.

Desde que desapareceu de dentro de um barco em circunstâncias jamais comprovadas – embora tudo indique que tenha sido uma simples queda na água – McDermott se tornou suspeito de um lance tão cinematográfico quanto os filmes que ajudou a criar: o de ter forjado a própria morte, a fim de escapar de dívidas, o que, no entanto, também jamais foi provado. Nem tampouco a sua verdadeira morte.

A intrincada história do desaparecimento de Patrick McDermott começou na manhã de 29 de junho de 2005, quando ele, já então separado tanto de sua primeira mulher, com quem teve um filho, quanto da namorada estrela de cinema Olivia Newton-John, embarcou na traineira Freedom, nos arredores de Los Angeles, para um programa de dois dias de pescaria em alto-mar. A bordo, além dos três tripulantes do barco, que fazia saídas regulares para pescarias em alto-mar e apenas vendia lugares para quem quisesse embarcar, havia outros 22 pescadores, que não se conheciam.

A pescaria, nas imediações da Ilha San Clemente, a cerca de 90 quilômetros da costa da Califórnia, transcorreu sem nenhum incidente. E, no dia seguinte, como programado, o barco iniciou o caminho de volta à marina, onde chegou algumas horas depois – mas sem Patrick McDermott, que desapareceu em algum ponto perto dali, já que, uma hora antes, ele procurara a tripulação para quitar sua despesa de consumo durante a viagem.

Começava ali um mistério, que, após tantas especulações e uma enxurrada de fantasiosas teorias da conspiração, acabaria virando uma das mais populares lendas urbanas de Hollywood: o que teria acontecido com o badalado cinegrafista no final daquela travessia?

As peculiaridades do caso começaram na própria chegada do barco à marina, quando ninguém notou a ausência de McDermott a bordo. Todos desembarcaram e foram embora, inclusive a tripulação, sem se dar conta de que faltava um passageiro. O sumiço do cinegrafista só foi percebido dez dias depois, quando sua primeira esposa, a também atriz Yvette Nipar, estranhou a ausência dele nas visitas semanais que fazia ao filho, e o fato de McDermott não atender o celular.

Intrigada, ela passou a investigar e chegou até o barco no qual ele embarcara para pescar. Acionada, a tripulação confirmou que vira McDermott a bordo pouco antes de desembarcar, mas não após ele pagar a conta no bar. Em seguida, ao vistoriar o armário da cabine que o cinegrafista ocupara, foram encontrados todos os seus pertences – e, no estacionamento da marina, também o seu carro. Só então, dez dias depois, começaram as buscas no mar – que, como já era esperado, por conta da demora, não deram em nada. Nenhum vestígio de Patrick McDermott jamais foi encontrado.

Teria sido apenas mais um caso de queda involuntária no mar, seguida de afogamento e deslocamento do corpo pelas correntes marítimas, até a completa decomposição do cadáver, não fosse alguns detalhes que vieram à tona depois.

Um deles mostrava que McDermott vinha enfrentando sérias dificuldades financeiras, que devia dinheiro a muitas pessoas, inclusive à própria ex-namorada Olivia Newton-John, e que estava com dificuldades até para pagar a pensão alimentícia do filho. Outro, que, embora praticamente falido, ele havia feito um bom seguro de vida em nome do filho, então com 13 anos de idade, poucos dias antes de embarcar naquela pescaria – se McDermott morresse, o menino receberia o dinheiro, o que garantiria o seu sustento.

Estes dois detalhes, mais o fato de que as buscas no mar foram infrutíferas e o corpo de McDermott nunca foi encontrado (o que levou a Guarda Costeira a inicialmente classificar o cinegrafista como "desaparecido", e não "morto", já que não havia o cadáver), fizeram muita gente conjecturar que o desaparecimento dele poderia não ter sido fruto de um acidente e sim um ato premeditado – uma falcatrua para simular sua morte e assim escapar das dívidas.

Logo, o sumiço do festejado ex-namorado da atriz ganhou uma enxurrada de hipóteses, sendo a eventual fuga para o México, país vizinho à Califórnia e destino preferido de dez em cada dez infratores americanos, a mais plausível. De acordo com as especulações, McDermott teria se atirado ao mar, sem que ninguém visse, quando o barco já estava bem perto da marina e nadara até a praia, de onde teria fugido para o México.

Quando detetives particulares, em busca de notoriedade, resolveram investigar o caso por conta própria, as teorias da conspiração se multiplicaram. Eles começaram monitorando os acessos vindos do México a um site na internet especialmente criado para tratar do sumiço do cinegrafista, por deduzir que o próprio McDermott seria o maior interessado em saber o que estava sendo feito para tentar localizá-lo.

Depois, com base nos locais de onde vieram o maior número de acessos, passaram a visitá-los, em busca de pistas sobre o suposto fugitivo. Foi quando as suspeitas de fraude explodiram de vez. Porque algumas testemunhas garantiram ter visto McDermott vivo.

Da noite para o dia, surgiram diversos "Patrick McDermott" em diferentes partes do México – e nenhum, aparentemente, correspondia ao verdadeiro.

Usando o seu nome de batismo, Patrick Kim, já que nascera na Coréia do Sul, filho de pai americano e mãe sulcoreana, o cinegrafista teria sido "visto" tanto vivendo sozinho em um barco na costa mexicana, quanto na companhia de uma mulher alemã, em uma praia de Puerto Vallarta. Em certa ocasião, um dos pressupostos "McDermott" teria sido até abordado, mas pedira "que o deixassem em paz" – algo que, muito provavelmente, jamais aconteceu.

Diversos outros sósias também foram erroneamente identificados como sendo o ex-namorado da atriz australiana, o que, durante anos, gerou uma espécie de caça a todos os homens que lembrassem vagamente o cinegrafista, nas praias mexicanas. Em 2009, um documentário deTV, feito para a série sensacionalista "Os mais procurados da América", mostrou que havia mais de 20 registros de "aparições" de McDermott no México, e em outros países da América Central – nenhuma delas jamais comprovada.

O frenesi não diminuiu nem quando, três anos após o sumiço do cinegrafista, a polícia americana e a Guarda Costeira concluiram o inquérito, apontando a mais óbvia das conclusões: a de que McDermott teria morrido afogado, após ter caído do barco em movimento, sem que ninguém tivesse visto – e sua ausência na volta a marina não fora sentida porque ele estava desacompanhado.

Embora a tese de morte por afogamento seguida do desaparecimento do corpo por obra das correntes marítimas tenha sido defendida tanto pela polícia quanto pelas duas atrizes que viveram com ele (embora Olivia Newton-John tenha passado anos sem tocar no assunto), o misterioso desaparecimento do cinegrafista continua alimentando rumores até hoje.

Patrick McDermott pode ter realmente morrido, como todas as evidências sempre indicaram. Mas a lenda sobre o seu desaparecimento intencional segue viva, e impede afirmar que esta história, ao contrário das demais deste livro, já tenha um fim.

Pag. 59
Annie Taylor: criadora de uma insana tradição

Pag. 63
SS Ventnor: o naufrágio do navio dos caixões

Pag. 66
Carroll A. Deering: mistério jamais explicado

Pag. 71
O grande veleiro que desapareceu no mar

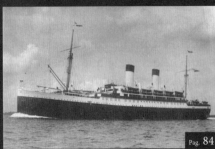
Pag. 84
Monte Cervantes: o Titanic da Argentina

Pag. 86
Baychimo: 38 anos de aparições no gelo

Pag. 92
Amelia Earhart: a pioneira do ar sumiu no mar

Pag. 106
O náufrago que atravessou o Atlântico assim

Pag. 119
Bombard: o médico que quis virar náufrago

Pag. 131
Que fim levou a tripulação do Joyita?

Pag. 137
A ilha-país que um italiano construiu

Pag. 164
Fitzgerald: o maior mistério dos Grande Lagos

Pag. 202
O duelo mais desigual da história das regatas

Pag. 238
O submarino mal-assombrado que foi exorcizado

Pag. 240
Graf Spee: afundado pelo próprio comandante

Pag. 252
Ele sobreviveu à dois naufrágios, no mesmo dia

399

Pag. 281
O navio que foi construído em apenas 4 dias

Pag. 298
U 1206: a privada que afundou um submarino

Pag. 306
O navio que se camuflava de ilha contra os inimigos

Pag. 310
Os carros flutuantes que cruzaram o oceano

Pag. 337
Zé Peixe: o prático que voltava ao porto a nado

Pag. 354
O iraniano cujo sonho é correr sobre o mar

Pag. 358
Tripulação do Rich Harvest: vítima do tráfico

Pag. 371
A travessia do Atlântico com um barril à deriva